DIE SCHÖNSTEN TORE ALLER ZEITEN

UND MEHR

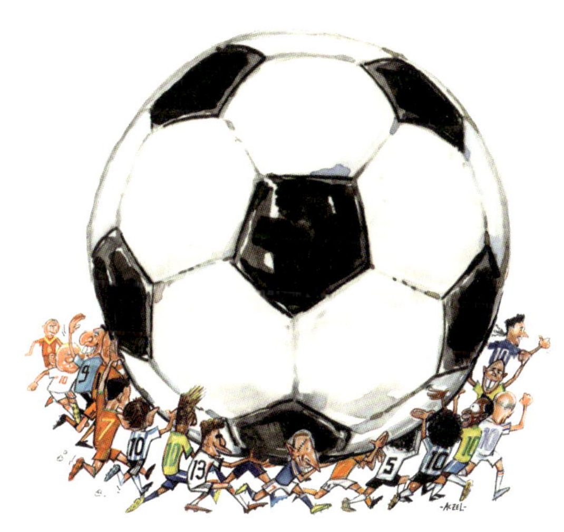

-ACZEL-

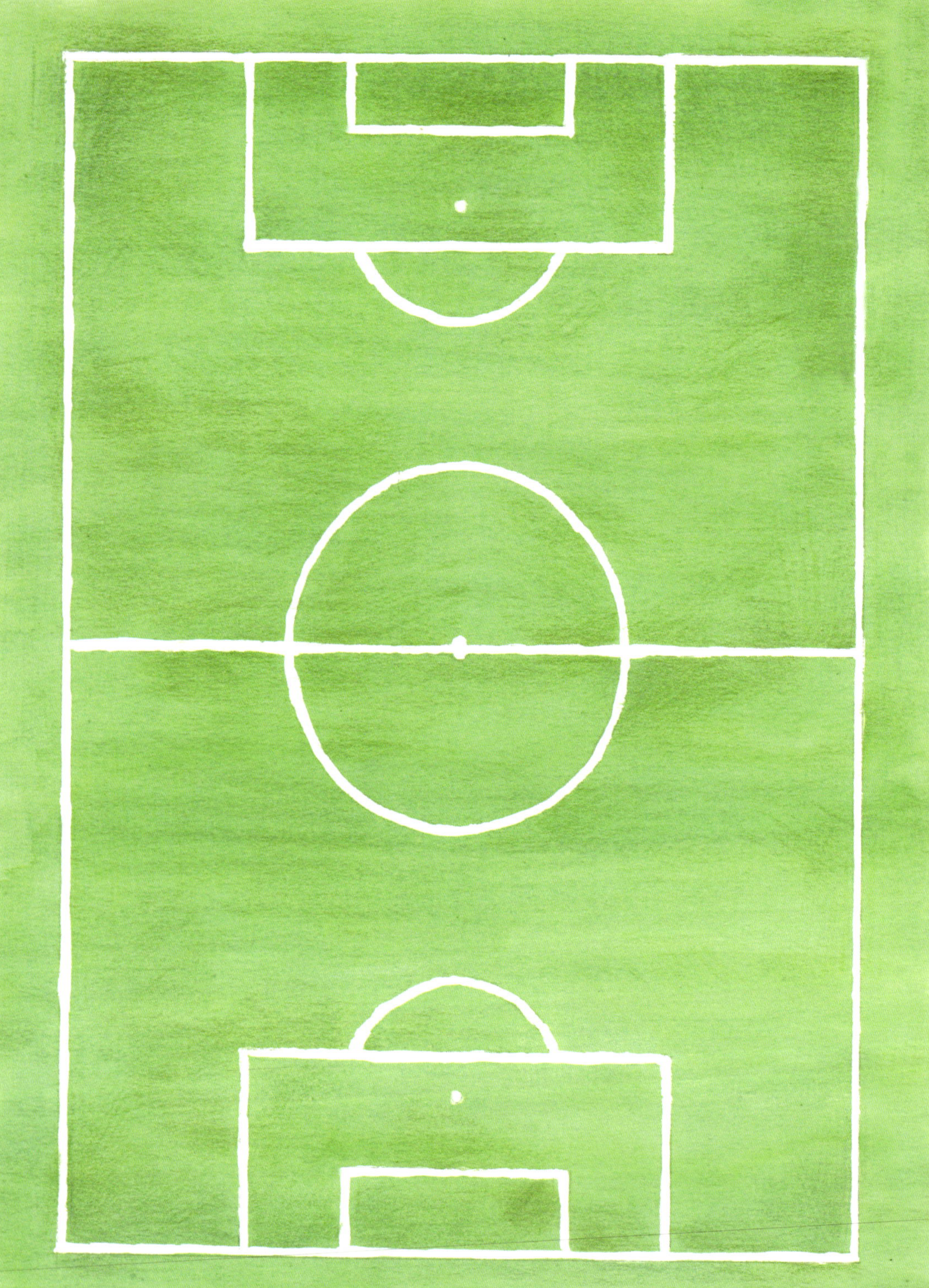

INHALT

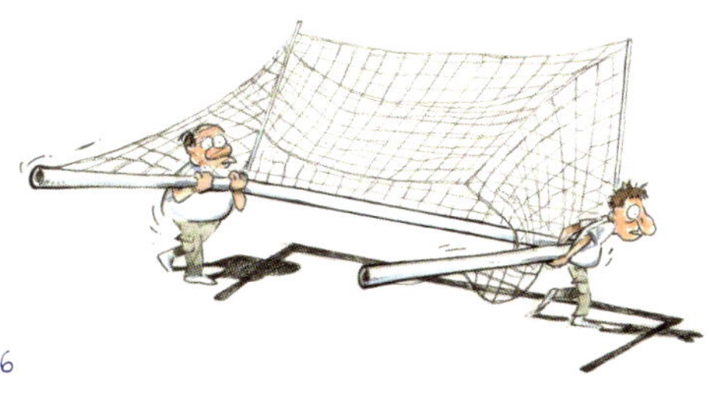

TOP BESTE TORE

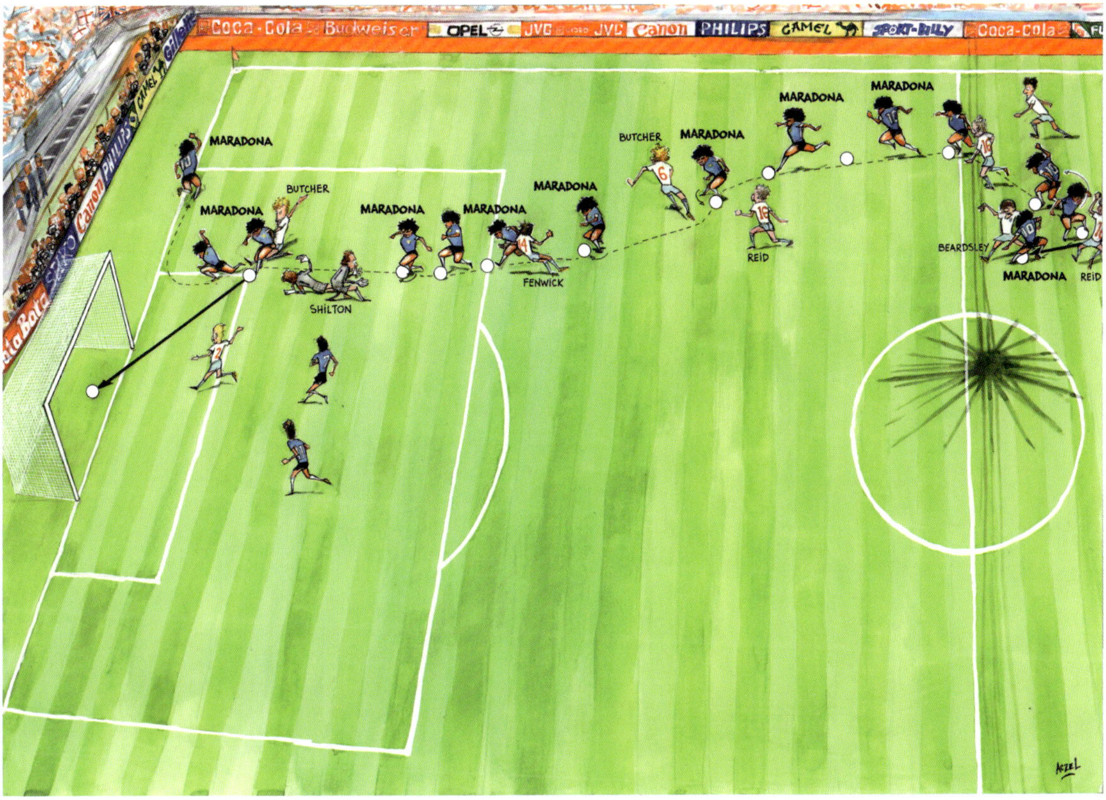

DIEGO ARMANDO MARADONA (ARGENTINIEN) 55. MINUTE (2:0)

1

22. JUNI 1986, ESTADIO AZTECA, MEXIKO CITY (MEXIKO)
WM-VIERTELFINALE, ARGENTINIEN 2:1 ENGLAND

DAS TOR DES JAHRHUNDERTS

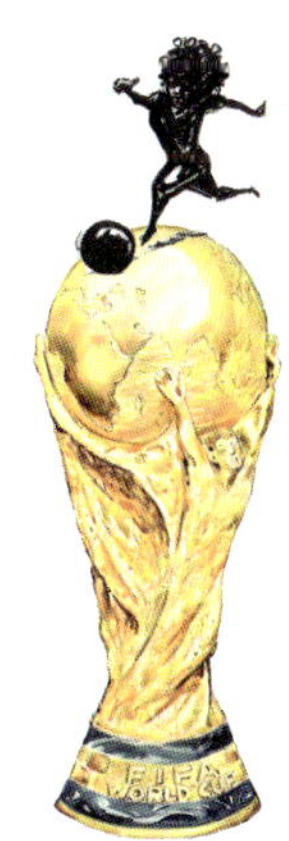

Maradona schoss in diesem Spiel innerhalb von fünf Minuten die zwei wohl unvergesslichsten Tore des internationalen Fußballs. Zuerst „Die Hand Gottes“ (Seite 239), dann dieses absolut meisterhafte Tor. Damit löschte er mit seinen Füßen, was er zuvor mit seinen Händen gemacht hatte. Mit diesem Tor rückte Argentinien ins Halbfinale vor und konnte sich letztlich ein zweites Mal als Weltmeister krönen.
Nach dem Krieg um die Islas Malvinas besiegte Maradona England auf sportliche Weise. Den Argentiniern bedeutete das sehr viel.

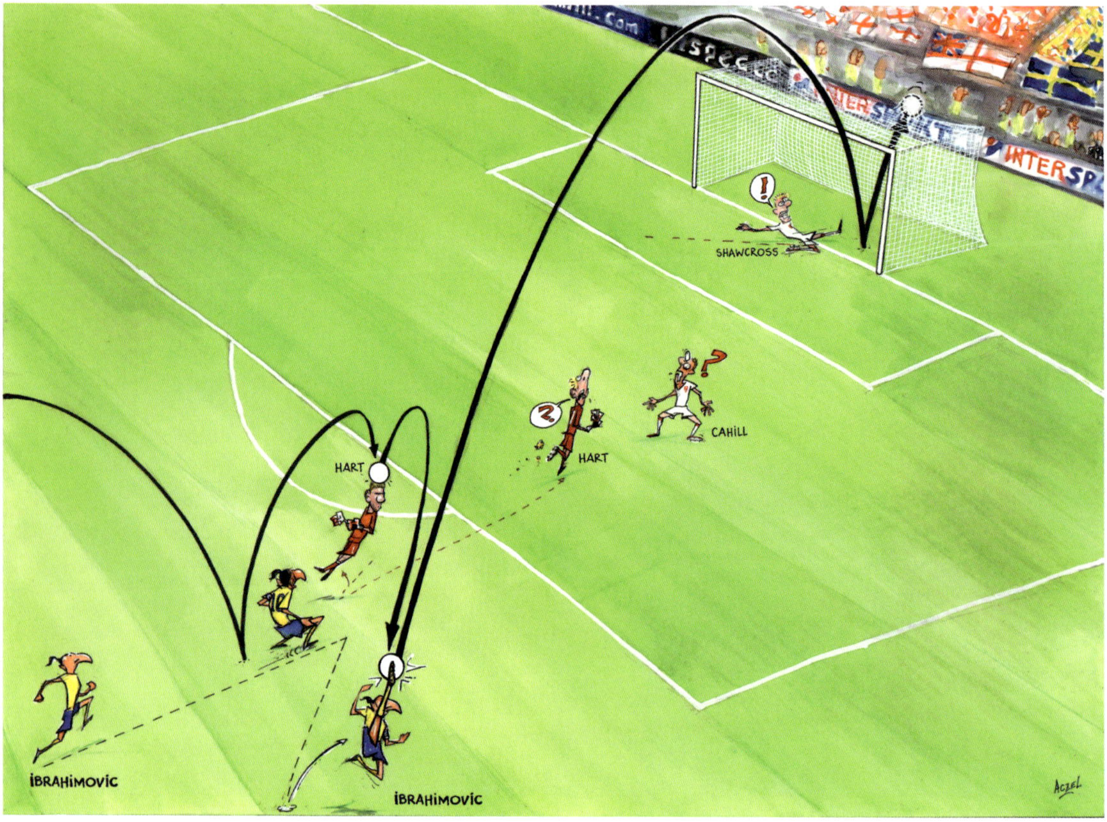

ZLATAN IBRAHIMOVIC (SCHWEDEN)

90. MINUTE (4:2)

2

15. NOVEMBER 2012, FRIENDS ARENA, SOLNA
FREUNDSCHAFTSSPIEL, SCHWEDEN 4:2 ENGLAND

IBRAKADABRA ODER IM KARATE-STIL

Ein Fallrückzieher aus fast 30 Metern. Zlatans akrobatische Dynamik ist beeindruckend. Einmal mehr stellt er sein physisches Talent und seine Karate-Kenntnisse unter Beweis.

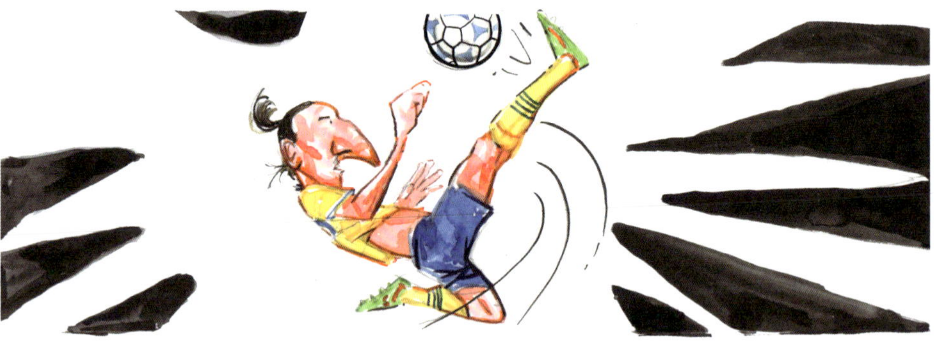

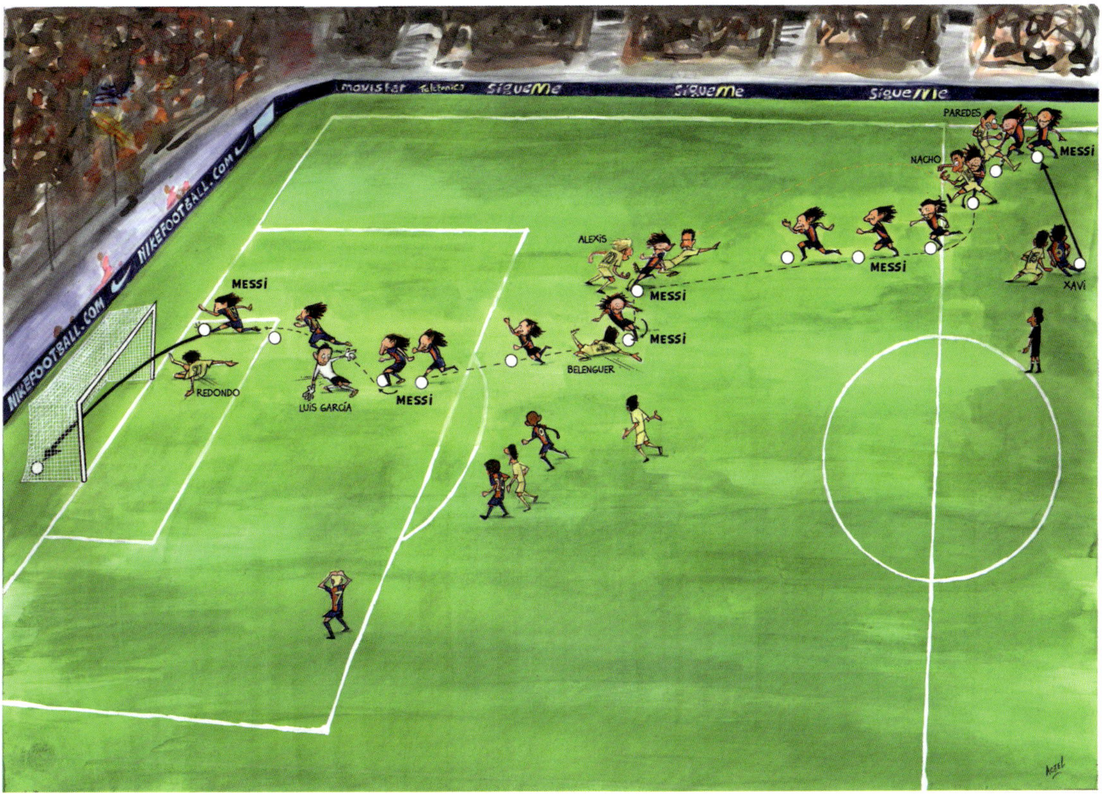

LIONEL MESSI (FC BARCELONA) 28. MINUTE (2:0)

3

18. APRIL 2007, CAMP NOU, BARCELONA (SPANIEN)
COPA DEL REY, HALBFINALE HINSPIEL, FC BARCELONA 5:2 FC GETAFE

"ICH WIDME ES DIEGO (MARADONA)."

20 Jahre, 10 Monate und 26 Tage nach Maradonas Jahrhunderttor kreierte Messi davon ein Replikat. Messi ist eine lebende Legende des aktuellen Fußballs und für viele steht er auf der gleichen Stufe mit historischen Spielern wie Pelé, Maradona oder Cruyff. Er hält so viele Rekorde und hat schon so viele Statistiken auf den Kopf gestellt, dass es hier zu viel Text wäre, alles aufzuzählen. Nur einer der wichtigsten Rekorde: er wurde am häufigsten zum Weltfußballer gewählt.

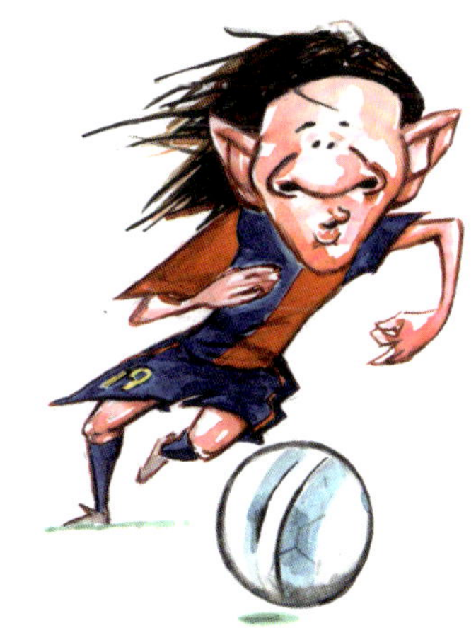

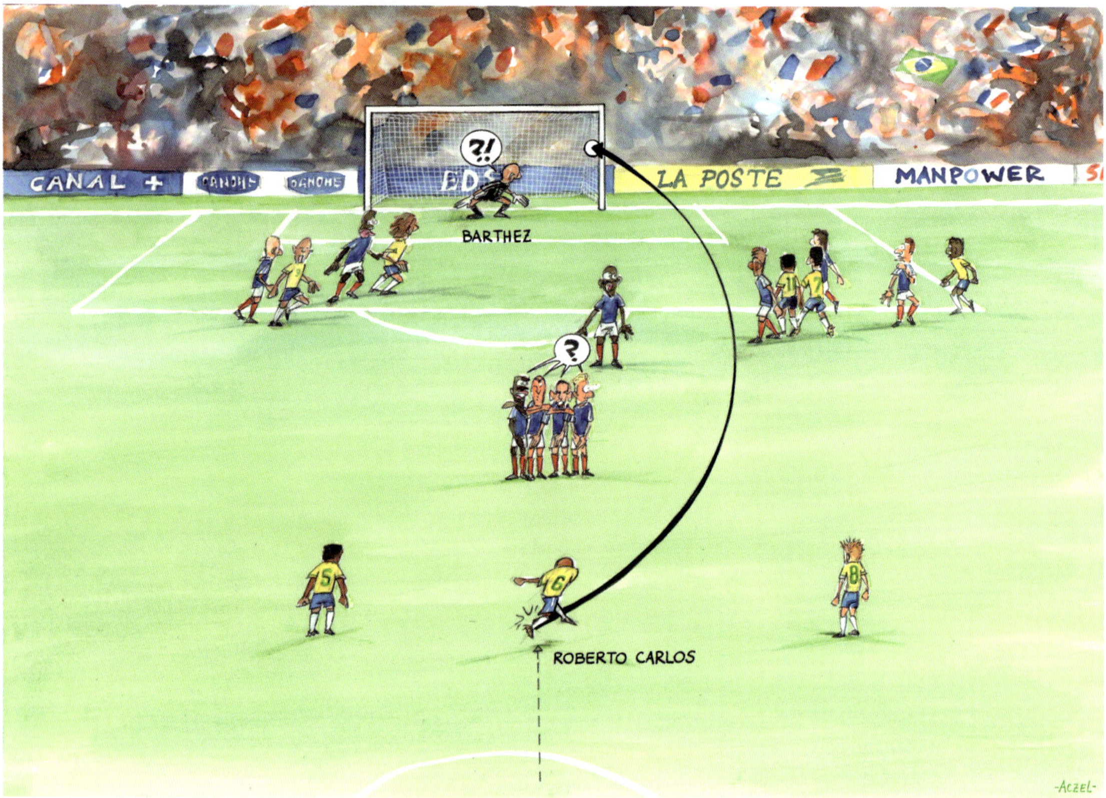

ROBERTO CARLOS (BRASILIEN) 21. MINUTE (0:1)

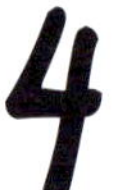

3. JUNI 1997, STADE DE GERLAND, LYON (FRANKREICH)
TOURNOI DE FRANCE, FRANKREICH 1:1 BRASILIEN

DER BANANENFREISTOSS

„Um den Freistoß zu kalkulieren, zielte ich auf das ‚A' des Werbeschildes ‚La Poste'". Der Ball entfernte sich sogar noch mehr und drehte sich dann mit einem unglaublichen Effet und hoher Geschwindigkeit. „In meiner Karriere schoss ich einige solcher Freistöße, aber das war der beste meines Lebens."

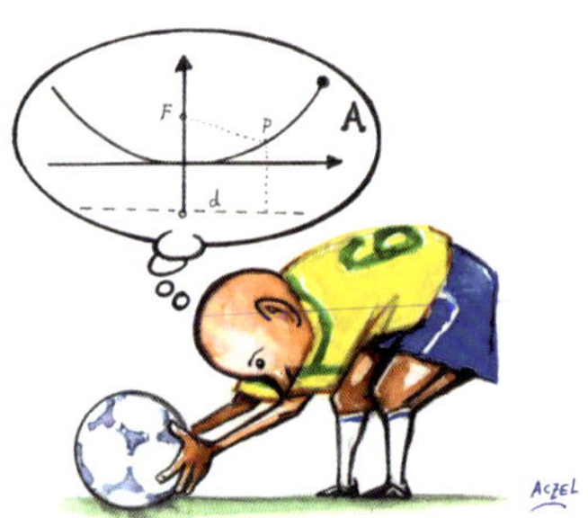

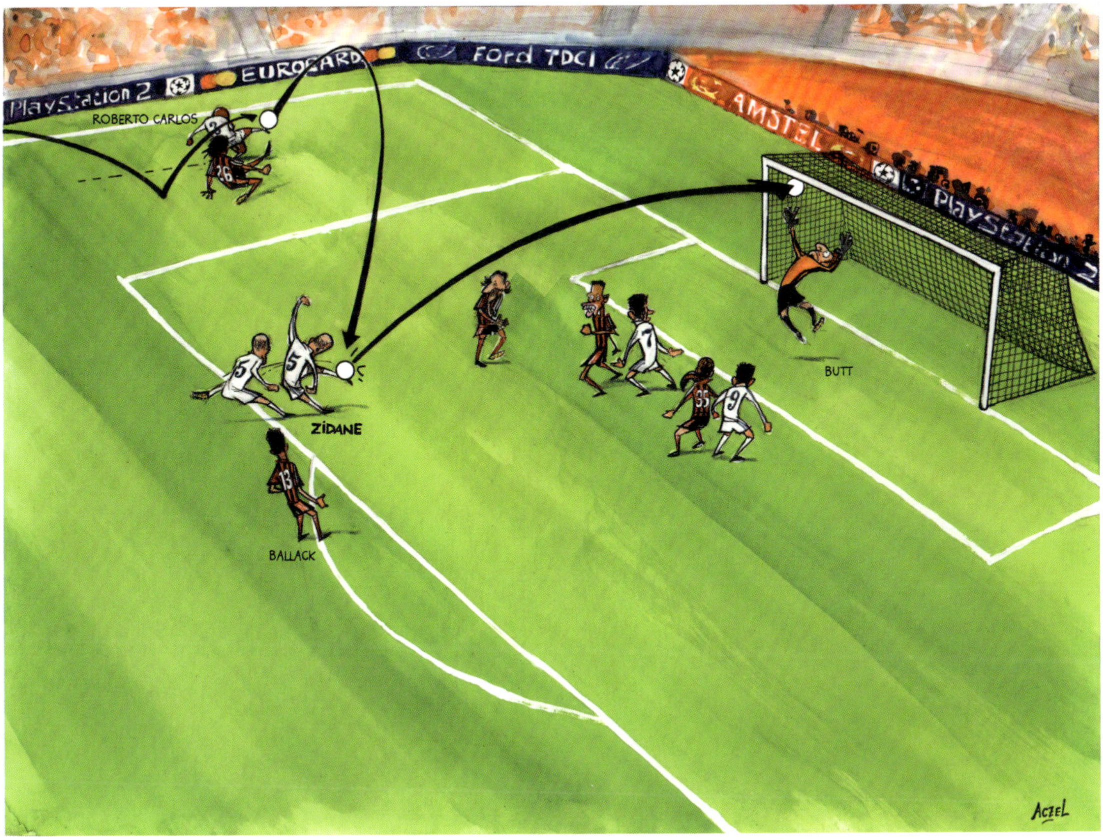

ZINÉDINE ZIDANE (REAL MADRID) 45. MINUTE (2:1)

5

15. MAI 2002, HAMPDEM PARK, GLASGOW (SCHOTTLAND)
CHAMPIONS LEAGUE, FINALE, REAL MADRID 2:1 BAYER 04 LEVERKUSEN

BESTES CHAMPIONS LEAGUE TOR ALLER ZEITEN

„Schon im ersten Moment, als der Ball meinen Fuß berührte, merkte ich, dass das ein Tor sein würde. Ich habe ihn phänomenal erwischt, es war wunderschön. Und das Wichtigste, dass wir den Pokal in die Luft heben durften.“ Das war einer der magischsten Momente in der Fußballgeschichte. So wie der Ball im richtigen Winkel, der richtigen Höhe und mit dieser Eleganz angenommen wurde, um ihn dann Volley mit links ins Tor zu befördern, das konnte nur Zizou.

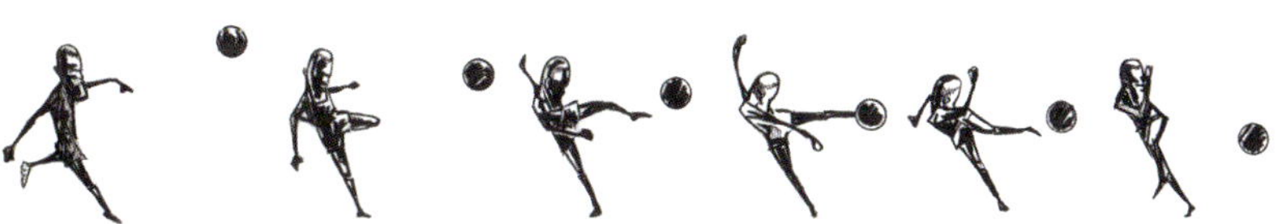

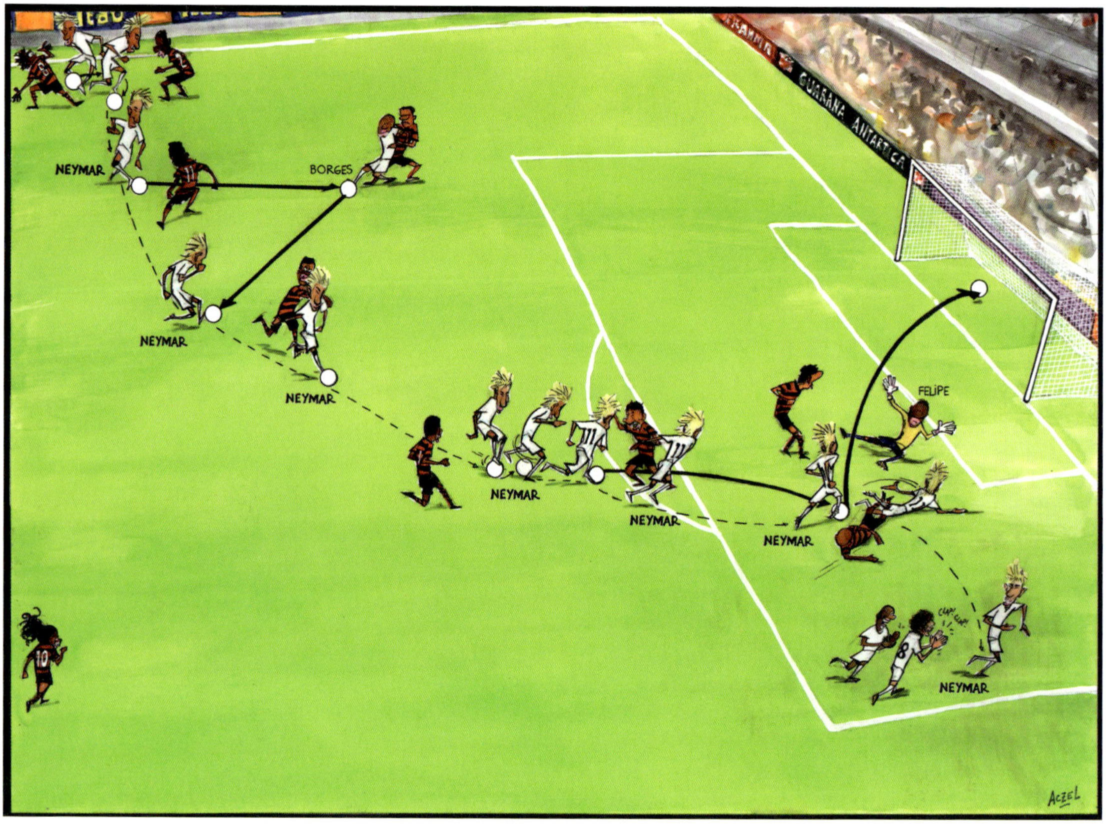

NEYMAR (FC SANTOS) 25. MINUTE (3:0)

6

27. JULI 2011, ESTÁDIO URBANO CALDEIRA, SANTOS (BRASILIEN)
CAMPEONATO BRASILEIRO, 12. SPIELTAG, FC SANTOS 4:5 FLAMENGO

DAS JUWEL NEYMAR

„Diese Leichtigkeit, als würde er schweben. Das kann nur ein echter Crack“, schwärmte der Kommentator. Dieses Hammerspiel, angeführt von den Kapitänen Neymar für Santos und Ronaldinho für Flamengo endete 4:5. Neymar erzielte das schönste Tor dieser Partie … und des Jahres und bekam den Puskás-Preis. Die Zuschauer auf beiden Seiten verließen das Stadion applaudierend, wohlwissend, dass sie einem Fußballspektakel beiwohnen durften.

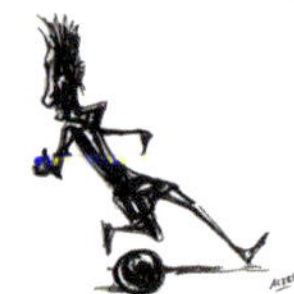

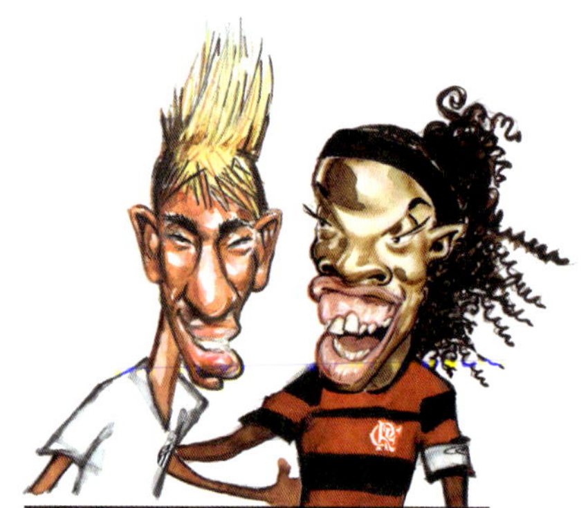

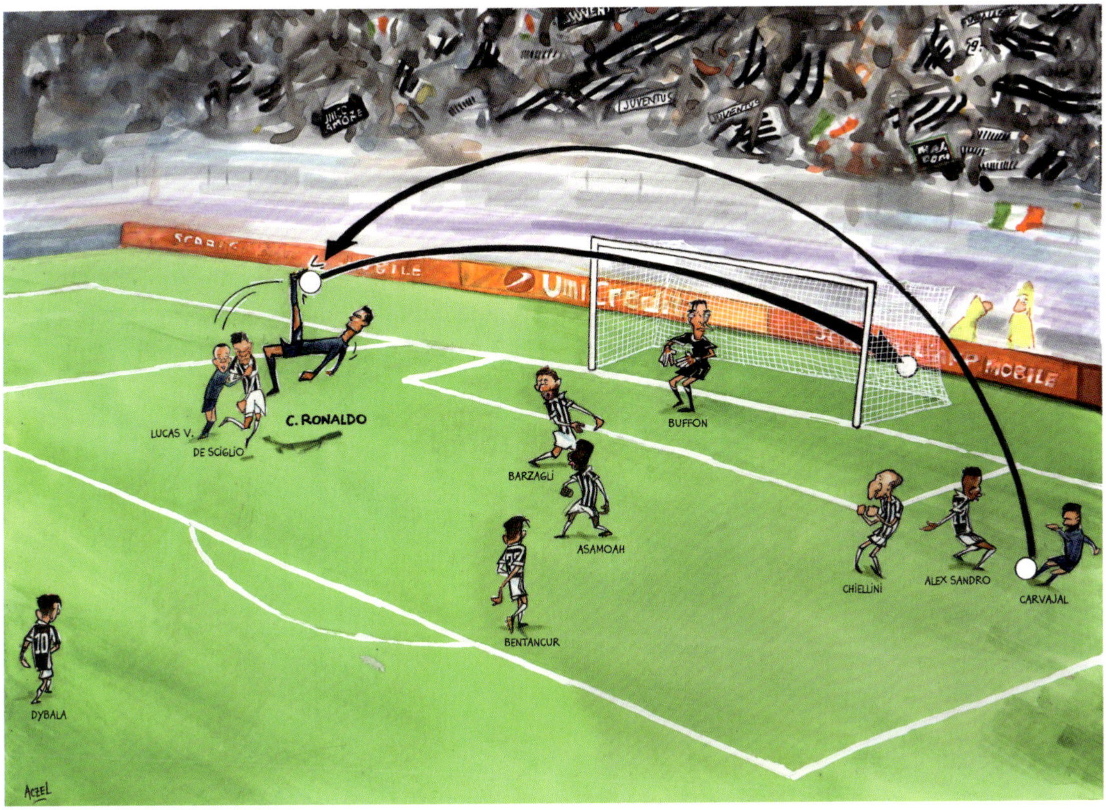

CRISTIANO RONALDO (REAL MADRID) 64. MINUTE (0:2)

7

3. APRIL 2018, JUVENTUS STADIUM, TURIN (ITALIEN)
CHAMPIONS LEAGUE, VIERTELFINALE, HINSPIEL,
JUVENTUS 0:3 REAL MADRID

CR7 EHRENFANS

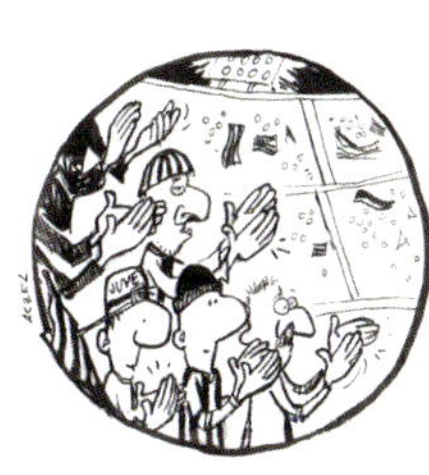

Nach diesem Fallrückzieher, bei dem er unglaublich hoch in die Luft steigt, standen selbst die Fans der „Alten Dame“ auf und sorgten für einen Gänsehautmoment, als sie voller Anerkennung applaudierten. Das berührte den Portugiesen sehr und er bedankte sich bei den Juventus-Fans. Vielleicht auch ein Motiv weshalb er für die nächste Saison bei Juve einen Vertrag unterzeichnete.

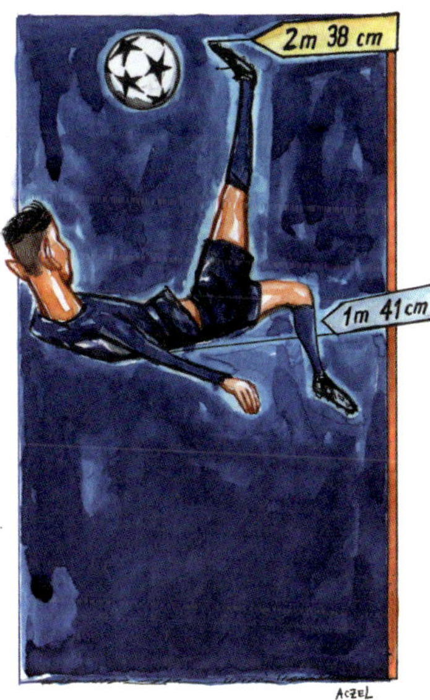

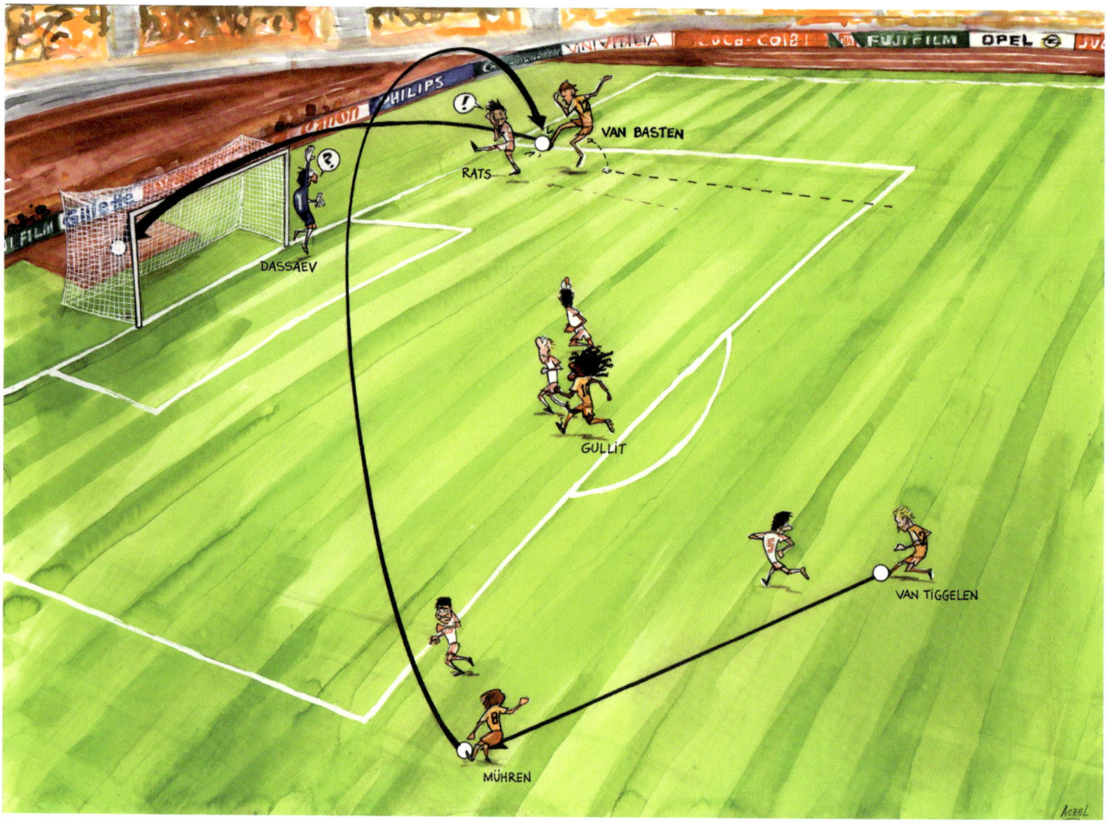

MARCO VAN BASTEN (NIEDERLANDE) 54. MINUTE (2:0)

8

25. JUNI 1988, OLYMPIASTADION, MÜNCHEN (DEUTSCHLAND)
EM-FINALE, NIEDERLANDE 2:0 SOWJETUNION

DER PERFEKTESTE VOLLEYSCHUSS

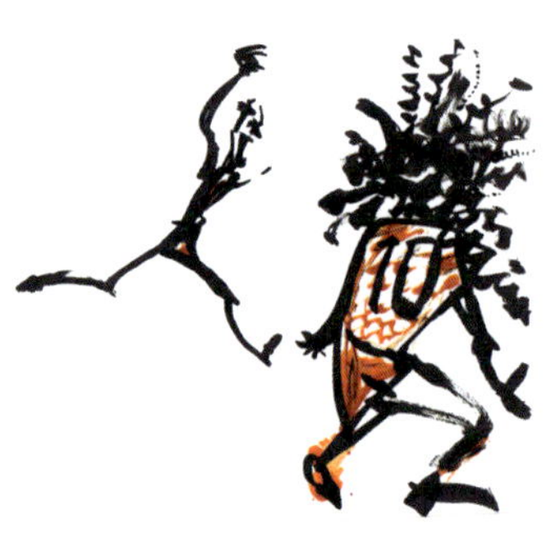

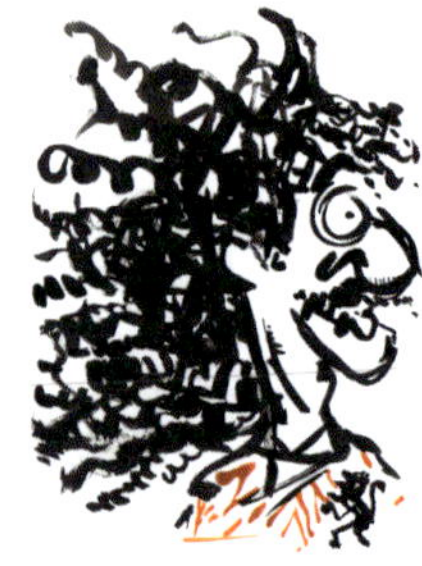

Im EM-Finale setzte Marco van Basten von einem praktisch unmöglichen Winkel zum Volleyschuss an und traf über den Torwart hinweg in die lange Ecke. Damit machte einer der besten Stürmer seiner Generation 1988 die Niederlande erstmals zum Europameister.

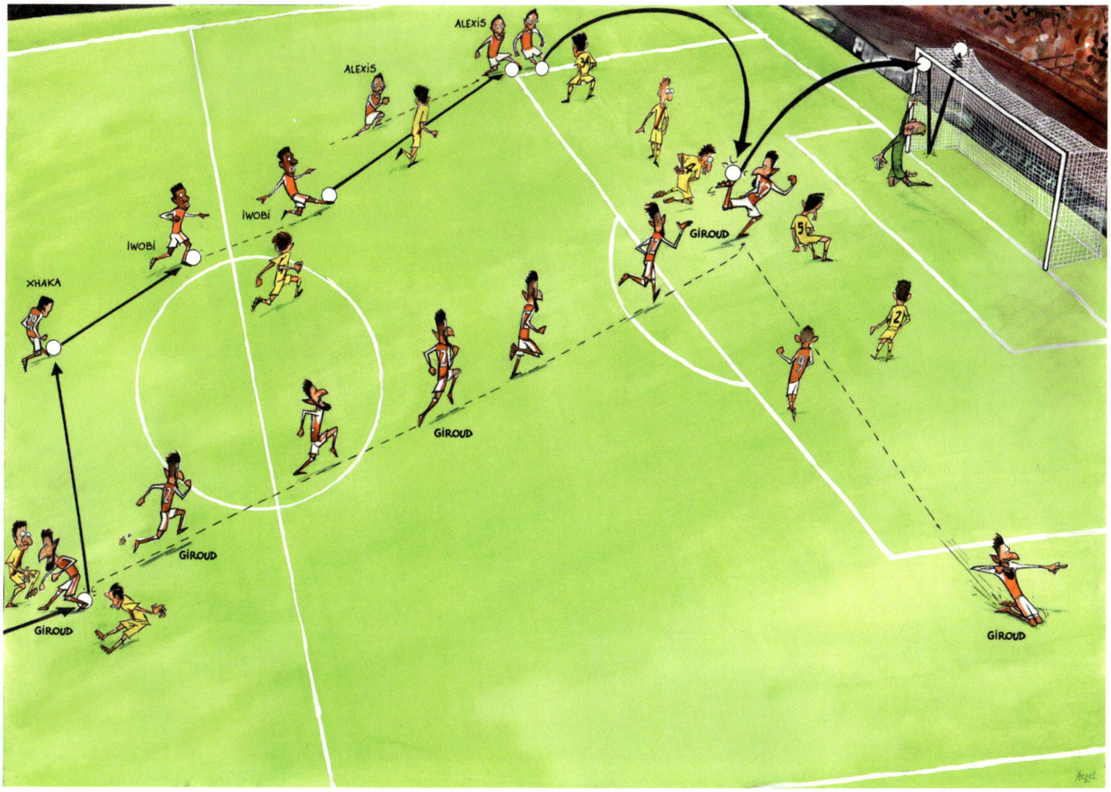

OLIVIER GIROUD (ARSENAL) 17. MINUTE (1:0)

9

01. JANUAR 2017, EMIRATES STADIUM, LONDON (ENGLAND)
PREMIER LEAGUE, 19. SPIELTAG, ARSENAL 2:0 CRYSTAL PALACE

"GUTES NEUES JAHR"

Das Jahr 2017 war gerade mal 16 Stunden alt, als klar war, dass man soeben das Tor des Jahres gesehen hatte. Mit dem „Skorpion" holte sich Giroud den Puskás-Preis 2017. „Ich hatte ein bisschen Glück, dass der Ball hinter mir war und mir aus dieser Position keine andere Wahl blieb."

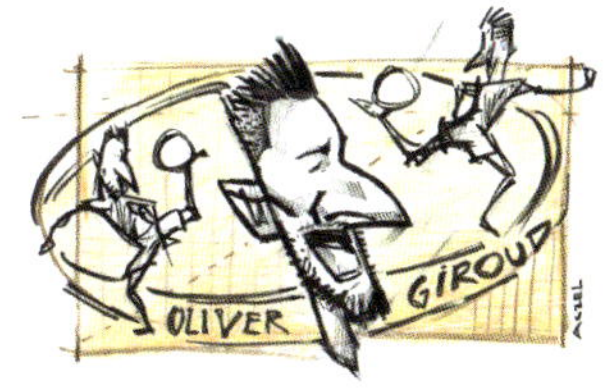

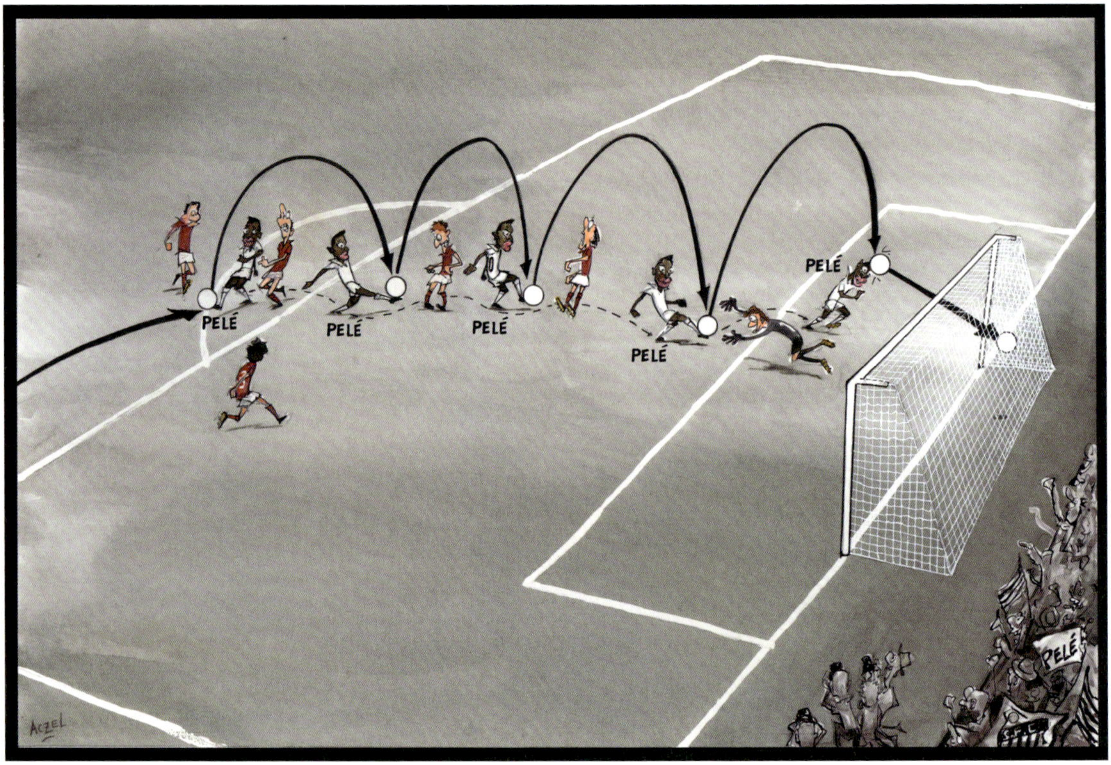

PELÉ (FC SANTOS)

81. MINUTE (0:4)

10

2. AUGUST 1959, ESTÁDIO RUA JAVARI, SÃO PAULO (BRASILIEN)
CAMPEONATO PAULISTA, CA JUVENTUS 0:4 FC SANTOS

O REI PELÉ

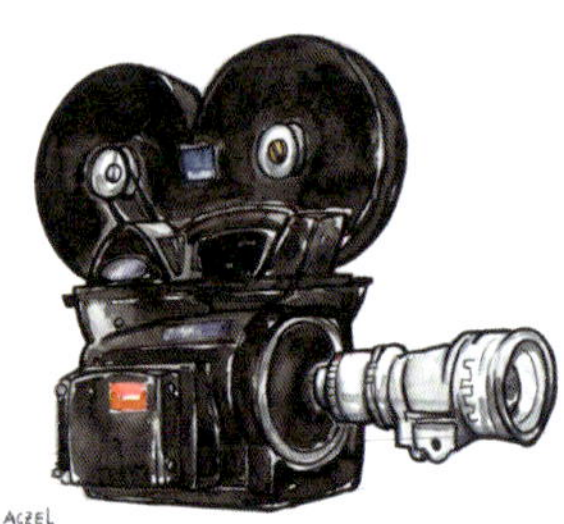

Mit vier Lupfern in Folge erzielte Pelé von 1283 Toren das schönste seiner Karriere. Da es keine Videoaufzeichnungen gab, wurde der Ablauf des Tores per Computer und durch die Aussagen der Zuschauer, die damals im Stadion waren und Pelé selbst, rekonstruiert.

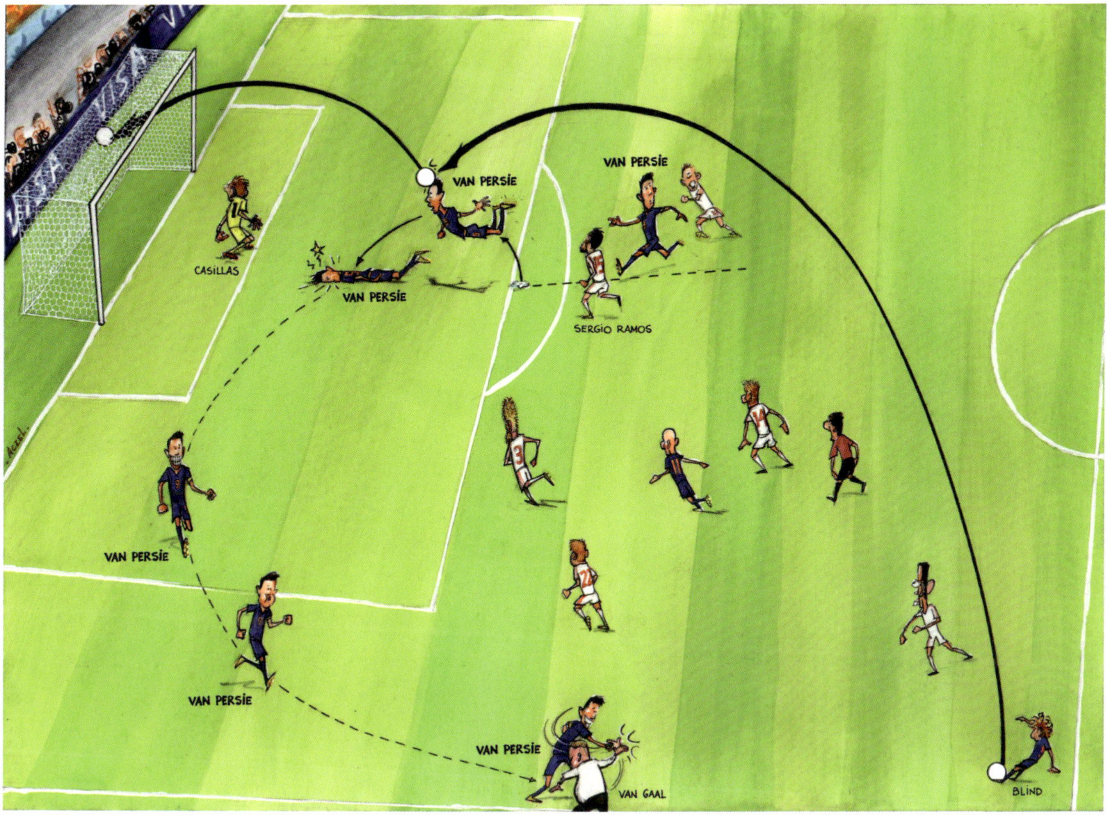

ROBIN VAN PERSIE (NIEDERLANDE) 44. MINUTE (1:1)

11

13. JUNI 2014, ESTÁDIO FONTE NOVA, SALVADOR, BAHIA (BRASILIEN)
WM 2014, GRUPPE B, NIEDERLANDE 5:1 SPANIEN

DER FLIEGENDE HOLLÄNDER

Dieses fantastische Flugkopfballtor von van Persie, der sich keine Gedanken um seine Landung danach machte, ist die Nummer eins unter den Kopfballtoren und wird nur sehr schwer zu überbieten sein.

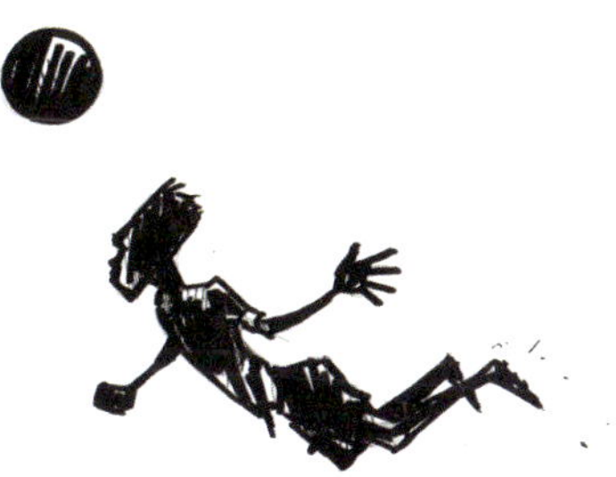

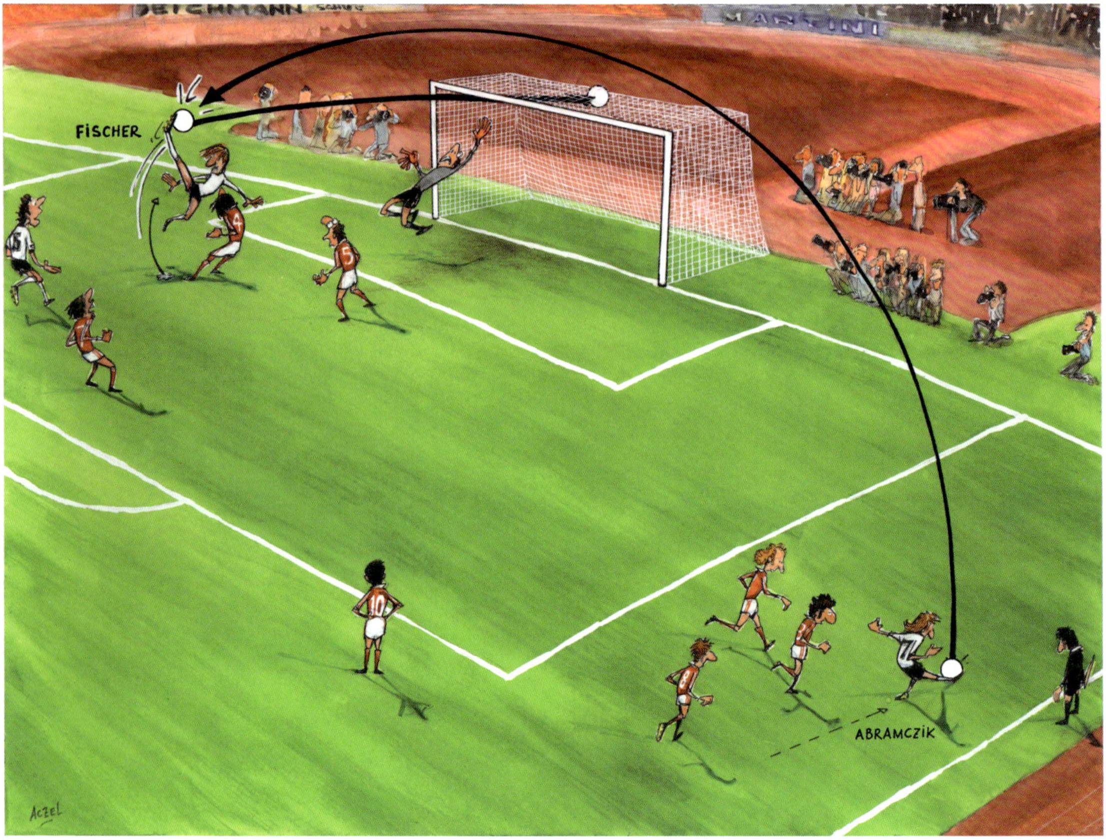

12

KLAUS FISCHER (DEUTSCHLAND) 60. MINUTE (4:1)

16. NOVEMBER 1977, NECKERSTADION, STUTTGART (DEUTSCHLAND)
FREUNDSCHAFTSSPIEL, DEUTSCHLAND 4:1 SCHWEIZ

MISTER FALLRÜCKZIEHER

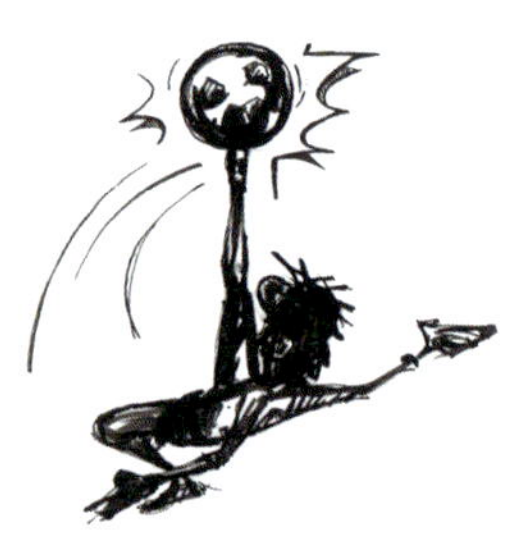

Klaus Fischer steht nach wie vor für diese spektakuläre Art und Weise, den Ball ins Tor zu befördern, was ihm bei Weitem nicht nur einmal gelang. Hier sehen wir sein wohl perfektestes Fallrückzieher-Tor, das in Deutschland zum Tor des Jahres, des Jahrzehnts und des Jahrhunderts gewählt wurde.
Sein wichtigstes Tor – um es erwähnt zu haben – war sein historisches Fallrückzieher-Tor zum 3:3 1982 im Halbfinale der WM gegen Frankreich.
Und selbst mit 53 Jahren gelingt ihm bei einem Altherren-Derby (Löwen gegen Bayern) so ein schönes Seitfallzier-Tor, dass er dafür von den *Sportschau*-Zuschauern die sechste Tor des Monats-Medaille verliehen bekam.
Mehr hat bis heute keiner geschafft.

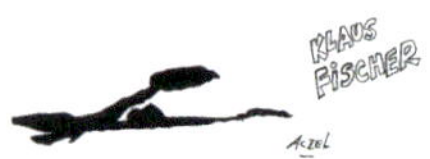

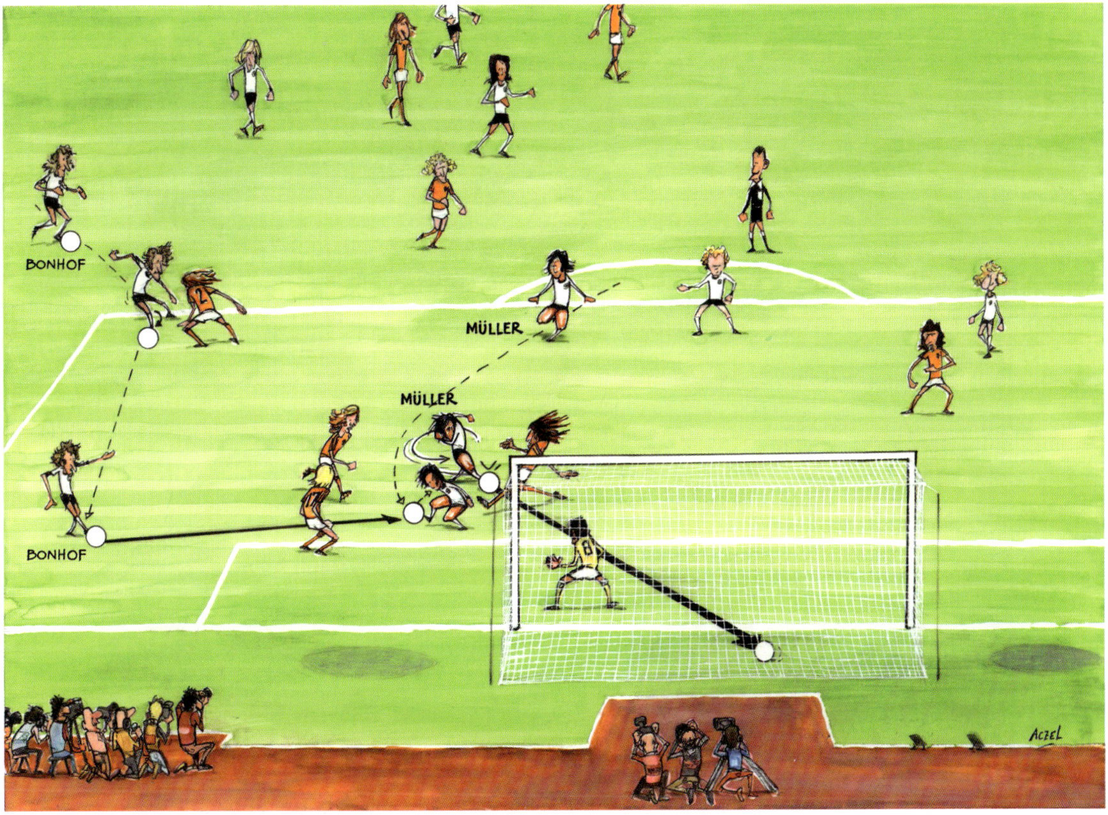

GERD MÜLLER (DEUTSCHLAND) 43. MINUTE (2:1)

13

7. JULI 1974, OLYMPIASTADION, MÜNCHEN (DEUTSCHLAND)
WM 1974, FINALE, DEUTSCHLAND 2:1 NIEDERLANDE

DER BOMBER DER NATION

Und hier die Nummer eins der ewigen Torjägerliste der Bundesliga-Tore. Gerd Müller hatte einen unglaublichen Oberschenkelumfang von 2,03m. Bis heute fragen sich alle, wie er damit überhaupt laufen konnte. Doch er konnte nicht nur laufen, sondern hatte eine ganz außergewöhnlich gute Körperbeherrschung mit schnellen instinktiven Bewegungen, wie bei diesem Tor die Drehung, plus die Fähigkeit zur Antizipation. Nur er konnte aus keiner Chance ein Tor zaubern. Er sagte mal: „Wenn du im Fußball anfängst zu denken, ist es schon zu spät."

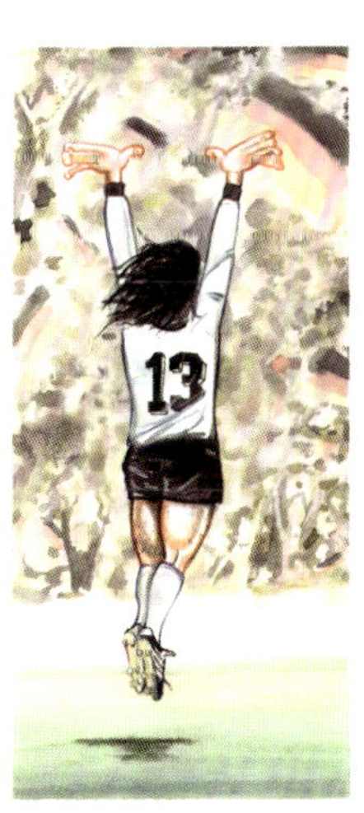

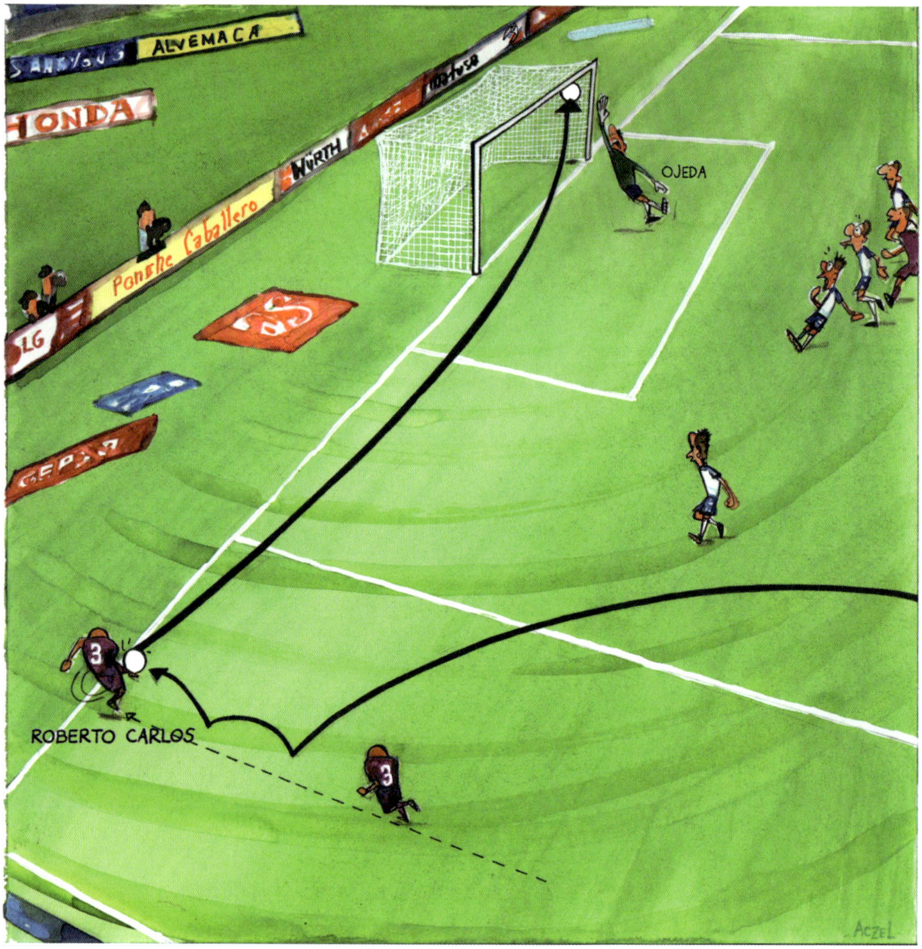

ROBERTO CARLOS (REAL MADRID) 46. MINUTE (1:1)

14

21. FEBRUAR 1998, ESTADIO HELIODORO RODRÍGUEZ LÓPEZ, TENERIFFA (SPANIEN)
LA LIGA, 26. SPIELTAG, CD TENERIFE 4:3 REAL MADRID

EL GOL IMPOSIBLE

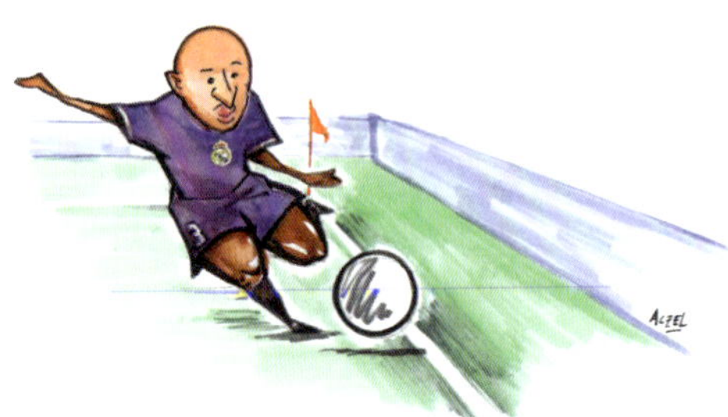

Noch ein unmögliches Tor von Roberto Carlos, indem er mit sämtlichen Regeln der logischen Geometrie bricht. Mit zwei Toren innerhalb der Top 20 hat er zweifelsfrei den besten Außenrist-Schuss aller Zeiten.

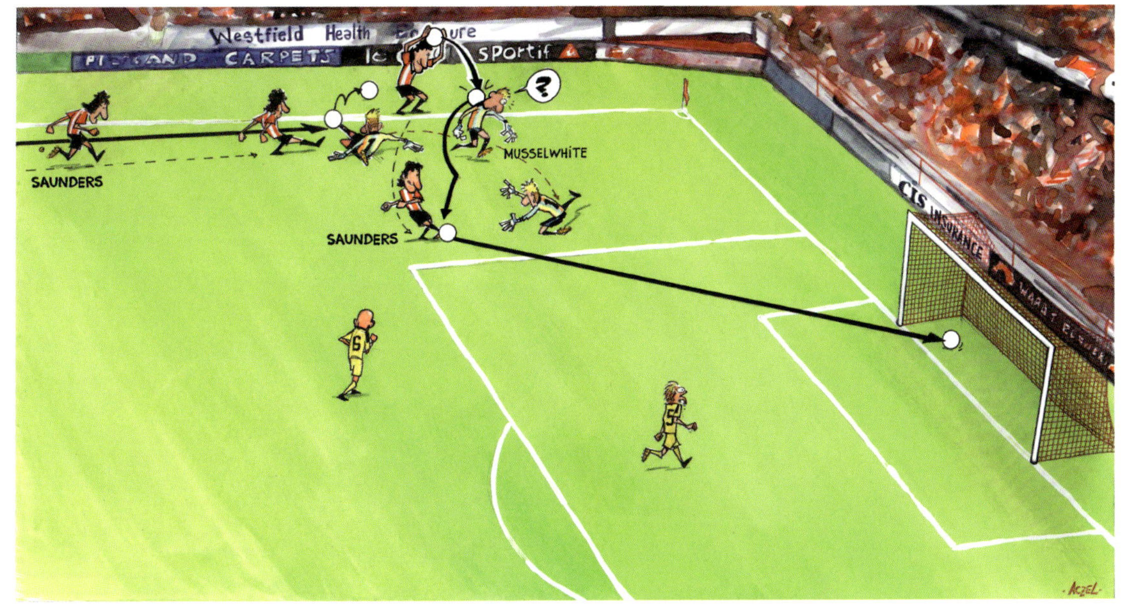

DEAN SAUNDERS (SHEFFIELD UNITED FC) 88. MINUTE (2:0)

15

28. MÄRZ 1998, BRAMALL LANE STADIUM, SHEFFIELD (ENGLAND)
PREMIER LEAGUE, 37. SPIELTAG, SHEFFIELD UNITED FC 2:1 PORT VALE FC

DAS FRECHSTE TOR ALLER ZEITEN

Tatsächlich benutzte Saunders den Torwart, um den Ball von ihm abprallen zu lassen. Ganz ohne Zweifel ein genialer Einfall.

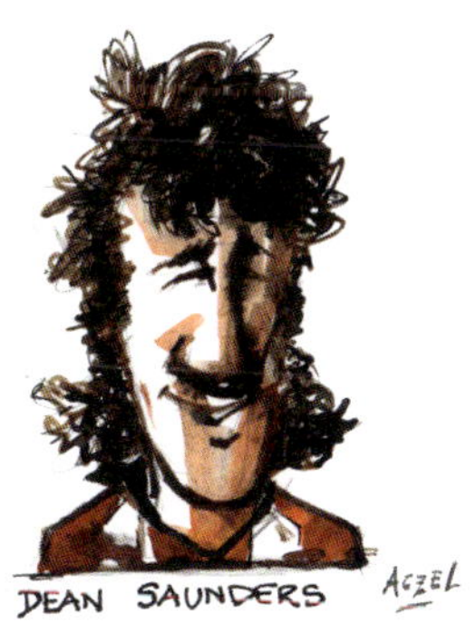

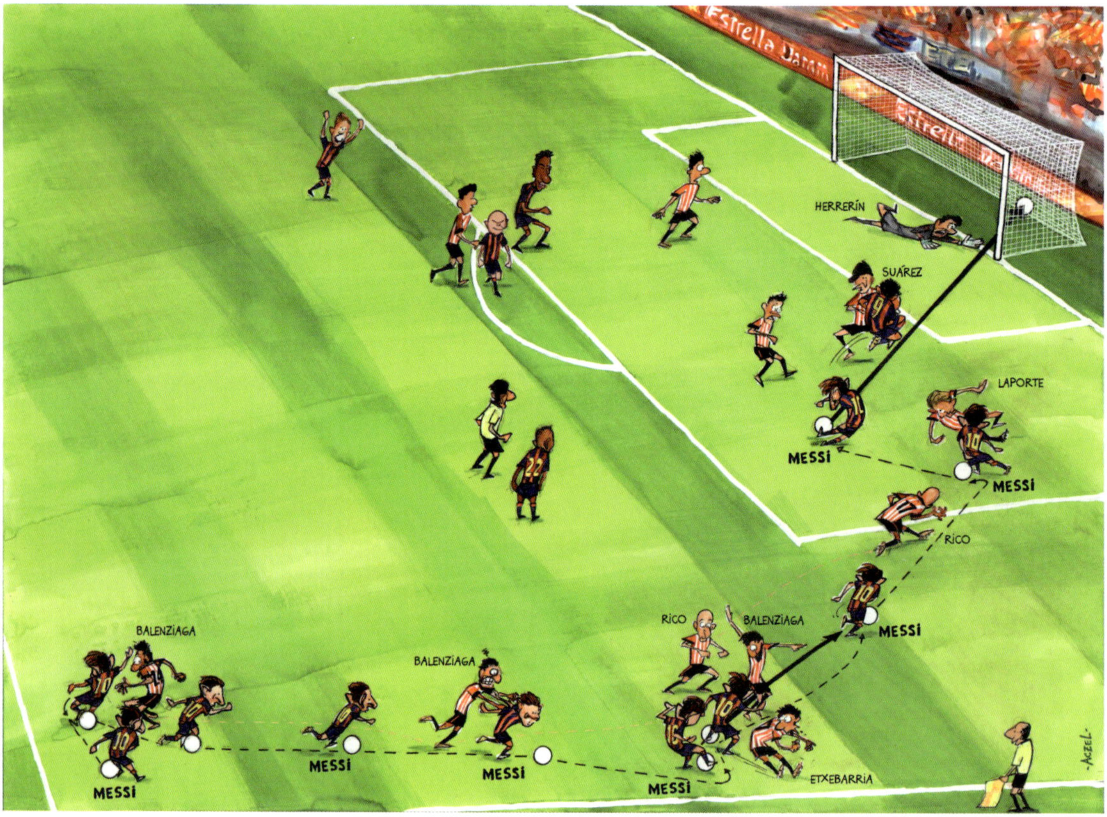

LIONEL MESSI (BARCELONA) 20. MINUTE (1:0)

16

30. MAI 2015, CAMP NOU, BARCELONA (SPANIEN)
COPA DEL REY, FINALE, FC BARCELONA 3:1 ATLETICO BILBAO

FANG MICH DOCH, WENN DU KANNST

Hier dribbelt Messi gleich mehrere Gegner aus. Er wurde „Man oft the Match“ und Barcelona holte sich auch den Pokal.

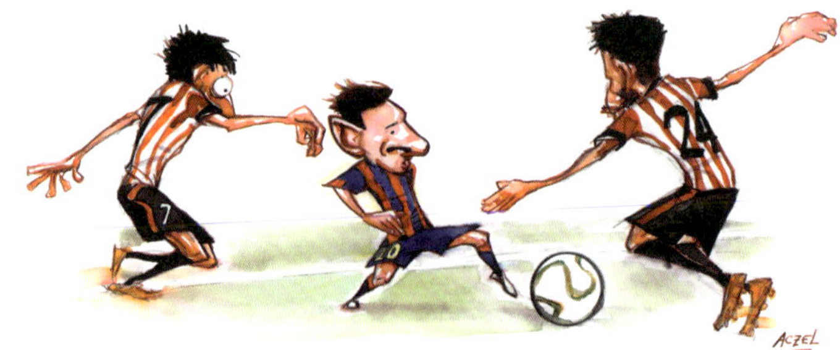

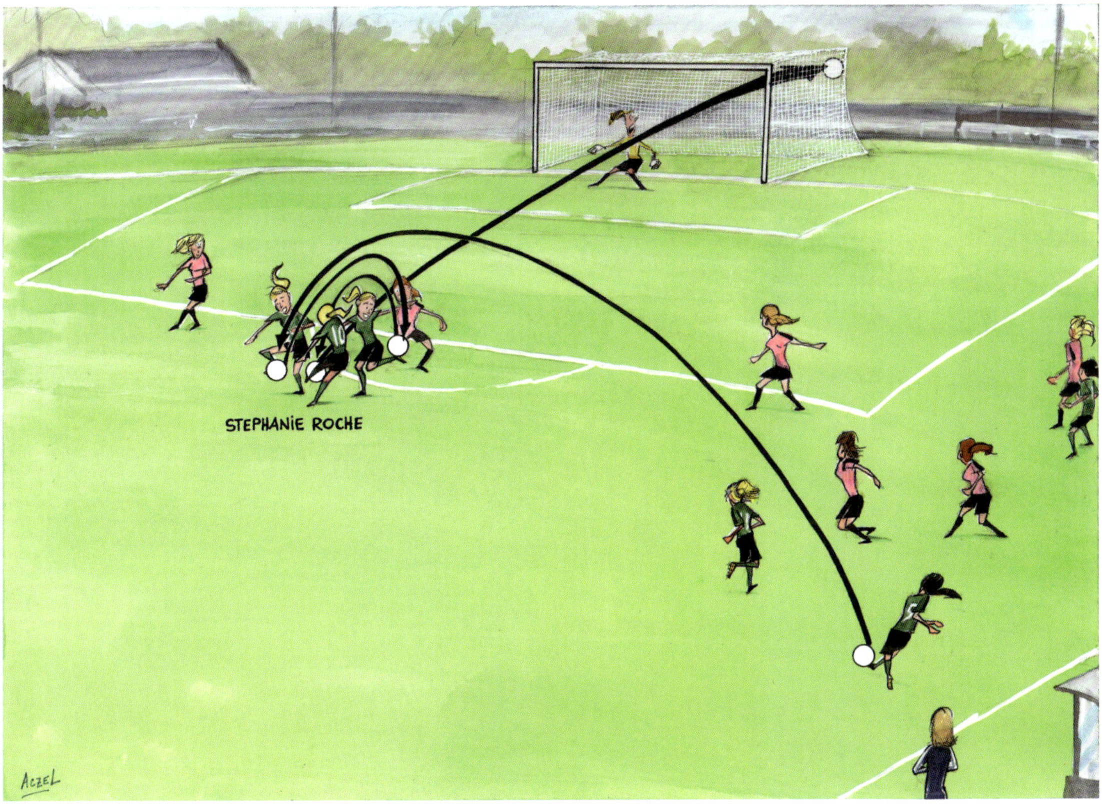

STEPHANIE ROCHE

ACZEL

STEPHANIE ROCHE (PEAMOUNT UNITED) 47. MINUTE (0:4)

17

20. OKTOBER 2013, FERRYCARRIG PARK, NEWCASTLE, CROSSABEG (REPUBLIK IRLAND)
BEWNL, WEXFORD YOUTHS 1:6 PEAMOUNT UNITED

VIRALE SENSATION

Nachdem der Teammanager ein Video des Tores auf YouTube gestellt hatte, verbreitete es sich rasant. Stephanie Roches Tor wurde für den FIFA-Puskás-Preis 2014 nominiert. „Bei den Oscars des Fußballs zusammen mit den größten Stars wie Messi, Ronaldo, etc. zu sein, war unglaublich und irreal für mich in meinem Leben." Das Tor ist mit dem zweiten Platz die höchste Platzierung einer weiblichen Spielerin. Die ganze Welt freute sich.

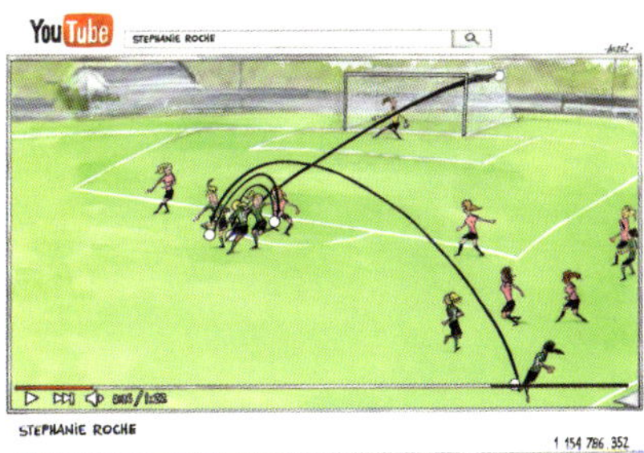

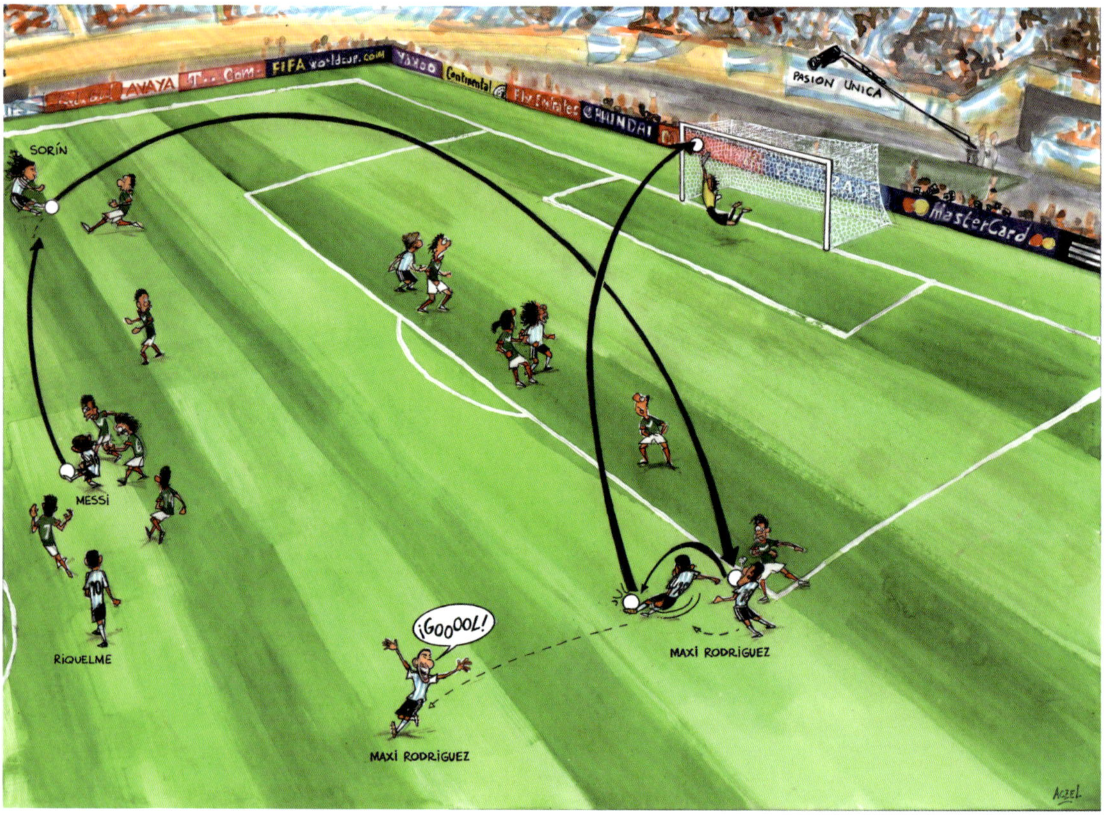

MAXI RODRIGUEZ (ARGENTINIEN) 98. MINUTE (2:1)

18

24. JUNI 2006, ZENTRALSTADION, LEIPZIG (DEUTSCHLAND)
WM 2006, ACHTELFINALE, ARGENTINIEN 2:1 (N.V.) MEXIKO

TRAUMTOR

Brust und direkt, noch bevor der Ball den Boden berühren konnte, ein mächtiger Schuss, der die Argentinier eine Runde weiterbringen sollte.

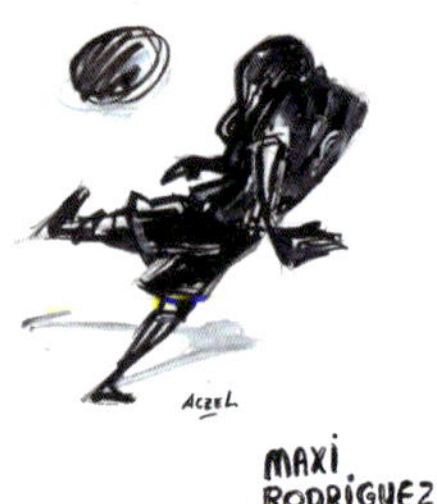

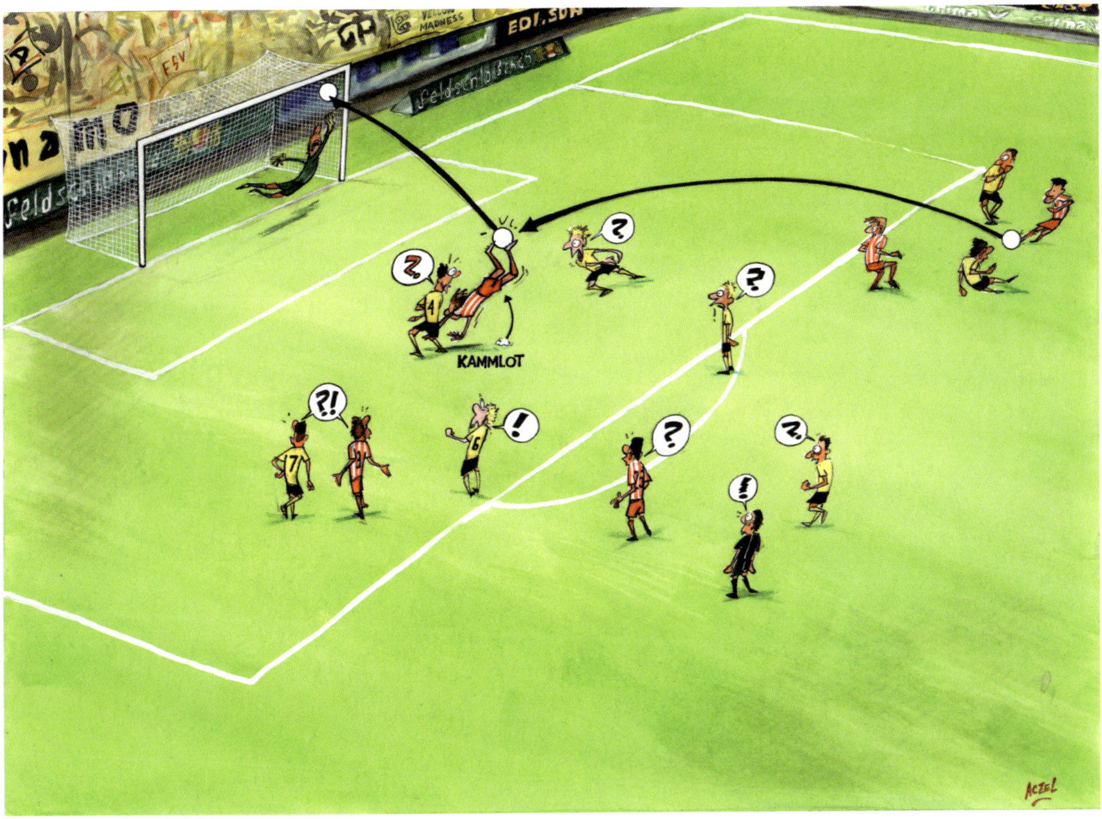

CARSTEN KAMMLOTT (FC ROT-WEISS ERFURT) 67. MINUTE (1:1)

19

13. AUGUST 2015, RUDOLF-HARBIG-STADION, DRESDEN (DEUTSCHLAND)
3. LIGA, 3. SPIELTAG, DYNAMO DRESDEN 3:1 FC ROT-WEISS ERFURT

SUPERKAMMLOT

Mit einem unfassbaren, fliegenden Skorpion, irgendwo zwischen Genialität und Wahnsinn, erzielte der Drittligist das Tor des Jahres 2015. „Das hatte ich noch nie zuvor probiert. So etwas passiert einmal im Leben. Dass es gerade mir passiert ist, freut mich natürlich“, erinnert sich der sympathische, bodenständige Kammlot.

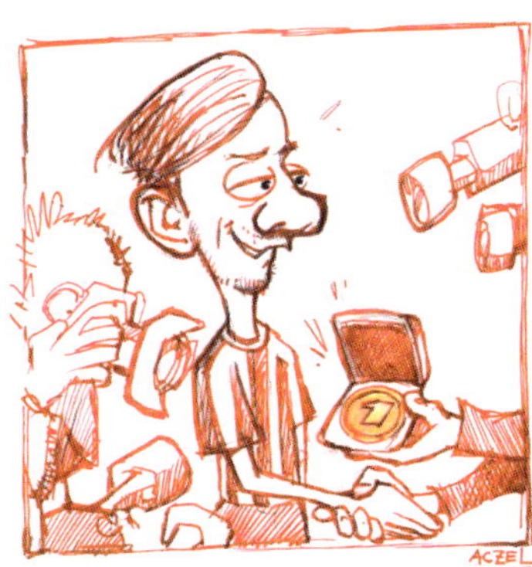

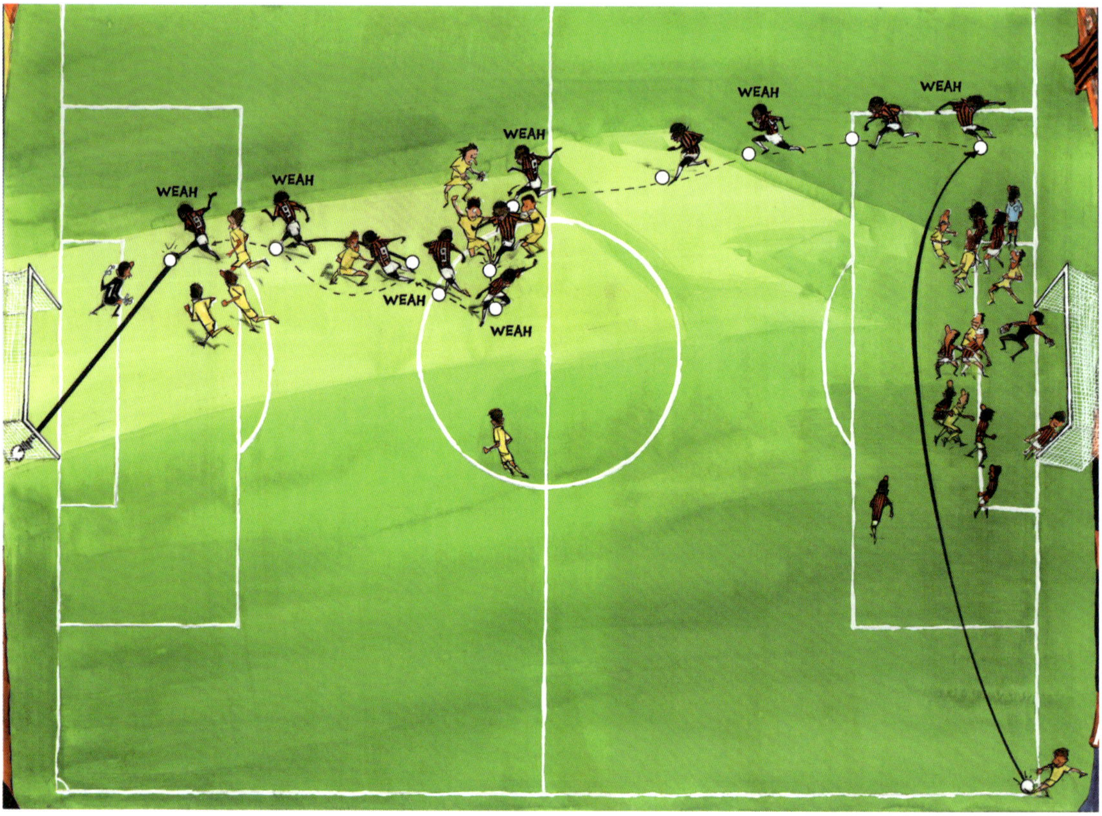

GEORGE WEAH (AC MAILAND) 85. MINUTE (3:1)

20

8. SEPTEMBER 1996, GIUSEPPE MEAZZA STADION, MAILAND (ITALIEN)
SERIE A, 1. SPIELTAG, AC MILAN 4:1 HELLAS VERONA

DAS GESAMTE SPIELFELD

Weah stürmte bei seinem unfassbaren Solo buchstäblich über das gesamte Spielfeld. Er ist bis heute der einzige afrikanische Spieler, der zum Weltfußballer ernannt wurde und schließlich auch zum Spieler des Jahrhunderts Afrikas. Seit Januar 2018 ist er der Präsident seines Landes Liberia.

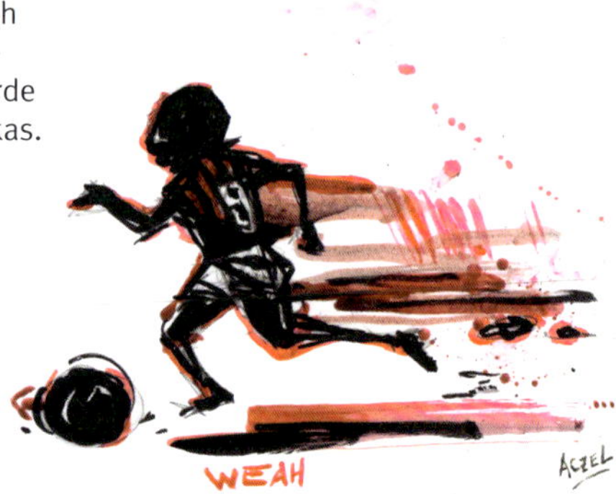

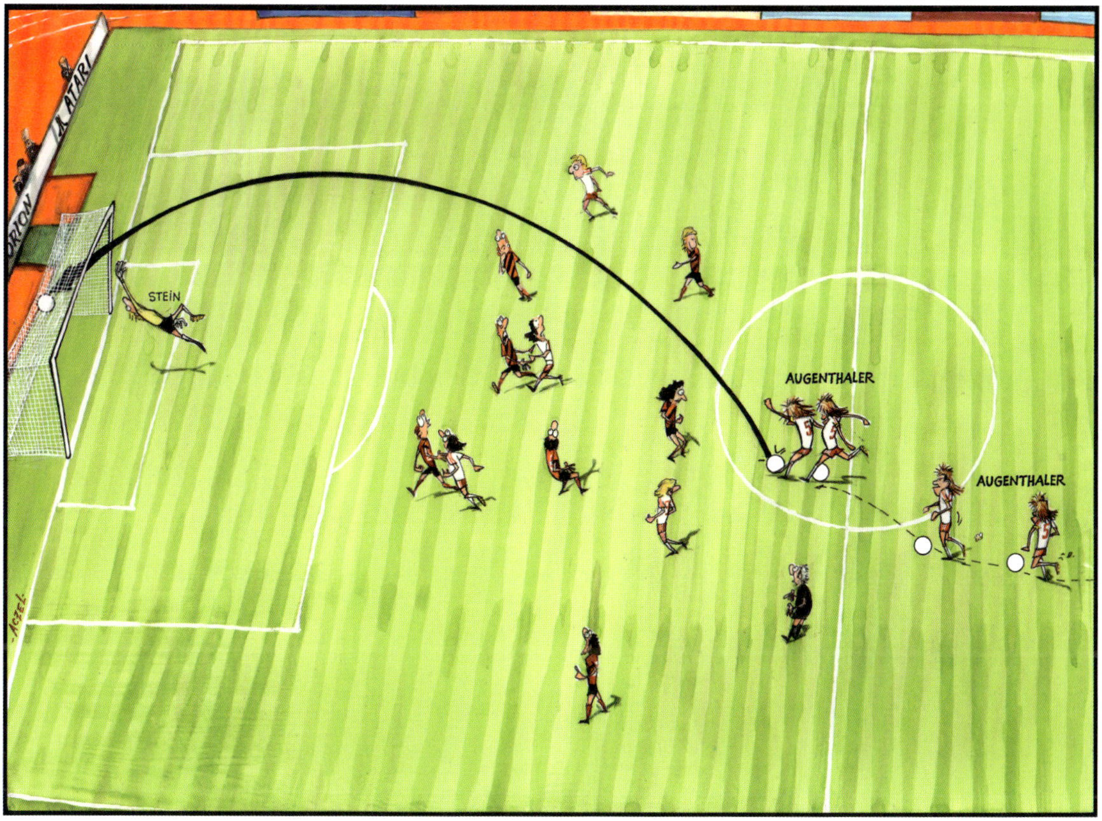

KLAUS AUGENTHALER (FC BAYERN MÜNCHEN) 34. MINUTE (0:1)

21

20. AUGUST 1989, WALDSTADION, FRANKFURT/MAIN (DEUTSCHLAND)
DFB-POKAL, 1. RUNDE, EINTRACHT FRANKFURT 0:1 FC BAYERN MÜNCHEN

EINE GEPLANTE AKTION

Der Kapitän Augenthaler lässt den Ball ruhig laufen und überrascht plötzlich alle, indem er ihn von der Mitte des Feldes voll abzieht.
„Ich hatte mir irgendwann das Ziel gesetzt, ein Tor von der Mittellinie zu erzielen.“ Es wurde Tor des Jahres und des Jahrzehnts in Deutschland.

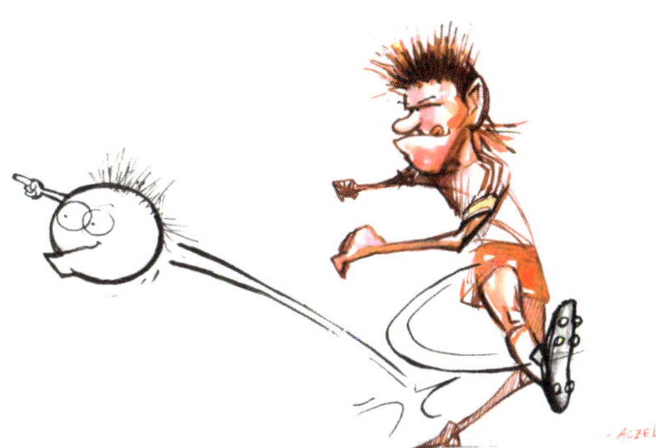

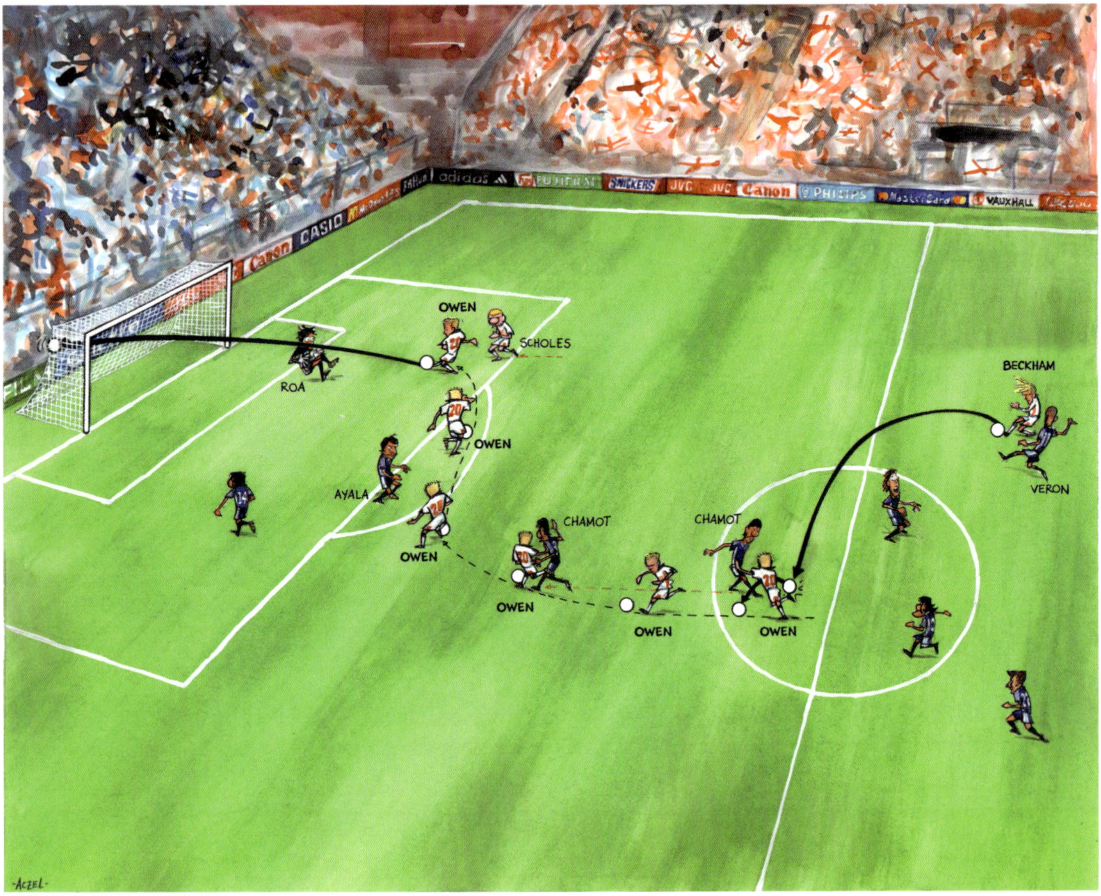

MICHAEL OWEN (ENGLAND) 16. MINUTE (1:2)

22

30. JUNI 1998, STADE GEOFFROY GUICHARD, SAINT ÉTIENNE (FRANKREICH)
WM-ACHTELFINALE, ARGENTINIEN 2:2 (N.V., 4:3 I.E.) ENGLAND

DER KLEINE LAUSBUB

Mit gerade mal 18 Jahren erzielte Owen eines der ikonischsten Tore Englands gegen den Erzrivalen Argentinien. Das wohl schönste Tor in der Weltmeisterschaftsgeschichte Englands.

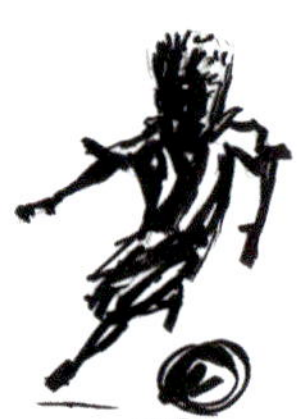

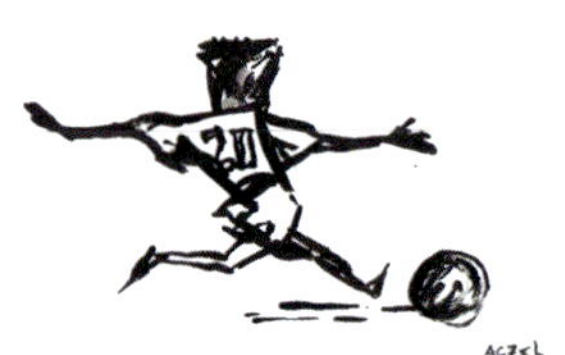

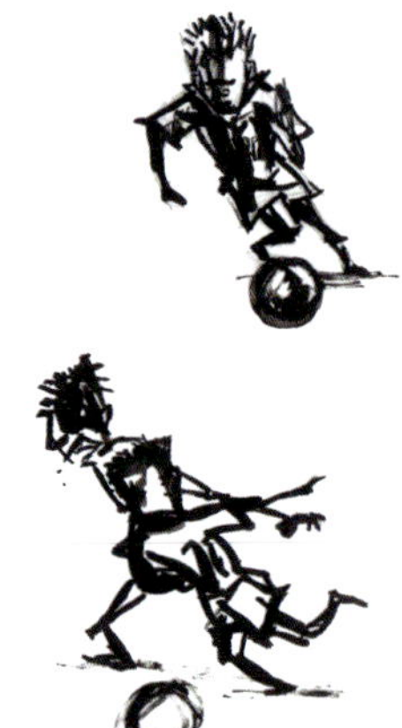

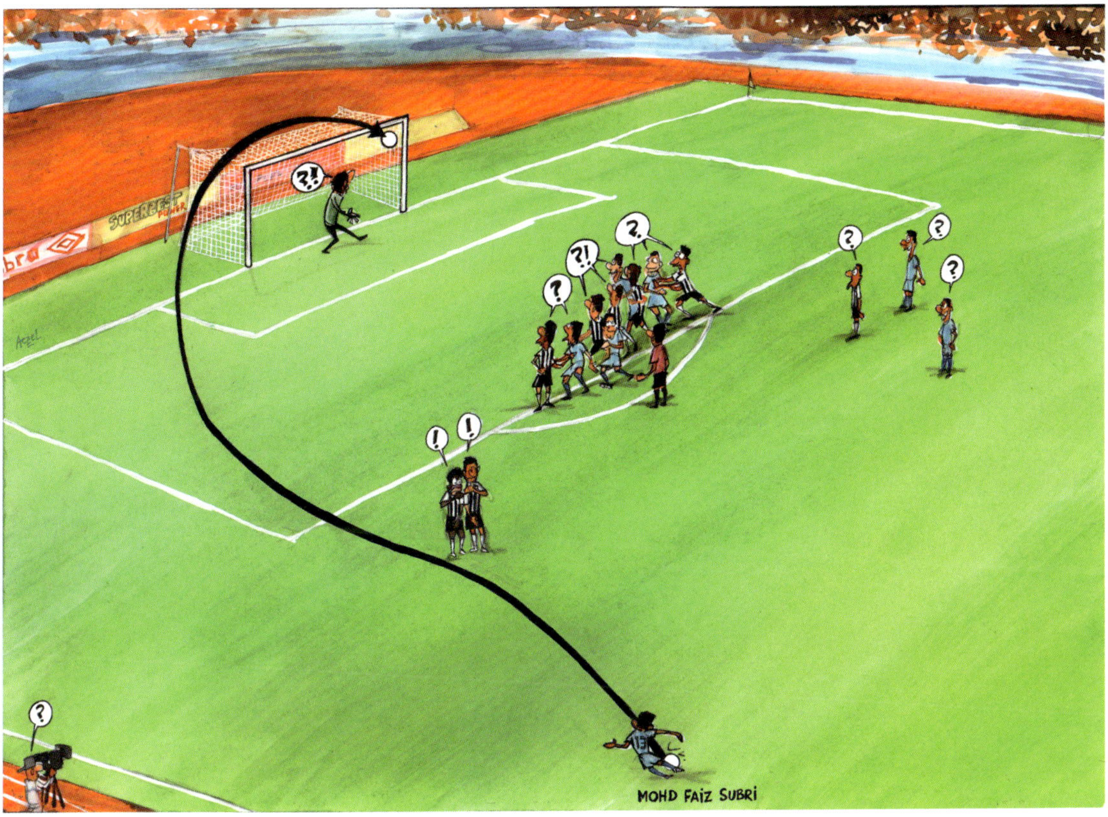

MOHD FAIZ SUBRI (PENANG FA)

23

16. FEBRUAR 2016, BANDARAYA PULAU PINANG STADIUM, PENANG (MALAYSIA)
MALAYSIA SUPER LEAGUE, PENANG FA 4:1 PAHANG FA

EIN FERNGESTEUERTER BALL?

Faiz wurde durch sein Freistoßtor mit der spektakulären Flugbahn bekannt, das ihm den FIFA-Puskás-Preis 2016 einbrachte.

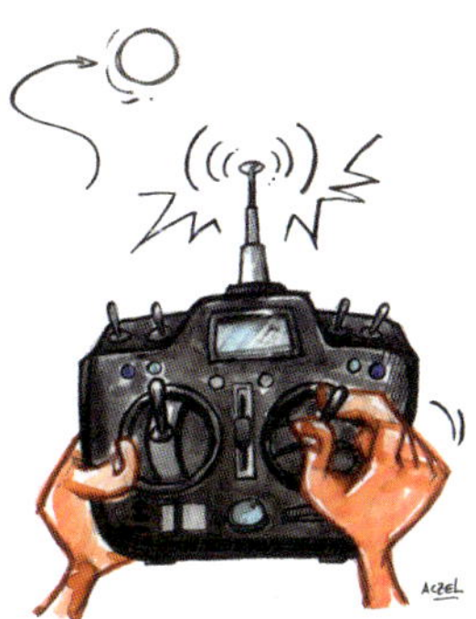

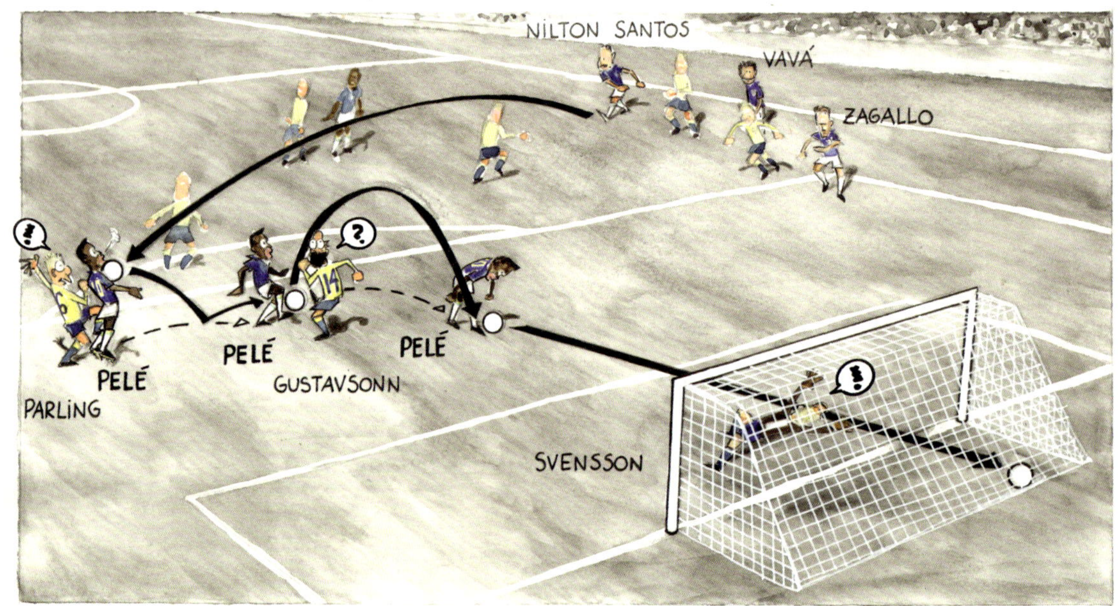

PELÉ (BRASILIEN) 55. MINUTE (3:1)

24

29. JUNI 1958, RASUNDASTADION, SOLNA (SCHWEDEN)
WM-FINALE, BRASILIEN 5:2 SCHWEDEN

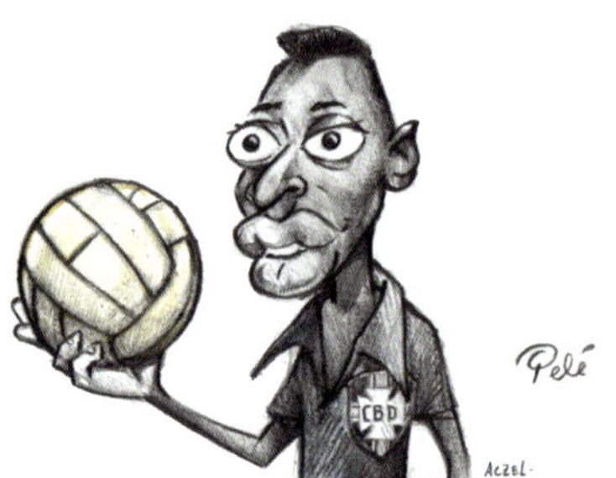

EINE LEGENDE IST GEBOREN

Mit nur 17 Jahren eroberte Pelé den Pokal und das auch noch mit einem Traumtor im Finale. Erst Brust, dann magischer Lupfer und schließlich, ohne den Ball auf dem Boden aufkommen zu lassen, direkt zum besten individuellen Tor in einem Finale. Das Auftauchen eines Fußballers wie Pelé war damals sehr beeindruckend und er war der Mann, der das Spiel revolutionierte. Er schenkte Brasilien den ersten Weltmeistertitel. Eine Legende war geboren.

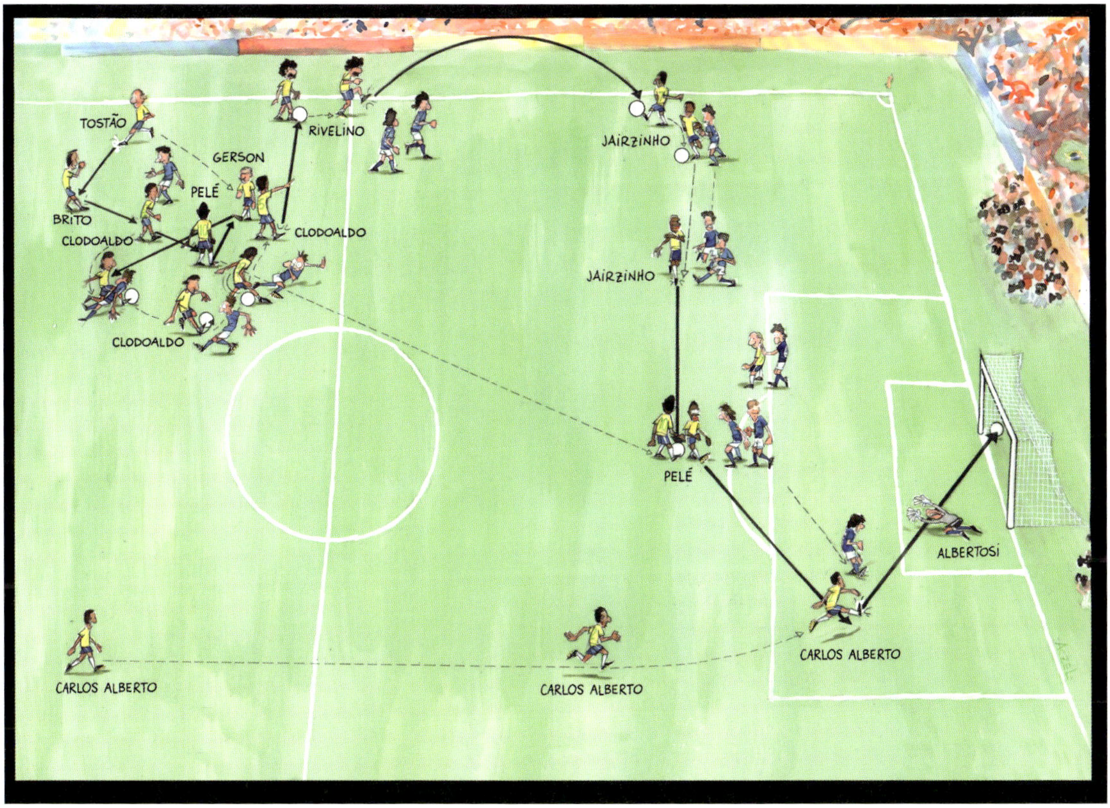

CARLOS ALBERTO (BRASILIEN) 86. MINUTE (4:1)

25

21. JUNI 1970, ESTADIO AZTECA, MEXIKO CITY (MEXIKO)
WM-FINALE, BRASILIEN 4:1 ITALIEN

DER RITTERSCHLAG

Die Seleção von 1970, die als die beste Mannschaft aller Zeiten gilt, erzielte das letzte Tor im Finale gegen Italien (4:1) durch wunderbares Zusammenspiel der Mannschaft. Der Abwehrspieler, der niemals damit gerechnet hätte, ein Tor in einer Weltmeisterschaft zu schießen, gibt zu: „An diesen Moment denke ich jeden Tag.“

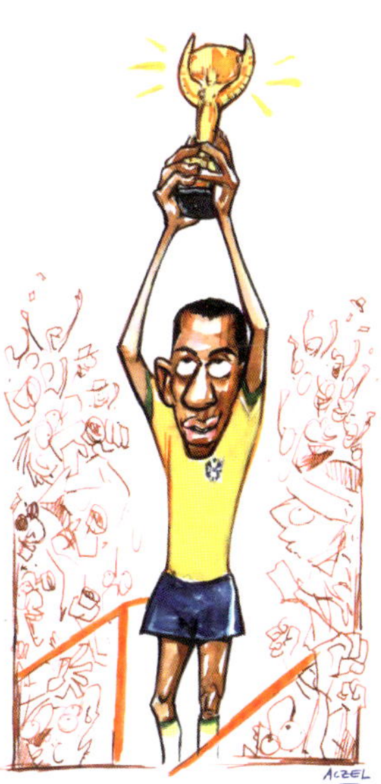

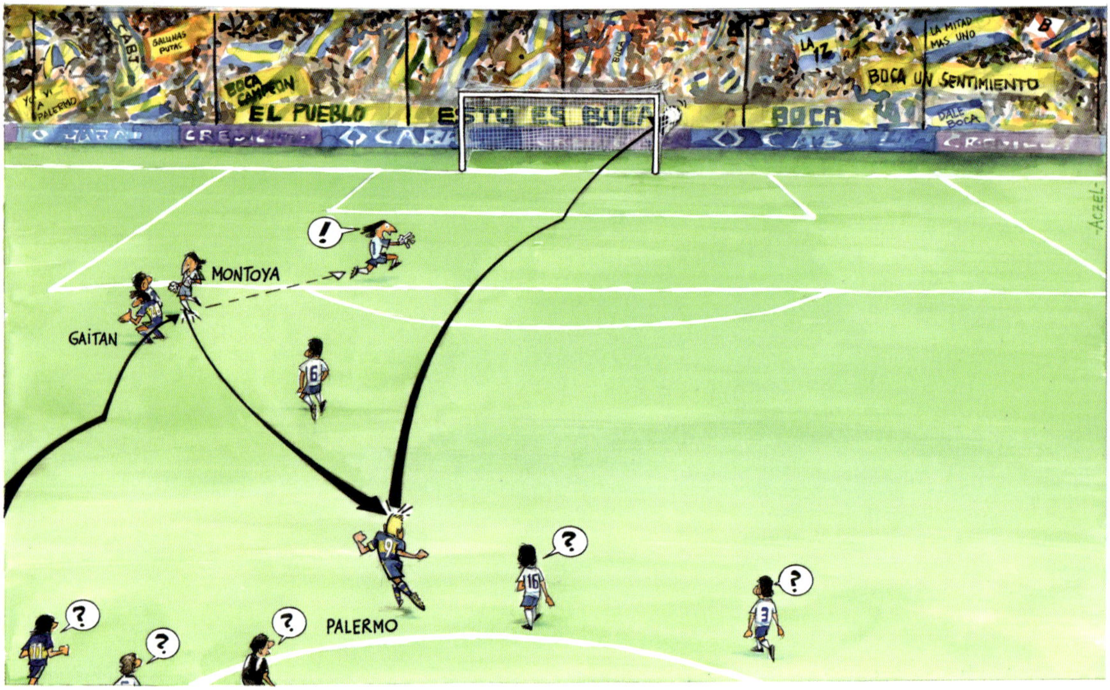

MARTÍN PALERMO (BOCA JUNIORS) 74. MINUTE (3:2)

26

4. OKTOBER 2009, LA BOMBONERA, LA BOCA, BUENOS AIRES (ARGENTINIEN)
PRIMERA DIVISION, APERTURA, 7. SPIELTAG, BOCA JUNIORS 3:2 VELEZ SARSFIELD

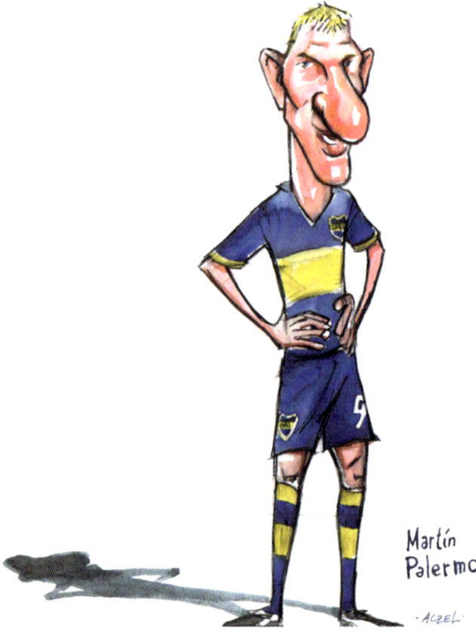

"EL LOCO" PER KOPF VON DER SPIELFELDMITTE

Dieses Tor hier per Kopf von der Spielfeldmitte war wirklich spektakulär und „loco“ (wahnsinnig).
Palermo, großes Idol bei Boca, machte Tore für jeden Geschmack. Die Lieblings-Nummer 9 bei den Fans wurde unter anderem Clubweltmeister gegen Real Madrid als Man of the Match und hält den Rekord über die meisten Tore in der Geschichte des Clubs Boca Juniors.

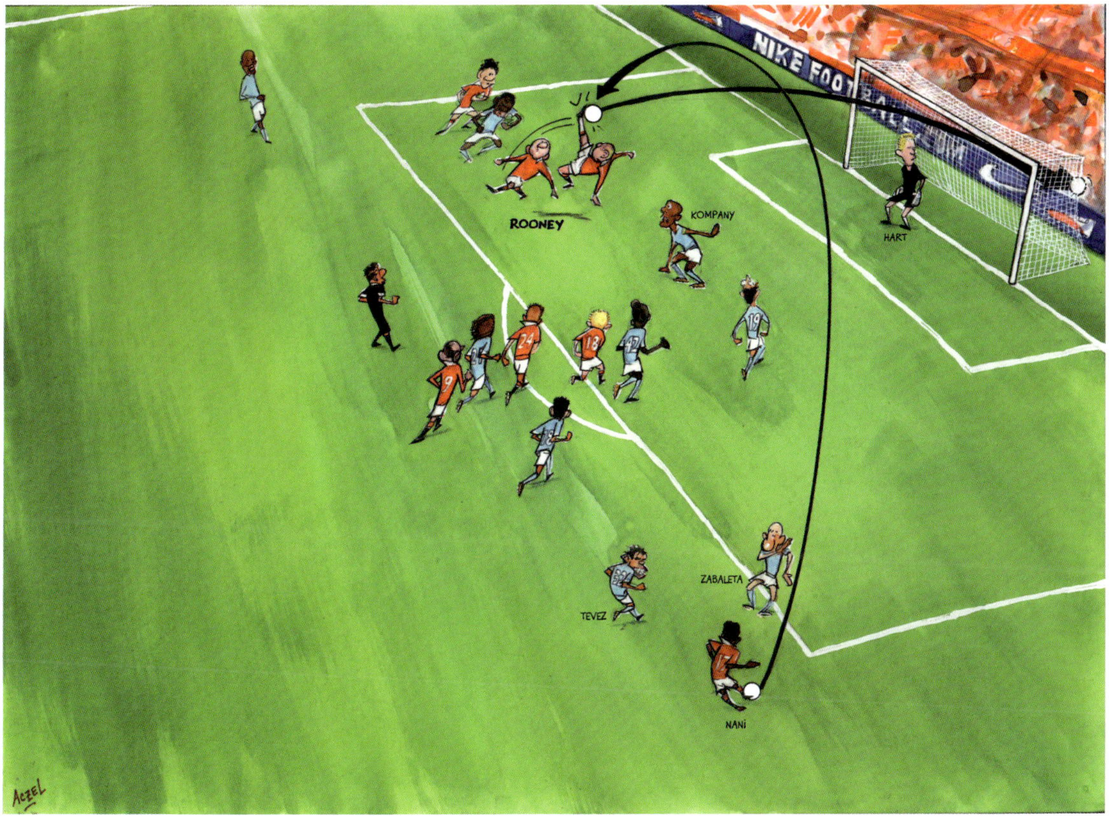

WAYNE ROONEY (MANCHESTER UNITED) — 78. MINUTE (2:1)

27

12. FEBRUAR 2011, OLD TRAFFORD STADIUM, GREATER MANCHESTER (ENGLAND)
PREMIER LEAGUE, 26. SPIELTAG, MANCHESTER UNITED 2:1 MANCHESTER CITY

OVERHEAD-KICK MADE IN MANCHESTER

„Dieser Overhead-Kick gegen Manchester City war mein wichtigstes Tor," erinnert sich Rooney. Wohl auch, weil es in einem entscheidenden Spiel fiel, um die Liga zu gewinnen. Außerdem wurde es zum besten Tor der Manchester Derbies ernannt.

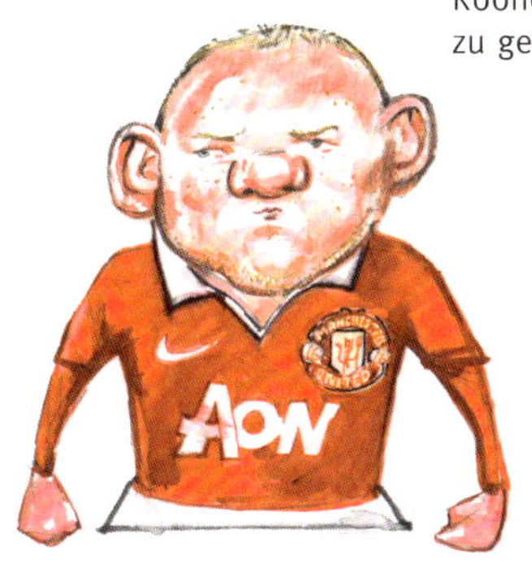

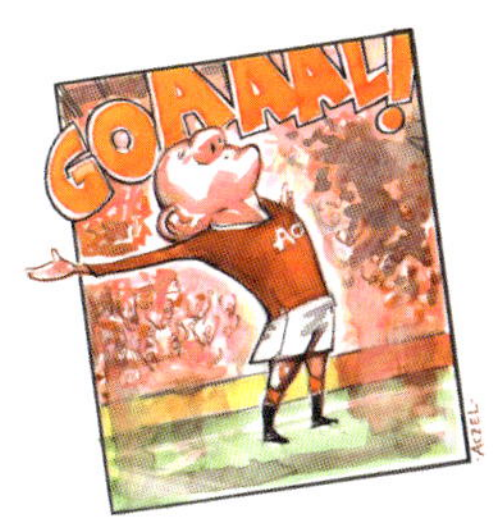

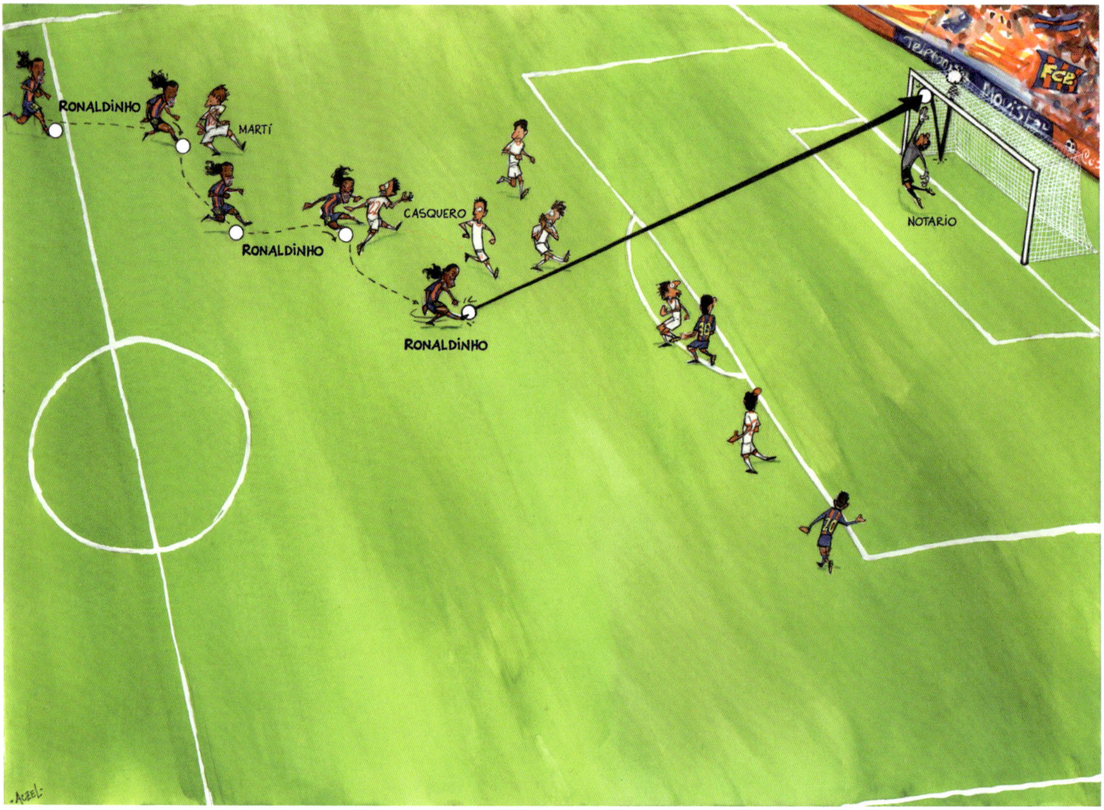

RONALDINHO (FC BARCELONA) 58. MINUTE (1:1)

28

3. SEPTEMBER 2003, CAMP NOU, BARCELONA (SPANIEN)
LA LIGA, 2. SPIELTAG, FC BARCELONA 1:1 SEVILLA FC

PREMIERE DELUXE

Ronaldinho debütierte im Barcelona-Trikot im Camp Nou gegen Sevilla mit einem Traumtor.

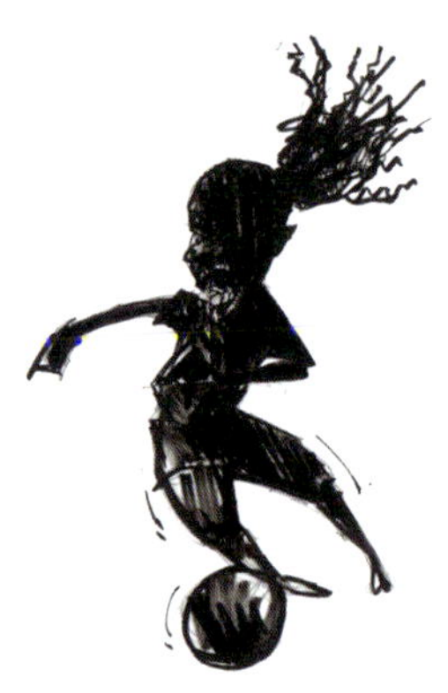

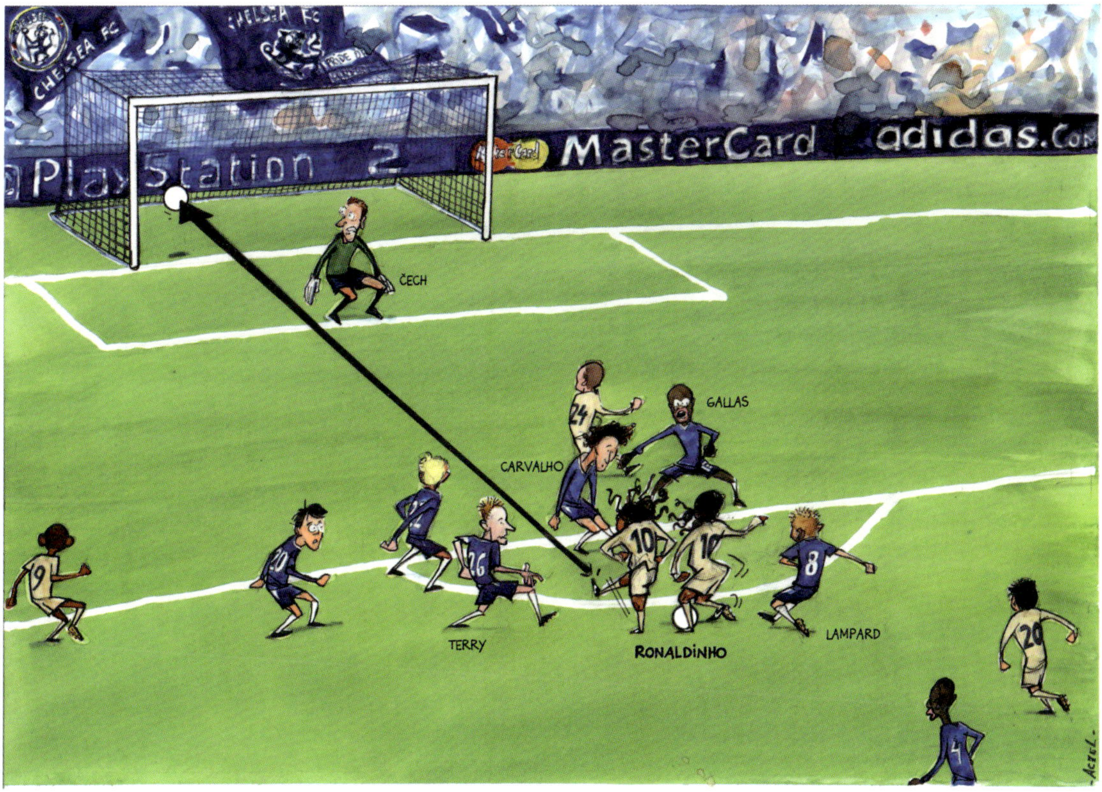

RONALDINHO (FC BARCELONA) 38. MINUTE (4:2)

29

08. MÄRZ 2005, STAMFORD BRIDGE, LONDON (ENGLAND)
CHAMPIONS LEAGUE, ACHTELFINALE, RÜCKSPIEL, CHELSEA FC 4:2 FC BARCELONA

SAMBA-FUSSBALL

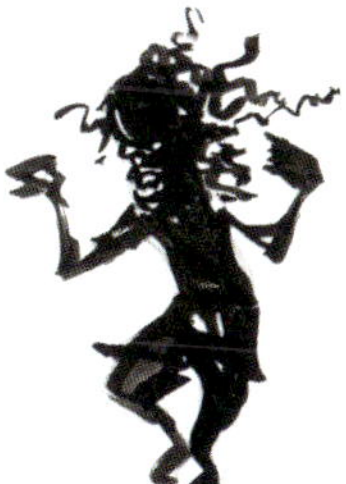

Selten sahen die Abwehrspieler des FC Chelsea schlechter aus. Ronaldinho glänzte auch aus dem Stand, als er zweimal mit dem Po wackelte und mit der Pike traf.

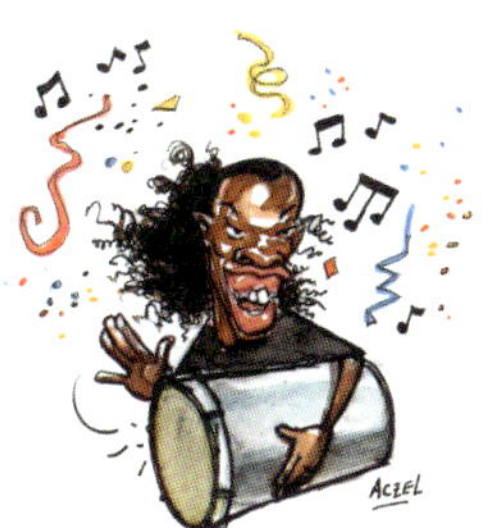

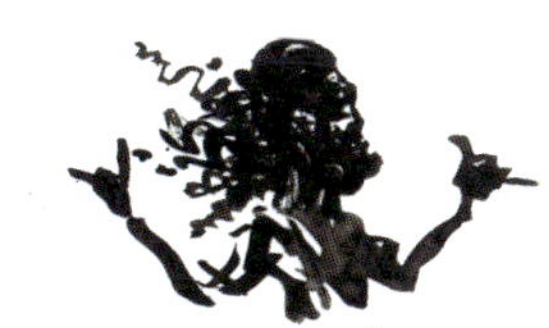

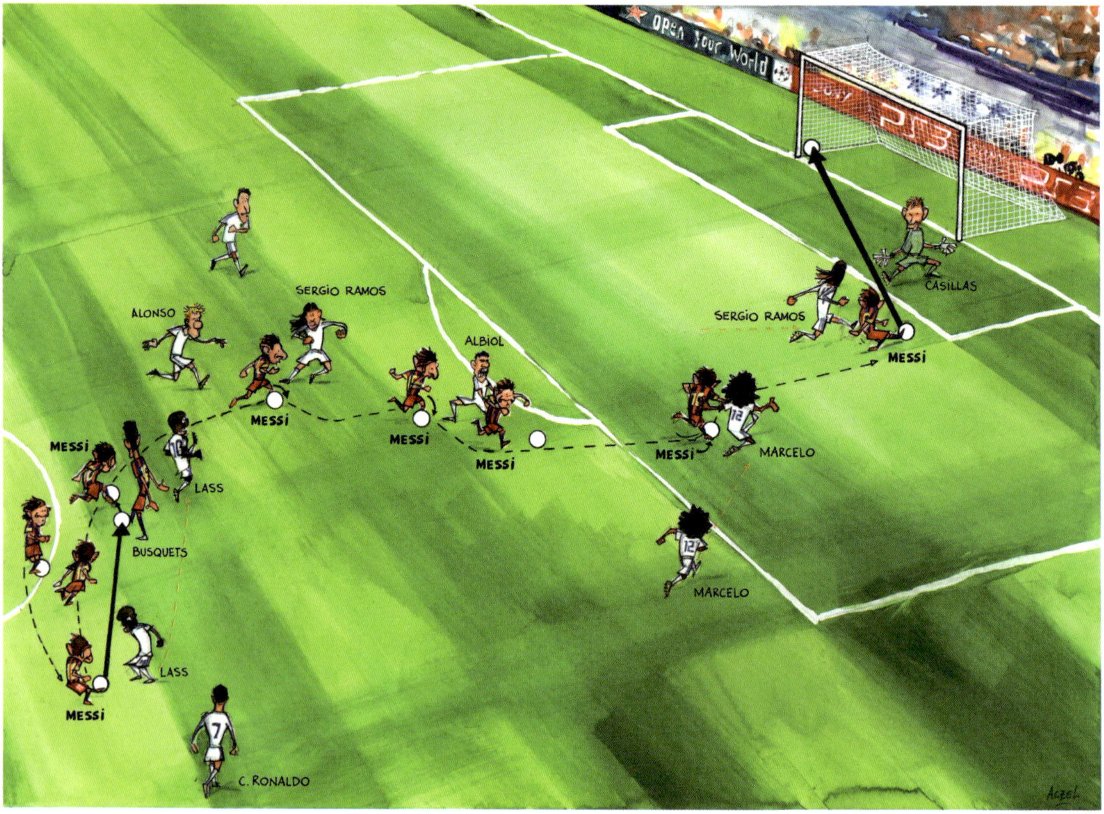

LIONEL MESSI (FC BARCELONA) 87. MINUTE (0:2)

30

27. APRIL 2011, ESTADIO SANTIAGO BERNABÉU, MADRID (SPANIEN)
CHAMPIONS LEAGUE, HALBFINALE HINSPIEL, REAL MADRID 0:2 FC BARCELONA

MESSI IM "EL CLÁSICO"

Und wieder, als würde er in der Pause gegen Schulkameraden spielen. „Das war mein bestes Spiel, alles ist gelungen“, erinnert sich Messi Jahre später. Dieses Tor ist auf Platz 3 der schönsten Tore in der Club-Geschichte, Platz 1, Seite 7, Platz 2, Seite 16, beide übrigens auch durch Messi.

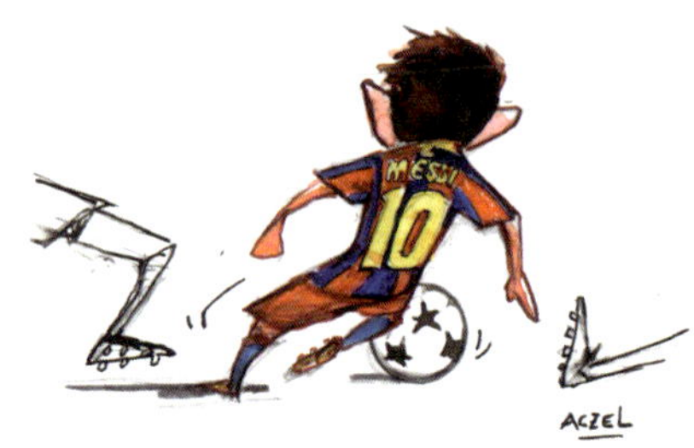

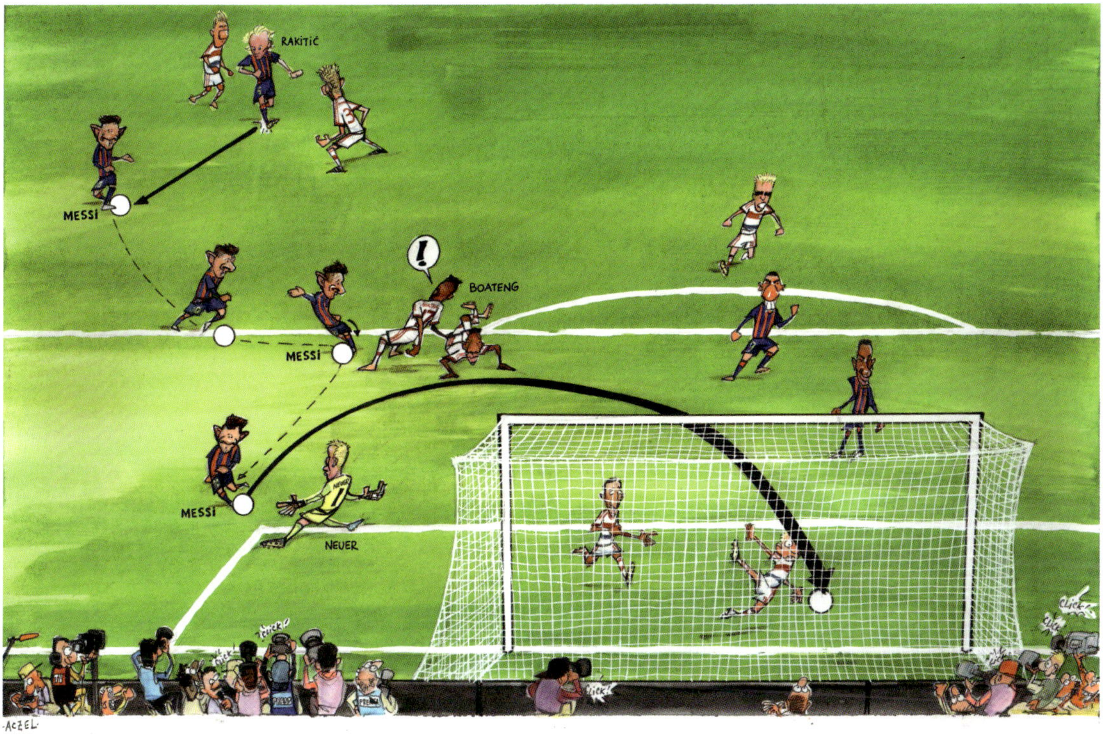

31

LIONEL MESSI (FC BARCELONA) 80. MINUTE (2:0)

06. MAI 2015, CAMP NOU, BARCELONA (SPANIEN)
CHAMPIONS LEAGUE, HALBFINALE HINSPIEL, FC BARCELONA 3:0 FC BAYERN MÜNCHEN

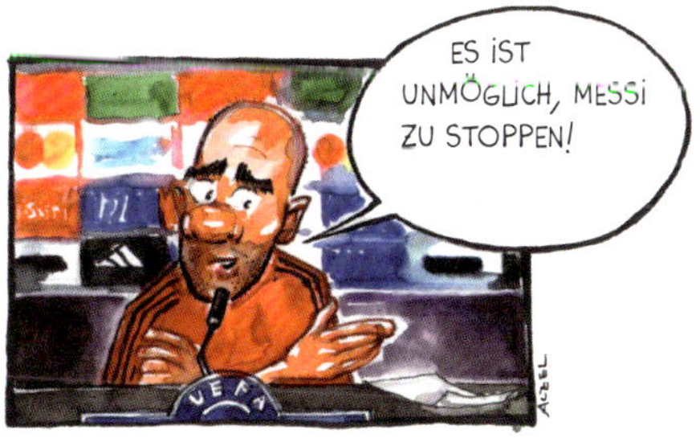

MESSI IST NICHT ZU STOPPEN

Und so sollte es sein. Messi trat gegen die Mannschaft seines Ex-Trainers Pep Guardiola an, dessen Aussage er natürlich nicht in Frage stellen wollte. Er erzielte ein wunderschönes Tor, bei dem sich Boateng nach Messis erstem Haken fast die Hüfte brach. Daraus entstanden, sehr zur Belustigung der Internet-User, viele Memes, die sich rasant im Netz verbreiteten.

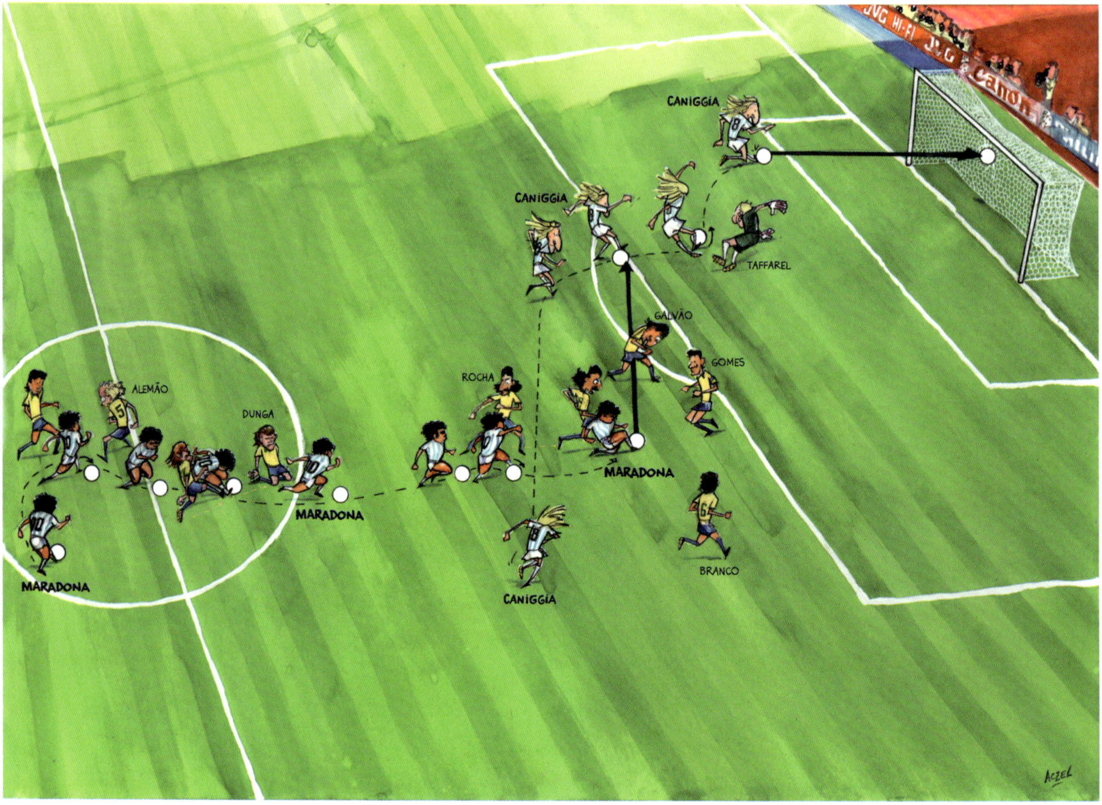

CLAUDIO PAUL CANIGGIA (ARGENTINIEN) 81. MINUTE (1:0)

32

24. JUNI 1990, STADIO DELLE ALPI, TORINO (ITALIEN)
WM 1990, ACHTELFINALE, ARGENTINIEN 1:0 BRASILIEN

DIREKT INS HERZ

Dieses Spiel war ein endloses Leiden für Argentinien, das mit Mühe und auf heldenhafte Weise ein 0:0 halten konnte. Brasilien dominierte, aber schaffte nicht das Tor. Also tauchte das Genie Maradona auf, der verletzt spielte, schüttelte einige Brasilianer ab und passte genial zu Caniggia. Man beachte den diagonalen, intelligenten Sprint Caniggias und wie er anschließend Taffarel am Boden zurücklässt um mit links das Tor zu machen.
Sicher war dies eines der Tore in der Geschichte der Albiceleste, das am meisten aus vollem Herzen bejubelt wurde.

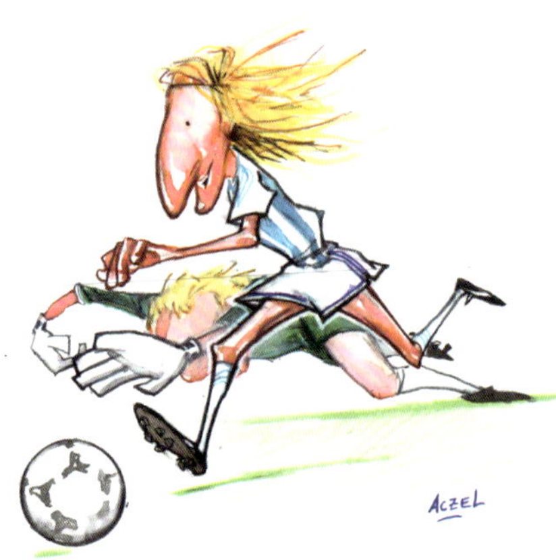

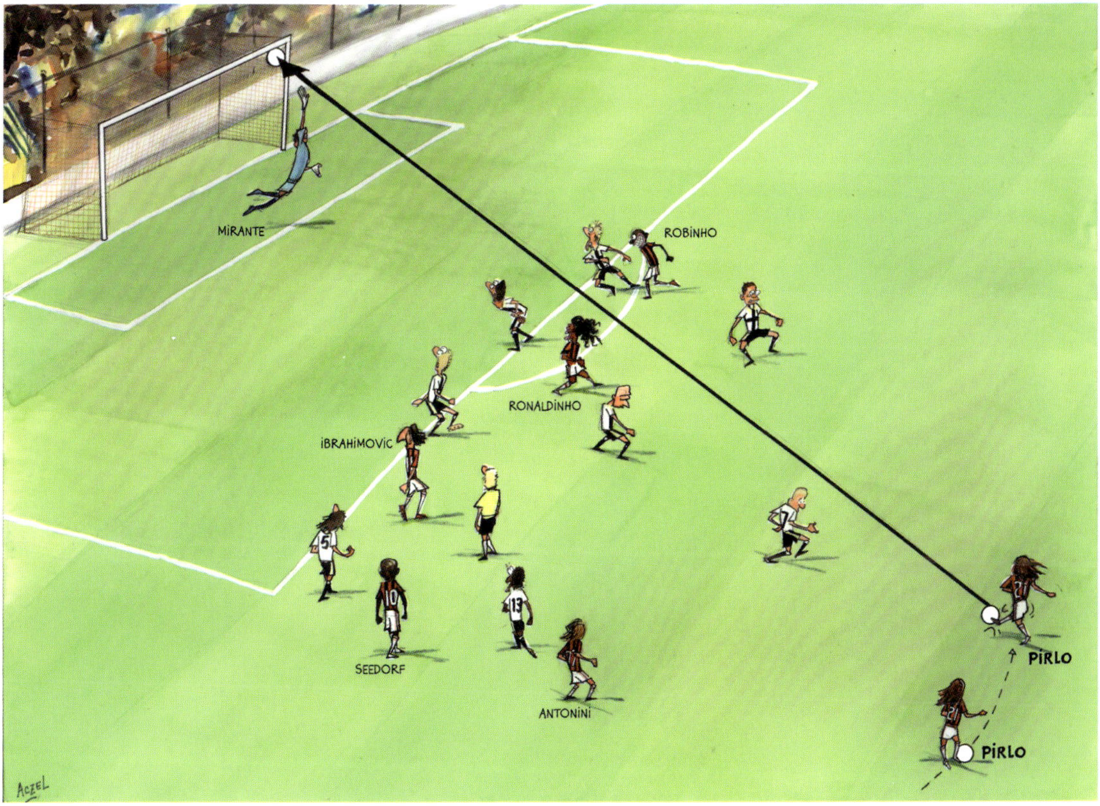

MIRANTE
ROBINHO
RONALDINHO
IBRAHIMOVIC
SEEDORF
ANTONINI
PIRLO
PIRLO
ACZEL

ANDREA PIRLO (AC MILAN) 25. MINUTE (0:1)

33

2. OKTOBER 2010, STADIO ENNIO TARDINI, PARMA (ITALIEN)
SERIE A, 6. SPIELTAG, PARMA CALCIO 0:1 AC MILAN

MAMMA MIA!

„Andrea Pirlo, mamma mia che gol!", kommentierte der italienische Reporter. Pirlo schoss auch dieses Tor mit seiner gewohnten Eleganz. Sogar sein Teamkollege Ronaldinho war davon verzaubert.

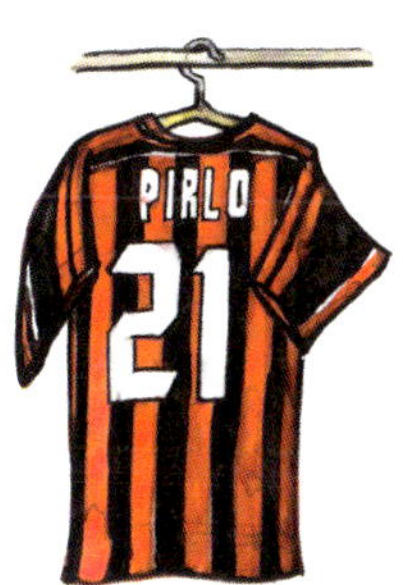

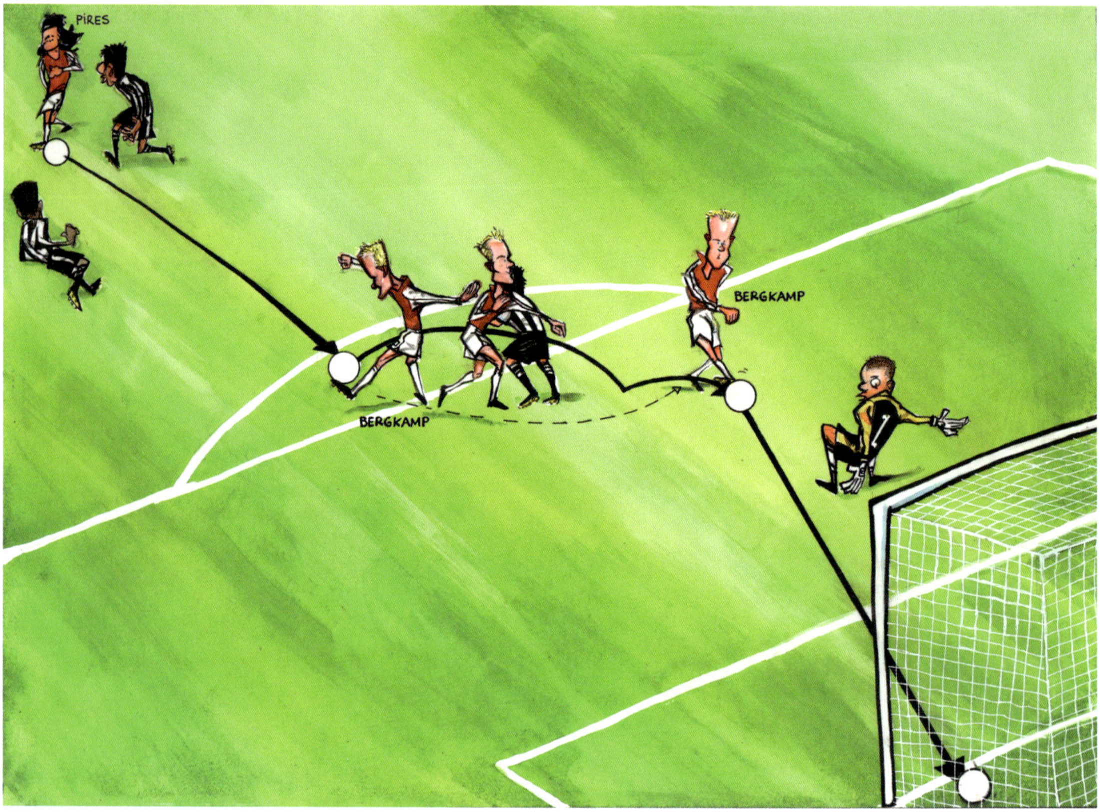

DENNIS BERGKAMP (ARSENAL FC)

11. MINUTE (0:1)

34

2. MÄRZ 2002, ST. JAMES' PARK, NEWCASTLE UPON TYNE (ENGLAND)
PREMIER LEAGUE, 28. SPIELTAG, NEWCASTLE UNITED 0:2 ARSENAL FC

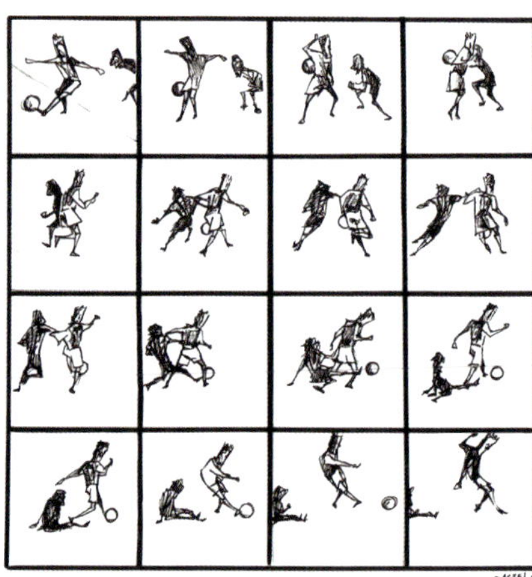

EHH, WAS?

Ein Eigenpass à la Bergkamp. Dieser geniale Stürmer konnte den Ball auf sehr ungewöhnliche und effektive Weise kontrollieren. So ein magisches Pirouetten-Manöver hatte man vorher noch nie gesehen.

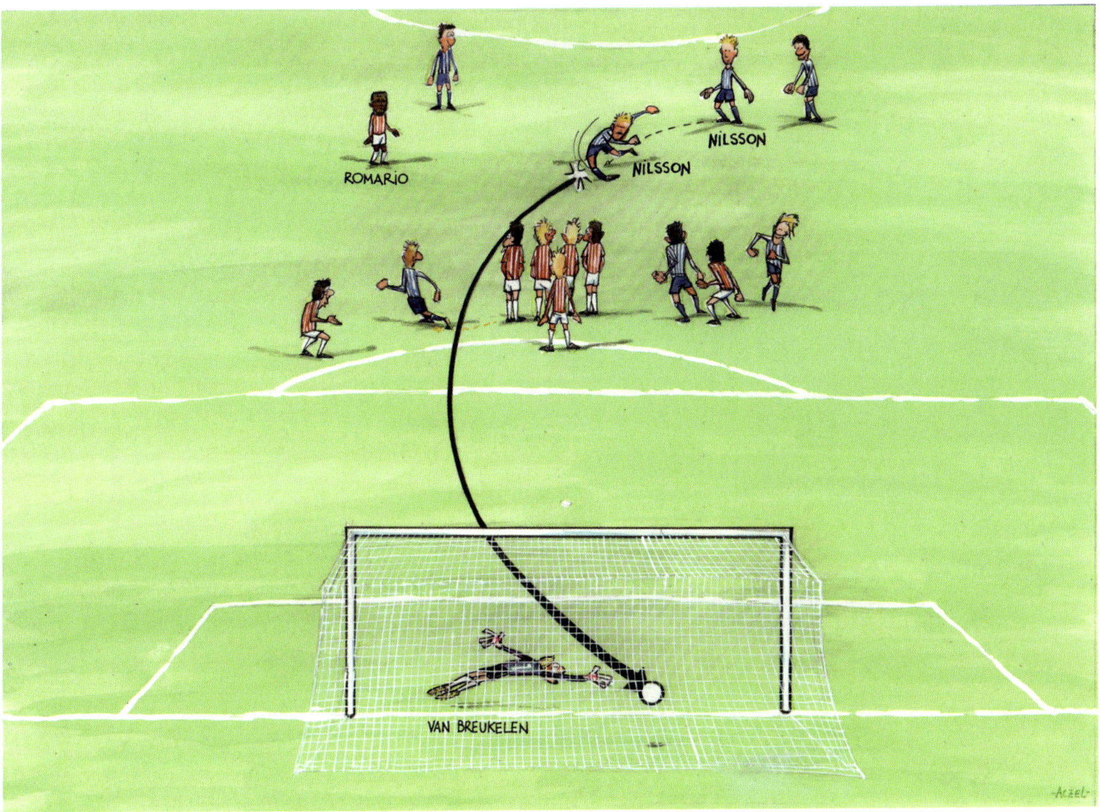

35

MIKAEL NILSSON (IFK GÖTEBORG)

2. MINUTE (1:0)

17. MÄRZ 1993, ULLEVI STADION, GÖTEBORG (SCHWEDEN)
CHAMPIONS LEAGUE, GRUPPENPHASE, IFK GÖTEBORG 3:0 PSV EINDHOVEN

BOOMERANG

Als dieser wahre Kanonenschuss die Mauer durchbrach, passierte etwas Erstaunliches. Der Ball bekam einen unglaublichen Boomerangeffekt.

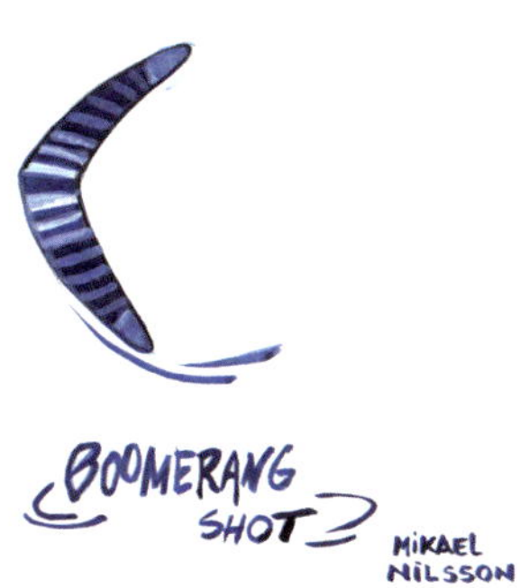

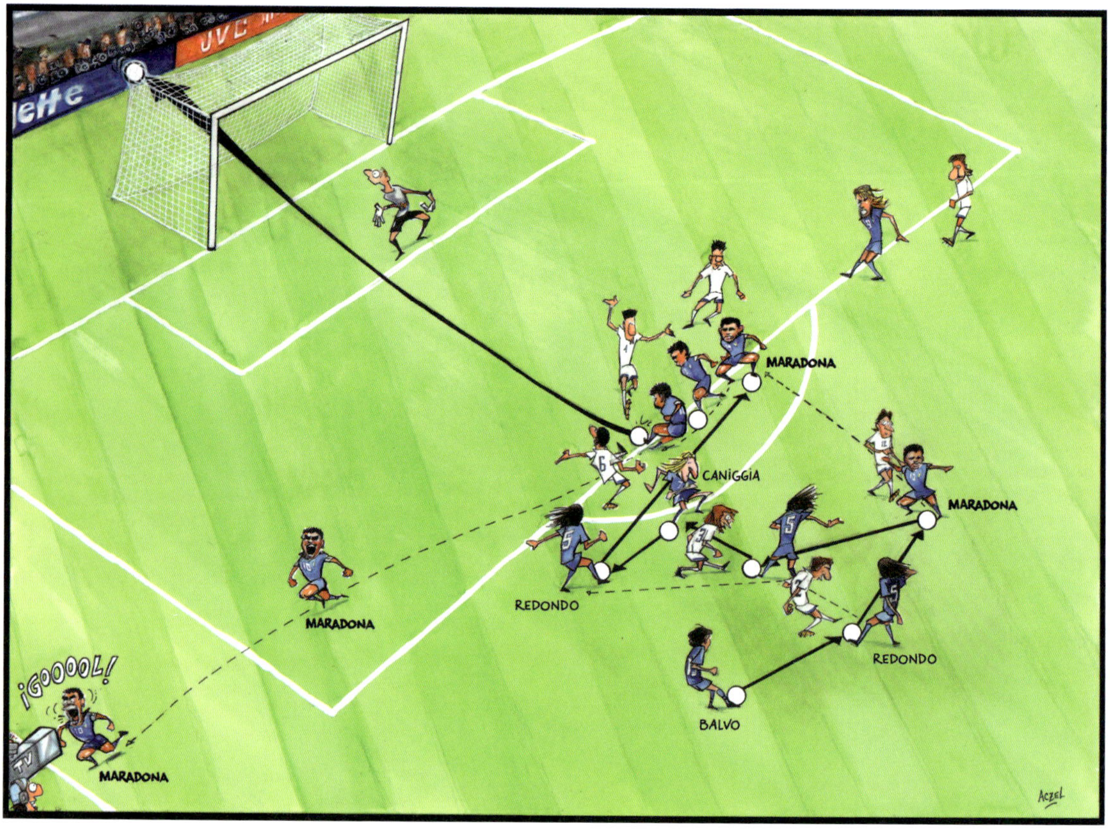

DiEGO ARMANDO MARADONA (ARGENTiNiEN) 60. MiNUTE (3:0)

36

21. JUNi 1994, FOXBORO STADiUM, FOXBOROUGH (USA)
WM USA 1994, GRUPPE D, ARGENTiNiEN 4:0 GRiECHENLAND

DER SCHREI

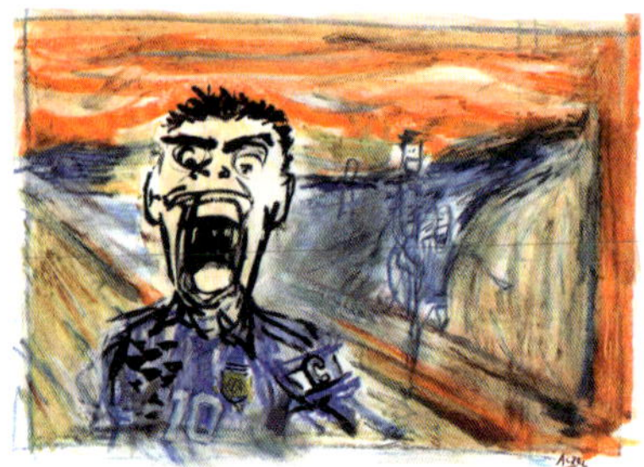

Wie in einem Flipperautomaten. „Wir machten einen phänomenalen Spielzug und ich versenkte den Ball im Kreuzeck. Dachtet ihr etwa, dass ich dieses fantastische Tor nicht schreien würde?“
„Der Schrei“, so könnte man das letzte Kunstwerk-Tor Maradonas für die Albiceleste betiteln.

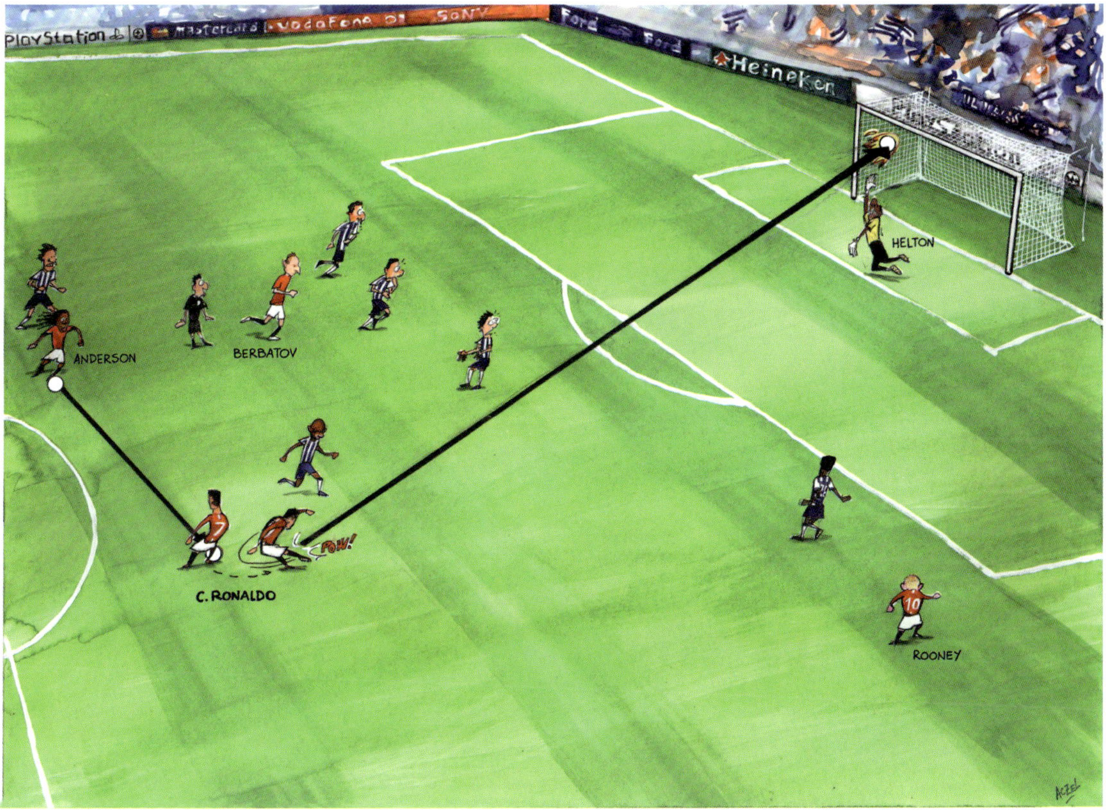

CRISTIANO RONALDO (MANCHESTER UNITED) 6. MINUTE (0:1)

37 15. APRIL 2009, ESTÁDIO DO DRAGÃO, PORTO (PORTUGAL)
CHAMPIONS LEAGUE, VIERTELFINALE RÜCKSPIEL, FC PORTO 0:1 MANCHESTER UNITED

FIREBALL

Der Ball transformierte zu einer wahren Feuerkugel. Ronaldos Schusstechnik ist fantastisch.

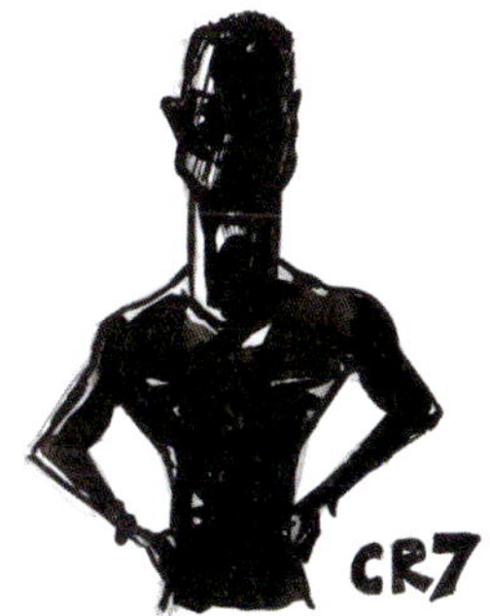

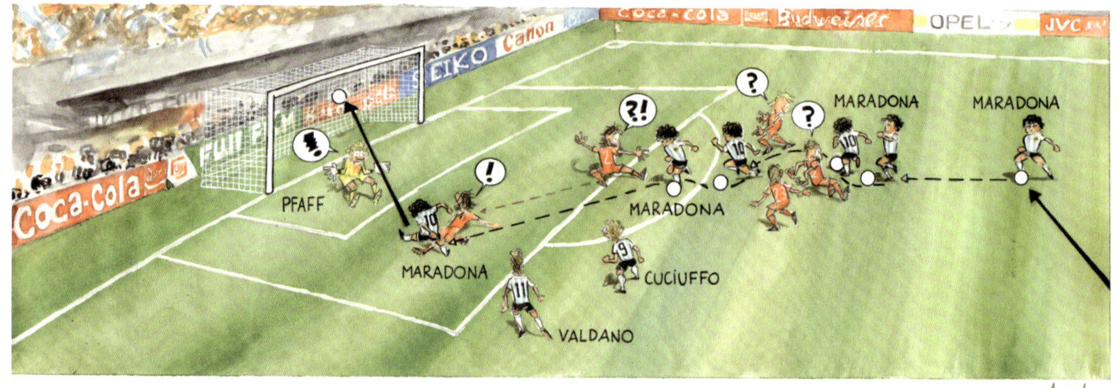

DIEGO ARMANDO MARADONA (ARGENTINIEN) 63. MINUTE (2:0)

38

25. JUNI 1986, ESTADIO AZTECA, MEXIKO-STADT (MEXIKO)
WM 1986, HALBFINALE, ARGENTINIEN 2:0 BELGIEN

KLARSTELLUNG

Und hier noch ein Meisterwerk Diegos. Als wolle er klarstellen, dass seine unglaubliche Leistung in dieser WM sein Standard war, legte er hier noch ein wunderschönes Dribblingtor drauf.

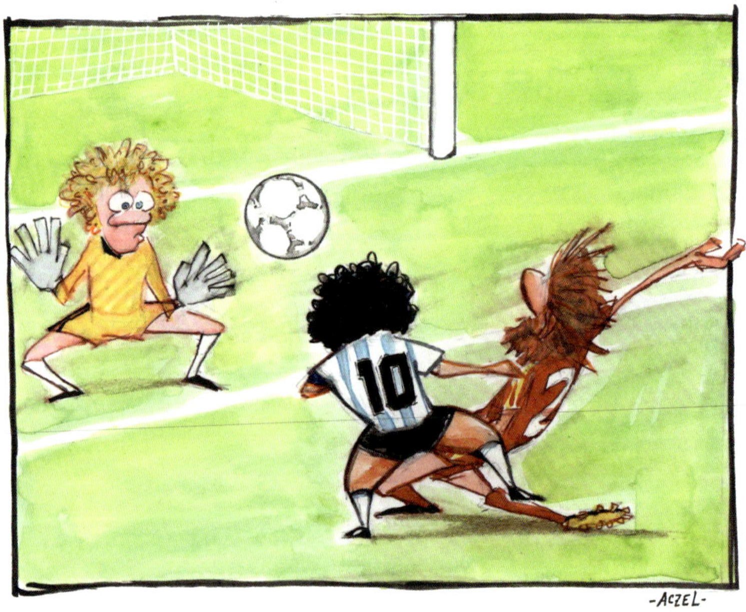

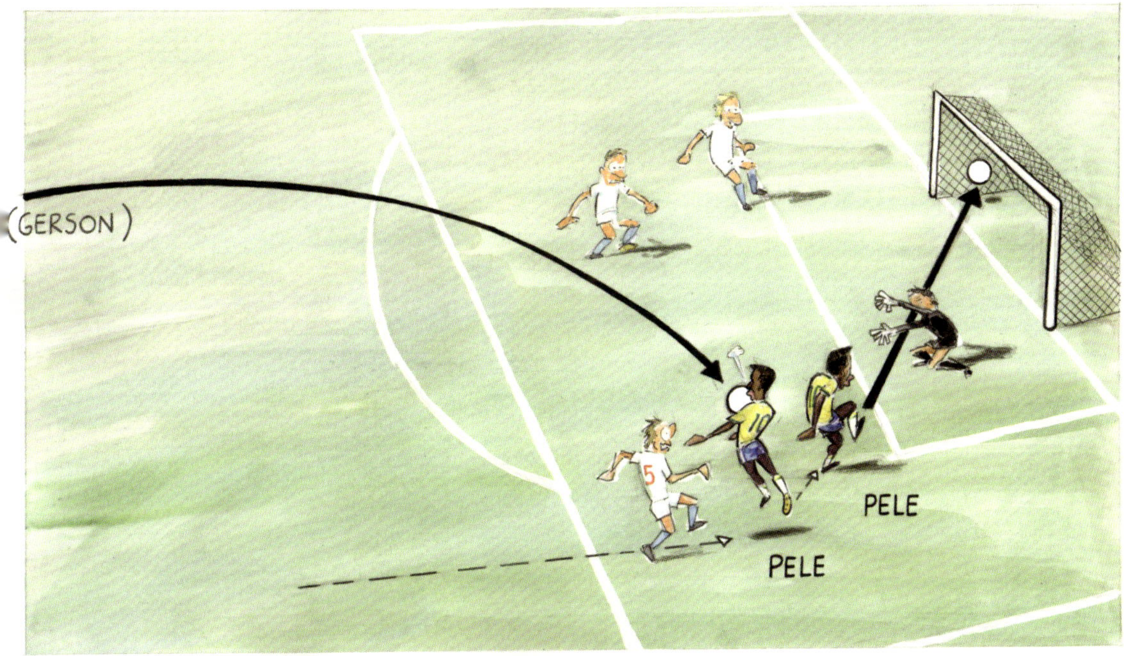

(GERSON)

PELE

PELE

PELÉ (BRASILIEN) 59. MINUTE (2:1)

39

3. JUNI 1970, ESTADIO JALISCO, GUADALAJARA (MEXIKO)
WM-VORRUNDE, GRUPPE 2, BRASILIEN 4:1 TSCHECHOSLOWAKEI

ZUR BRUST NEHMEN

Niemand kontrollierte oder wird jemals den Ball, technisch wie auch ästhetisch, besser mit der Brust kontrollieren können als Pelé. Zum Glück wurde dieses Tor gefilmt.

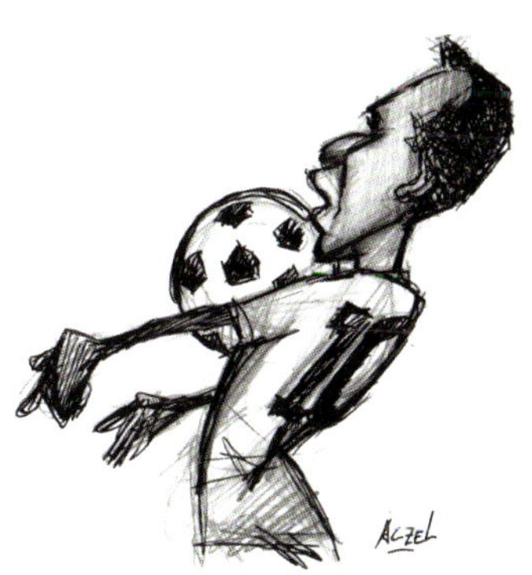

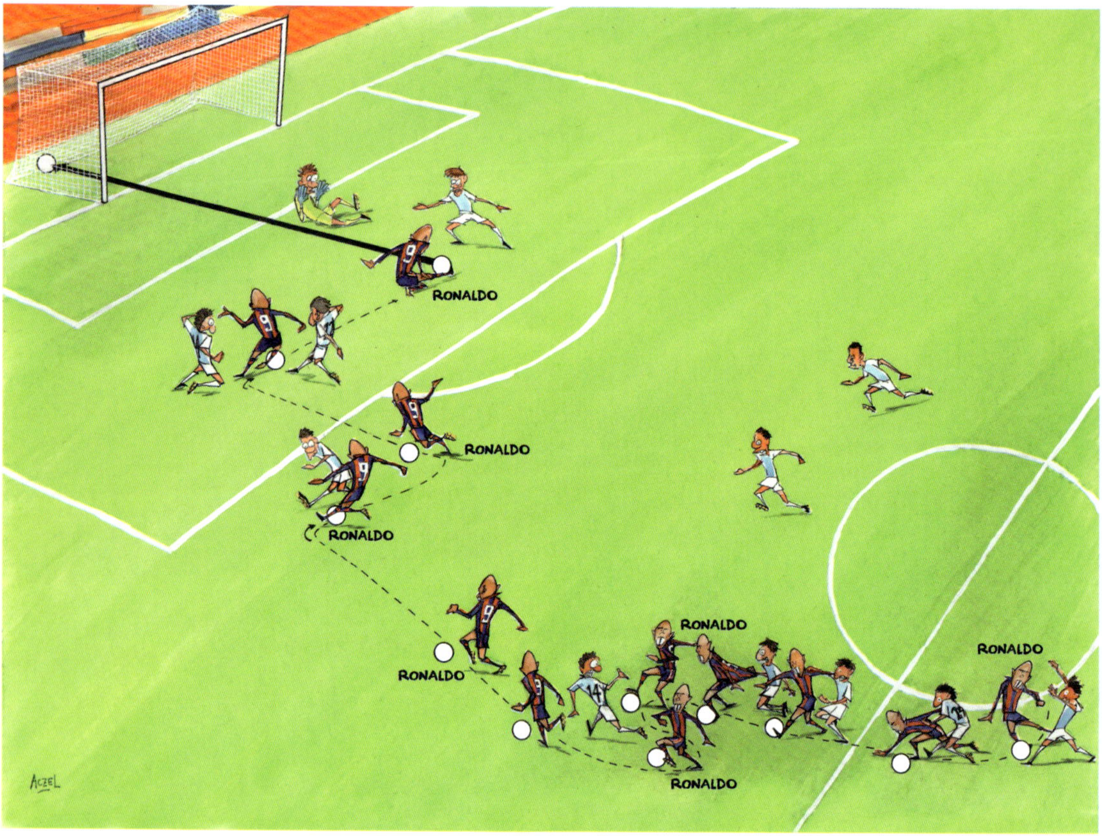

RONALDO (FC BARCELONA) 36. MINUTE (0:3)

40

12. OKTOBER 1996, ESTADIO MULTIUSOS DE SAN LÁZARO, SANTIAGO DE COMPOSTELA (SPANIEN)
LA LIGA, 7. SPIELTAG, SD COMPOSTELA 1:5 FC BARCELONA

"O FENÔMENO"

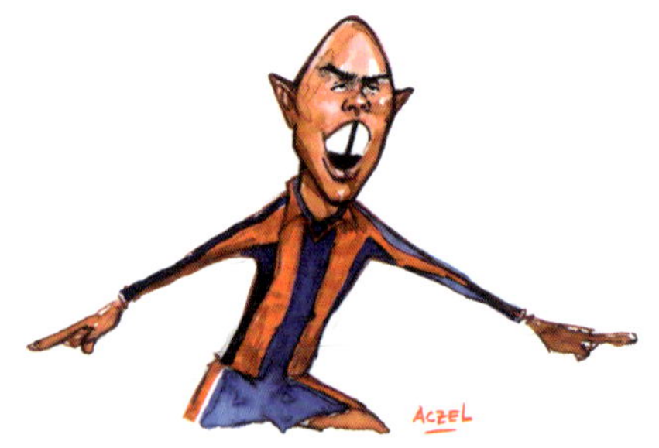

RONALDO

Ronaldo, für viele der beste Mittelstürmer der Geschichte. In seinen besten Tagen stach er heraus durch seine Schnelligkeit, seine Dribblings und seinen Abschluss.
Hier rempelten ihn die Abwehrspieler noch und zupften, aber Ronaldo fiel nicht.
„Auch wenn meine Lieblingstore die beiden im WM-Finale 2002 sind, weil sie am wichtigsten waren, war doch dieses mein technisch bestes."

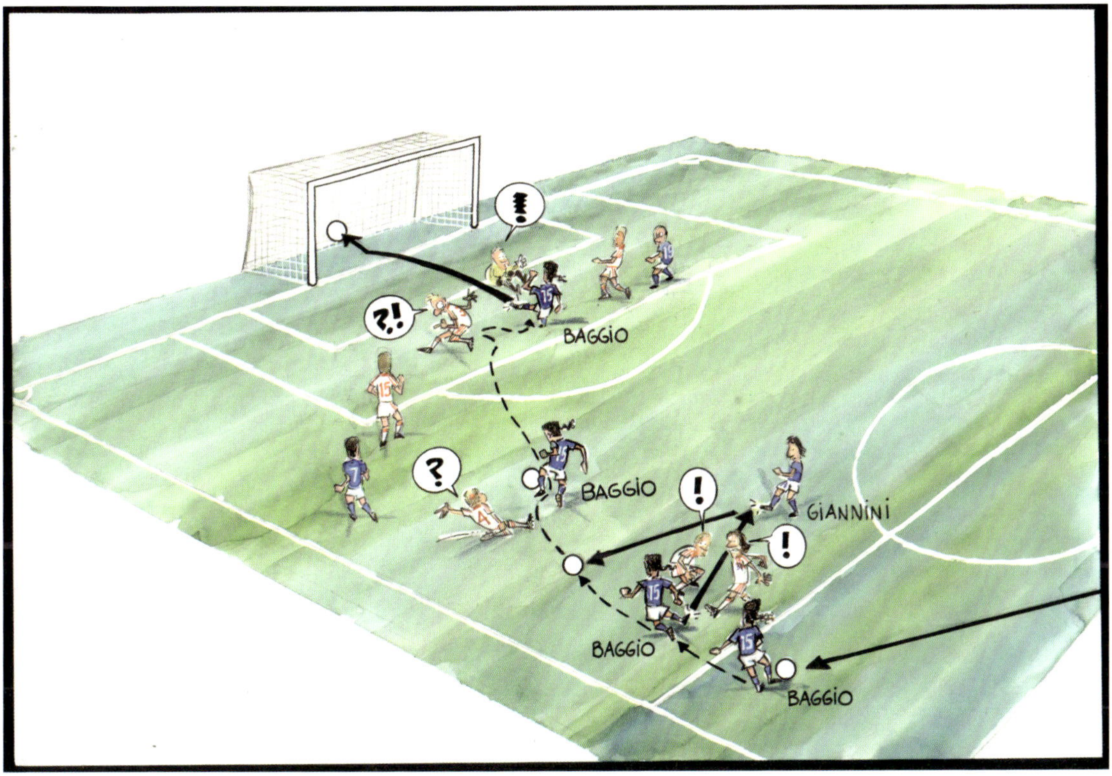

ROBERTO BAGGIO (ITALIEN) 78. MINUTE (2:0)

41

19. JUNI 1990, STADIO OLIMPICO, ROM (ITALIEN)
WM-VORRUNDE, GRUPPE A, ITALIEN 2:0 TSCHECHOSLOWAKEI

BELLA ITALIA

Dieses Solo von Baggio gilt in den Weltmeisterschaften als das schönste Tor für Italien.

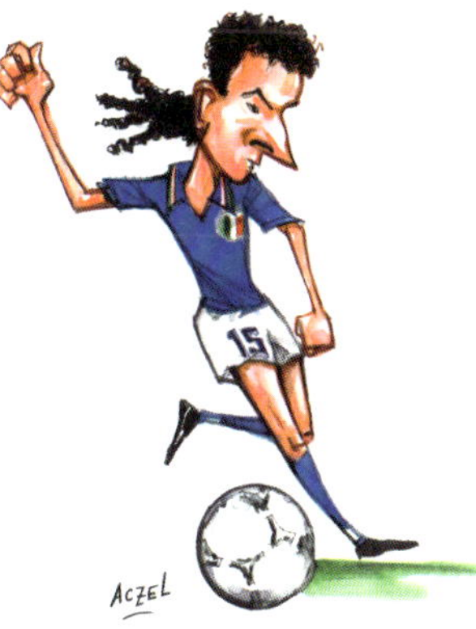

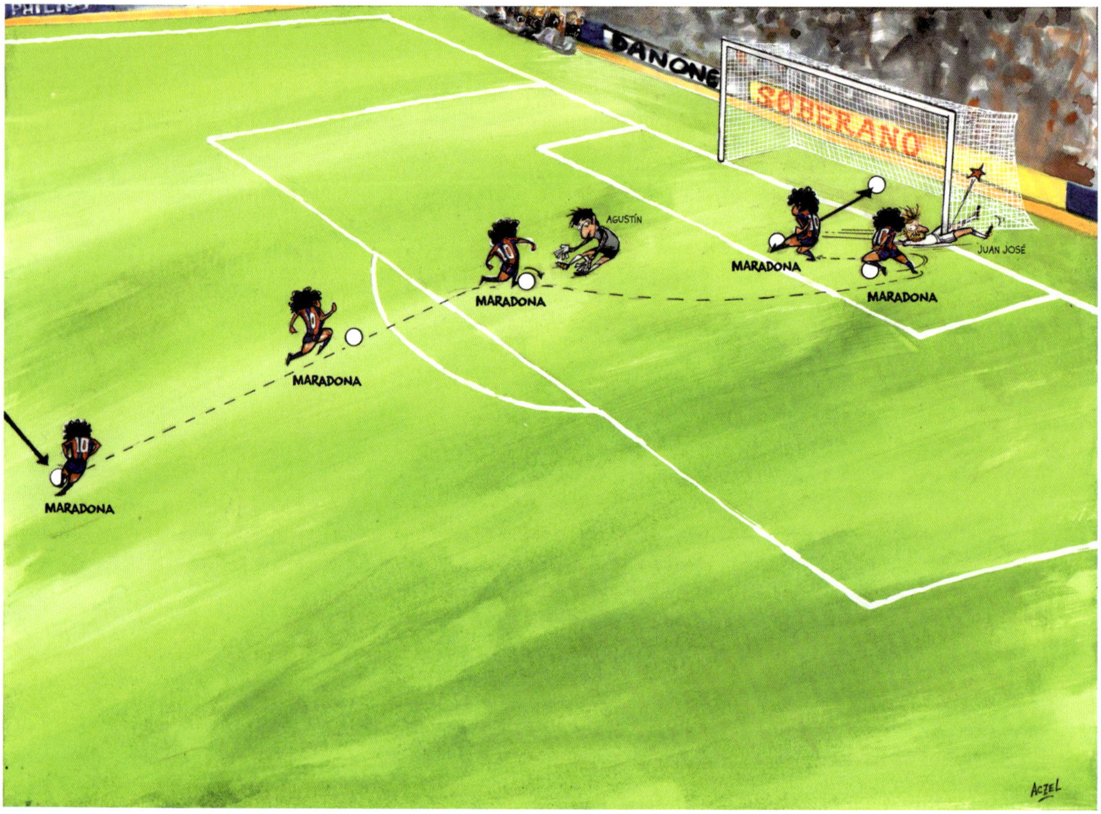

DIEGO ARMANDO MARADONA (FC BARCELONA) 57. MINUTE (0:2)

42

26. JUNI 1983, ESTADIO SANTIAGO BERNABÉU, MADRID (SPANIEN)
COPA DE LA LIGA, FINALE, HINSPIEL, REAL MADRID 2:2 FC BARCELONA

FAMILIENPLANUNG ADE

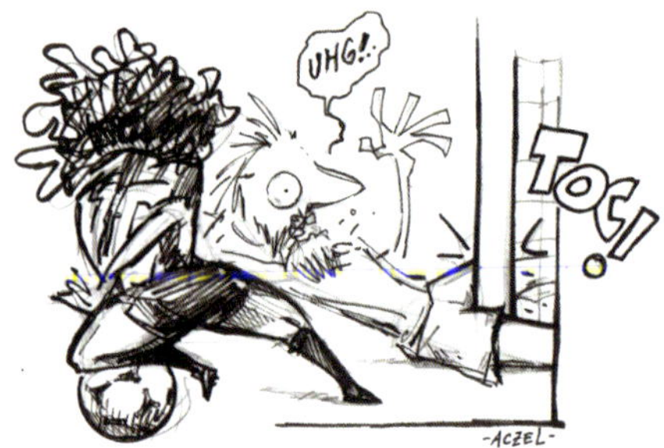

„Ich erinnere mich, dass mir Carrasco den Ball im Mittelfeld zupasste, dann wich ich dem Torwart aus, wartete auf den Abwehrspieler Juan José und ließ ihn an mir vorbeilaufen. Er rutschte voll mit seinen Weichteilen gegen den Pfosten. Ich musste den Ball nur noch ins Tor lenken. Später im Spiel, als wir uns wieder im Mittelfeld begegneten, sagte ich ihm:
‚Perdoná, Juan José.' Er antwortete: ‚Vete a tomar por el culo.
'Frei übersetzt schickte er mich sonst wohin."

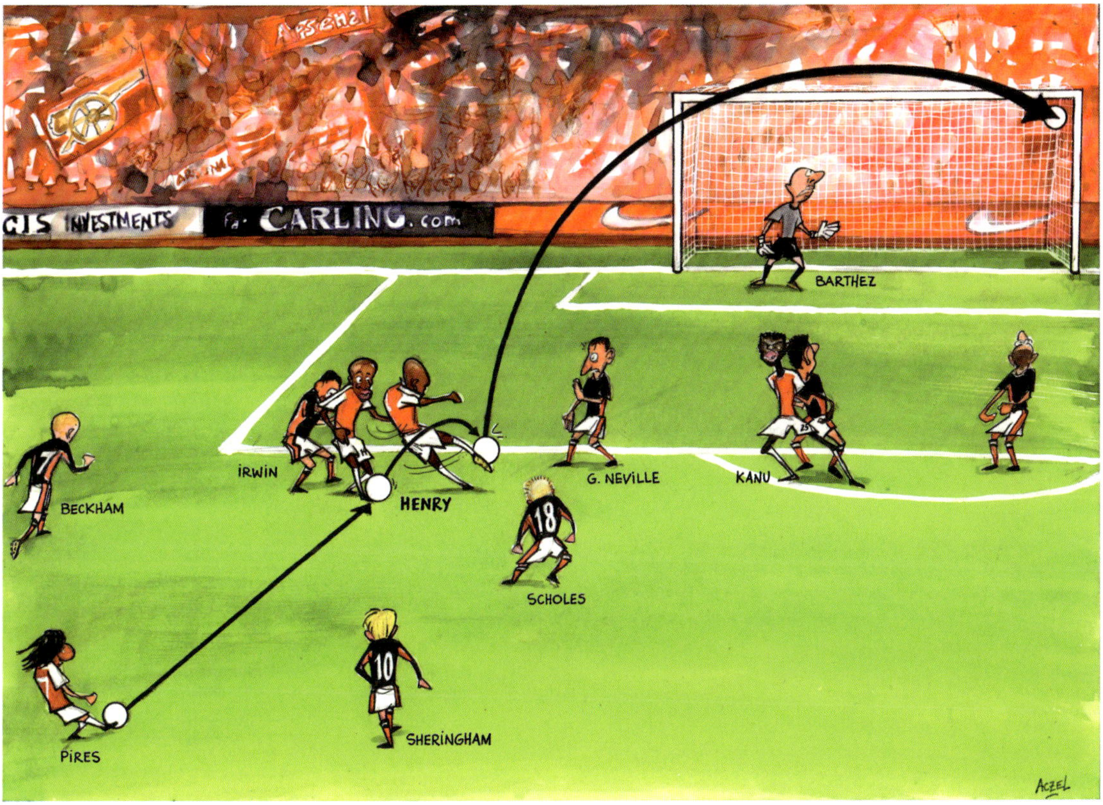

THIERRY HENRY (ARSENAL)

30. MINUTE (1:0)

43

1. OKTOBER 2000, HIGHBURY, LONDON (ENGLAND)
PREMIER LEAGUE, 8. SPIELTAG, ARSENAL 1:0 MANCHESTER UNITED

WELCH QUALITÄT!

Pass zu Henry, dieser hebt sich den Ball an und aus einer halben Drehung heraus schießt er. Barthez kann nicht einmal reagieren.

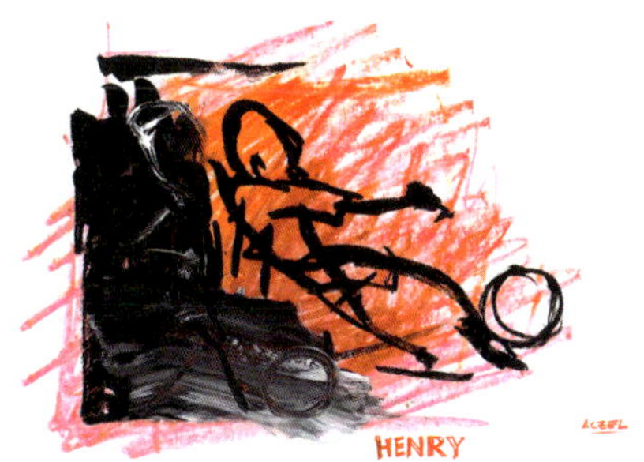

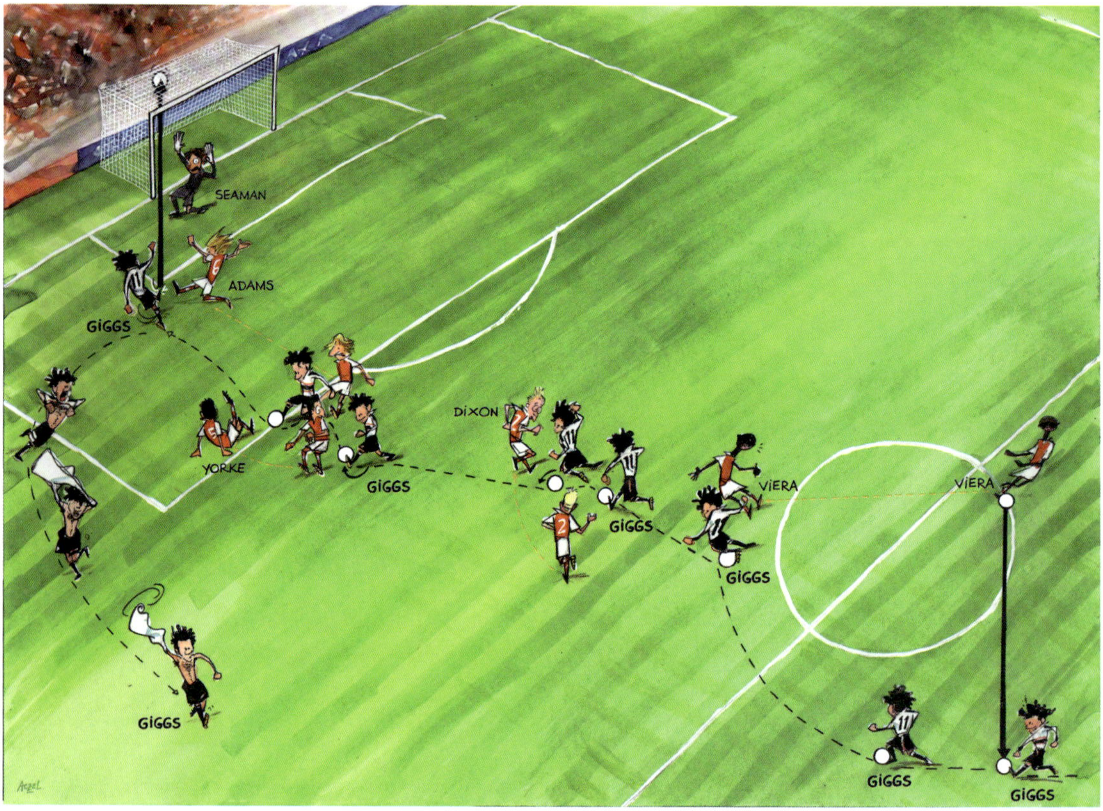

44

RYAN GIGGS (MANCHESTER UNITED) 109. MINUTE (1:2)

14. APRIL 1999, VILLA PARK, ASTON, BIRMINGHAM (ENGLAND)
FA CUP HALBFINALE, ARSENAL LONDON 1:2 (N.V.) MANCHESTER UNITED

HAARIGE BRUST

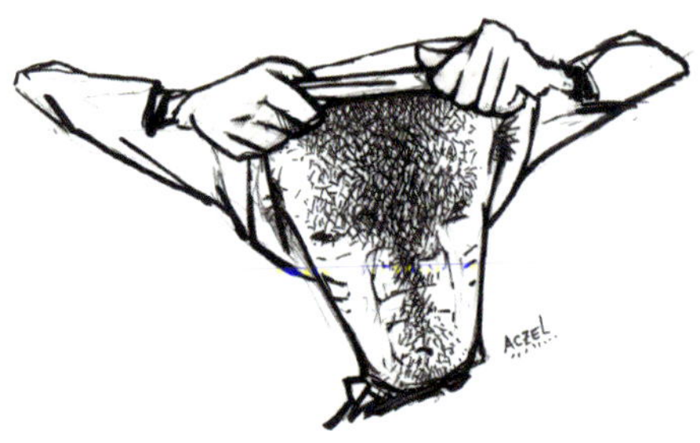

Das legendäre Idol von Manchester United erzielte ein fantastisches Solo-Tor. Ein unvergessliches Tor für die Fans, die es als das beste der Club-Geschichte werten. In diesem Jahr wurde Manchester United zum ersten Club, der ein Triple holte (Premier League, Champions League und FA Cup). Außerdem war Giggs' Torfeier noch ein zusätzliches Schauspiel. „Meine haarige Brust, die ich beim Jubeln präsentierte, kam, glaube ich, nicht so gut an, aber das gute Tor hat das wieder wettgemacht."

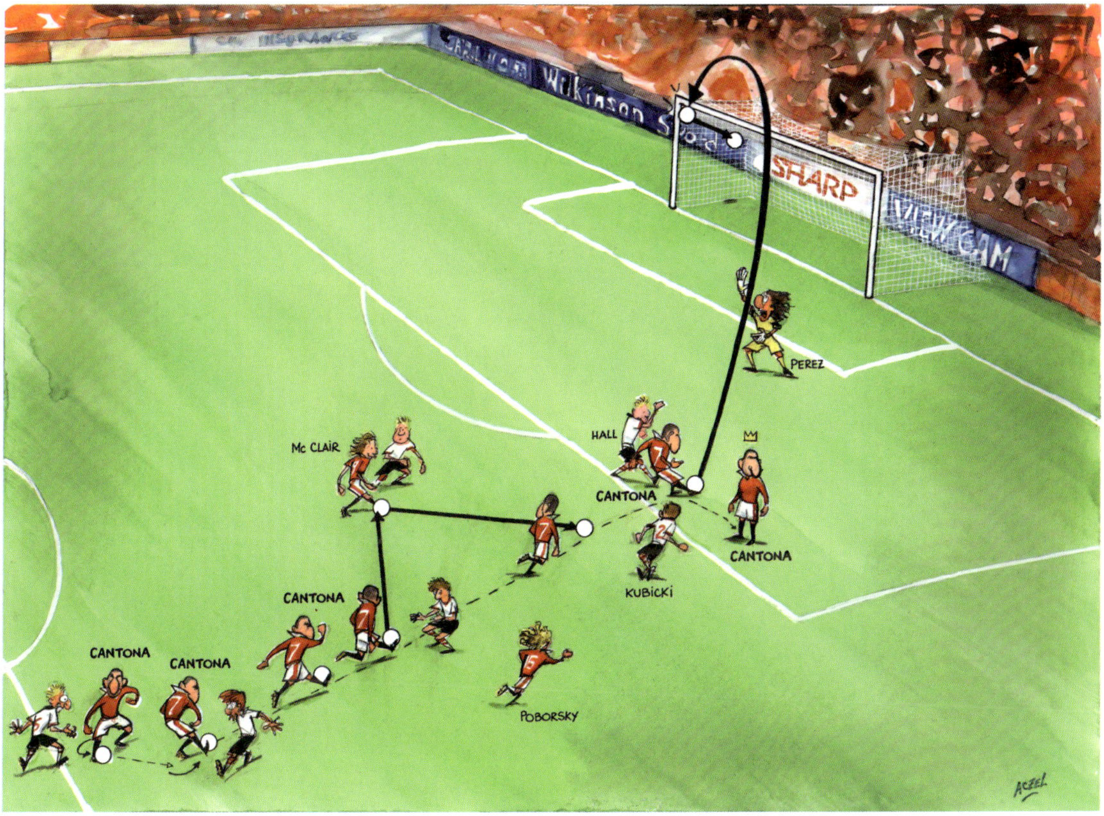

ÉRIC CANTONA (MANCHESTER UNITED) 80. MINUTE (5:0)

45

21. DEZEMBER 1996, OLD TRAFFORD, MANCHESTER (ENGLAND)
FA PREMIER LEAGUE, 18. SPIELTAG, MANCHESTER UNITED 5:0 SUNDERLAND

DIE KÖNIGLICHE FEIER

Zweifelsohne eines der ikonischsten Tore in der Premier League – zusammen mit dem Torjubel danach.
Als wäre der wunderschöne Lupfer, der den Ball auf dem Weg ins Tor noch den Pfosten küssen ließ, als i-Tüpfelchen nicht schon genug gewesen, hatte Cantona selbst das Tor auch noch fantastisch eingeleitet.
Cantona war ein sehr leidenschaftlicher Charakterspieler, der einmal sogar einen Fan mit seinem legendären Kung-Fu Tritt angriff.

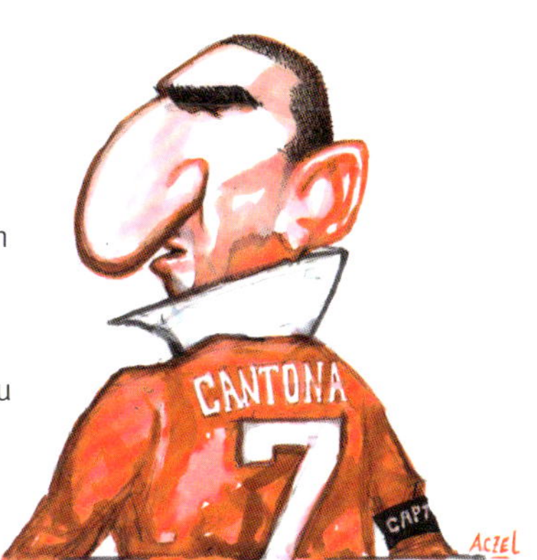

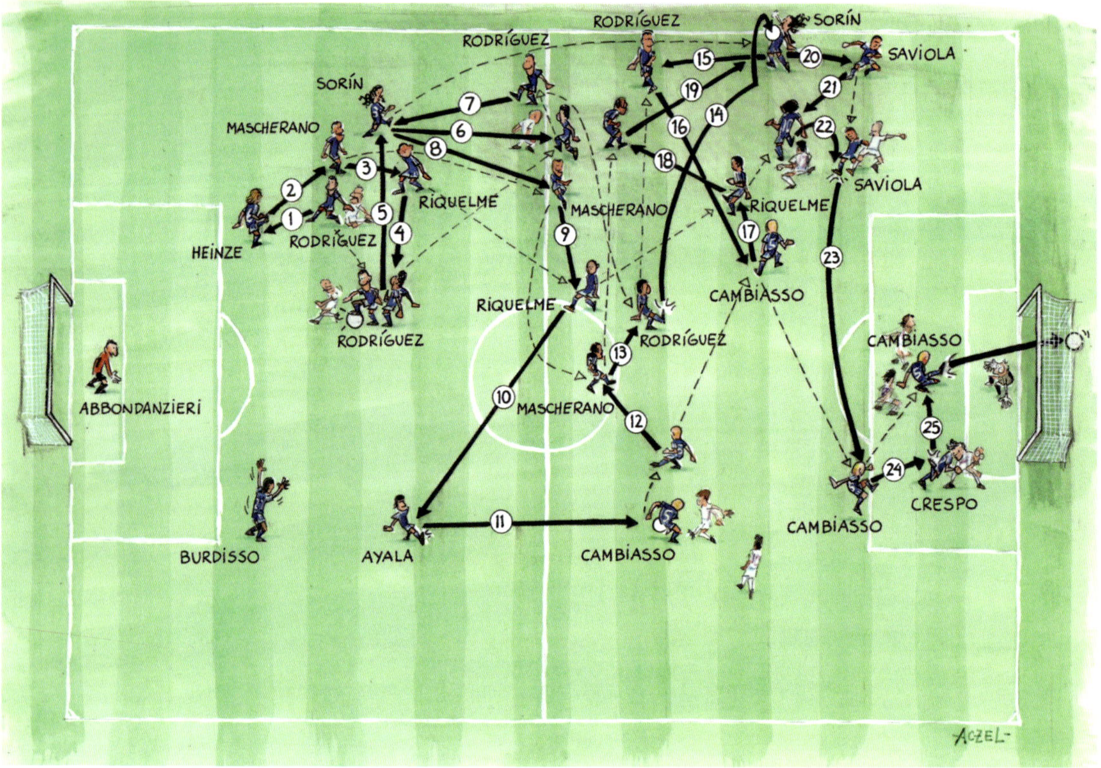

ESTEBAN CAMBIASSO (ARGENTINIEN) 31. MINUTE (2:0)

46

16. JUNI 2006, VELTINS-ARENA, GELSENKIRCHEN (DEUTSCHLAND)
WM 2006, GRUPPE C, ARGENTINIEN 6:0 SERBIEN UND MONTENEGRO

EIN DENKMAL FÜR DIE GEOMETRIE

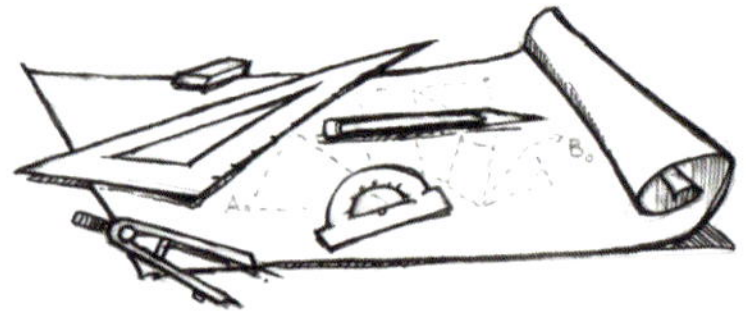

„Ich hatte keine Ahnung, dass mein Tor so besonders war. Ich erinnere mich nur daran, Crespo den Ball zugespielt zu haben, der ihn mir perfekt per Hacke zurückpasste, so dass der Torabschluss für mich ein Leichtes war."
Cambiasso hatte den letzten entscheidenden Ballkontakt nach einer 25-Pass Kombination, die die ganze Argentinien-Elf, bis auf den Torwart und Burdisso, inkludierte.
20 Jahre zuvor das beste Solo-Tor durch Maradona und hier das vielleicht beste Team-Tor aller Weltmeisterschaften.

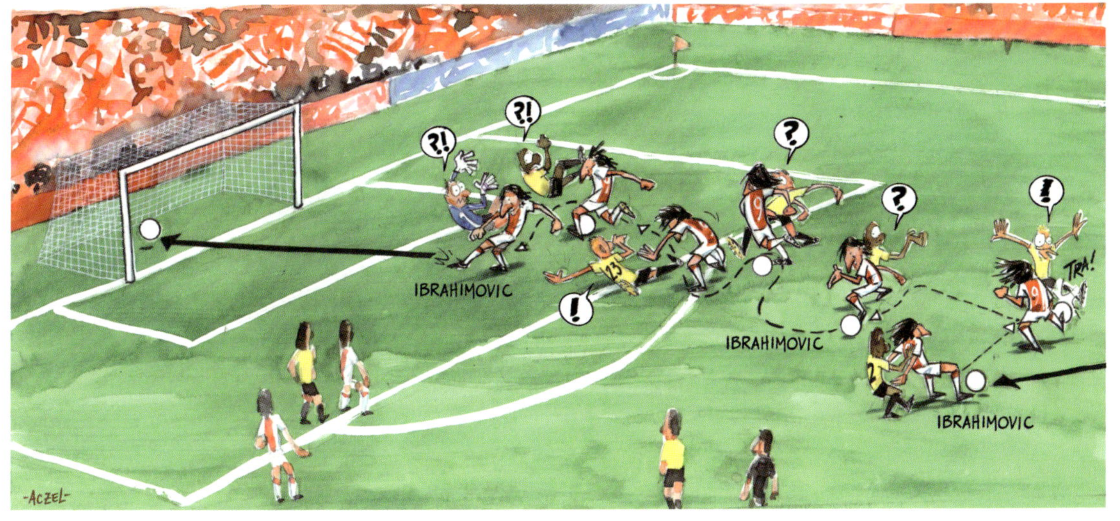

47

ZLATAN IBRAHIMOVIĆ (AJAX AMSTERDAM) 76. MINUTE (5:1)

22. AUGUST 2004, AMSTERDAM ARENA, AMSTERDAM (NIEDERLANDE)
EREDIVISIE, 2. SPIELTAG, AJAX AMSTERDAM 6:2 NAC BREDA

ER LIEF ÜBER SIE ALLE HINWEG

Das war wahrlich eine Demonstration von Kraft und Skills.
„Ich suchte einfach nur den Moment um schießen zu können, eine bessere Ausgangsposition zum Abschließen. Und am nächsten Tag nahm Juventus mich unter Vertrag."

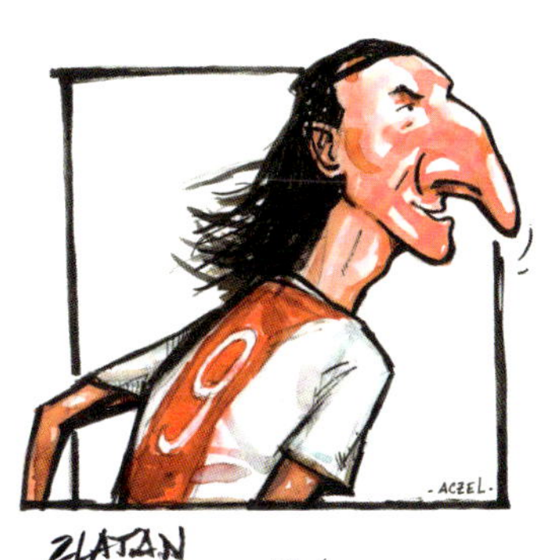

ZLATAN IBRAHIMOVIĆ

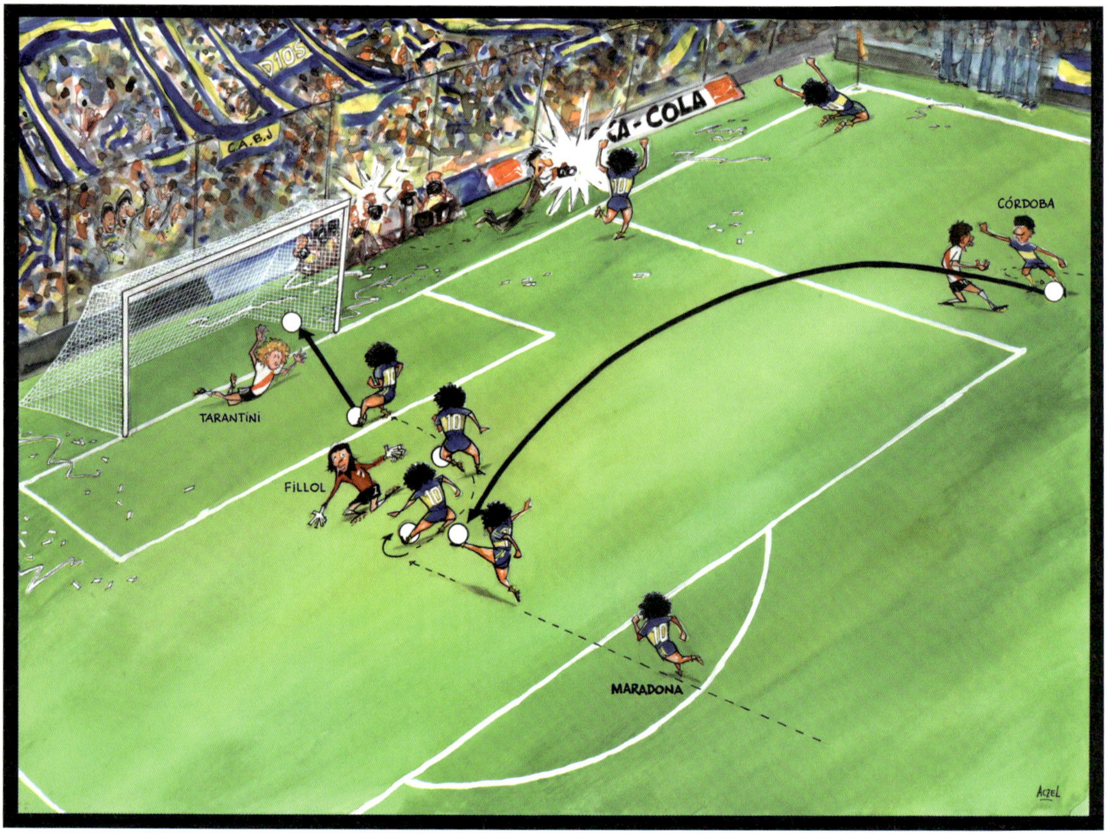

DIEGO ARMANDO MARADONA (BOCA JUNIORS) 67. MINUTE (3:0)

48

10. APRIL 1981, LA BOMBONERA, LA BOCA, BUENOS AIRES (ARGENTINIEN)
CAMPEONATO METROPOLITANO, 10. SPIELTAG, BOCA JUNIORS 3:0 RIVER PLATE

DER KLASSIKER DER KLASSIKER

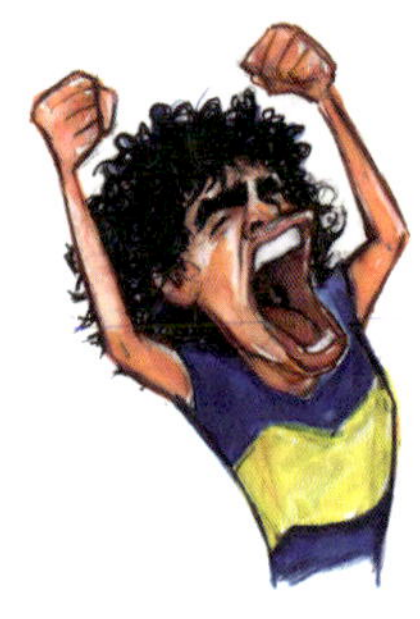

„Der Klassiker meines Lebens. Ich liebe dieses Tor, ich liebe es. Hätte ich einen Traum von einem idealen Superklassiker gehabt, hätte er nicht besser sein können."

Unauslöschlich für die Herzen von Boca gegen den Rivalen River Plate. Maradona hinterließ Fillol, Tarantini und sogar einen Fotografen verstreut auf dem Boden. Dieser wollte ein Bild von Maradona beim Feiern schießen. Es regnete, der Boden war nass, und er fiel beim Versuch, diesem überirdischen Fußballer zu folgen.

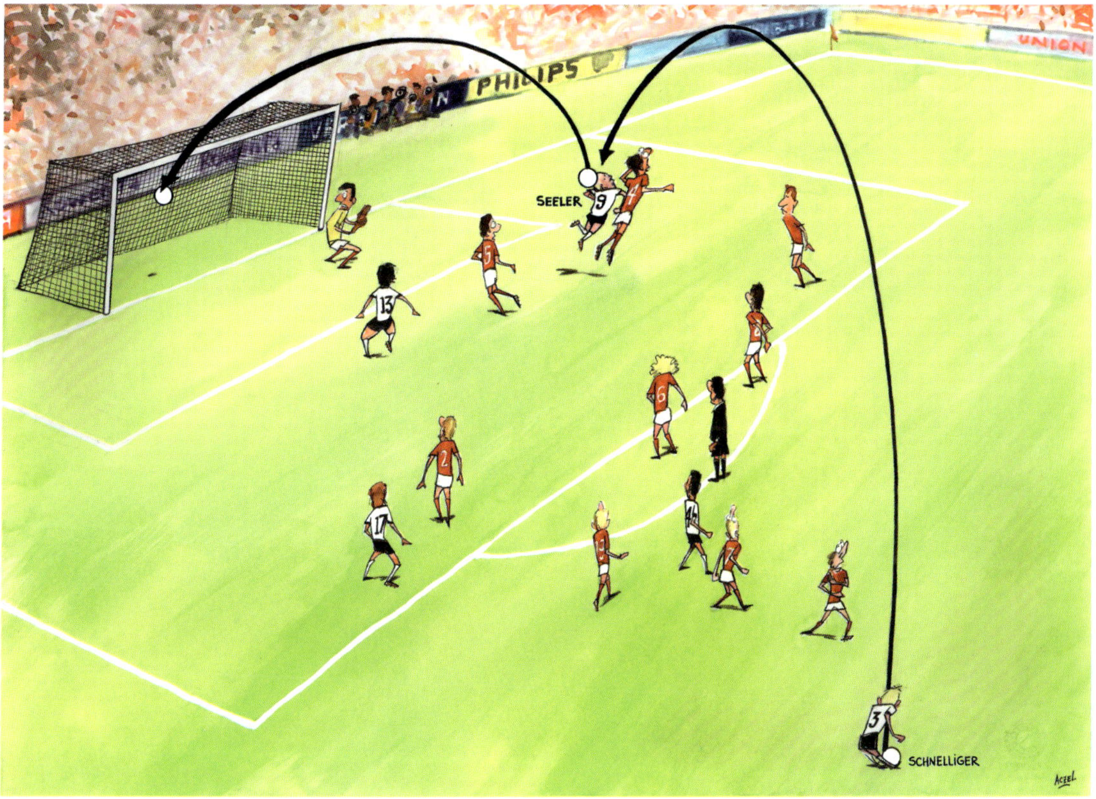

UWE SEELER (DEUTSCHLAND)

82. MINUTE (2:2)

49

14. JUNI 1970, ESTADIO GUANAJUATO, LEÓN (MEXIKO)
WM-VIERTELFINALE, DEUTSCHLAND 3:2 (N.V.) ENGLAND

DER SCHÖNSTE HINTERKOPF DEUTSCHLANDS

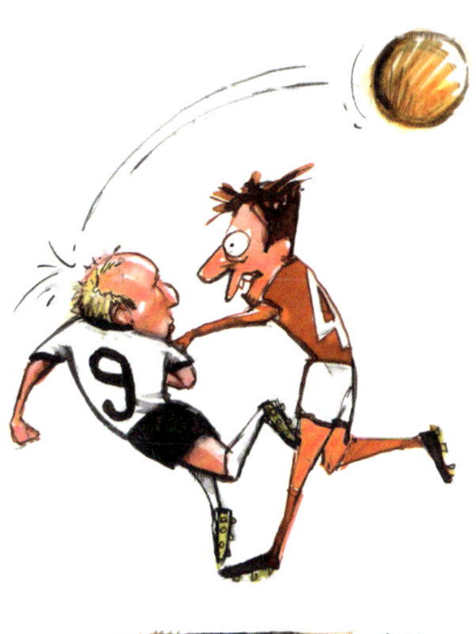

Man mag es kaum glauben, aber das Tor steht hinter ihm. Trotzdem trifft Seeler per Hinterkopf. Das Spiel endet mit 3:2 (n.V). Die Revanche nach 1966 war perfekt.
Seeler galt in seiner aktiven Zeit als einer der besten Mittelstürmer der Welt und ist heute nicht nur Ehrenbürger Hamburgs, sondern zusammen mit Fritz Walter, Franz Beckenbauer, Lothar Matthäus, Jürgen Klinsmann und Philipp Lahm Ehrenspielführer der Nationalmannschaft.

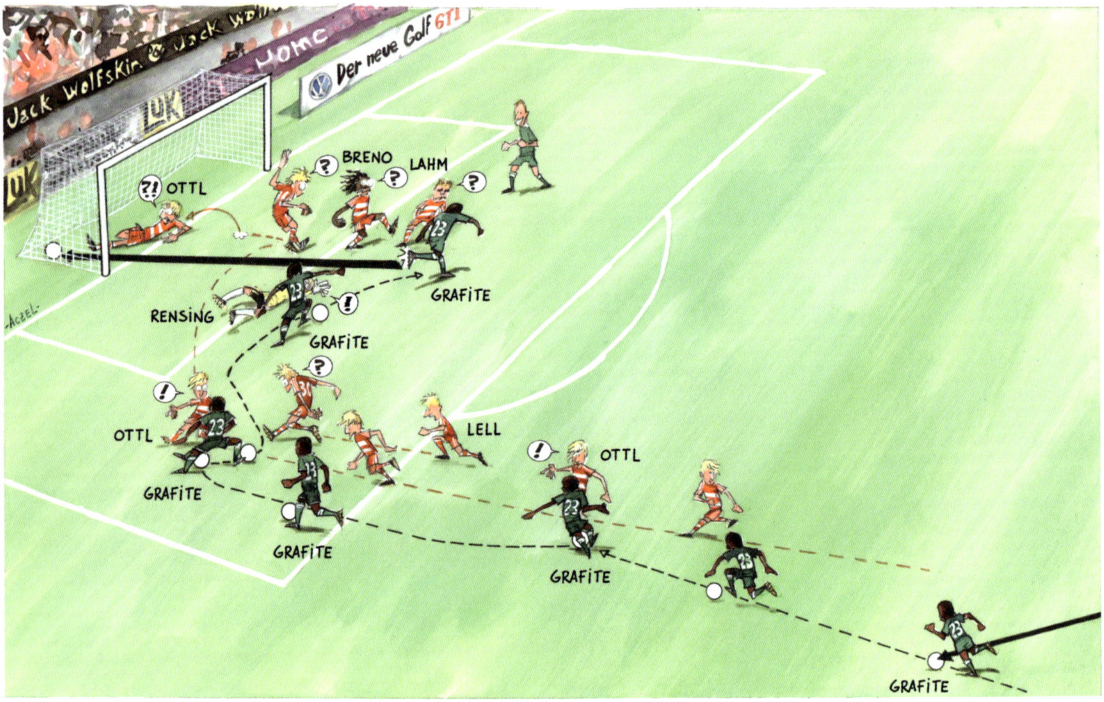

GRAFITE (VFL WOLFSBURG) 77. MINUTE (5:1)

50

4. APRIL 2009, VOLKSWAGEN ARENA, WOLFSBURG (DEUTSCHLAND)
BUNDESLIGA, 26. SPIELTAG, VFL WOLFSBURG 5:1 FC BAYERN MÜNCHEN

DIE KRÖNUNG

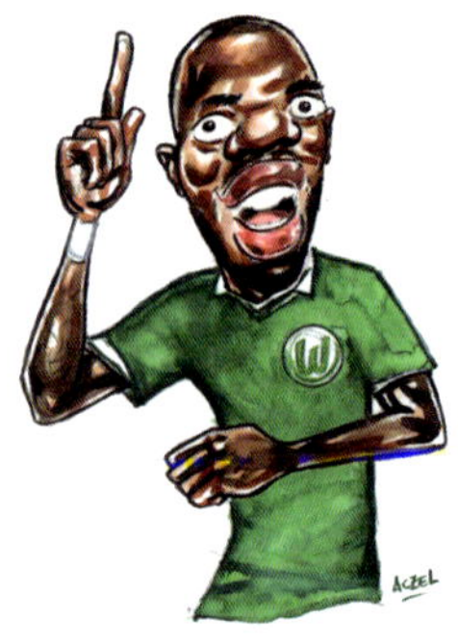

Das 5:1 war die Krönung einer herausragenden Leistung des Vfl Wolfsburg auf dem Weg zur deutschen Meisterschaft 2008/09 und wurde Tor des Jahres 2009.

Grafite tanzte die komplette Bayern-Abwehr aus und spitzelte den Ball schließlich per Hacke mitten ins Herz des FC Bayern, der auf diese demütigende Niederlage hin den damaligen Trainer Jürgen Klinsmann entließ. Grafite hingegen wurde zum Torschützenkönig und Spieler des Jahres gewählt.

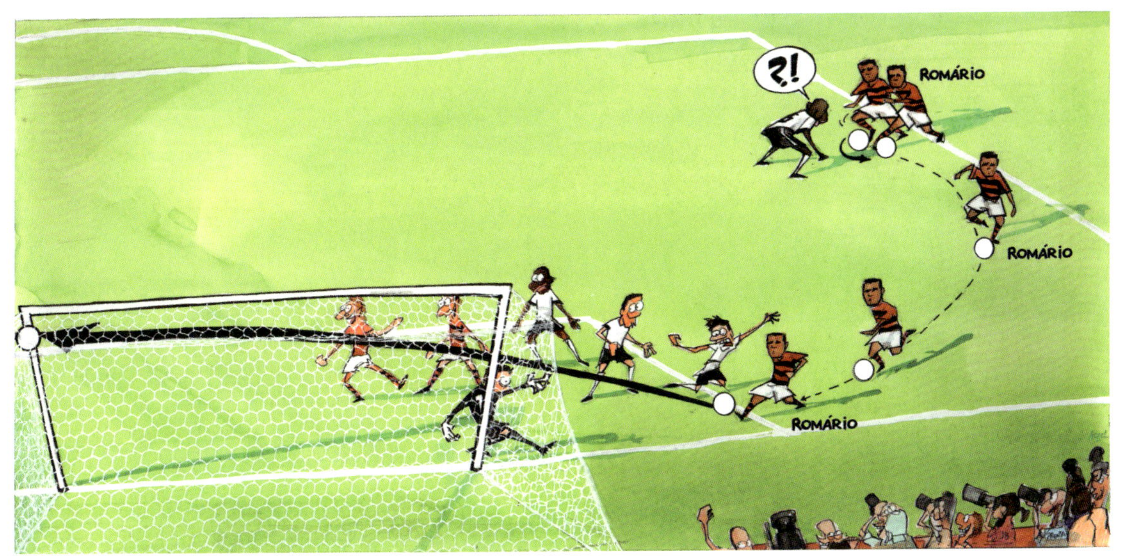

ROMÁRIO (FLAMENGO)

6. MINUTE (2:0)

51

7. FEBRUAR 1999, PACAEMBU, SÃO PAULO (BRASILIEN)
TORNEIO RIO-SÃO PAULO, CORINTHIANS 0:3 FLAMENGO

"ELÁSTICO"

„Elástico“ (Gummi). So wird die von Rivelino erfundene Bewegung genannt, die von brasilianischen Spielern wie Ronaldinho, Ronaldo oder eben Romário mit Perfektion ausgeführt wurde. Wenn man die großen Spielzüge dieses geborenen Torschützen revue passiert, darf dieses Tor nicht fehlen. Eine wahre Demonstration des Fußballs.

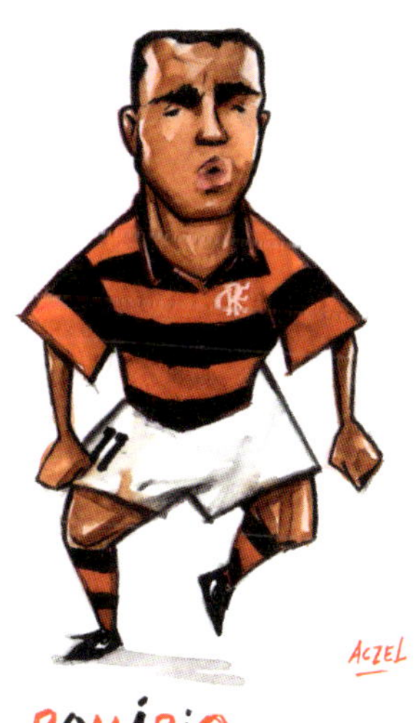

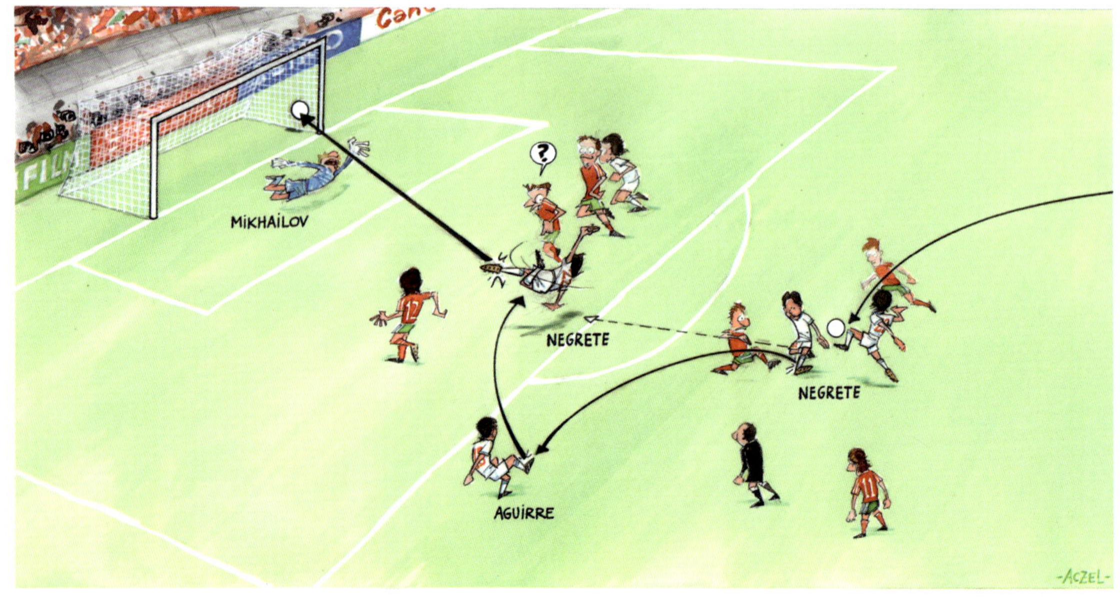

MANUEL NEGRETE (MEXIKO) 34. MINUTE (1:0)

52

15. JUNI 1986, ESTADIO AZTECA, MEXIKO-CITY (MEXIKO)
WM 1986, ACHTELFINALE, MEXIKO 2:0 BULGARIEN

DIE SCHERE DES JAHRHUNDERTS

Wäre nicht schon Maradonas zum Tor des Jahrhunderts gewählt worden (Seite 5), wäre Negretes, der für den Gastgeber Mexiko spielte, zumindest das Tor der Weltmeisterschaft 1986 geworden.

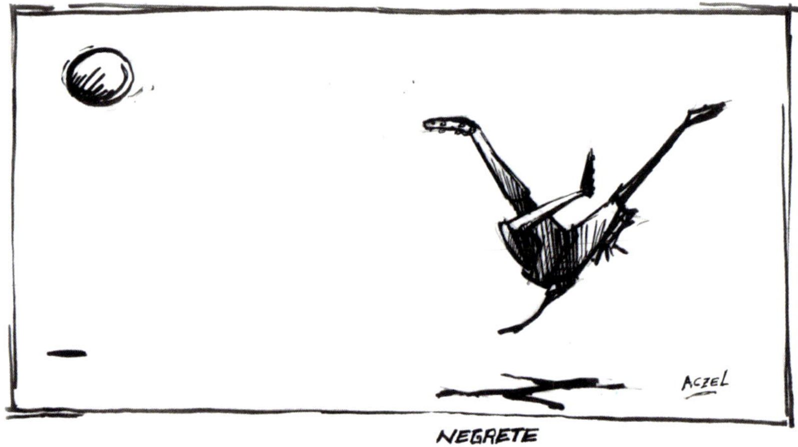

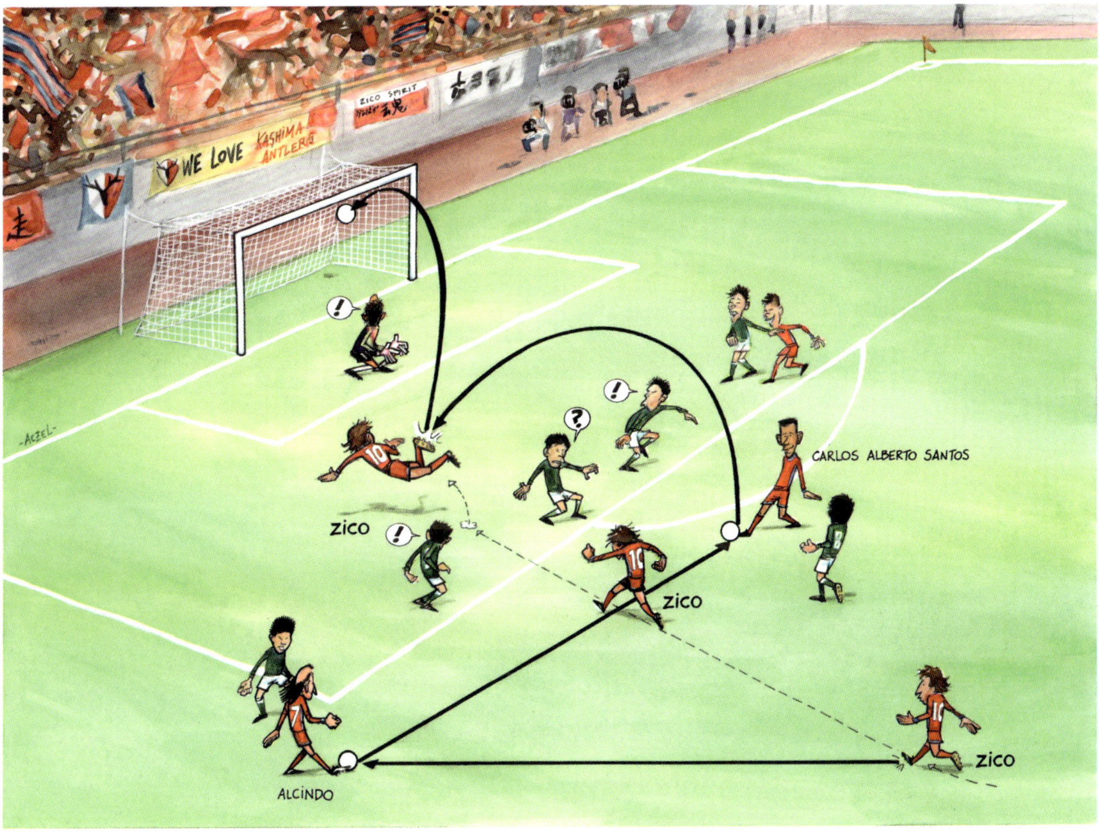

WE LOVE KASHIMA ANTLERS
ZICO SPIRIT
CARLOS ALBERTO SANTOS
ZICO
ZICO
ZICO
ALCINDO

ZICO (KASHIMA ANTLERS) 77. MINUTE (5:1)

53

11. DEZEMBER 1993, KASHIMA SOCCER STADIUM, KASHIMA, IBARAKI (JAPAN)
JAPAN EMPEROR'S CUP, 2ND ROUND, KASHIMA ANTLERS 6:1 TOHOKU

DAS LEBEN BEGINNT MIT 40

Mit 40 Jahren machte die Legende Zico – auch seiner eigenen Meinung nach – im Skorpionstil das schönste Tor seiner Karriere.

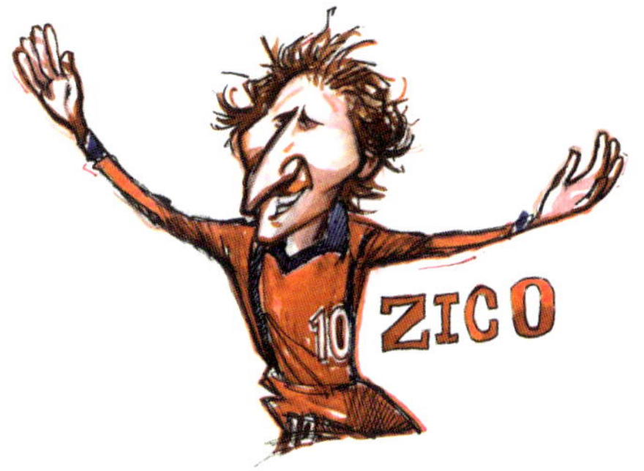

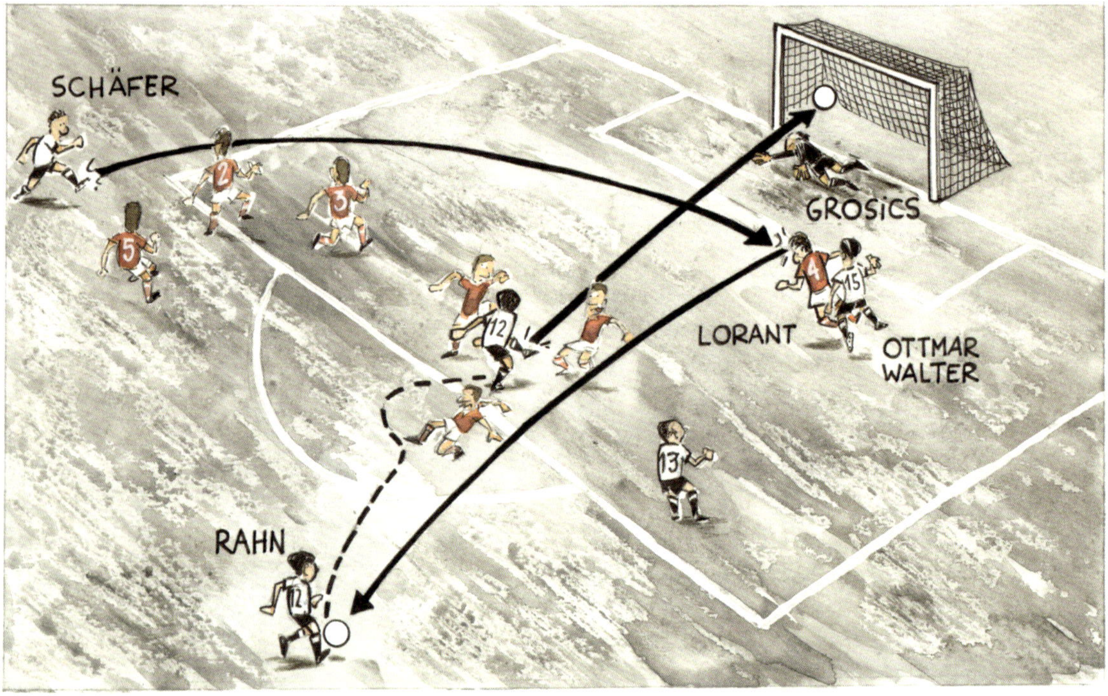

SCHÄFER
GROSICS
LORANT
OTTMAR WALTER
RAHN

54

HELMUT RAHN (DEUTSCHLAND) 84. MINUTE (3:2)

4. JULI 1954, WANKDORFSTADION, BERN (SCHWEIZ)
WM 1954, FINALE, DEUTSCHLAND 3:2 UNGARN

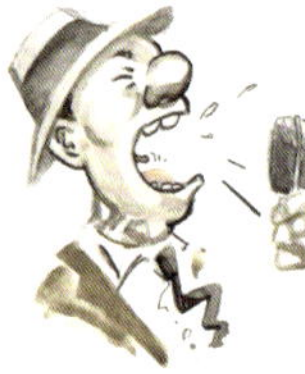

DAS WUNDER VON BERN

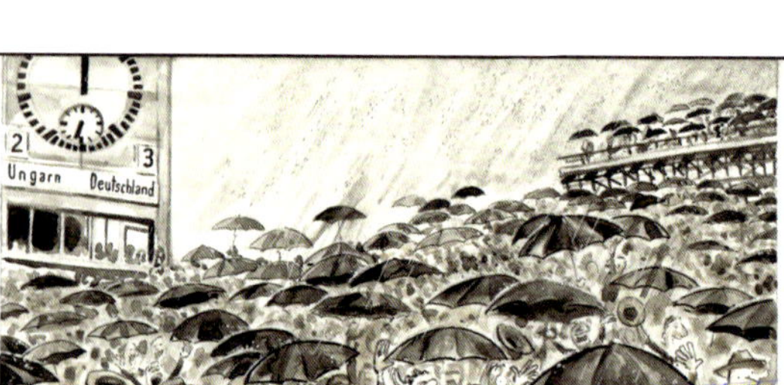

„Rahn schießt ... TOR! TOR! TOR! Aus, aus, aus ... das Spiel ist aus! Deutschland ist Weltmeister!" mit diesen legendären Worten ging der deutsche Radiokommentator Herbert Zimmermann in die Geschichte ein. Und natürlich nicht nur er. Mit der Hoffnung auf Regen hatten die Deutschen Schraubstollen erfunden. Und das Wunder von Bern nahm seinen Lauf. Es regnete.
Für den ersten WM-Titel erhielten die Kicker 1.000 Mark, einen Motorroller, Fresskörbe und einen Fernseher. Für die vom Krieg gebeutelte deutsche Nation bedeutete der Titel so viel mehr: endlich wieder etwas Freude, Aufschwung, vielleicht sogar die inoffizielle Wiedergeburt der Bundesrepublik Deutschland.

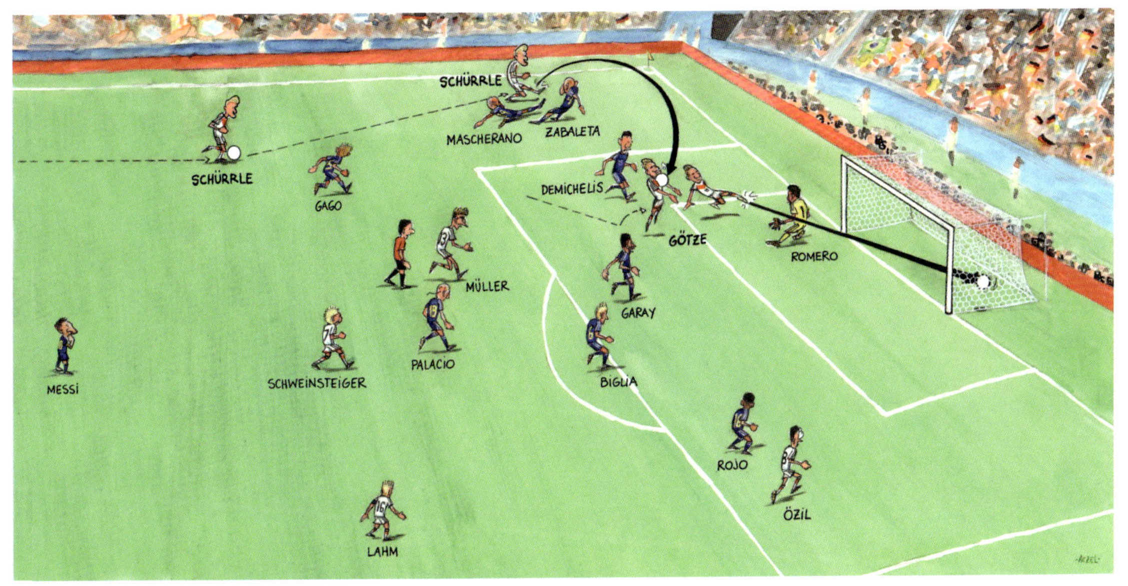

MARIO GÖTZE (DEUTSCHLAND) 113. MINUTE (1:0)

55

13. JULI 2014, ESTÁDIO DO MARACANÃ, RIO DE JANEIRO (BRASILIEN)
WM 2014, FINALE, DEUTSCHLAND 1:0 N. V. ARGENTINIEN

MACH IHN!

Götze war ganz klar zum richtigen Zeitpunkt am richtigen Ort. Mit diesem Tor des Jahrzehnts schoss er Deutschland zum vierten Mal zum Weltmeister und wurde zum Held der Nation!

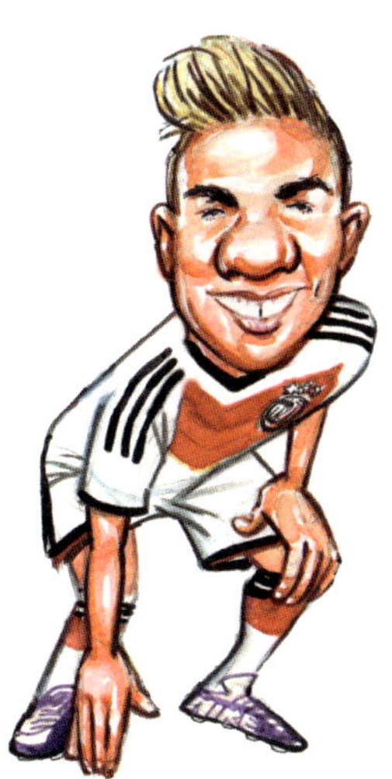

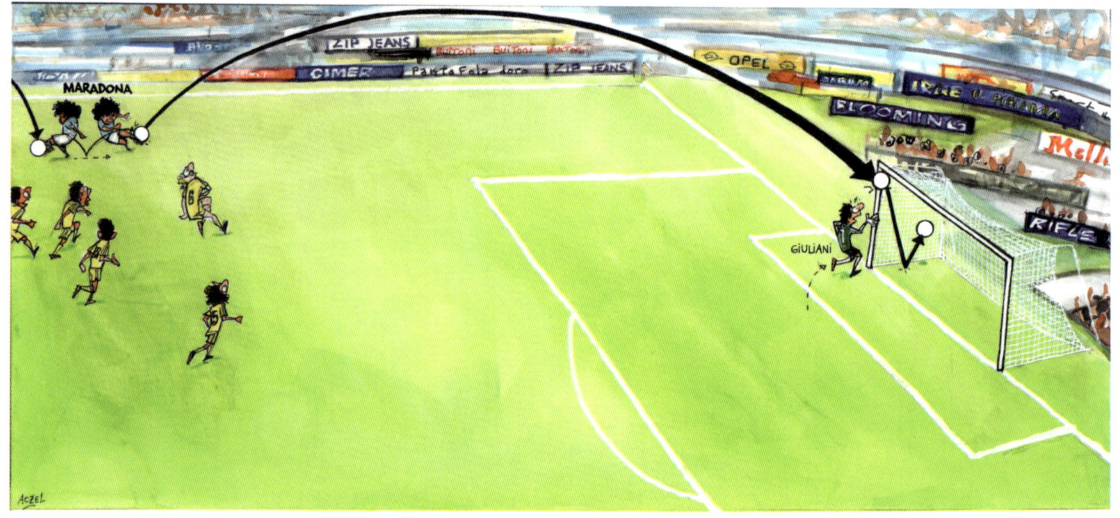

DIEGO ARMANDO MARADONA (S.S.C. NAPOLI) 58. MINUTE (3:0)

56

20. OKTOBER 1985, STADIO SAN PAOLO, NEAPEL (ITALIEN)
SERIE A, 7. SPIELTAG, S.S.C. NAPOLI 5:0 HELLAS VERONA F.C.

NEAPEL LIEGT ZU SEINEN FÜSSEN

Hier ein Megator von Diego aus der Ferne beim Torschützenfest 5:0 gegen Verona.
Tatsächlich war das Gefälle zwischen Nord- und Süditalien immer noch sehr groß. Maradona brachte nicht nur dem Club mit seinem unbändigen Willen Hoffnung und Lebensfreude. In Neapel entwickelte sich ein riesiger Fankult um ihn. Noch heute wird er dort, wie auch in Argentinien, vergöttert.

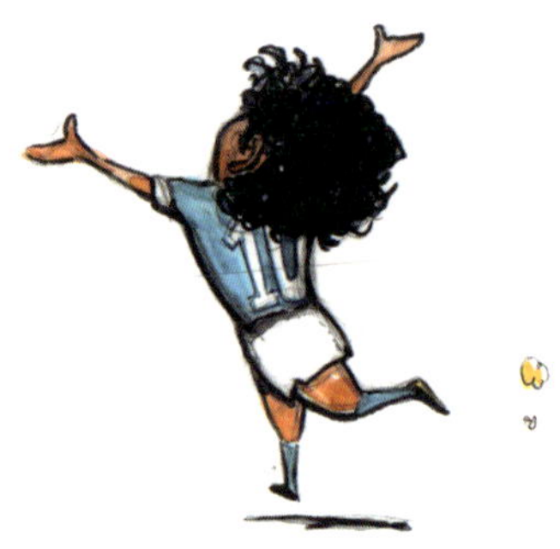

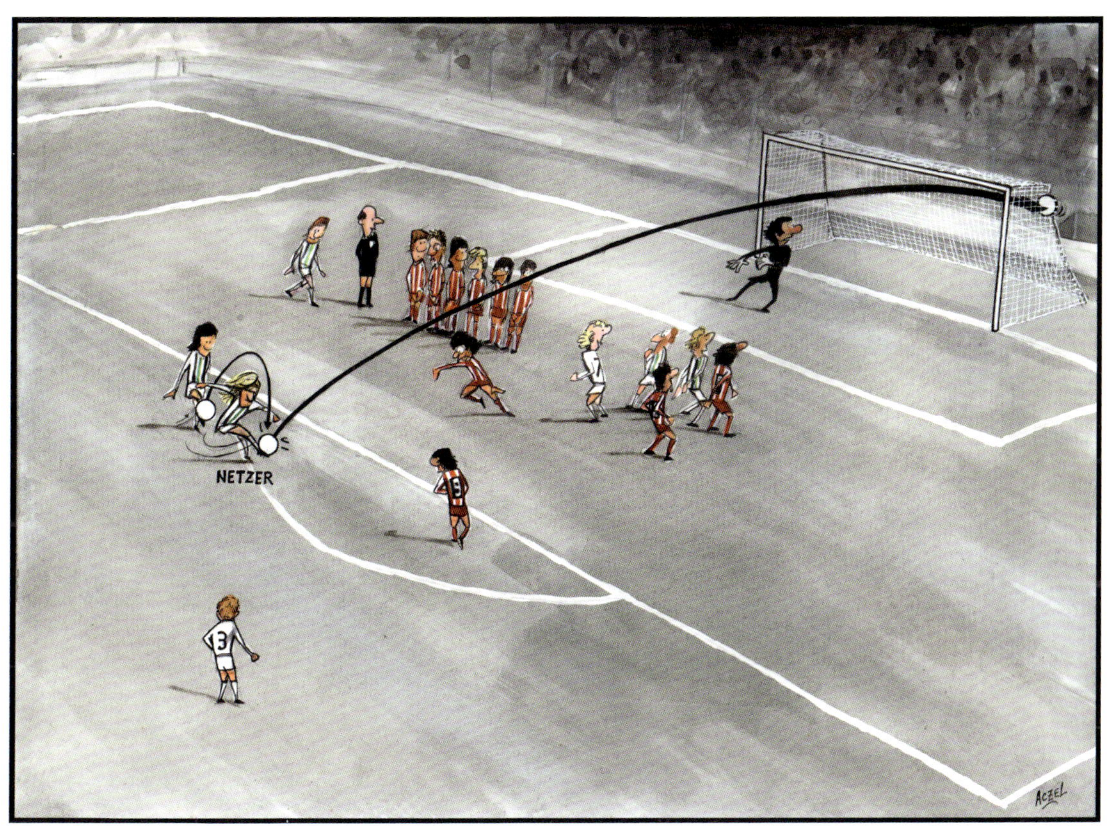

GÜNTER NETZER (BORUSSIA MÖNCHENGLADBACH) 42. MINUTE (2:1)

57 20. MÄRZ 1973, BÖKELBERGSTADION, MÖNCHENGLADBACH (DEUTSCHLAND)
UEFA-CUP, VIERTELFINALE, RÜCKSPIEL, BORUSSIA MÖNCHENGLADBACH 7:1 1. FC KAISERSLAUTERN

DER GIGOLO

Günter Netzer erzielte das Tor des Jahres 1973. Er war schon damals für seinen extravaganten Lebensstil bekannt. Charismatisch, mit seinen langen Haaren, feierte er viel und umgab sich gerne mit heißen Autos und Frauen. Später unterhielt er als TV-Experte im Duo mit Gerhard Delling, das sich auf sehr amüsante Weise ständig stichelte, mit seinem trockenen Humor und Fachwissen viele Jahre das Fußballpublikum. Er war der erste deutsche Fußballer, der von Real Madrid unter Vertrag genommen wurde.

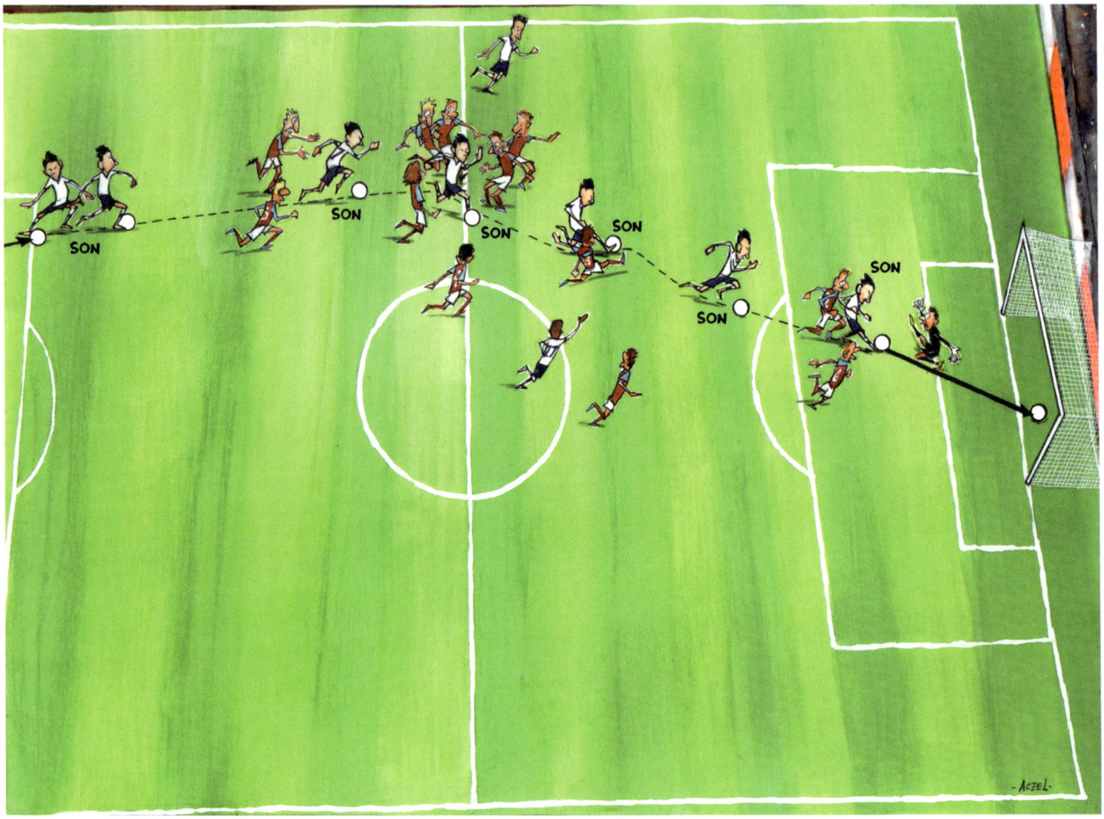

SON HEUNG-MIN (TOTTENHAM HOTSPUR) 32. MINUTE (3:0)

58

12. DEZEMBER 2019, TOTTENHAM HOTSPUR STADION, LONDON (ENGLAND)
PREMIER LEAGUE, 16. SPIELTAG, TOTTENHAM HOTSPUR 5:0 BURNLEY

SOOOOOOOON!!!!

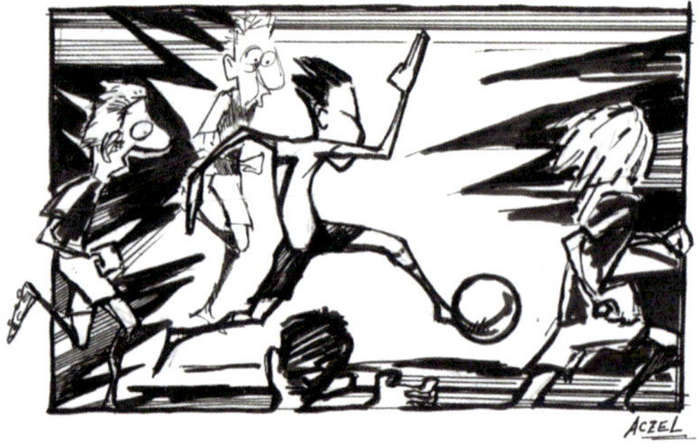

Das 70-Meter-Tor von Son Heung-Min wurde von der FIFA als unwiderstehlich bezeichnet und folglich mit dem Puskás-Preis als das beste Tor des Jahres 2019 ausgezeichnet.
Den Ball im eigenen Sechzehner aufgenommen, war er danach über das komplette Feld gesprintet, um dann einzuschießen. Ein Zwölf-Sekunden-Solo, das rund um die Welt gegangen ist.

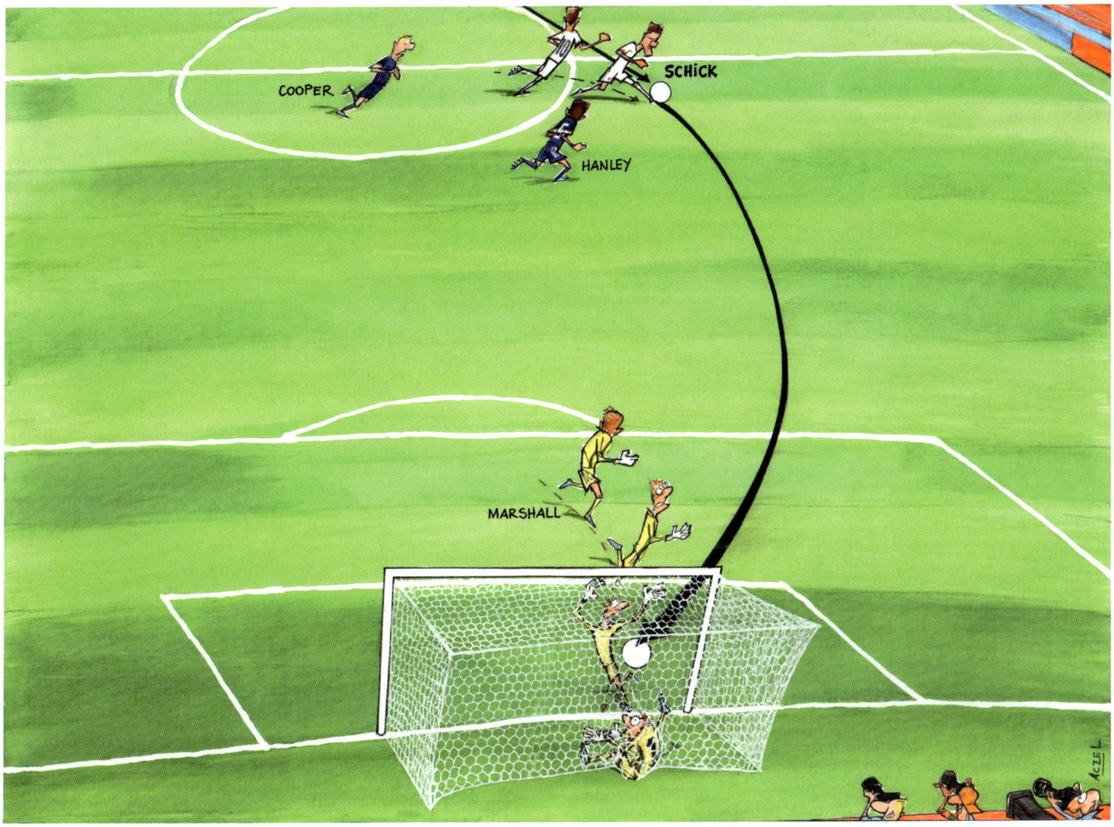

PATRIK SCHICK (TSCHECHIEN) 52. MINUTE (0:2)

59

14. JUNI 2021, HAMPDEN PARK, GLASGOW (SCHOTTLAND)
EM 2020, GRUPPE D, 1. SPIELTAG, SCHOTTLAND 0:2 TSCHECHIEN

SCHICKES DING

Das Turnier hatte gerade erst begonnen.
Tscheche Schick trifft von der Mittellinie. In hohem Bogen fliegt der Ball durch den Himmel von Glasgow und landet hinter dem zu spät zurückgeeilten schottischen Keeper im Netz. „Es ist klar, dass wir bereits das Tor des Turniers gesehen haben. Niemand braucht zu versuchen, das noch zu schlagen“, sagte ein Teamkollege nach dem Spiel über Schicks perfekt kalkulierten Geniestreich.
Und es wurde tatsächlich das Tor des Turniers.

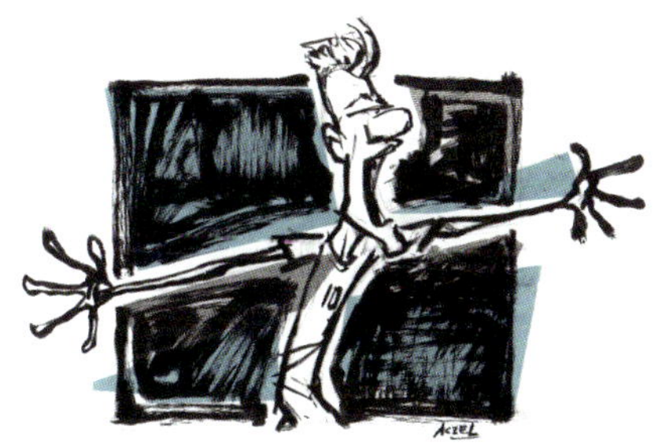

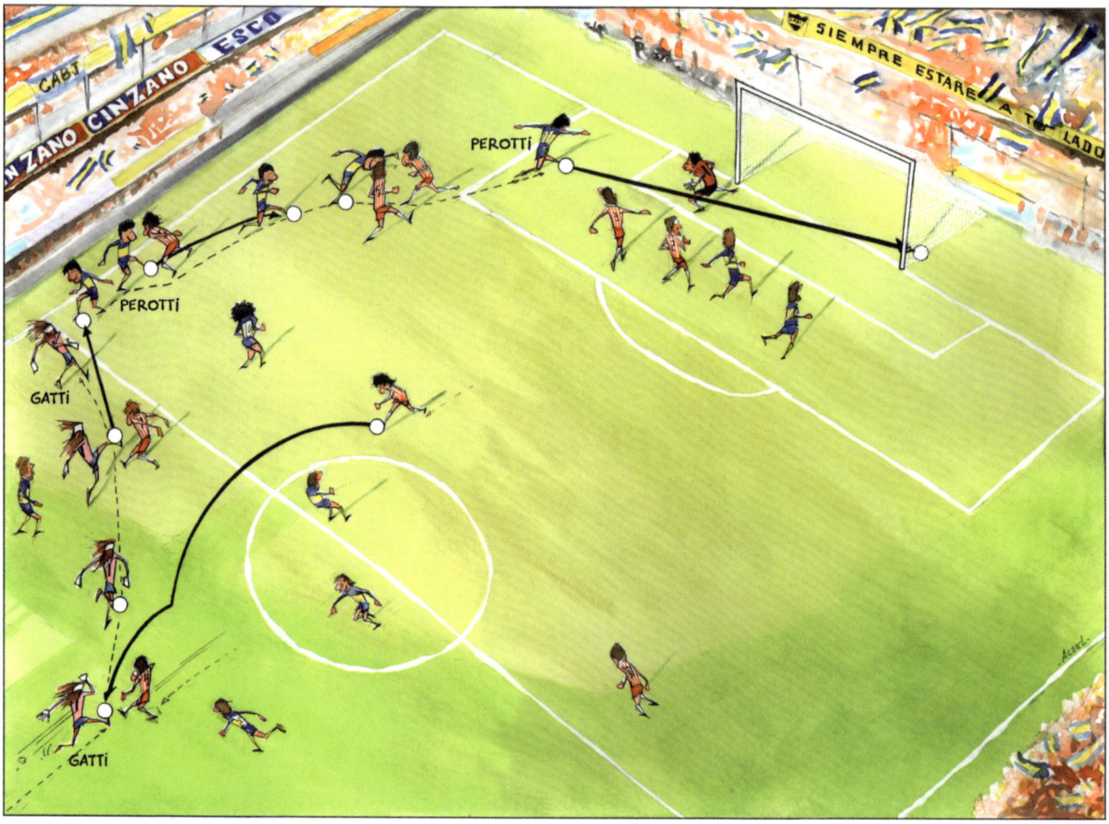

HUGO PEROTTI (BOCA JUNIORS) 38. MINUTE (1:0)

19. JULI 1981, LA BOMBONERA, LA BOCA, BUENOS AIRES (ARGENTINIEN)
CAMPEONATO METROPOLITANO, 30. SPIELTAG, BOCA JUNIORS 1:0 ESTUDIANTES DE LA PLATA

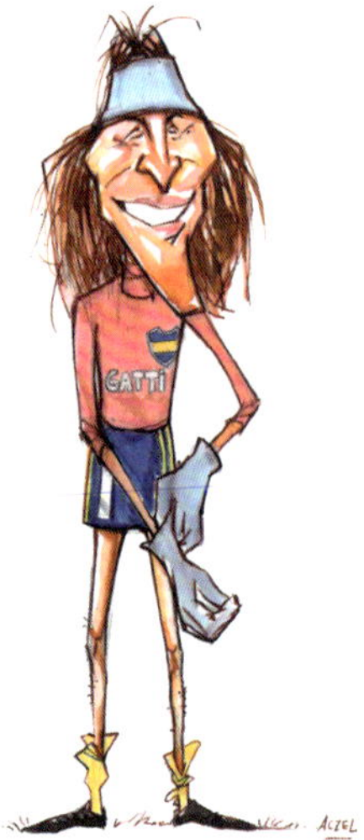

GATTI KOMMT RAUS!

Bocas Torwart Gatti war bekannt dafür Verrücktes zu tun. Dieses Mal sollte es mit einem beeindruckenden Tor enden. Nach einem tiefen Pass durch die gegnerische Mannschaft kam Gatti aus seinem Torwartraum raus und schnitt den Spielzug ab. Doch anstatt den Ball zu passen, ermutigte er sich bis zur Spielfeldmitte weiter zu dribbeln, um dann den Ball an Perotti abzugeben, der ebenfalls einen herrlichen Lauf (inklusive Tunneln) hinlegte und das Ganze mit einem unvergesslichen Tor für die Boca-Fans abschloss. Diese Saison blieb auch in Erinnerung, weil es für Maradona die erste Meisterschaft zusammen mit Boca bedeutete.

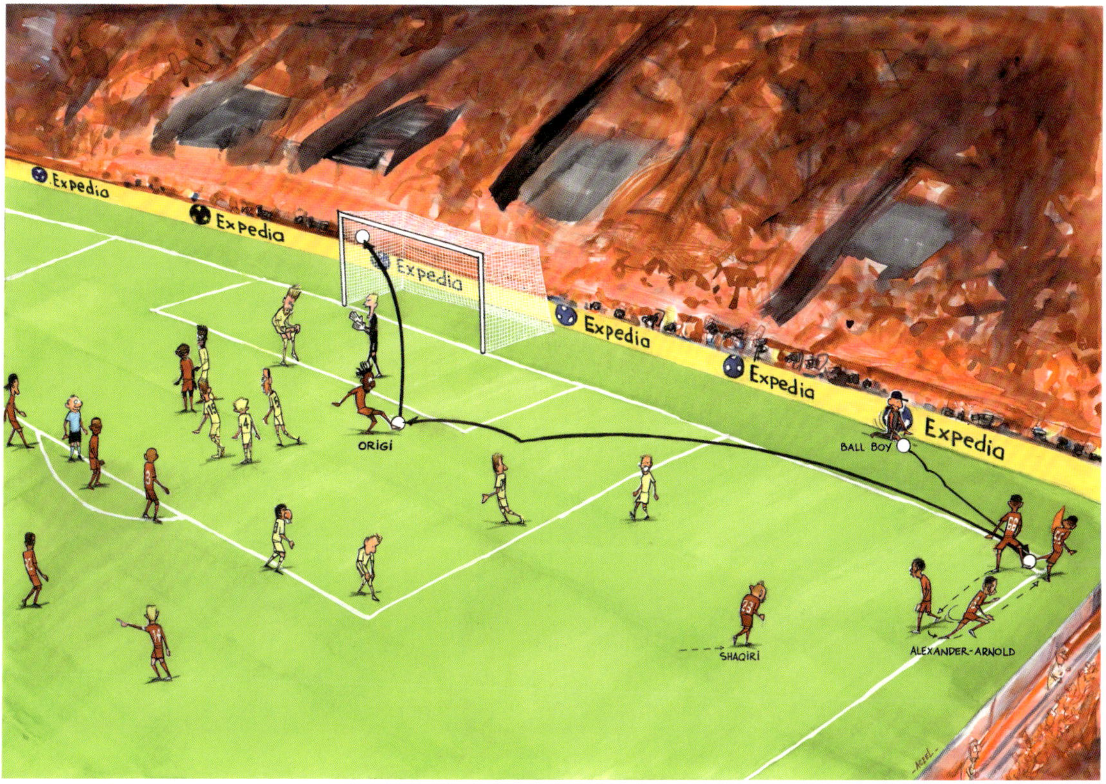

DIVOCK ORIGI (FC LIVERPOOL) 79. MINUTE (4:0)

61

7. MAI 2019, ANFIELD, LIVERPOOL (ENGLAND)
CHAMPIONS LEAGUE, HALBFINALE, RÜCKSPIEL, FC LIVERPOOL 4:0 FC BARCELONA

YOU'LL NEVER WALK ALONE

Eine neue Form des Bauerntricks. Trent Alexander-Arnold tut so, als würde er von der Ausführung der Ecke absehen und sie Teamkollege Shaqiri überlassen wollen. Als Barcelona noch mit nichts rechnet, dreht er sich plötzlich um, führt den Standard doch aus und findet Origi, der gekonnt zum 4:0 abschließt. Das Hinspiel war 3:0 für Barcelona ausgegangen. Einen heimlichen Anteil an der Wunderecke hatte auch der Balljunge, der blitzschnell reagiert hatte. Und die Ecke war laut Alexander-Arnold nicht einstudiert, sondern purer Instinkt.

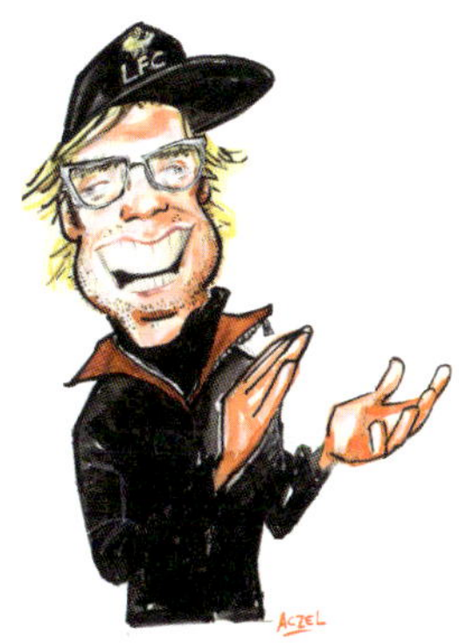

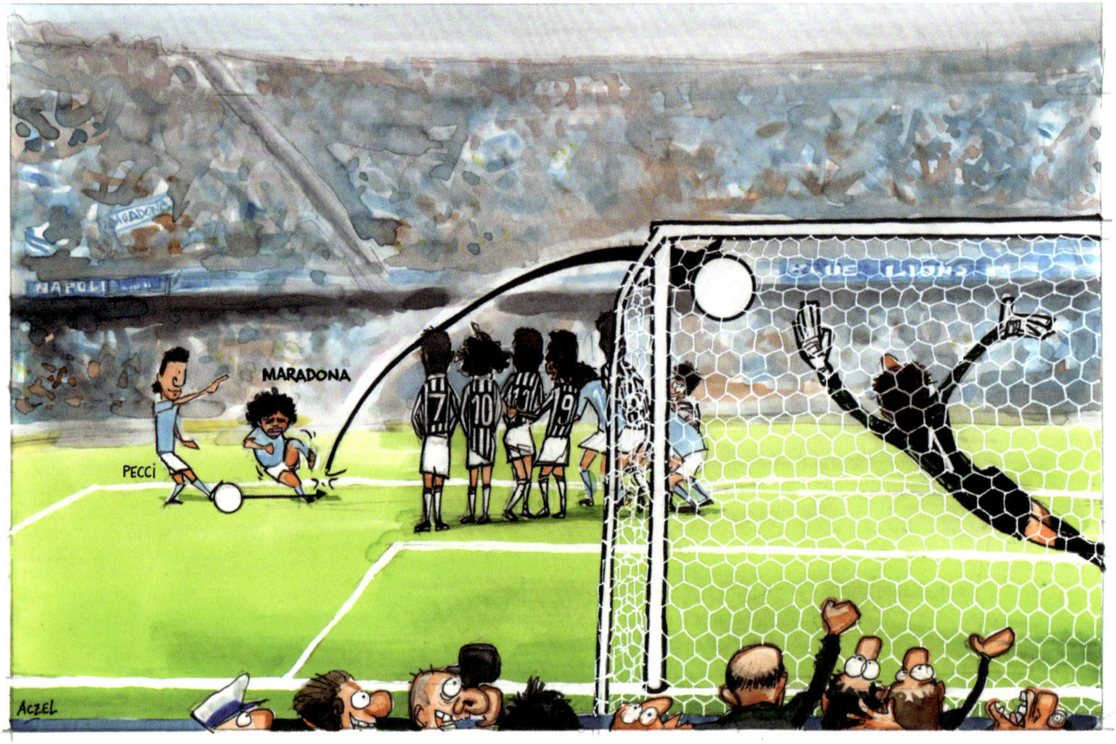

DIEGO ARMANDO MARADONA (SSC NEAPEL) 72. MINUTE (1:0)

62

3. NOVEMBER 1985, STADIO SAN PAOLO, NEAPEL (ITALIEN)
SERIE A, 9. SPIELTAG, SSC NEAPEL 1:0 JUVENTUS TURIN

DER TAG, AN DEM PLATINI MARADONA APPLAUDIERTE

Dieses war eines der wichtigsten Tore Maradonas für Napoli in einer Zeit, in der die Serie A noch als die beste Liga der Welt galt. Es entstand aus einem indirekten Freistoß, ohne Raum. Doch Maradona pinselte den Ball mit seinem magischen linken Fuß ins Kreuzeck. Selbst Platini applaudierte ihm nach.

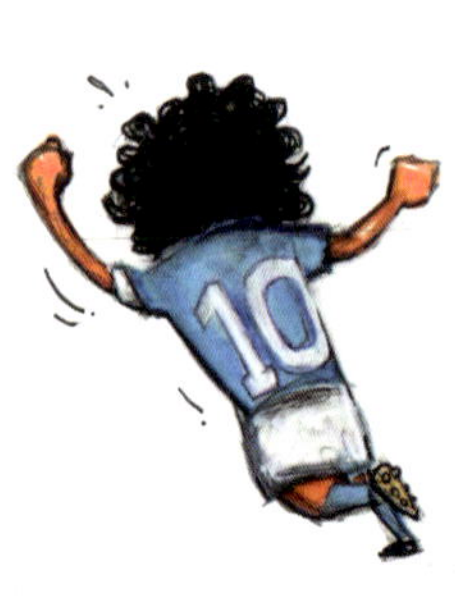

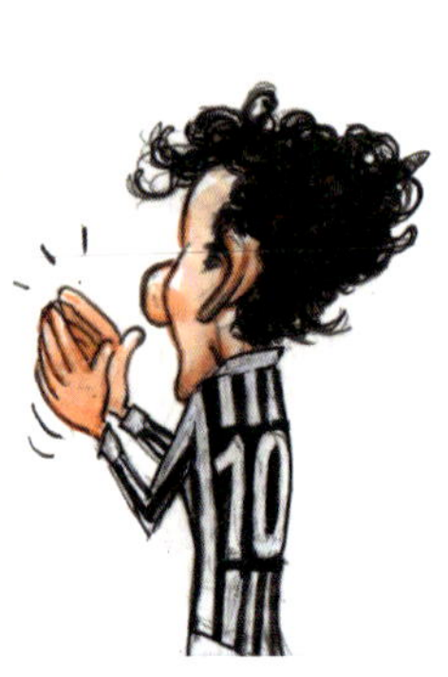

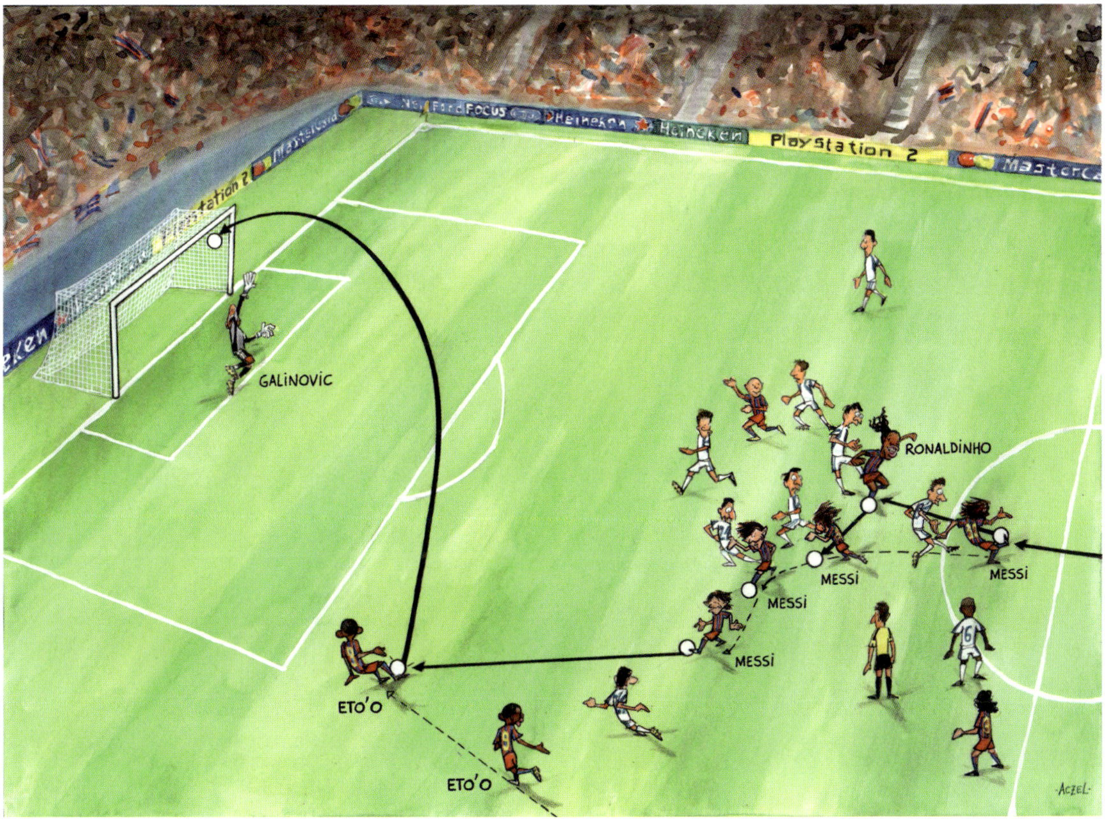

SAMUEL ETO'O (FC BARCELONA) 65. MINUTE (5:0)

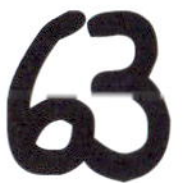

2. NOVEMBER 2005, CAMP NOU, BARCELONA (SPANIEN)
CHAMPIONS LEAGUE, GRUPPE C, FC BARCELONA 5:0 PANATHINAIKOS FC

SCHÖNES SPIEL

Nach einem Pass von Messi hätte sich Eto'o dem Tor eigentlich noch mehr nähern können. Stattdessen wählte er die Option, von Weitem über den Torwart drüber ins Tor zu schießen.

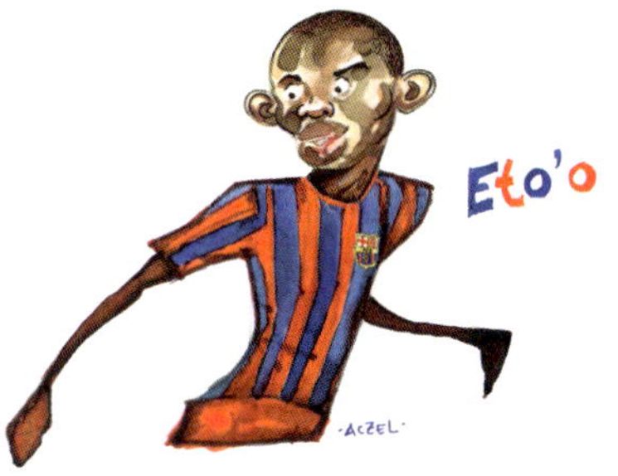

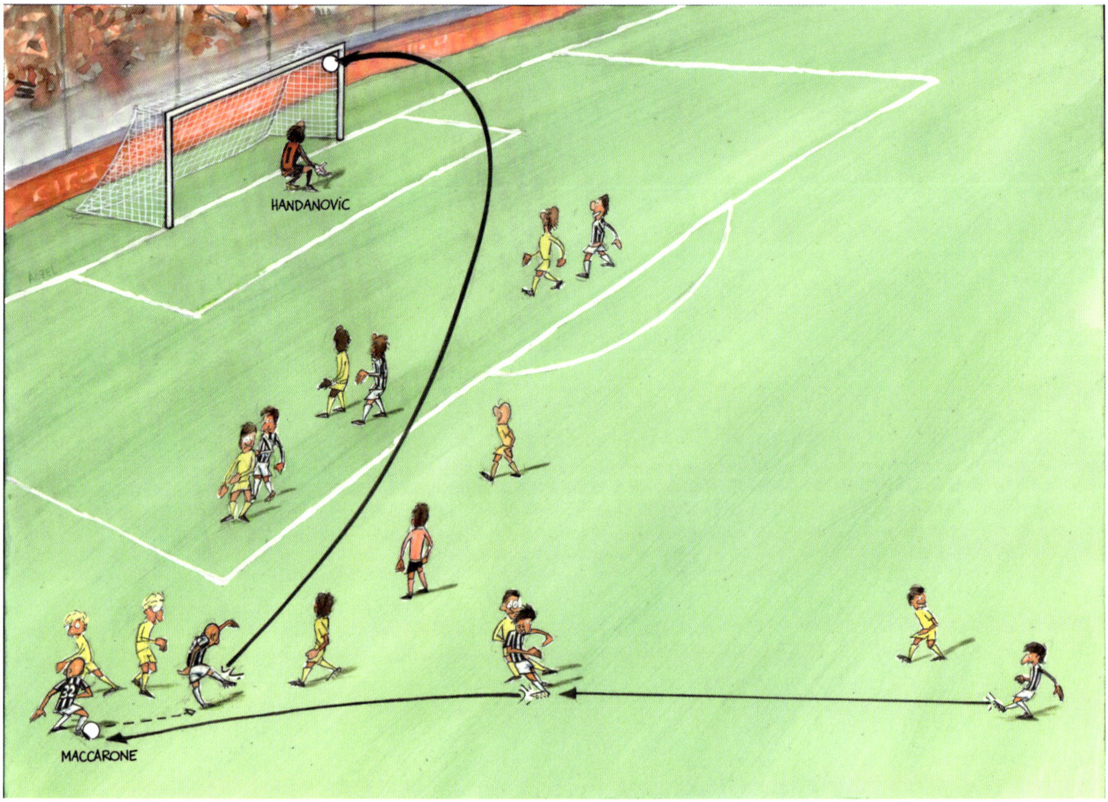

MASSIMO MACCARONE (SIENA) 66. MINUTE (1:0)

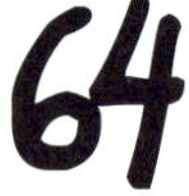

13. DEZEMBER 2009, STADIO ARTEMIO FRANCHI, SIENA (ITALIEN)
SERIE A, 16. SPIELTAG, SIENA 2:1 UDINESE

FLANKE INS KREUZECK

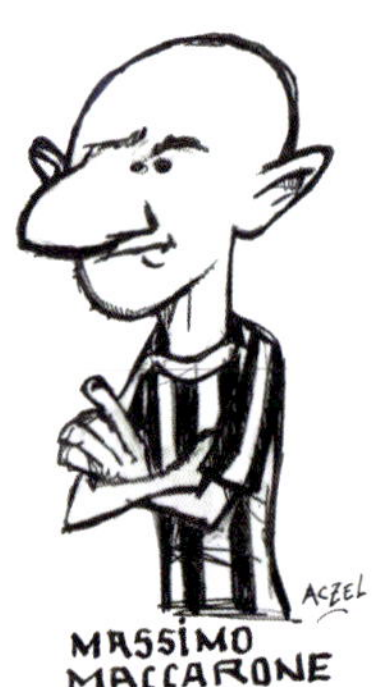

Als alle dachten, Maccarone würde flanken, entschied er sich direkt für das Tor. Ein Traumtor.

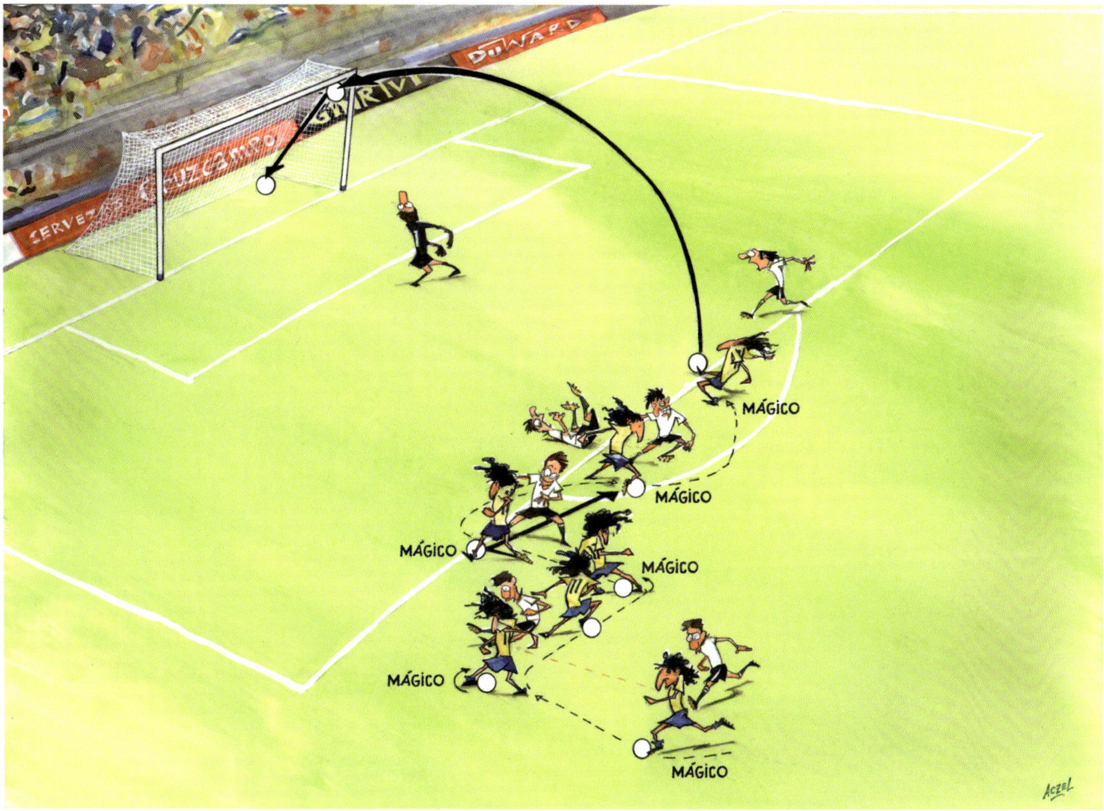

JORGE „MÁGICO" GONZALEZ (FC CÁDIZ) 69. MINUTE (3:0)

14. SEPTEMBER 1986, ESTADIO RAMÓN DE CARRANZA, CÁDIZ, ANDALUSIEN (SPANIEN)
LA LIGA, 4. SPIELTAG, FC CÁDIZ 3:0 RACING DE SANTANDER

STRASSENFUSSBALL IN PERSON

Das größte Idol in der Geschichte des Clubs Cádiz und auch der beste Spieler seines Landes El Salvador sagte mal: „Ich gebe zu, kein Heiliger zu sein, und dass ich gerne Party mache. Ich weiß, dass ich verantwortungslos und unprofessionell bin. Es gefällt mir nicht, Fußball als Arbeit anzusehen. Wenn ich das täte, wäre ich nicht mehr ich. Ich spiele einzig, um Spaß zu haben." In diesem Tor spiegelt sich seine Lebensphilosophie klar wider.

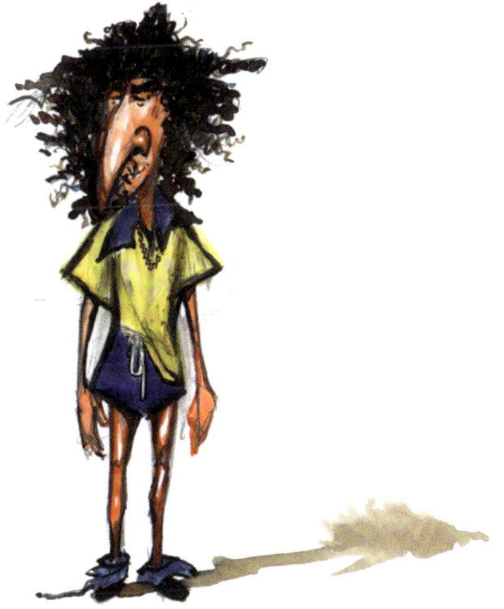

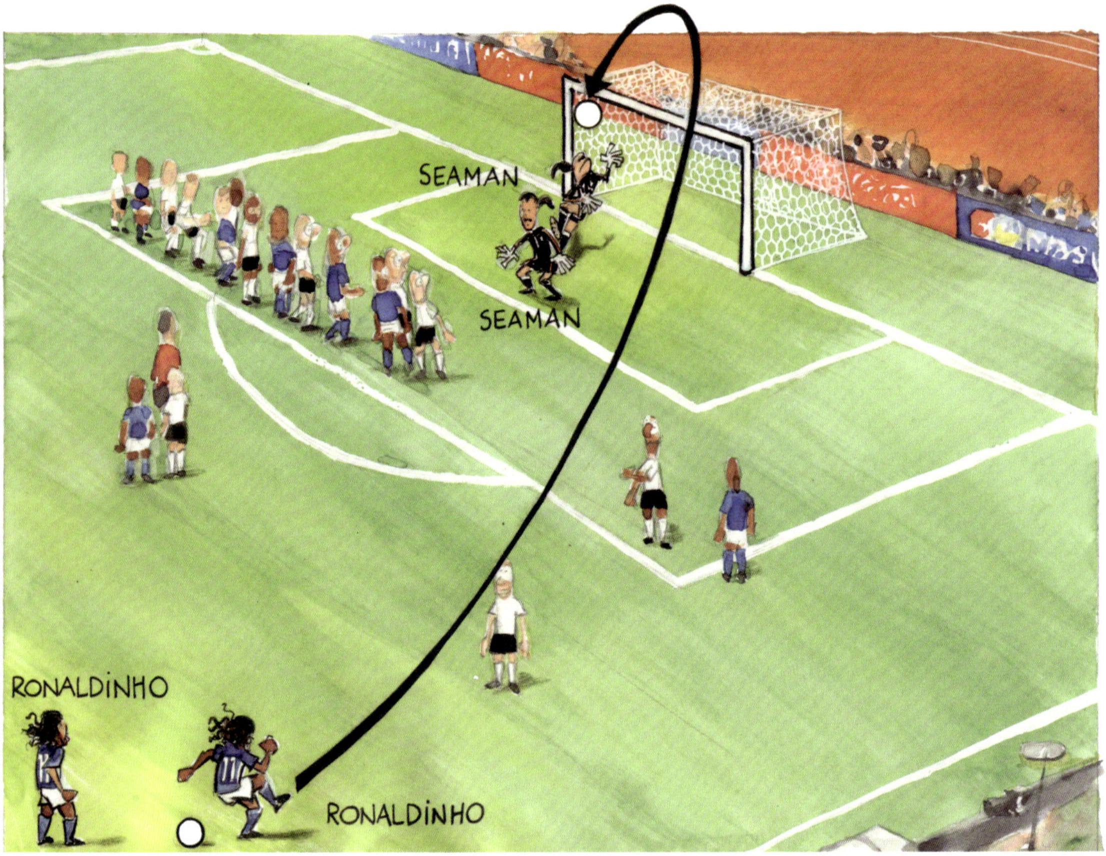

RONALDINHO (BRASILIEN) 50. MINUTE (2:1)

66

21. JUNI 2002, SHIZUOKA-ECOPA-STADION, FUKUROI, PRÄFEKTUR SHIZUOKA (JAPAN)
WM 2002, VIERTELFINALE, BRASILIEN 2:1 ENGLAND

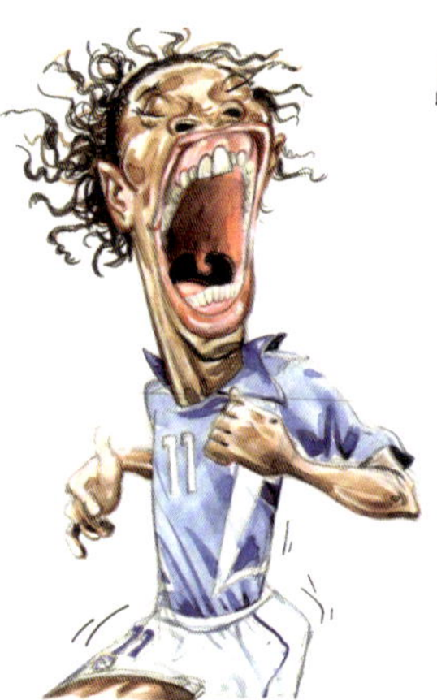

FLANKEN-FREISTOSS

Torwart David Seaman eilt vergeblich zurück, um das krumme Freistoßding des brillianten Brasilianers zu fangen.

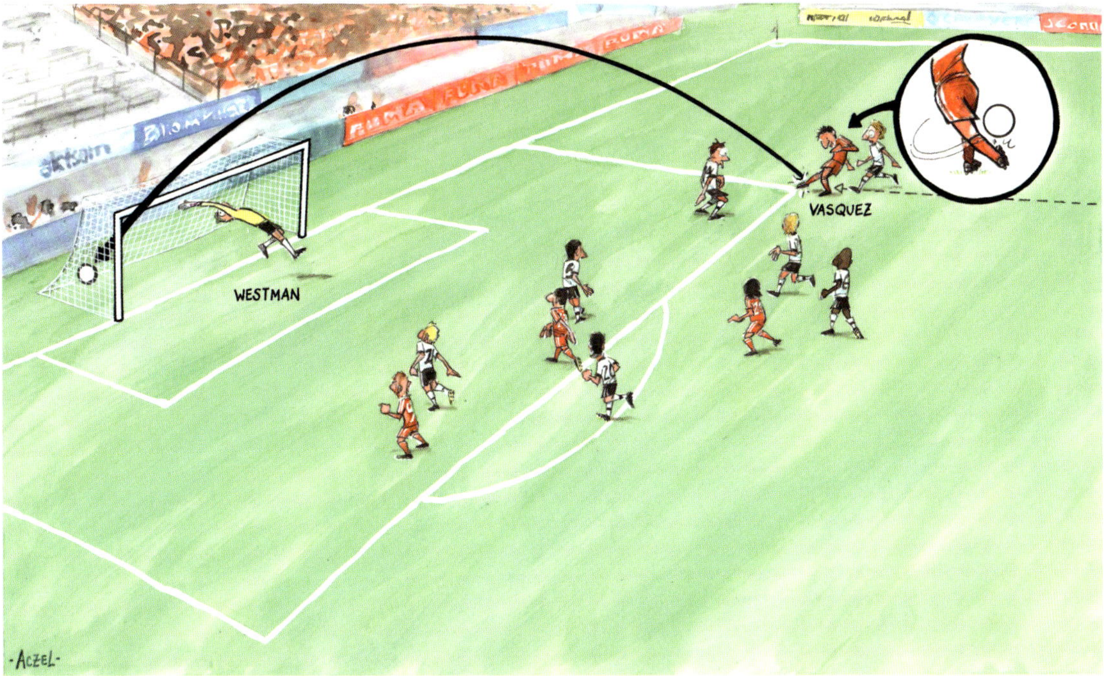

ANDRÉS VÁSQUEZ (IFK GÖTEBORG) 70. MINUTE (0:4)

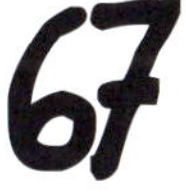

7. MAI 2007, BEHRN ARENA, ÖREBRO (SCHWEDEN)
SCHWEDEN ALLSVENSKAN, 5. SPIELTAG, ÖREBRO SK 0:4 IFK GÖTEBORG

RABONA-TOR

Durch die mächtige Reichweite YouTubes wurde Andrés Vásquez mit seinem Rabona-Tor vom Seitenfeld aus berühmt.

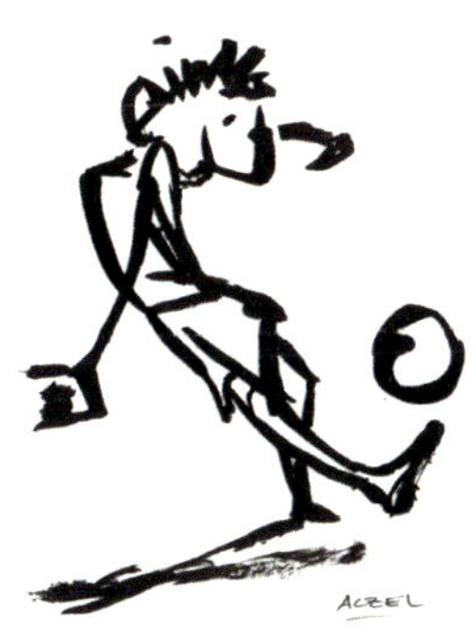

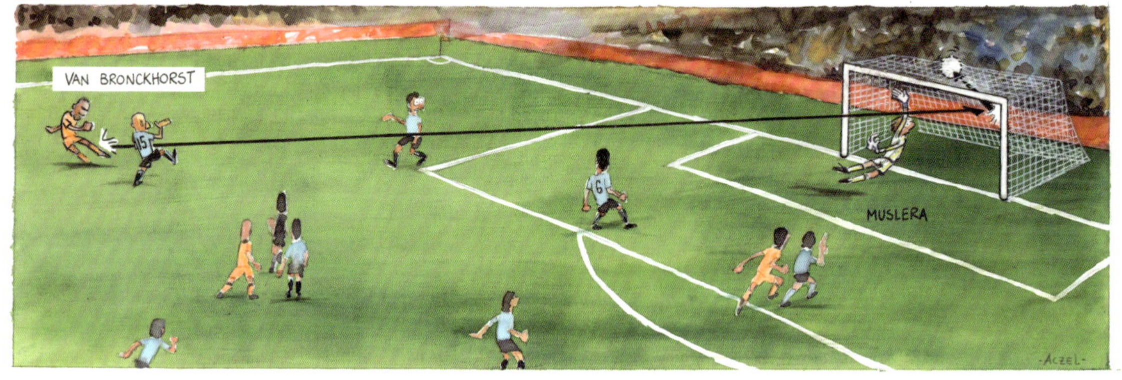

GIOVANNI VAN BRONCKHORST (NIEDERLANDE) 18. MINUTE (1:0)

06. JULI 2010, CAPE TOWN STADIUM, CAPE TOWN (SÜDAFRIKA)
WM 2010, HALBFINALE, NIEDERLANDE 3:2 URUGUAY

ORANGENE KANONENKUGEL

Der niederländische Kapitän gönnt sich im Halbfinale der Weltmeisterschaft ein hammer Tor per Fernschuss.
Mit 35 Jahren war dies sein vorletztes Spiel für die Nationalmannschaft.

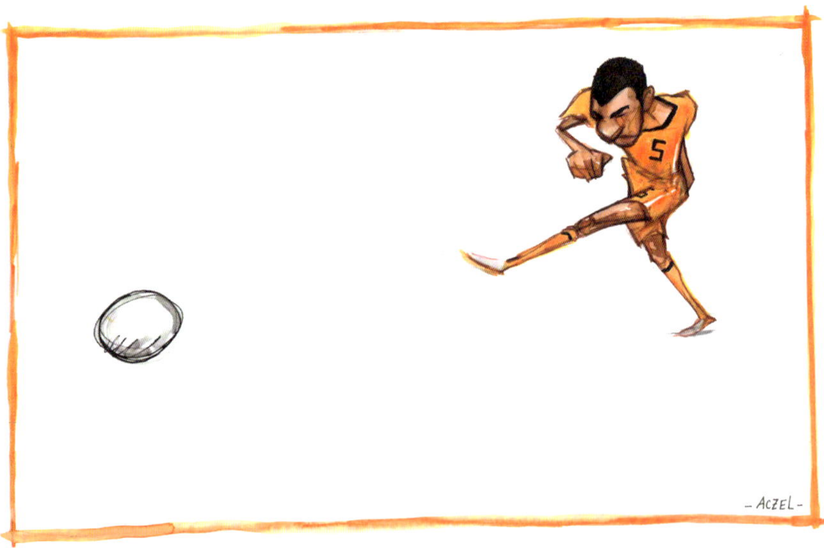

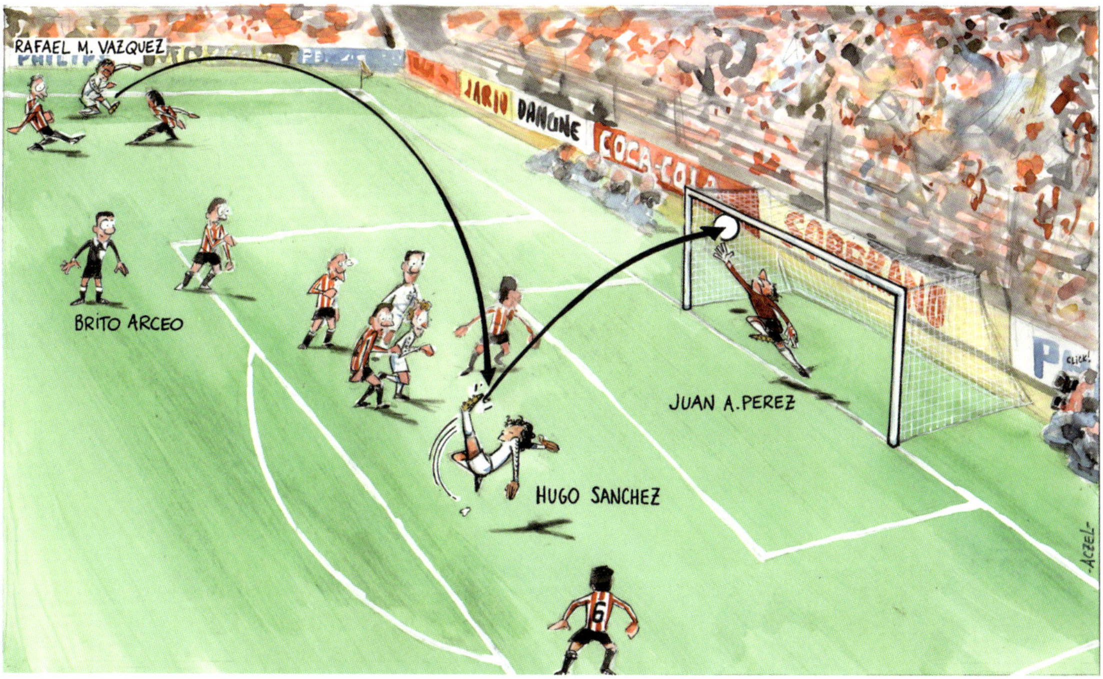

HUGO SÁNCHEZ (REAL MADRID) — 9. MINUTE (1:0)

9. APRIL 1988, ESTADIO SANTIAGO BERNABÉU, MADRID (SPANIEN)
LA LIGA, 32. SPIELTAG, REAL MADRID 2:0 CD LOGROÑÉS

ERFÜLLTER TRAUM

„Das war das Tor meines Lebens. So eines, von dem man als Kind träumt. Mein Vater liebte Fallrückzieher, die er, als er schon älter war, immer noch versuchte, wenn er mit Freunden spielte. Deshalb übte ich sie ihm zu Ehren. Und dann so ein Fallrückziehertor in dem besten Moment meiner Karriere vor meinem Vater und in einem vollen Bernabéu-Stadion zu machen, ist einfach unvergesslich."

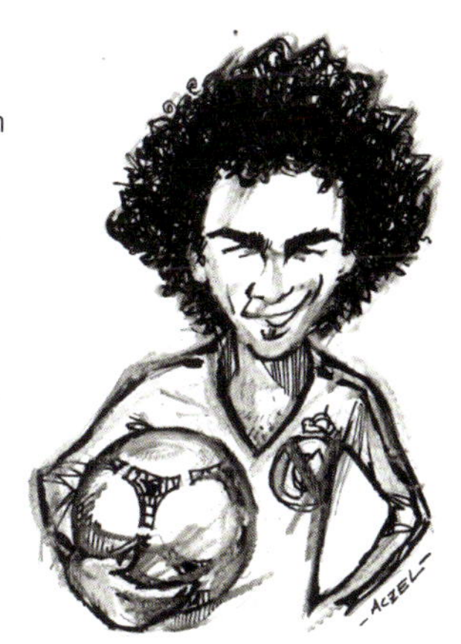

HUGO SANCHEZ

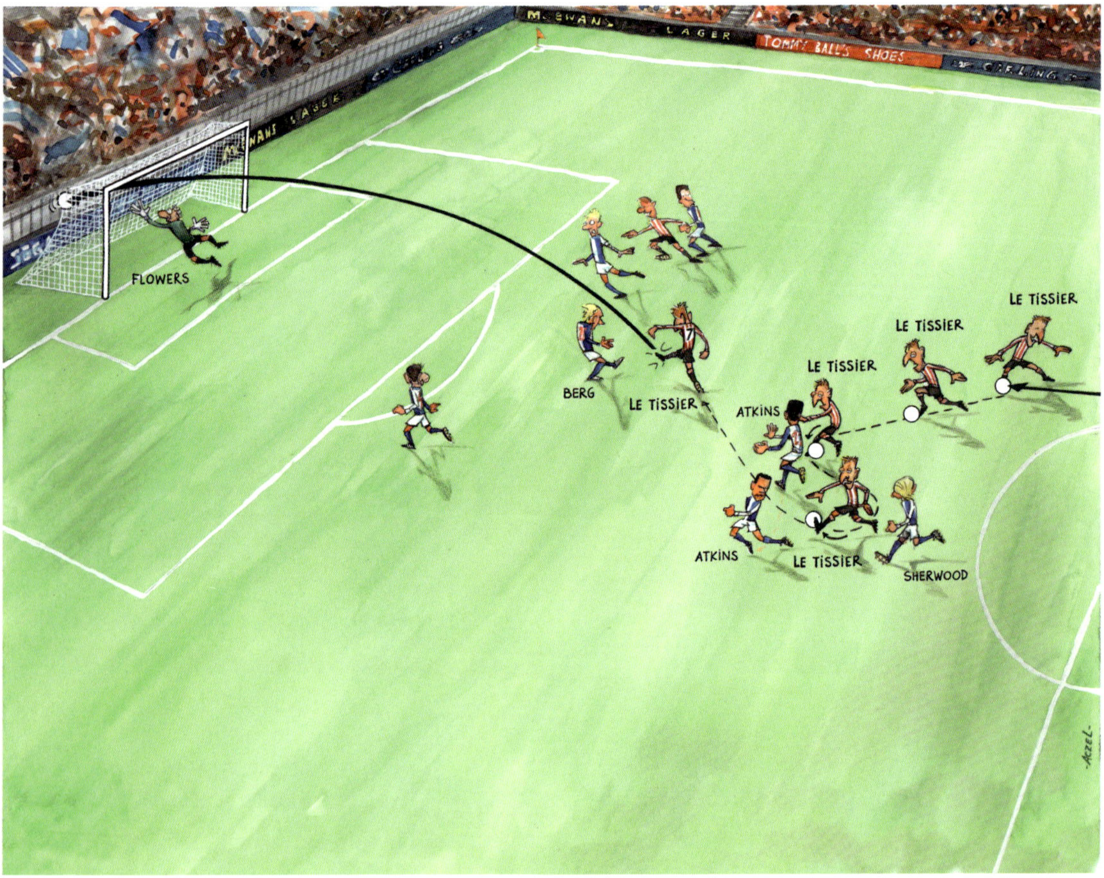

MATT LE TISSIER (SOUTHHAMPTON)

78. MINUTE (3:2)

70

10. DEZEMBER 1994, EWOOD PARK, BLACKBURN, LANCASHIRE (ENGLAND)
PREMIER LEAGUE, 18. SPIELTAG, BLACKBURN ROVERS 3:2 SOUTHHAMPTON

GEWOHNHEIT

Wunderschöne Tore zu machen war für Le Tissier einfach normal.
In Xavis Kindheit war er übrigens dessen Idol.

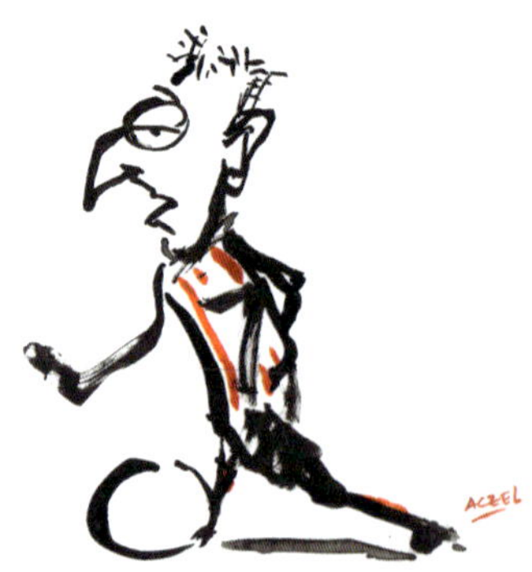

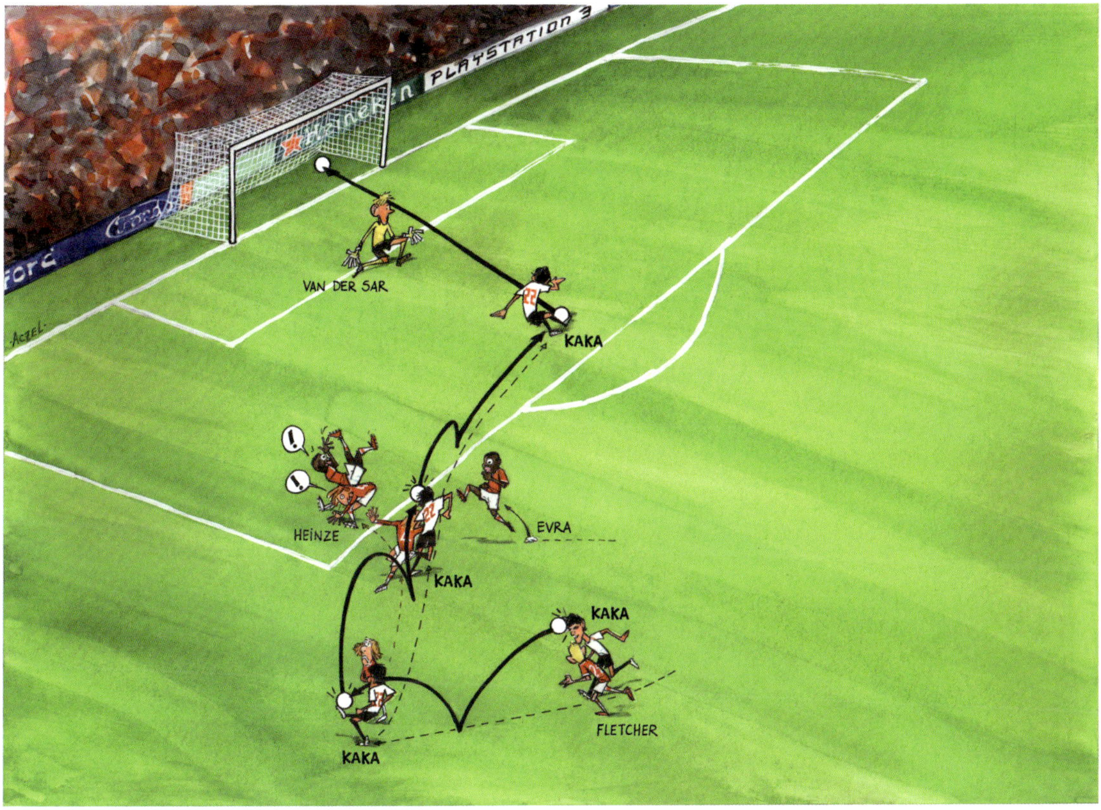

71

KAKÁ (AC MILAN)

37. MINUTE (1:2)

24. APRIL 2007, OLD TRAFFORD, MANCHESTER (ENGLAND)
CHAMPIONS LEAGUE, HALBFINALE, HINSPIEL,
MANCHESTER UNITED 3:2 AC MILAN

AUTSCH!

Eine Kopfsteuerung, ein Lupfer und noch eine meisterhafte Berührung mit dem Kopf, brachten Heinze und Evra zu einem Zusammenstoß und ließen Kaká alleine vor dem Tor, um abzuschließen.

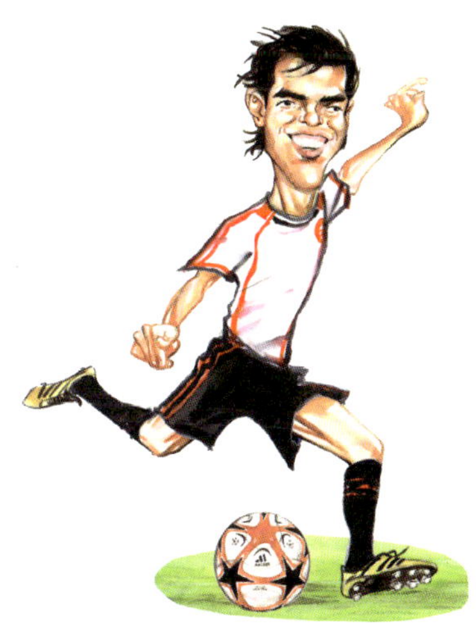

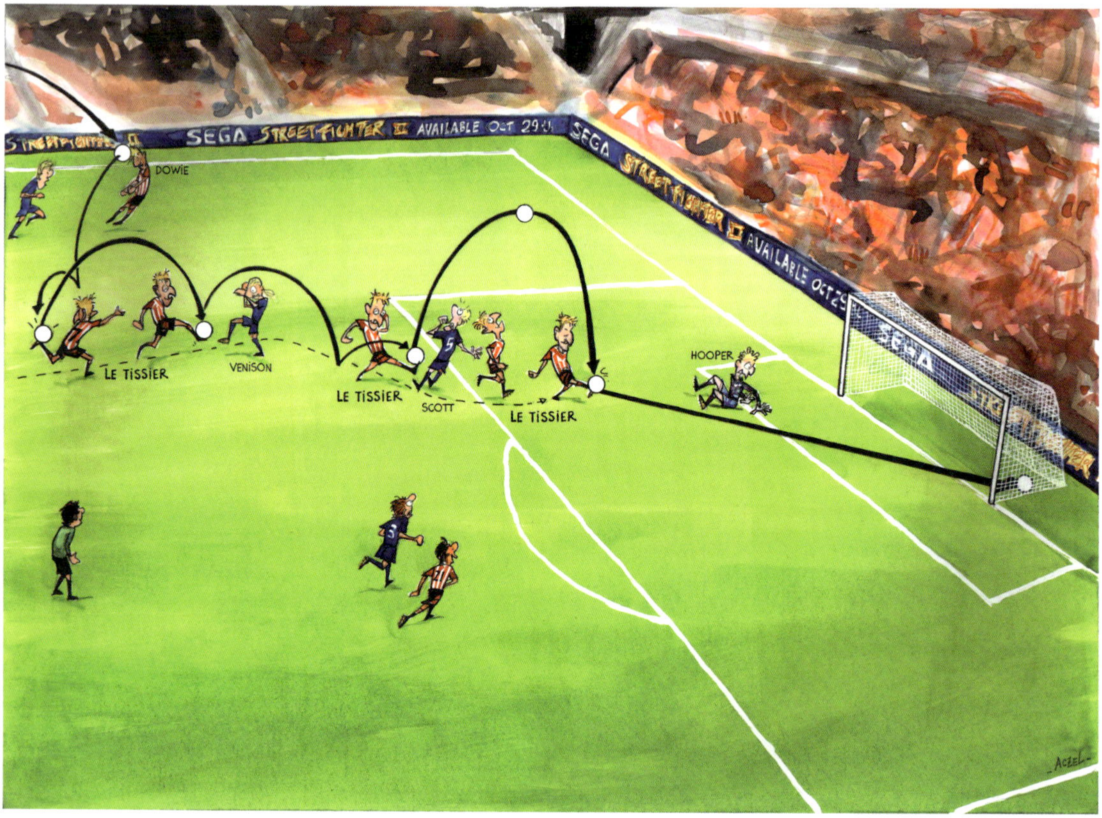

MATT LE TISSIER (SOUTHAMPTON) 62. MINUTE (1:0)

72

24. OKTOBER 1993, THE DELL, SOUTHAMPTON (ENGLAND)
FA PREMIER LEAGUE, 12. SPIELTAG, SOUTHAMPTON 2:1 NEWCASTLE UNITED

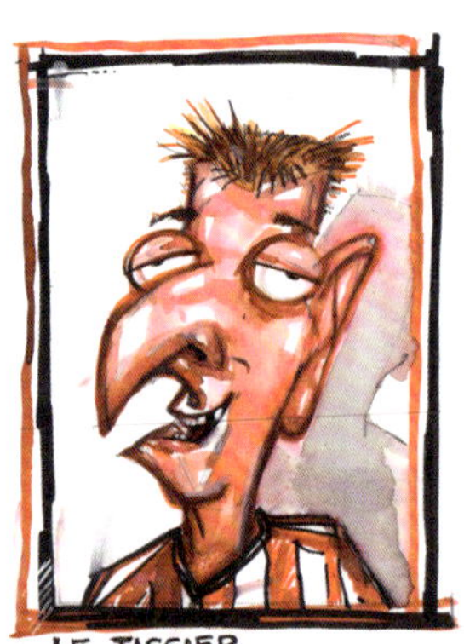

GEWOHNHEIT DIE ZWEITE

Le Tissier wurde nie müde, Traumtore zu machen.
Hier ein weiteres des sympathischen Mittelfeldspielers.

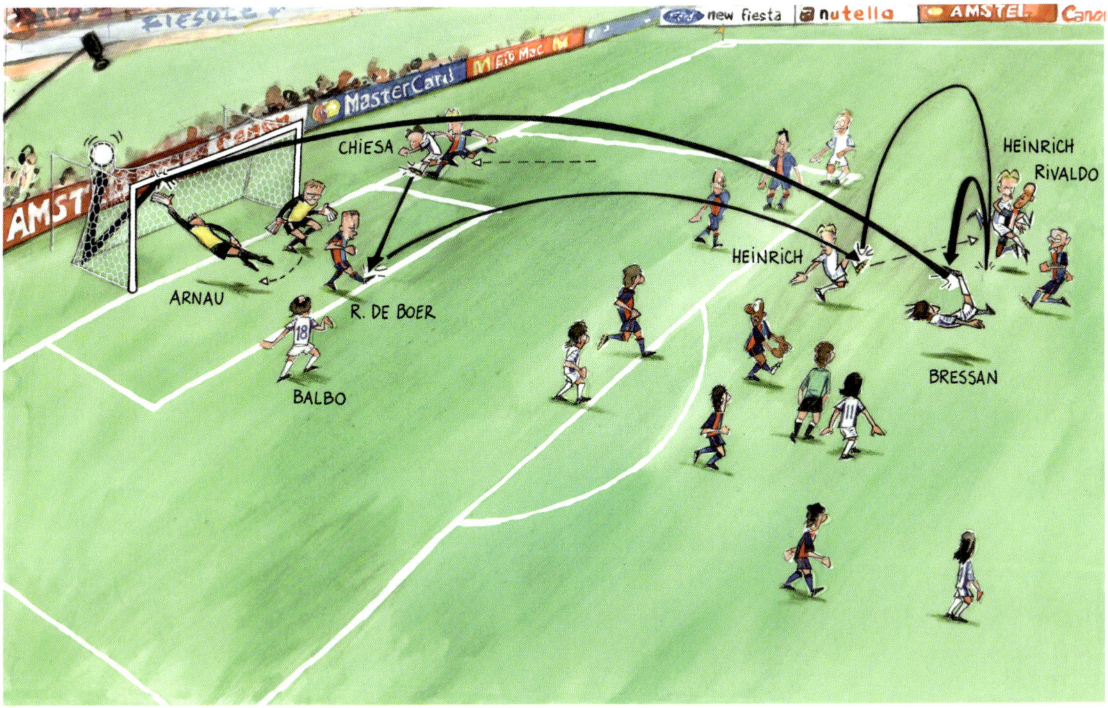

73

MAURO BRESSAN (ACF FIORENTINA) 14. MINUTE (1:0)

2. NOVEMBER 1999,
STADIO ARTEMIO FRANCHI,
FLORENZ (ITALIEN)
CHAMPIONS LEAGUE, GRUPPE B
ACF FIORENTINA 3:3 FC BARCELONA

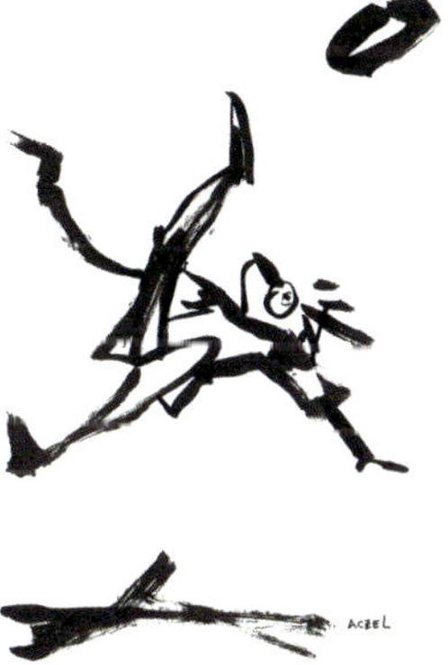

ES KOMMT NICHT IMMER AUF DIE MENGE, SONDERN AUCH AUF DIE QUALITÄT AN

Bressan schoss nicht viele Tore in seiner Karriere, aber dieses ist eines der besten in der Geschichte der Champions League.

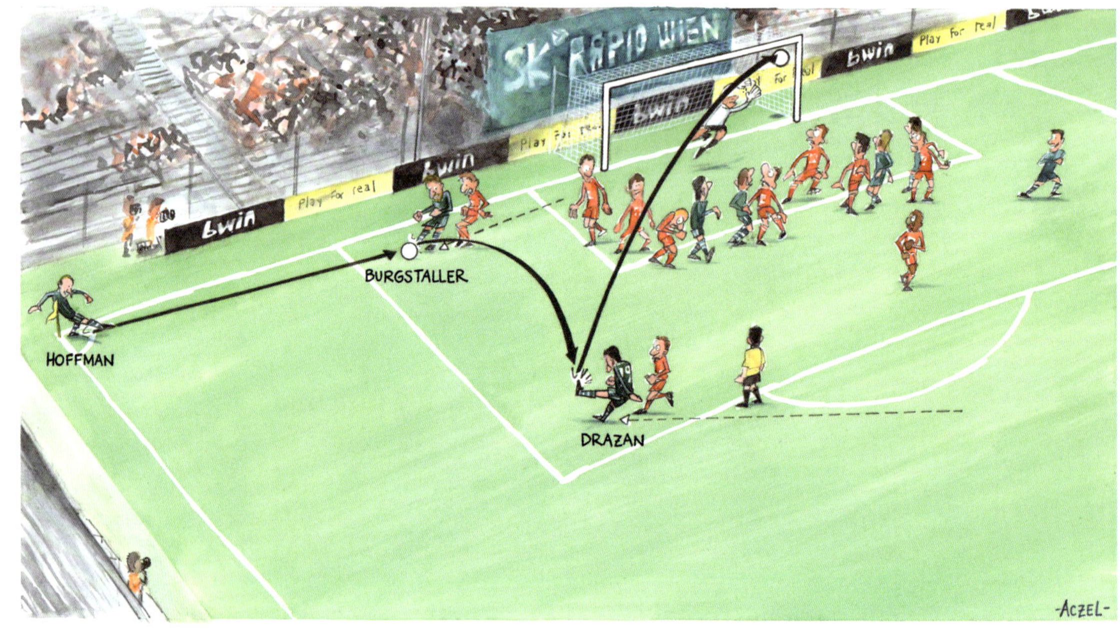

74

CHRISTOPHER DRAZAN (SK RAPID WIEN) 19. MINUTE (1:1)

26. OKTOBER 2011, GERHARD-HANAPPI-STADION, WIEN (ÖSTERREICH)
ÖFB SAMSUNG-CUP, ACHTELFINALE, SK RAPID WIEN 1:2 N. V. SV JOSKO RIED

EINSTUDIERTE ECKE

Eine einstudierte Ecke, perfekt ausgeführt.

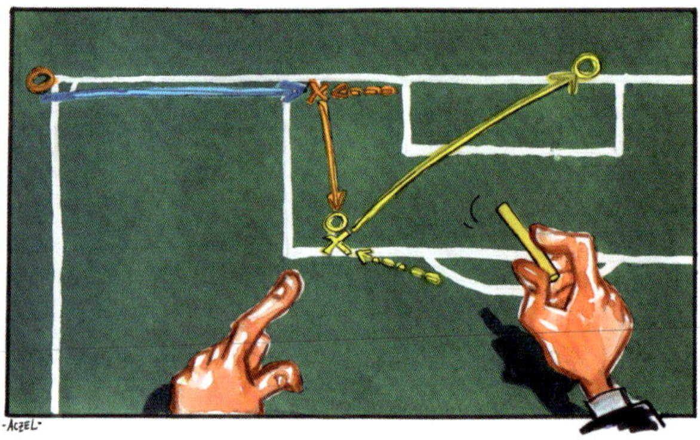

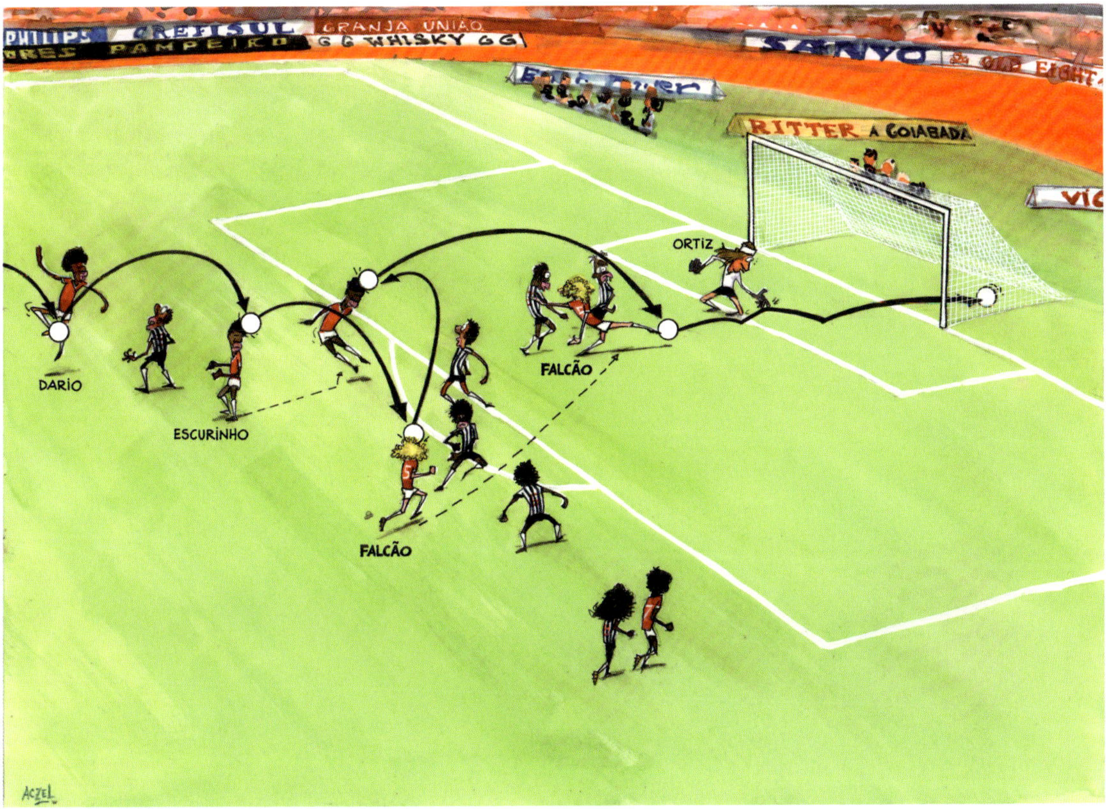

FALCÃO (INTERNACIONAL PORTO ALEGRE) 90. MINUTE (2:1)

75

5. DEZEMBER 1976, ESTÁDIO BEIRA-RIO, PORTO ALEGRE (BRASILIEN)
CAMPEONATO BRASILEIRO, HALBFINALE,
INTERNACIONAL PORTO ALEGRE 2:1 ATLÉTICO MINEIRO

EIN GUTES SHAMPOO

Das beste Tor der Geschichte des Clubs Inter aus Brasilien wurde durch drei Kopfpässe am Stück vorbereitet.

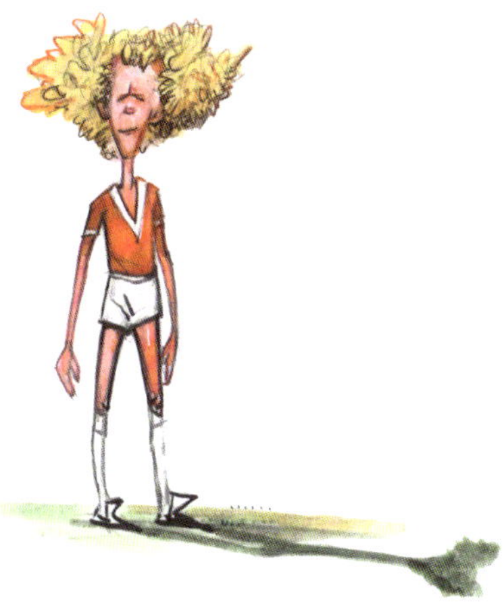

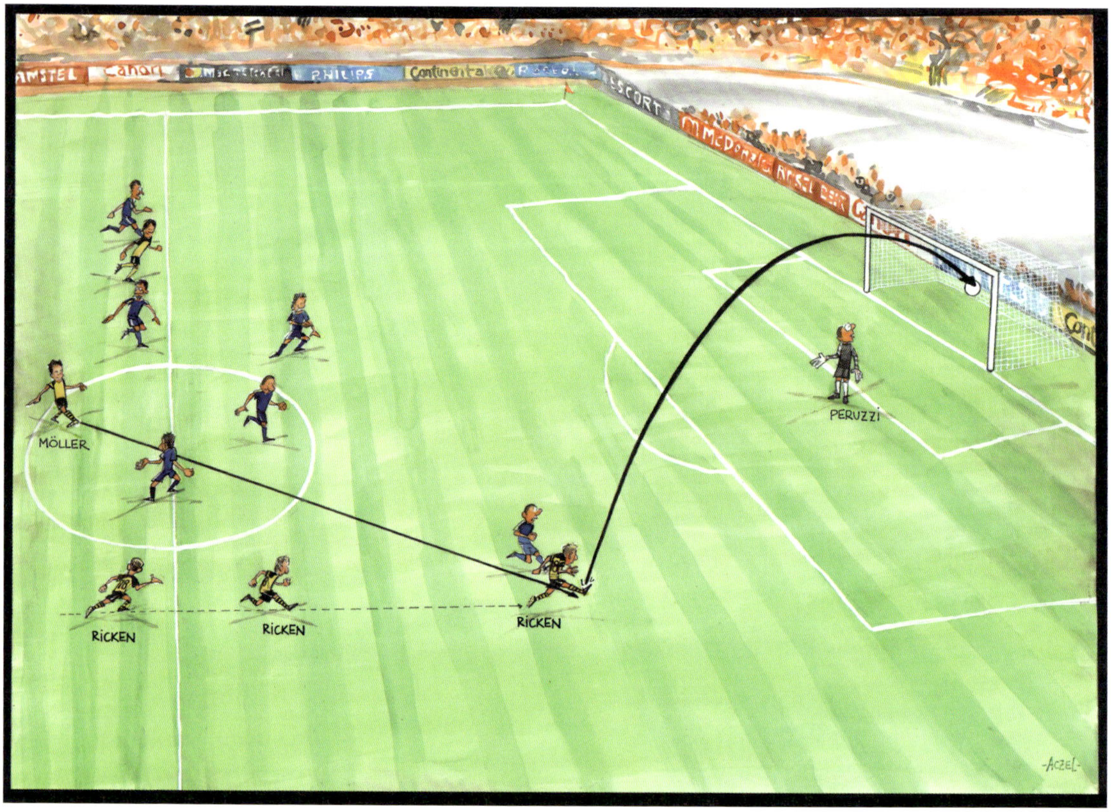

LARS RICKEN (BORUSSIA DORTMUND) 71. MINUTE (3:1)

76

28. MAI 1997, OLYMPIASTADION, MÜNCHEN (DEUTSCHLAND)
CHAMPIONS LEAGUE, FINALE, BORUSSIA DORTMUND 3:1 JUVENTUS TURIN

BVB TOR DES JAHRHUNDERTS

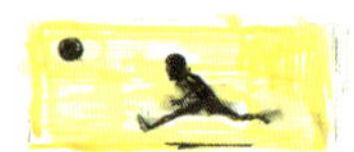

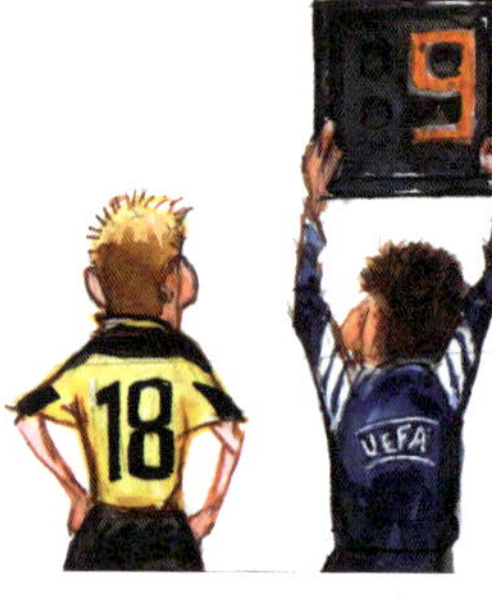

Der 20-jährige Ricken war gerade mal 16 Sekunden auf dem Feld, als er mit seinem ersten, das Champions League Finale entscheidenden Schuss, aus fast 30 Metern (3:1) , das mächtige Juventus untergehen ließ. Zuvor studierte er 70 Minuten von der Bank aus das Spiel und hatte beobachtet, dass der Torwart manchmal aus seinem Tor herauskam. „Also hatte ich in meinem Kopf: ‚Bei meinem ersten Ballkontakt schieß ich aufs Tor – von wo auch immer.'“ Und schließlich tat er es. „Bis heute genieße ich es, den verschiedenen Geschichten der Fans zuzuhören, wie sie das Tor miterlebten. Es ist wunderschön, in meiner Karriere für sie etwas Unvergessliches hinterlassen zu haben.“

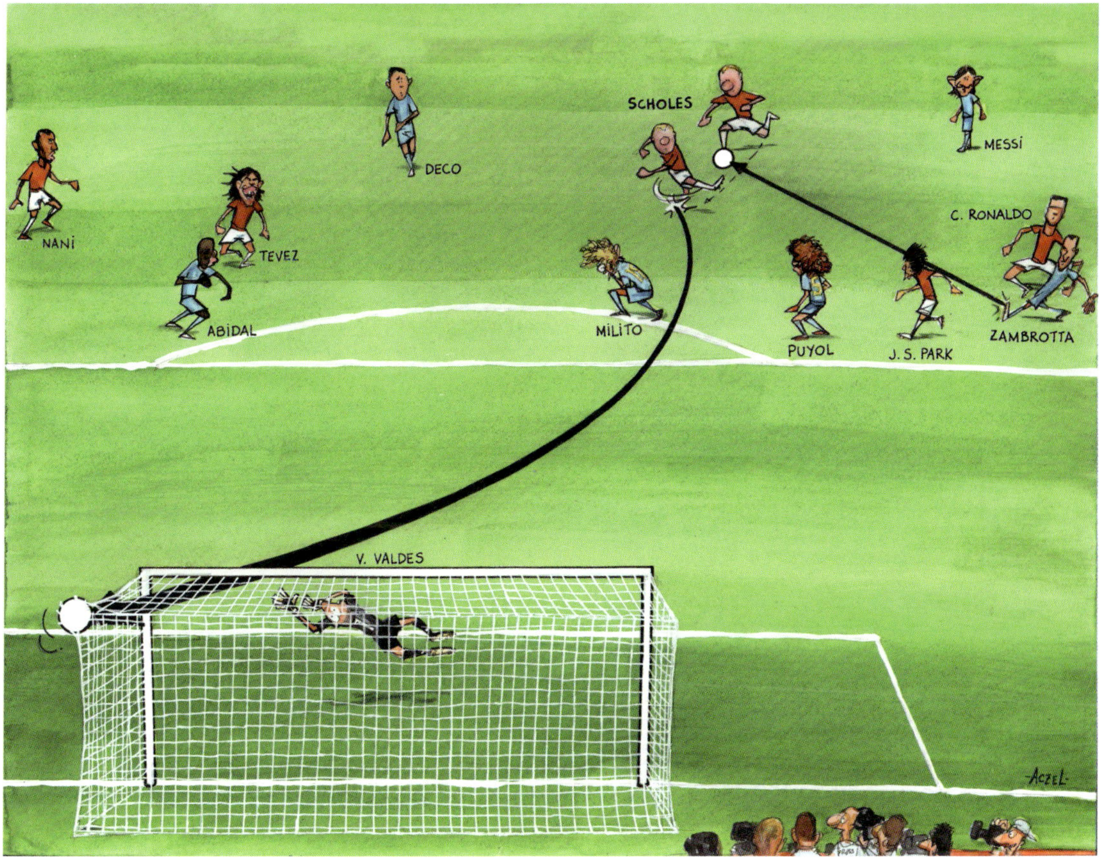

PAUL SCHOLES (MANCHESTER UNITED) 14. MINUTE (1:0)

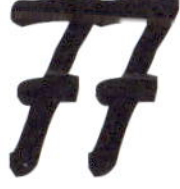

29. APRIL 2008, OLD TRAFFORD, MANCHESTER (ENGLAND)
CHAMPIONS LEAGUE, HALBFINALE, RÜCKSPIEL, MANCHESTER UNITED 1:0 FC BARCELONA

AUSSERGEWÖHNLICH

Scholes machte nicht viele Tore, aber wenn doch, dann waren die meisten spektakuläre Schüsse aus der Distanz. Dieses gegen Barcelona war noch dazu der Schlüssel zum Finale.

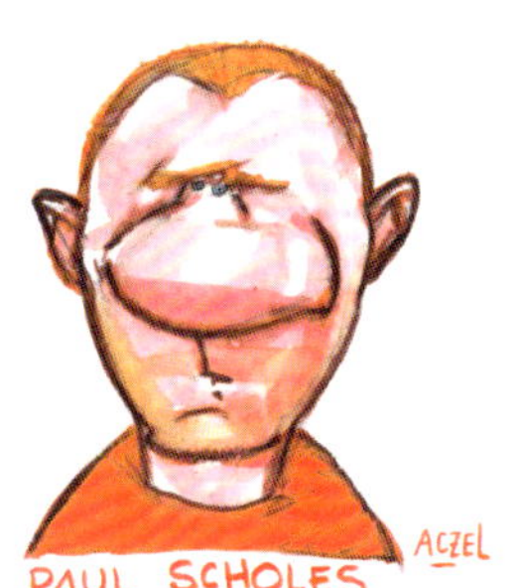

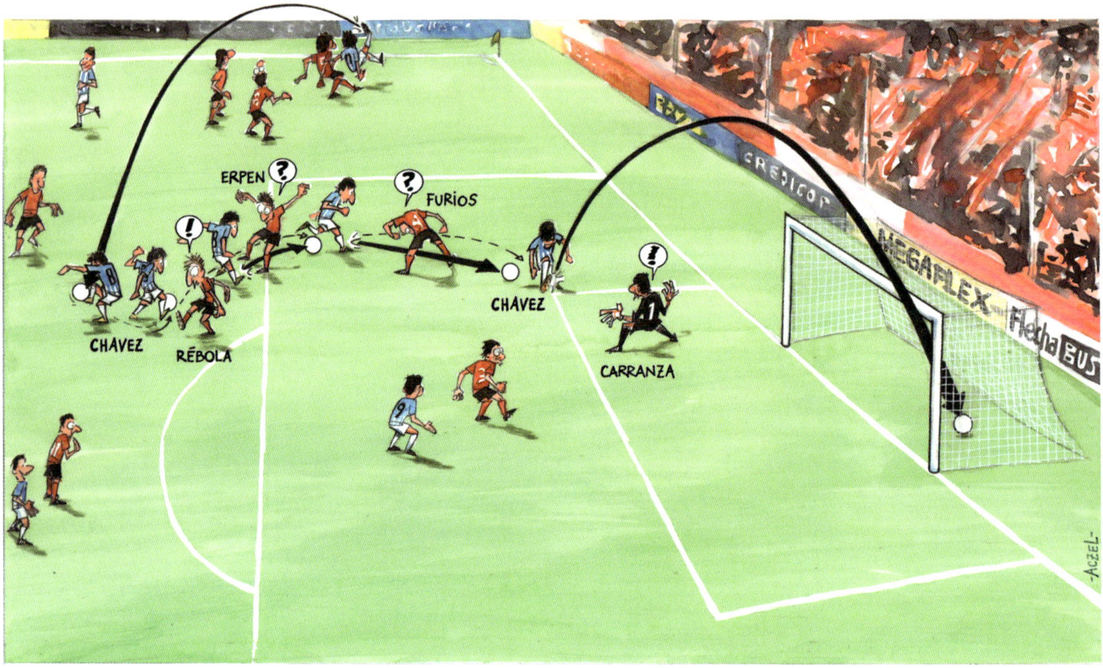

CRISTIAN CHÁVEZ (CLUB ATLÉTICO TUCUMÁN) 58. MINUTE (0:1)

78

1. MÄRZ 2011, ESTADIO JUAN DOMINGO PERÓN, CÓRDOBA (ARGENTINIEN)
PRIMERA B NACIONAL, 22. SPIELTAG, INSTITUTO AC CÓRDOBA 0:1 CLUB ATLÉTICO TUCUMÁN

ERSTE LIGA

Damit ein Tor der zweiten argentinischen Liga einen Platz in dieser Liste bekommt, muss es schon besonders sein. Und das ist es ohne Zweifel: Chávez wich einem Abwehrspieler aus, tunnelte nicht ein-, sondern zweimal und lupfte zum Abschluss meisterhaft vor dem 5-Meter-Raum über den Torwart.

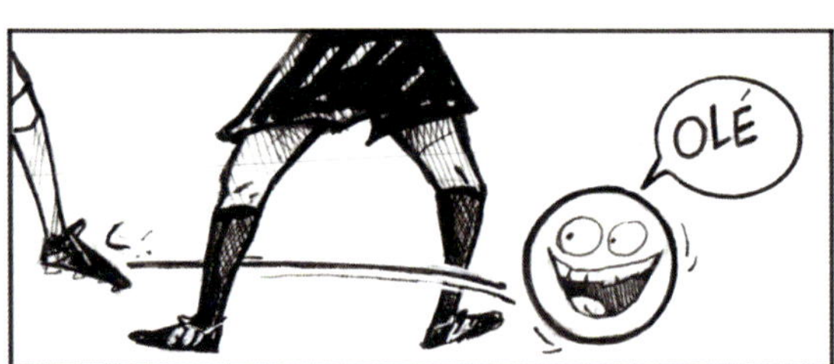

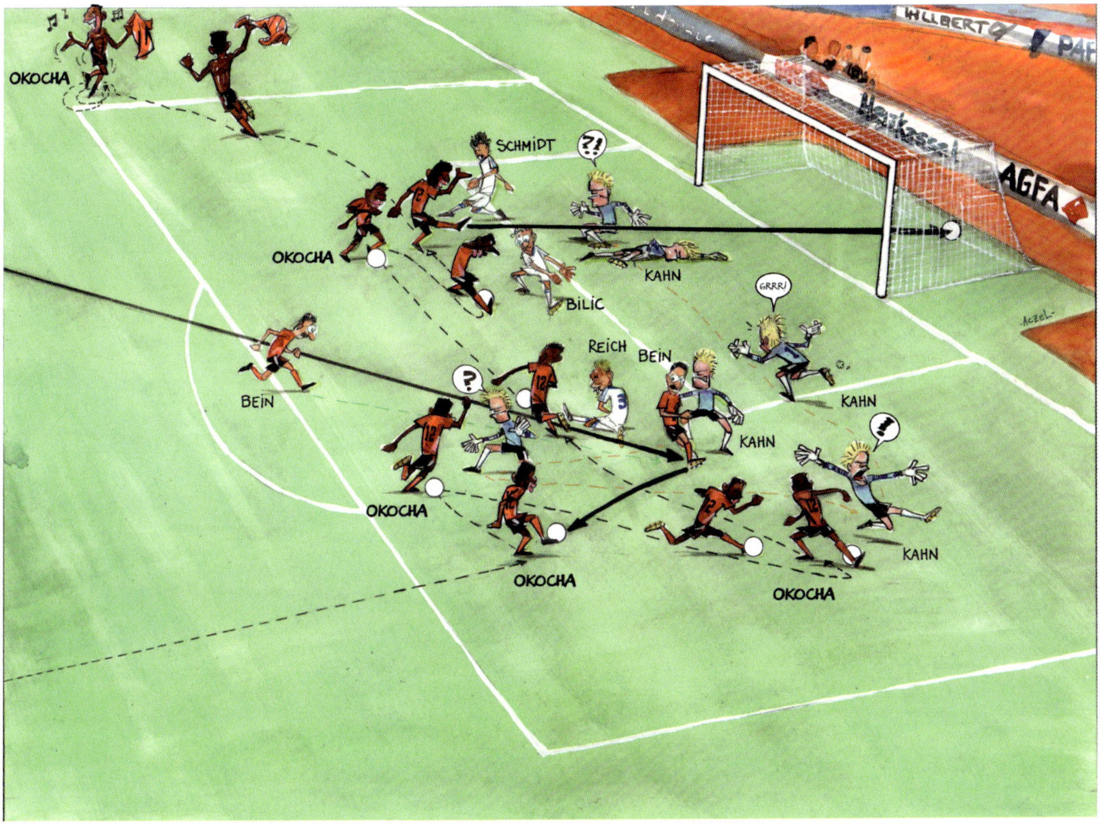

JAY-JAY OKOCHA (EINTRACHT FRANKFURT) 87. MINUTE (3:1)

79

31. AUGUST 1993, WALDSTADION, FRANKFURT/MAIN (DEUTSCHLAND)
BUNDESLIGA, 5. SPIELTAG, EINTRACHT FRANKFURT 3:1 KARLSRUHE SC

"MIR IST IMMER NOCH SCHWINDELIG." (OLIVER KAHN)

Okocha demütigt Kahn und drei Verteidiger mit einem Wahnsinnstanz. Der dreifache Welttorhüter ist trotz der Demütigung nicht sauer, sondern kann nur gratulieren. 20 Jahre später bemerkt er total entspannt: „Jay-Jays Tor war genial. Außerdem ist mir durch diese Szene erstmalig aufgefallen, wie beweglich ich war. Hoch, runter, wieder hoch, wieder runter. Ich war verdammt schnell! Und mir ist immer noch schwindelig."
Dieses Tor gilt als das schönste Frankfurts und auch als das schönste Gegentor Kahns.

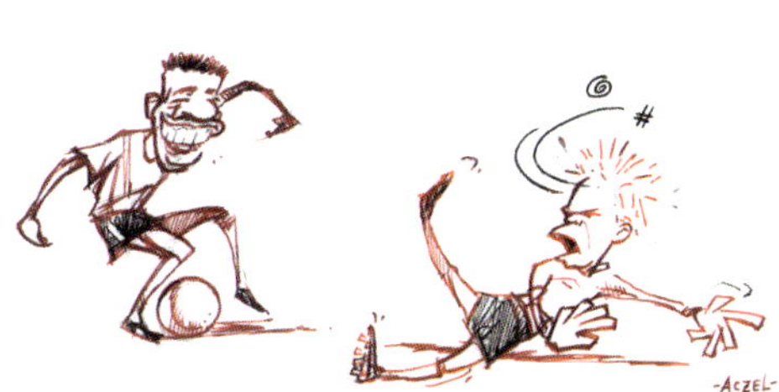

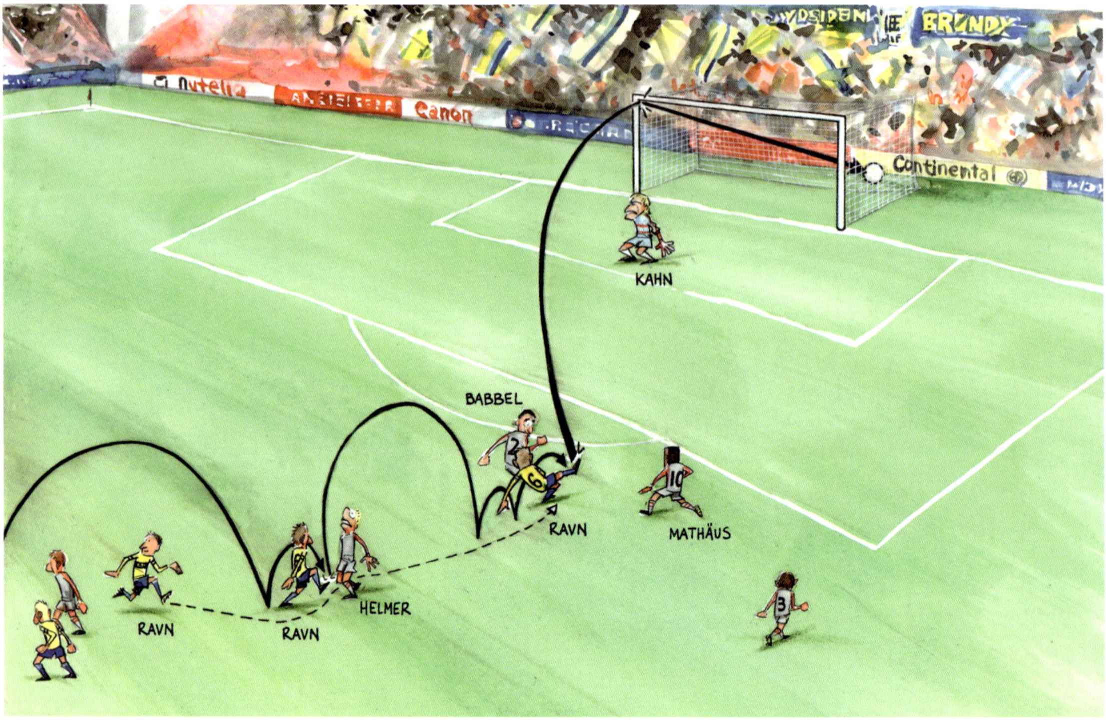

80

ALLAN RAVN (BRØNDBY IF) 90. MINUTE (2:1)

16. SEPTEMBER 1998, BRØNDBY STADION, KOPENHAGEN (DÄNEMARK)
CHAMPIONS LEAGUE, GRUPPE D, BRØNDBY IF 2:1 FC BAYERN MÜNCHEN

FÜR DIE FANS

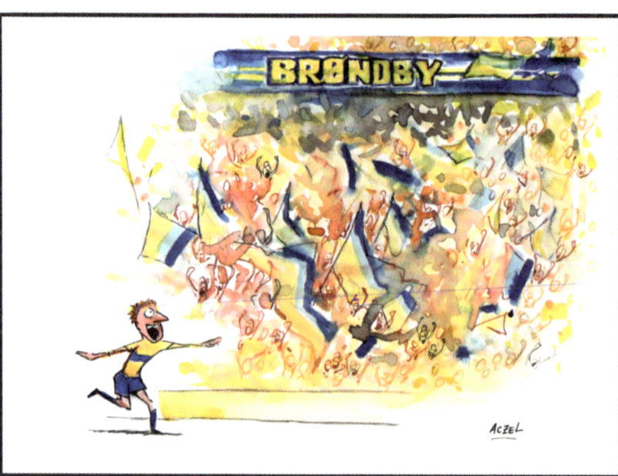

„Die Fans feierten schon das Unentschieden gegen eine große Mannschaft wie Bayern München, als ich in der 90.Minute den Ball bekam," erinnert sich der Däne Ravn. „Ich hatte nicht mehr genug Kraft, um auch noch den letzten Abwehrspieler auszudribbeln, also entschloss ich mich dazu, über Kahn, der ein wenig aus dem Tor herausgekommen war, zu schießen. Der Ball ging gerade so ins obere Eck hinein, und das Stadion explodierte. Noch heute werde ich in Dänemark auf der Straße von Leuten aufgehalten, die sich an dieses Tor erinnern."

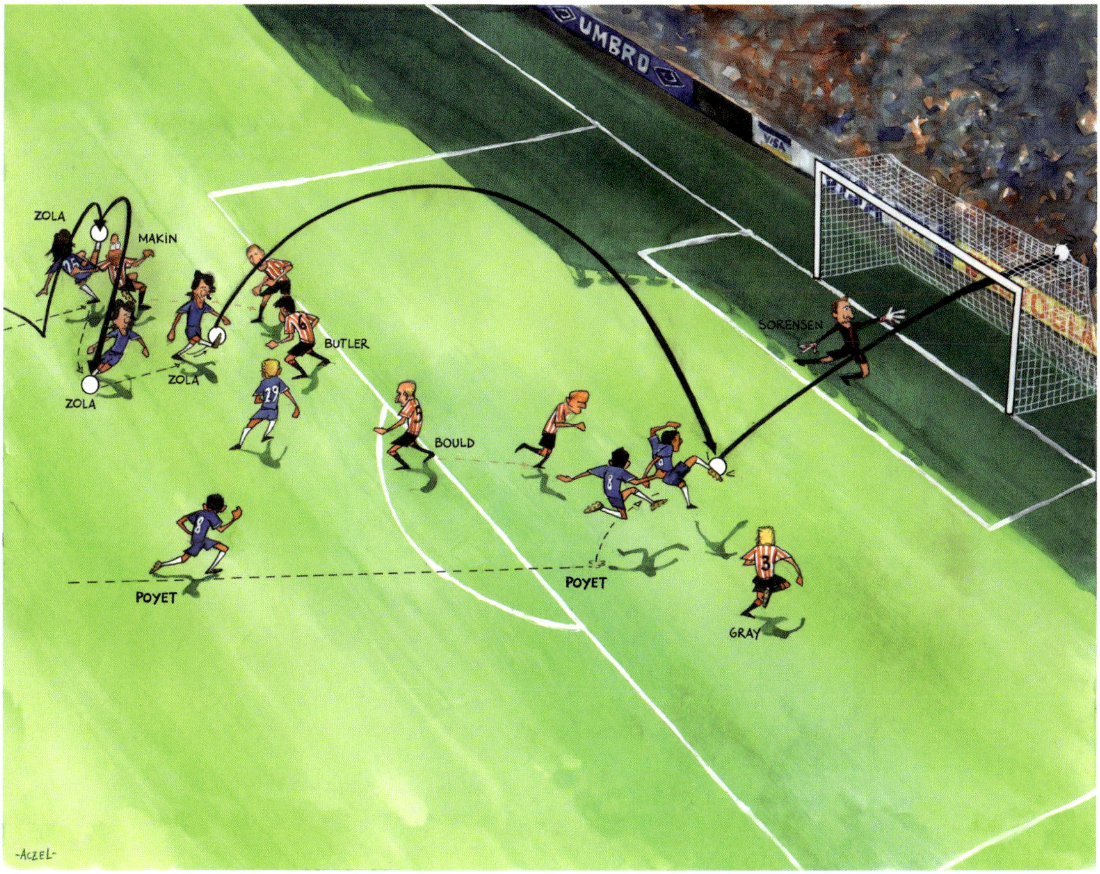

GUS POYET (FC CHELSEA)

77. MINUTE (4:0)

81

7. AUGUST 1999, STAMFORD BRIDGE, FULHAM, LONDON (ENGLAND)
PREMIER LEAGUE, 1. SPIELTAG, FC CHELSEA 4:0 AFC SUNDERLAND

"DAS HATTE ICH VORHER NOCH NIE VERSUCHT."

„Das wäre mir noch nicht mal im Training gelungen. Es war das einzige Mal in meinem Leben, dass ich mich dazu entschloss, diesen Scherenkick, oder wie auch immer man das nennt, anzuwenden. Ich bevorzuge eigentlich wichtigere, entscheidendere Tore. Aber ich werde niemals die Reaktion meiner Mannschaftskollegen beim Torjubel vergessen. Lachend sagten sie: ‚Oh mein Gott, was hast du getan?'"

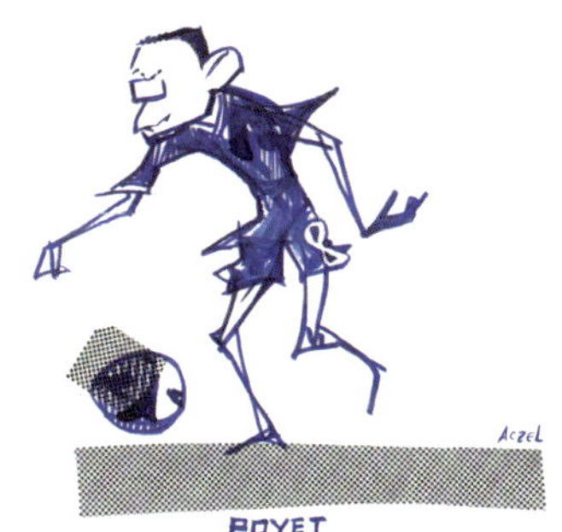

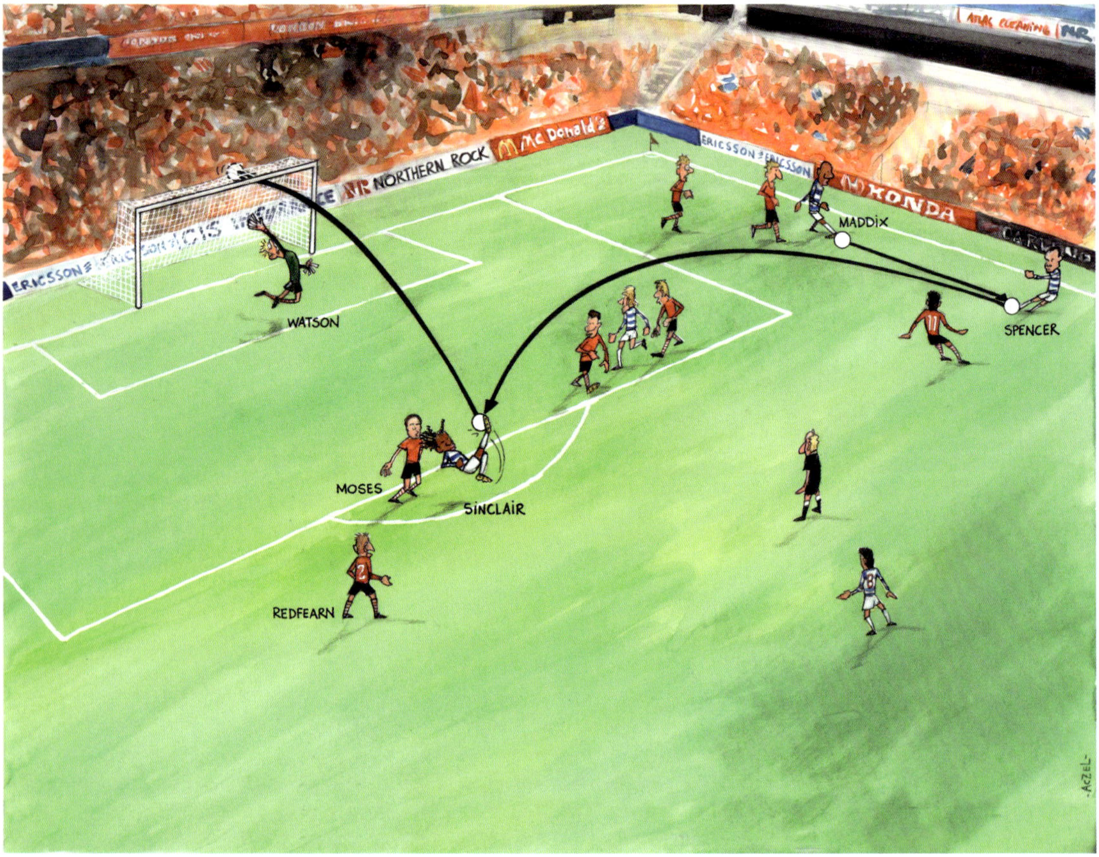

82

TREVOR SINCLAIR (QUEENS PARK RANGERS)

74. MINUTE (3:1)

25. JANUAR 1997, LOFTUS ROAD STADIUM, WHITE CITY, LONDON (ENGLAND)
FA CUP, VIERTE HAUPTRUNDE, QUEENS PARK RANGERS 3:2 BARNSLEY FC

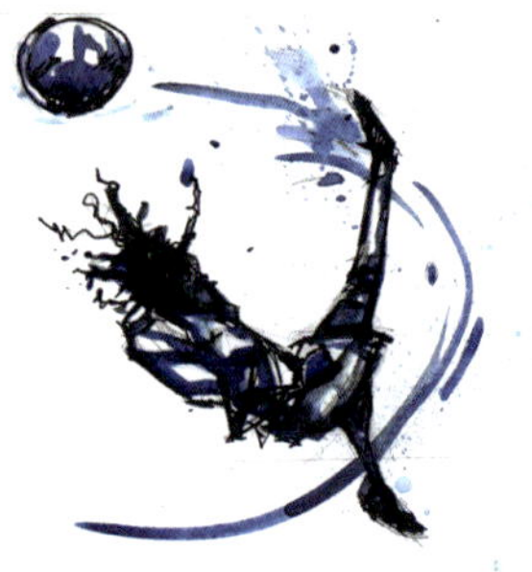

WOW!

Und hier noch ein Fallrückziehertor für alle Fans akrobatischer Tore. Dieses gelang Sinclair außerhalb des Strafraumes.

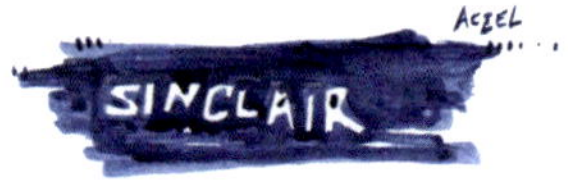

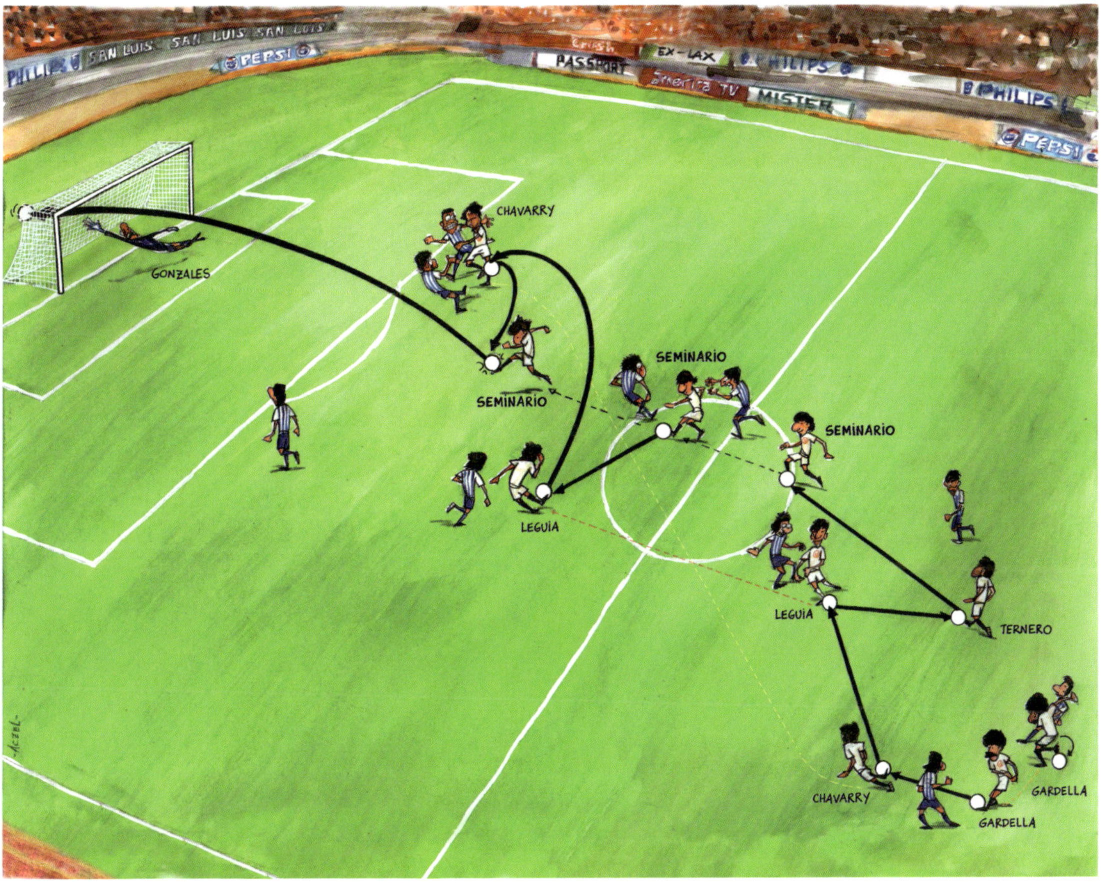

MIGUEL SEMINARIO (UNIVERSITARIO) 89. MINUTE (2:1)

83

29. JUNI 1983, ESTADIO NACIONAL, LIMA (PERÚ)
TORNEO DESCENTRALIZADO, 11. SPIELTAG, UNIVERSITARIO 2:1 ALIANZA LIMA

FILMREIFER KLASSIKER

Perus größtes Derby findet nun schon seit über 90 Jahren mit mehr als 900 Toren statt. Doch eines steht über allen anderen. Miguel Seminarios Tor wurde als das schönste in der Geschichte des „El Clasico Peruano“ ernannt.

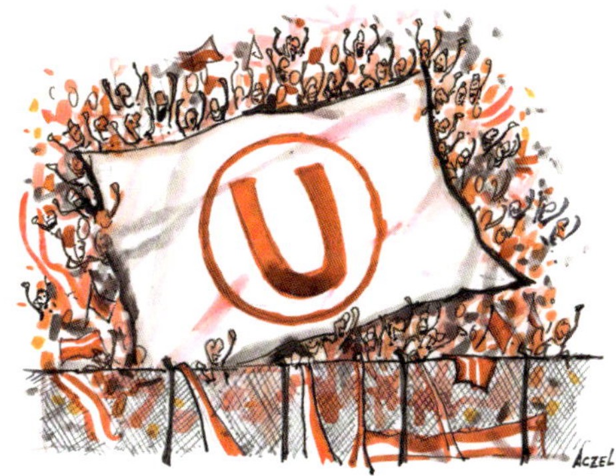

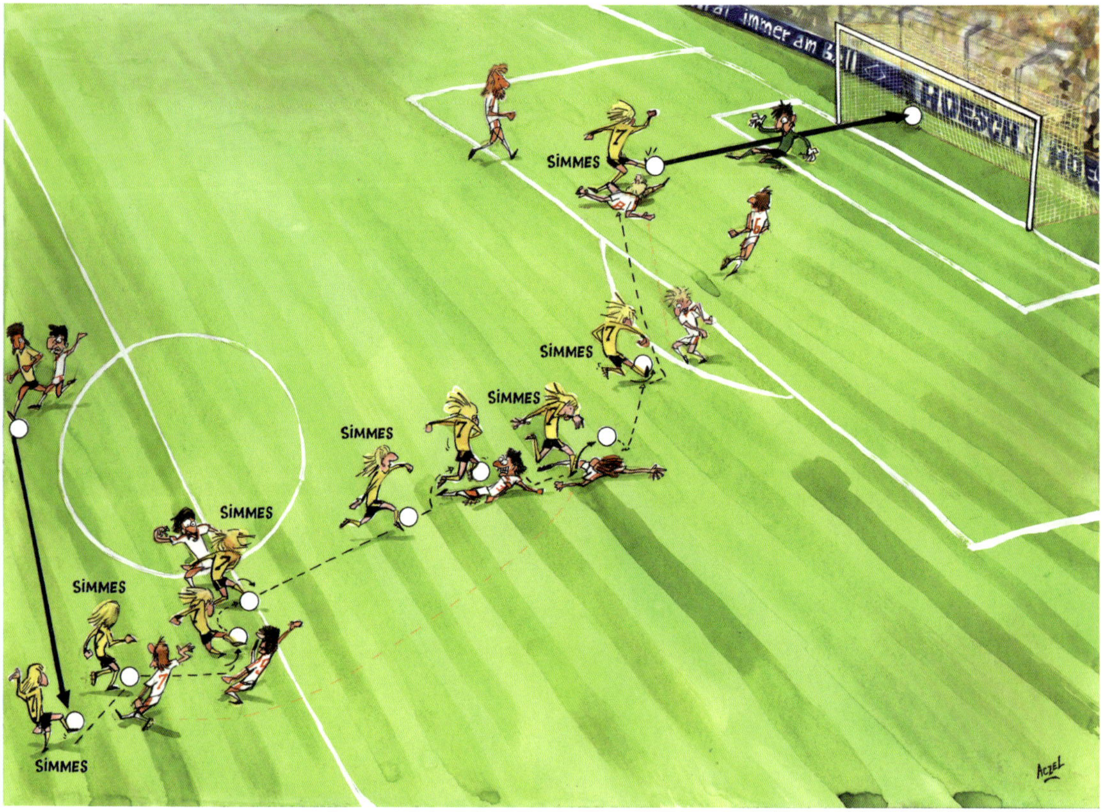

DANIEL SIMMES (BORUSSIA DORTMUND) 63. MINUTE (1:0)

5. OKTOBER 1984, WESTFALENSTADION, DORTMUND (DEUTSCHLAND)
BUNDESLIGA, 7. SPIELTAG, BORUSSIA DORTMUND 2:1 BAYER 04 LEVERKUSEN

DAS TOR SEINES LEBENS

Mit nur 18 Jahren legte Simmes das Solo seines Fußballerlebens hin und erzielte nicht nur sein erstes Bundesliga-Tor, sondern zugleich auch das Tor des Jahres 1984. Er lieferte im gleichen Spiel dann auch noch die Vorlage für den 2:1 Endstand. Bereits drei Monate zuvor hatte Barcelona ihm ein Angebot unterbreitet, kurz nach diesem Spiel noch mal. Für ihn gab es aber keinen Gedanken daran, Dortmund zu verlassen. Jedoch verblasste er im Laufe der nächsten Jahre zusehends und ging schließlich völlig unter, weil er einfach nicht laufen konnte. Erst viel später, als seine Fußballkarriere schon längst vorbei war, erfährt Simmes den Grund: er wurde mit Herzrhythmusstörungen geboren und konnte so natürlich nie volle körperliche Leistungen zeigen. Aber Simmes sagt: „Ich habe eine tolle Frau, zwei wunderbare Kinder. Das Leben nimmt und gibt.“

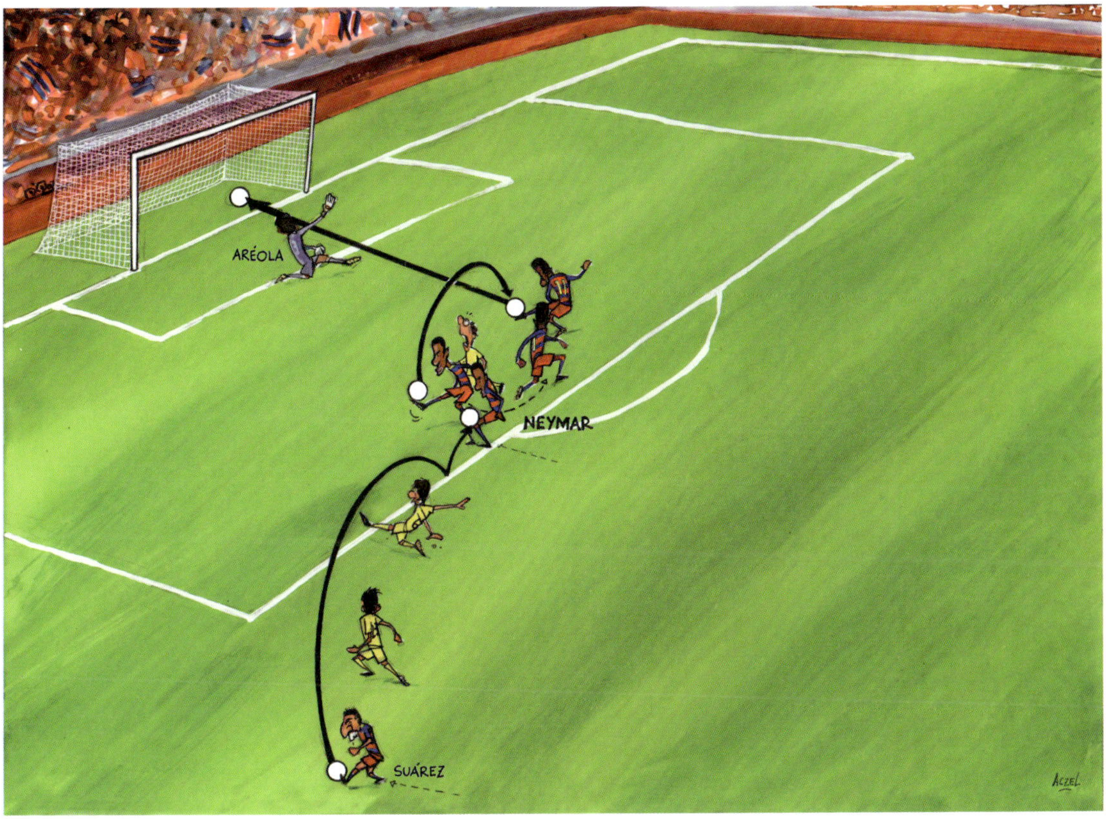

ARÉOLA

NEYMAR

SUÁREZ

NEYMAR (FC BARCELONA)

85. MINUTE (3:0)

85

8. NOVEMBER 2015, CAMP NOU, BARCELONA (SPANIEN)
LA LIGA, 11. SPIELTAG, FC BARCELONA 3:0 VILLAREAL CF

REGENBOGEN A LA NEYMAR

So ein Tor kann man nicht mal auf der Playstation schießen, da dieser Move gar nicht existiert. Der brasilianische Crack erfindet einen wunderschönen Skill.

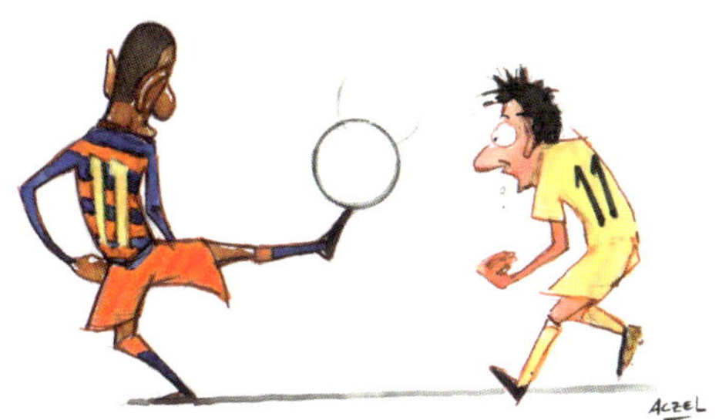

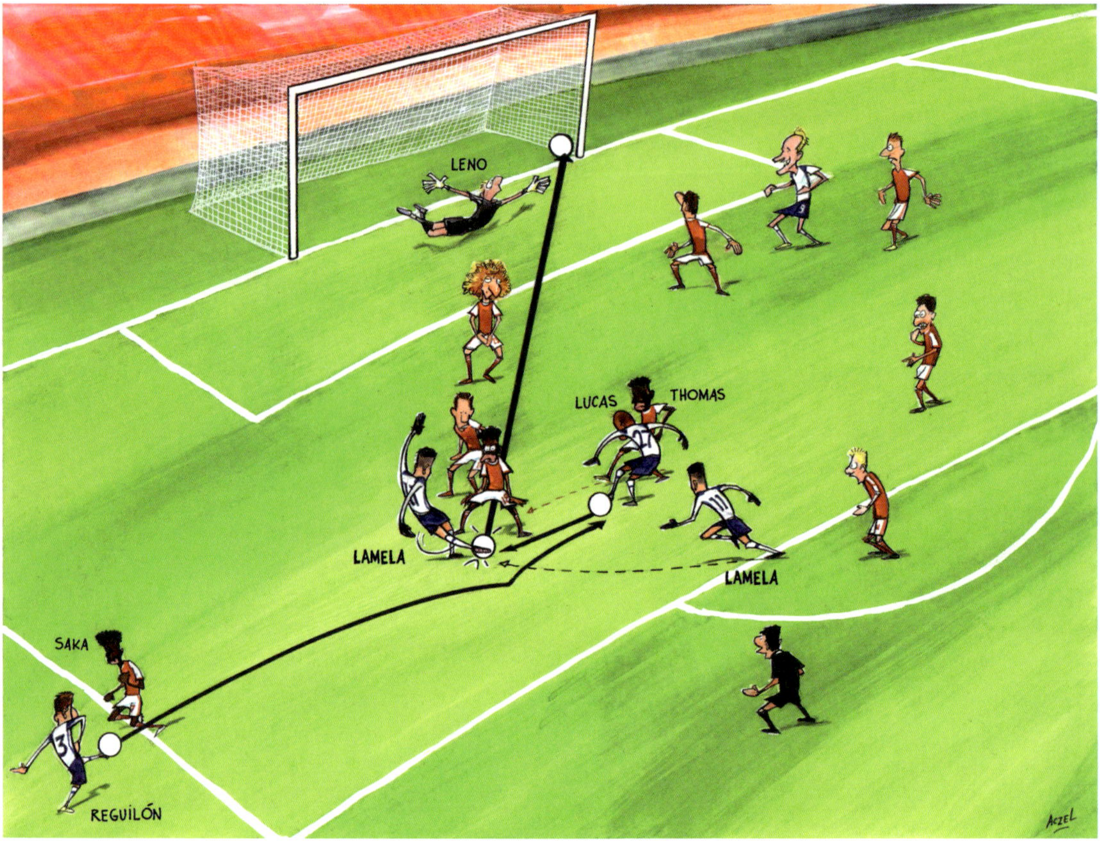

ERIK LAMELA (TOTTENHAM HOTSPUR) 33. MINUTE (0:1)

86

14. MÄRZ 2020, EMIRATES STADIUM, LONDON (ENGLAND)
PREMIER LEAGUE, 28. SPIELTAG, ARSENAL 2:1 TOTTENHAM HOTSPUR

RABONA-BEINSCHUSS

Ein zauberhaftes Tor, das in der Premier League mit dem „Goal of the Season Award“ und später auch mit dem FIFA-Puskás-Preis ausgezeichnet wurde.
Erik Lamela tunnelte den Ball durch Thomas' Beine überragend ins lange Eck, und das auch noch per Rabona.
Am Ende verlor Tottenham und Lamela wurde mit Gelb-Rot vom Platz gestellt, aber was soll's ...

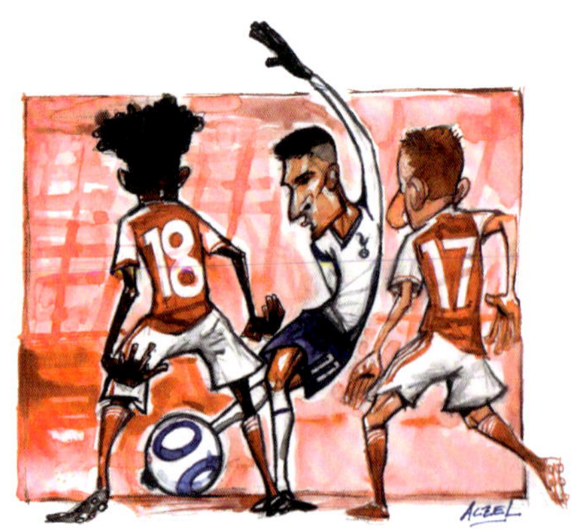

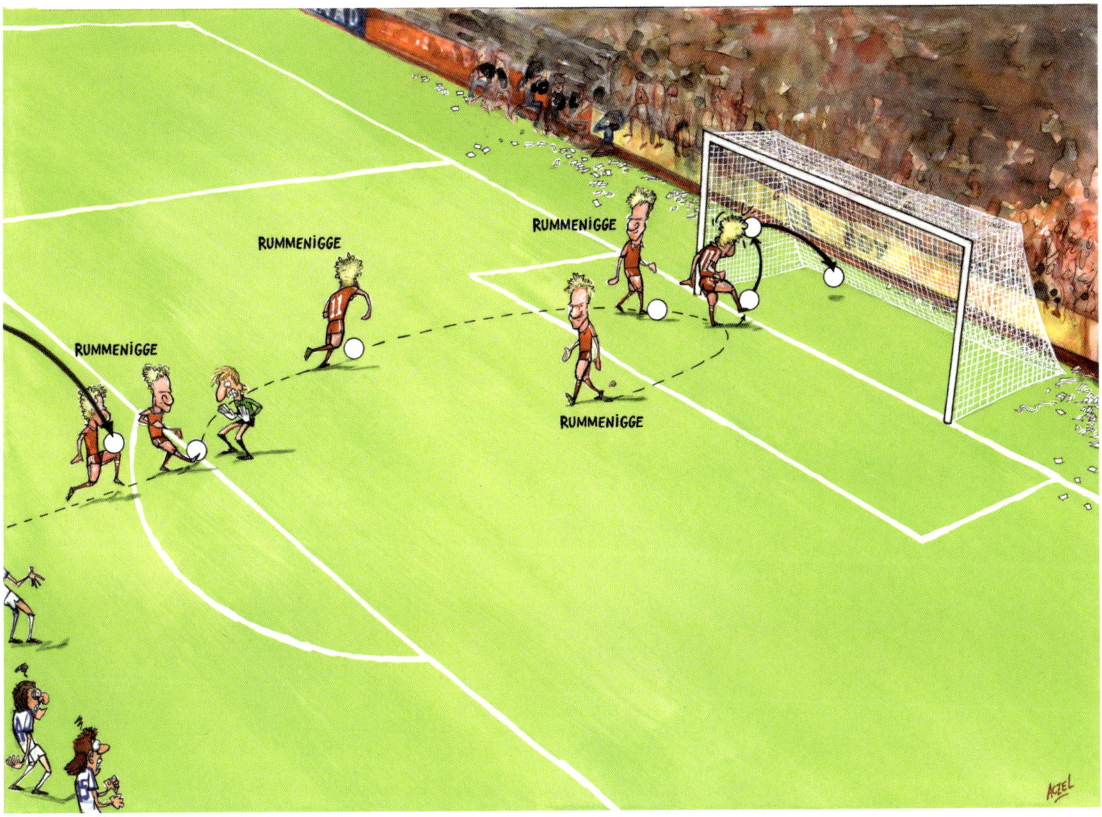

KARL-HEINZ RUMMENIGGE (FC BAYERN MÜNCHEN) 57. MINUTE (4:0)

87

19. JULI 1981, ALTER TIVOLI, AACHEN (DEUTSCHLAND)
FUSSBALLTURNIER IN AACHEN, FC BAYERN MÜNCHEN 5:1 FC BRÜGGE

AUFREIZEND LÄSSIG

Nachdem er in dieser Szene den Keeper des FC Brügge fein hatte aussteigen lassen, machte er nicht nur kurz vor der Linie noch ausgiebig Rast und sah sich um, nein, er schaufelte den Ball sogar noch in die Höhe, köpfte lässig ein und ging mit provokanter Coolness weg. Von einer groben Unsportlichkeit war damals nicht die Rede. Rummenigge wurde für das Spott-Tor sogar geehrt, das mit dem „Tor des Monats“ im Juli 1981 ausgezeichnet wurde.
Heute würde so eine Aktion eine Welle der Empörung auslösen, doch macht nicht genau das „Wie mit Freunden in deinem Viertel“-Spielen, den schönen Fußball aus?

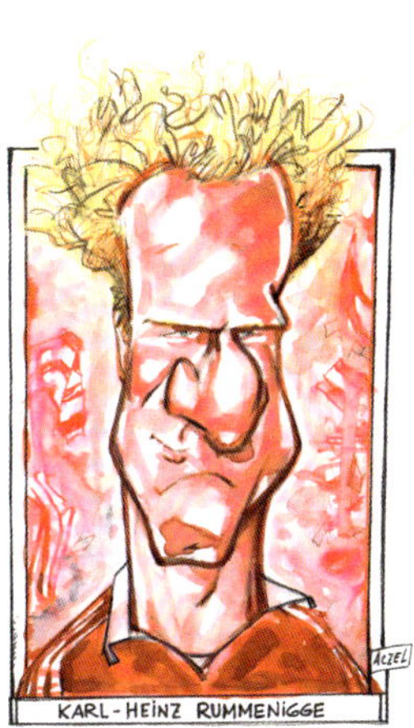

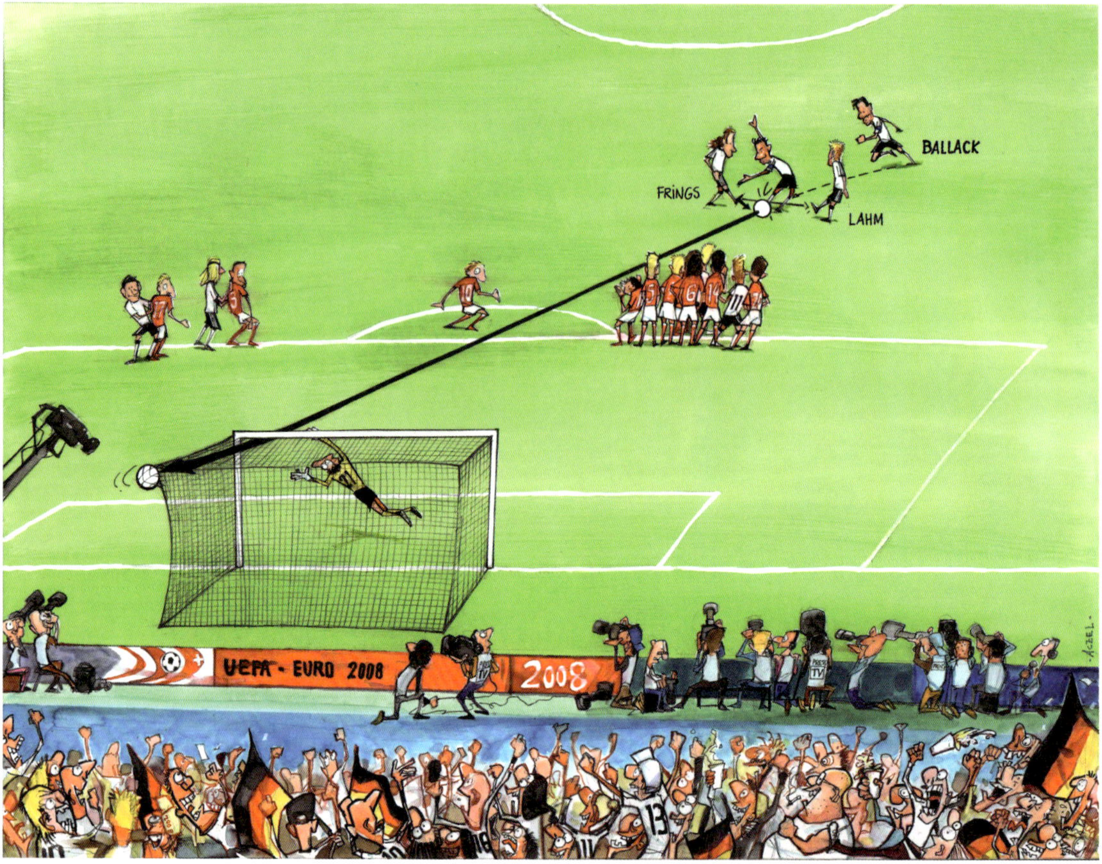

88

MICHAEL BALLACK (DEUTSCHLAND)

49. MINUTE (0:1)

16. JUNI 2008, ERNST-HAPPEL-STADION, WIEN (ÖSTERREICH)
EM 2008, GRUPPE B, ÖSTERREICH 0:1 DEUTSCHLAND

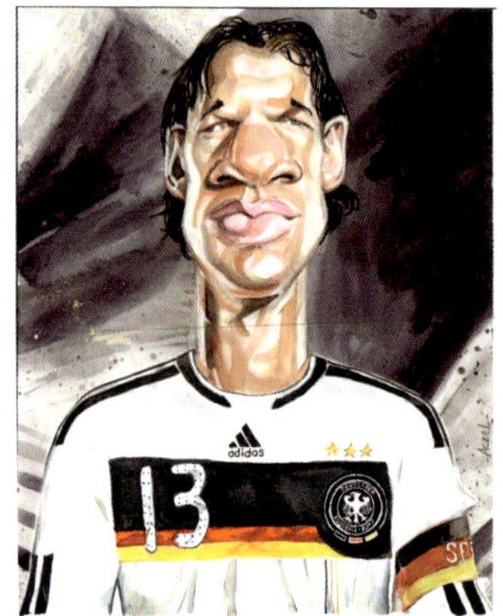

MIT VOLLER WUCHT

Die deutsche Mannschaft musste für ein Weiterkommen gewinnen. Sie hatte zuvor gegen Kroatien verloren und stand in der Kritik. Wie erwartet wurde das Spiel zu einem harten Fight. Den Freistoß drosch „el Capitano“ nicht etwa mit Gefühl oder Effet, sondern mit roher Gewalt aus 25 Metern rechts oben ins österreichische Tor.

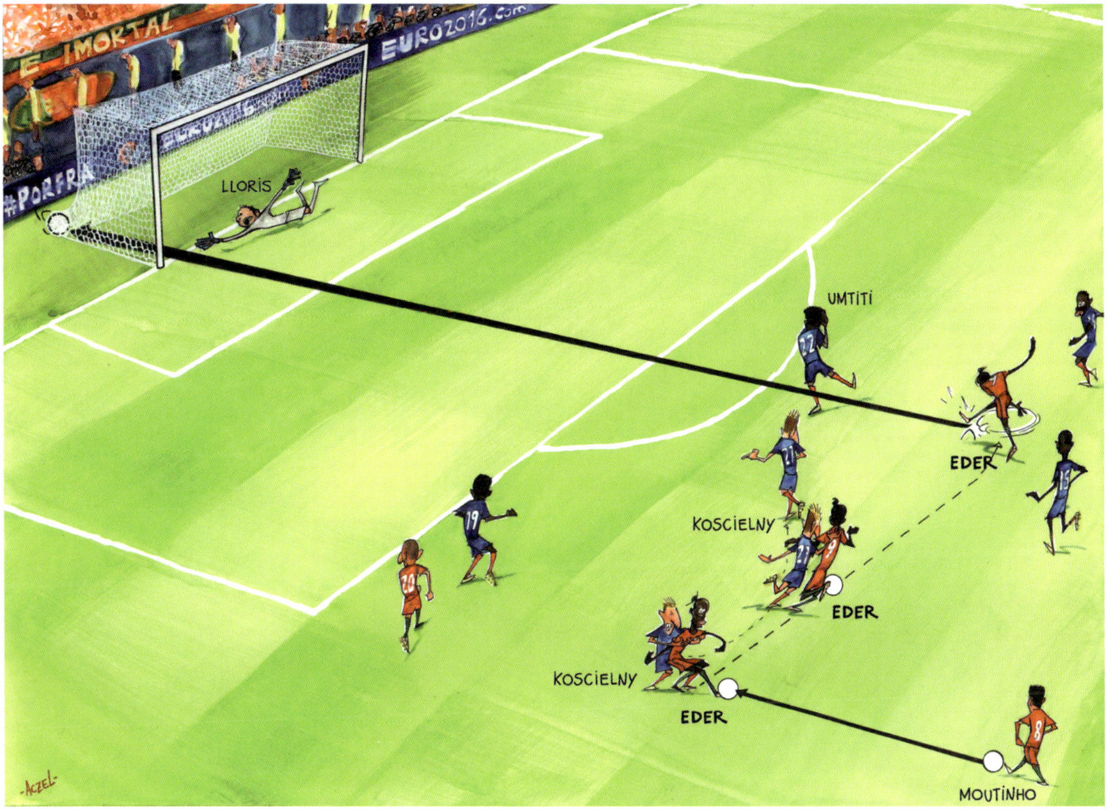

89

ÉDER (PORTUGAL)

109. MINUTE (1:0)

10. JULI 2016, STADE DE FRANCE, PARIS (FRANKREICH)
EM 2016, FINALE, PORTUGAL 1:0 (N.V) FRANKREICH

C. RONALDO CO-TRAINER

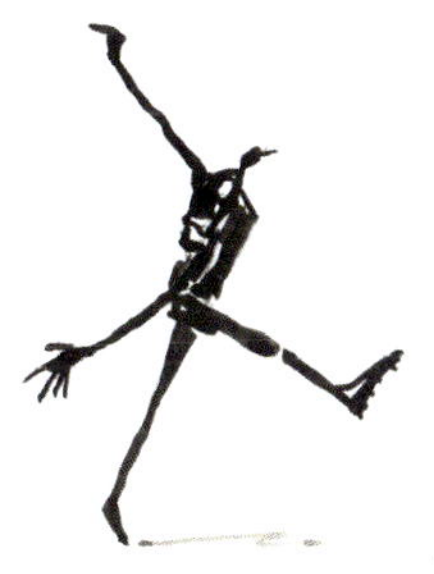

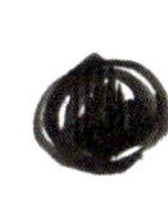

Der Siegtreffer zum Titel ließ bis zur Verlängerung auf sich warten. „Ich widme dieses Tor meiner Mentaltrainerin." Niemand hatte Éder auf dem Zettel, der die Kugel mit einem strammen Flachschuss aus 24 Metern ins Tor hämmerte. Unvergesslich: der verletzte Ronaldo feuerte seine Mannschaft mit unglaublich viel Herzblut und Leidenschaft vom Seitenrand aus an.

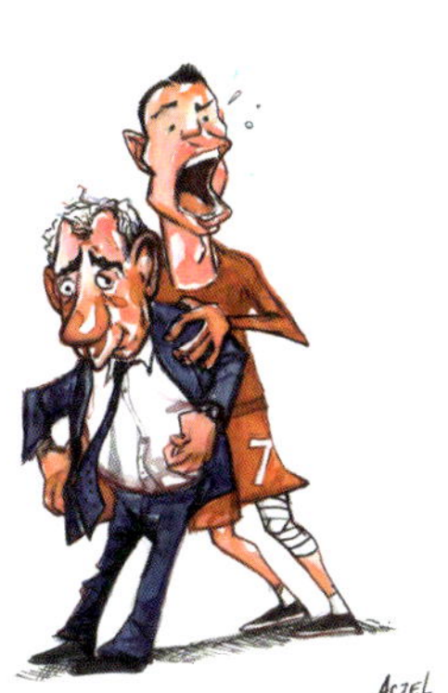

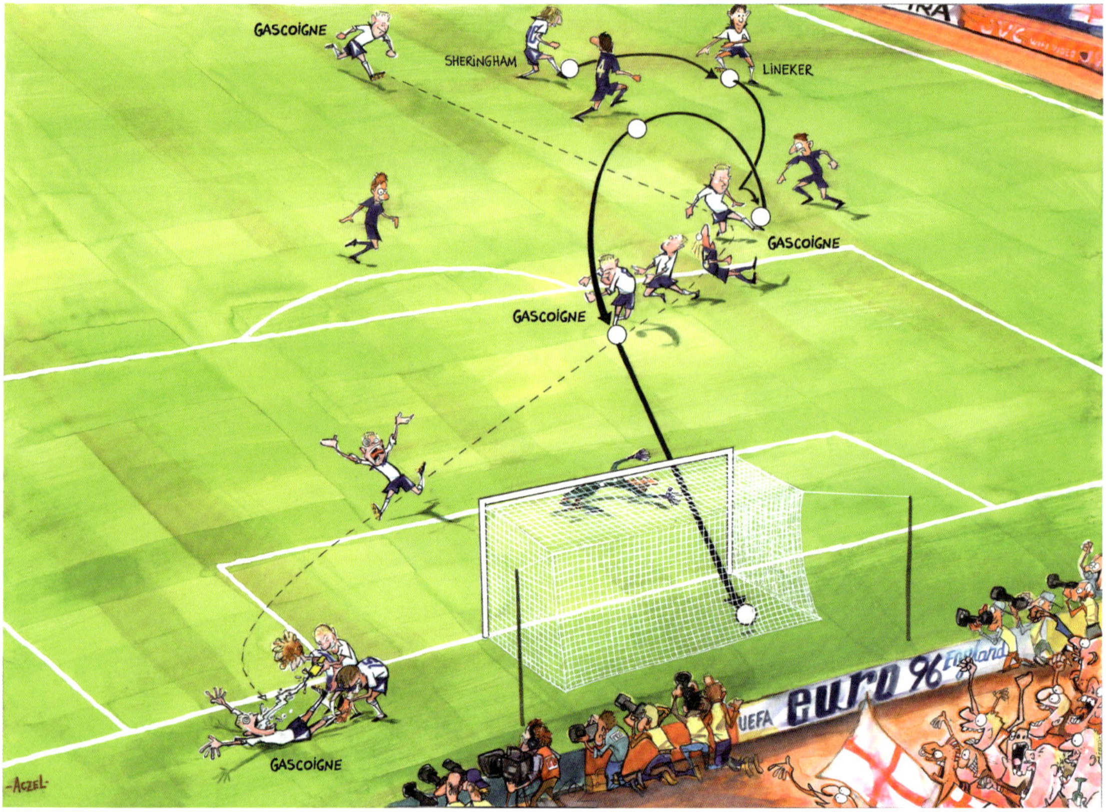

PAUL GASCOIGNE (ENGLAND) 79. MINUTE (2:0)

15. JUNI 1996, WEMBLEY-STADION, LONDON (ENGLAND)
EM 1996, GRUPPE A, ENGLAND 2:0 SCHOTTLAND

90

ALS GAZZA NOCH WASSER TRANK

Gascoignes erinnerungswürdigstes Tor. Und dazu auch noch ein wirklich cooler Torjubel. „Gazza“ spielte die Szene eines für schlechte Schlagzeilen sorgenden Bildes, auf dem ihm auf einem Zahnarztstuhl Alkohol eingeflößt wurde, nach. Dieses Mal natürlich mit Wasser.

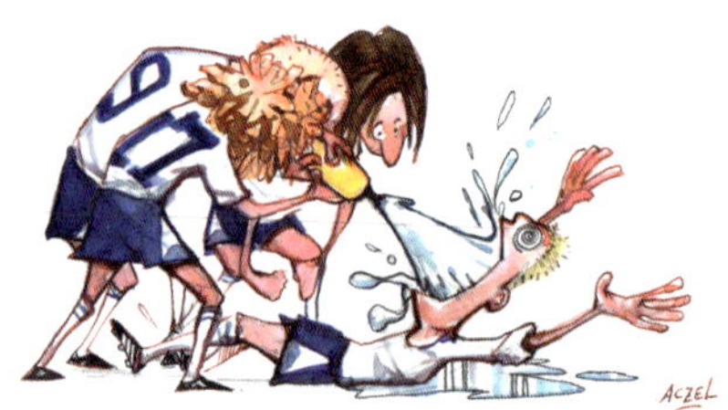

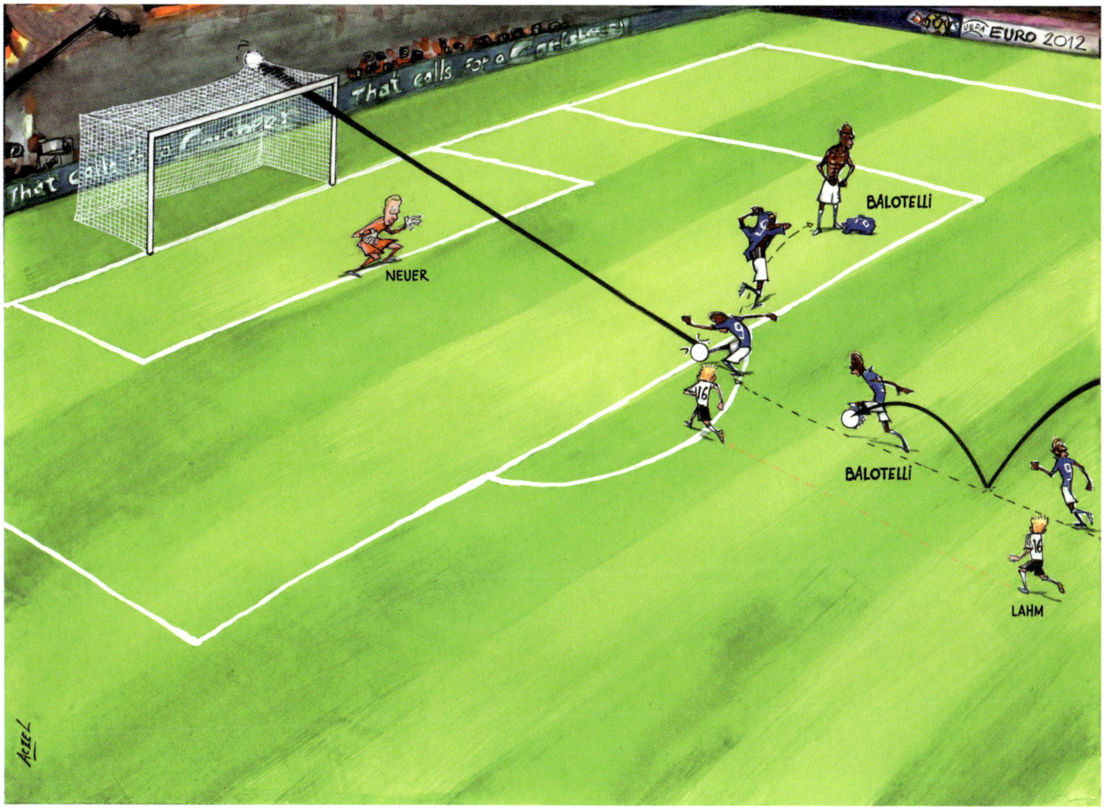

MARIO BALOTELLI (ITALIEN) 36. MINUTE (0:2)

91

28. JUNI 2012, STADION NARODOWY, WARSCHAU (POLEN)
EM 2012, HALBFINALE, DEUTSCHLAND 0:2 ITALIEN

SUPER-MARIO

Balotelli schießt mit seinem Doppelpack in der 20. sowie 36. Spielminute die deutsche Elf im Alleingang ab. Besonders sein zweiter Treffer war sehenswert – und beim Jubel zu diesem Tor ließ er wortwörtlich seine Muskeln spielen.

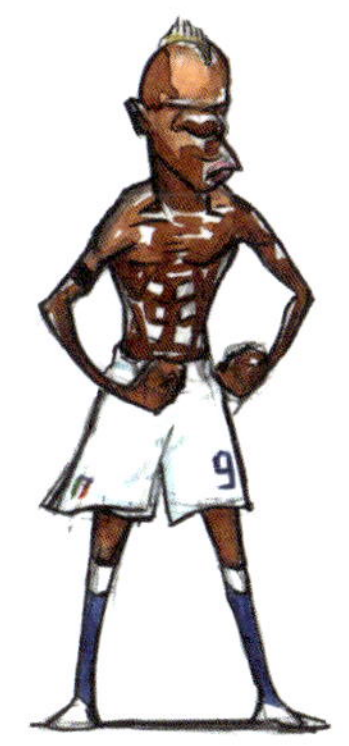

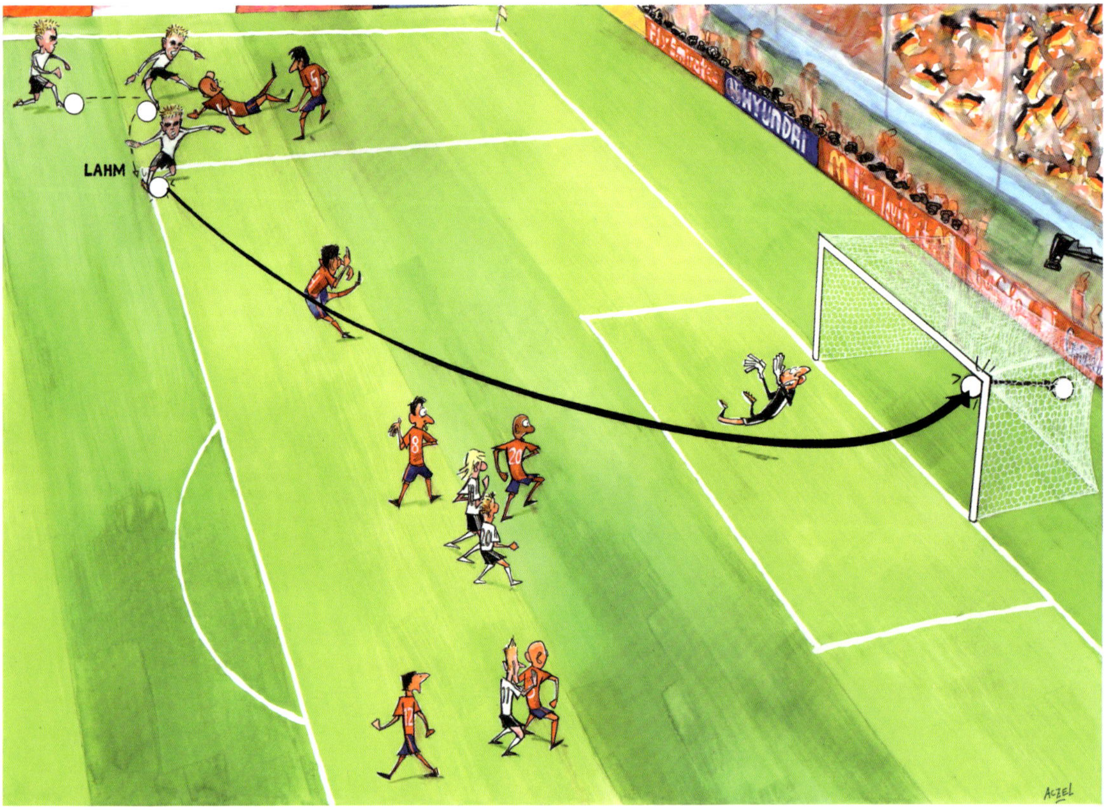

PHILIPP LAHM (DEUTSCHLAND) 6. MINUTE (1:0)

92

9. JUNI 2006, ALLIANZ ARENA, BAYERN, MÜNCHEN (DEUTSCHLAND)
WM 2006, ERÖFFNUNGSSPIEL, GRUPPE A, DEUTSCHLAND 4:2 COSTA RICA

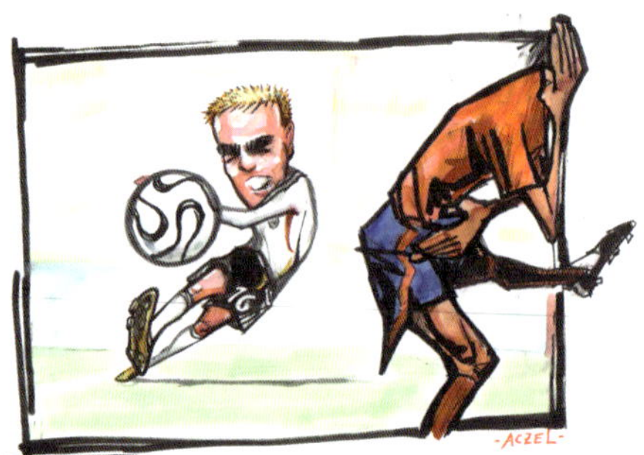

DER TORÖFFNER

Für die Statistiker war es der erste Treffer der WM. Für die Deutschen, den Gastgeber, war es der Beginn des so gern genannten Sommermärchens.
Philipp Lahm, gerade noch nach einem Armbruch wieder fit geworden, zirkelte das Leder mal eben ins lange Eck.

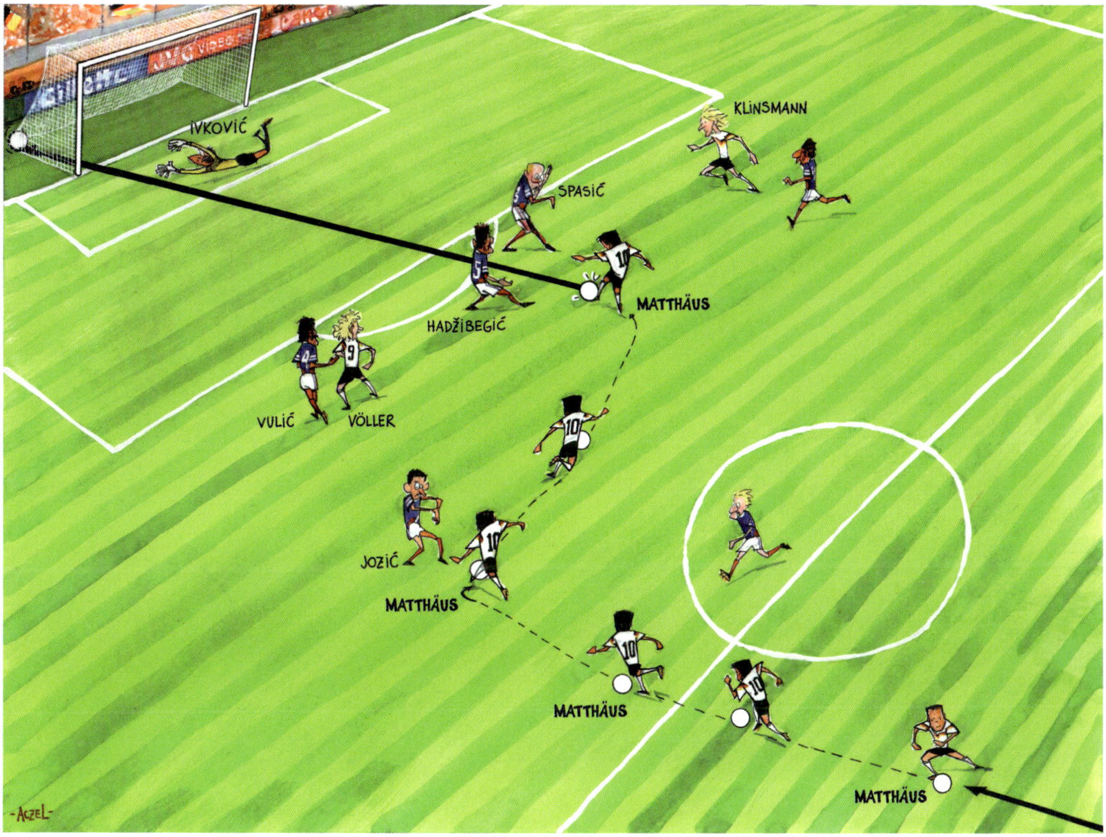

93

LOTHAR MATTHÄUS (BR DEUTSCHLAND) 65. MINUTE (3:1)

11. JUNI 1990, STADIO GIUSEPPE MEAZZA, MAILAND (ITALIEN)
WM 1990, GRUPPE D, BR DEUTSCHLAND 4:1 JUGOSLAWIEN

DYNAMIK, TECHNIK, PRÄZISION

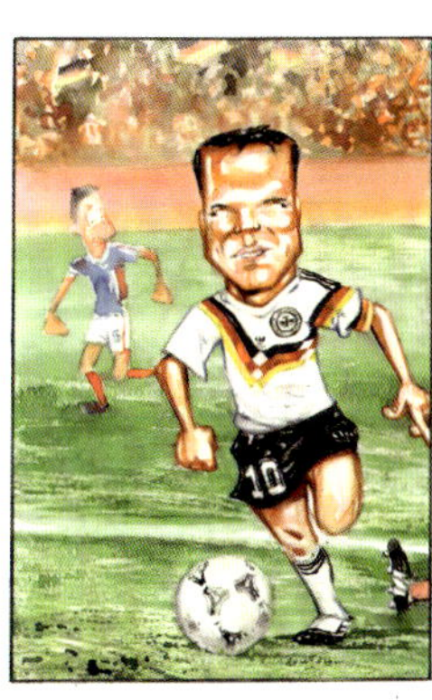

Mit diesem vielleicht schönsten Tor in Matthäus' Karriere stieg Deutschland in die WM 1990 gegen Jugoslawien ein und zeigte gleich einmal, wo der Hammer hing.
2020 bekam Matthäus im Ballon d'Or Dream Team, gewählt von France Football, die Position des defensiven Mittelfeldspielers.

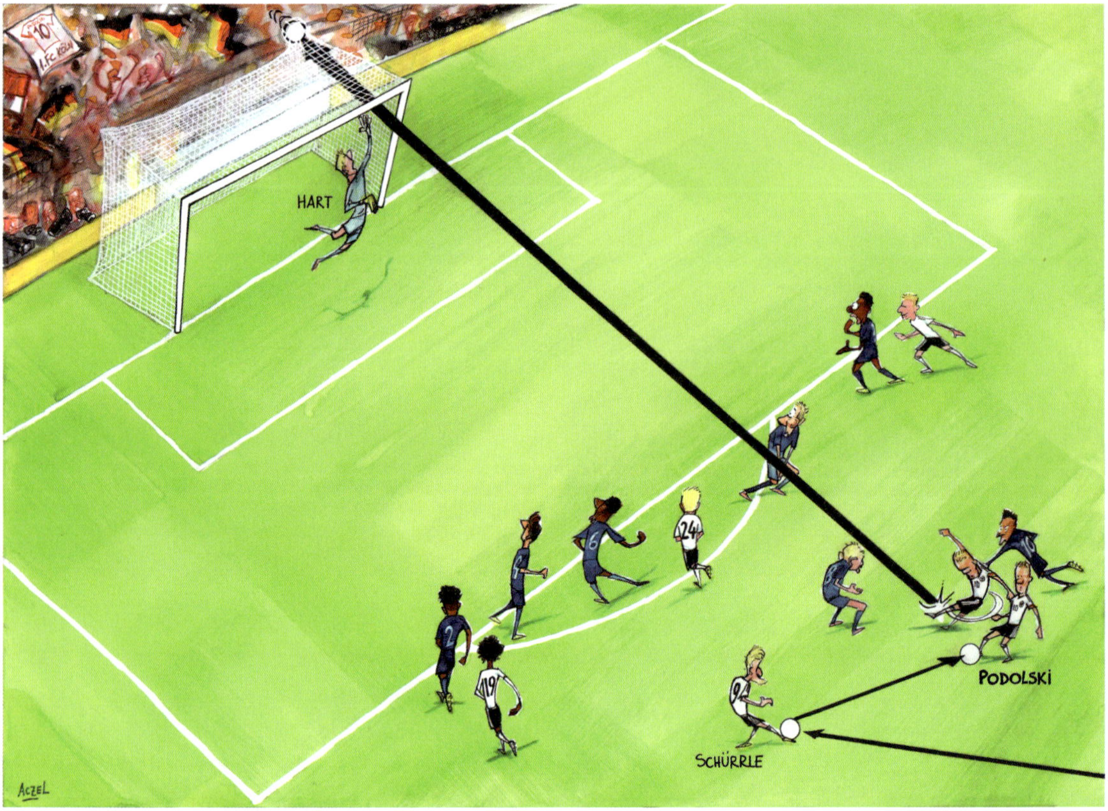

94

LUKAS PODOLSKI (DEUTSCHLAND) 69. MINUTE (1:0)

22. MÄRZ 2017, WESTFALENSTADION, DORTMUND (DEUTSCHLAND)
ABSCHIEDSSPIEL, DEUTSCHLAND 1:0 ENGLAND

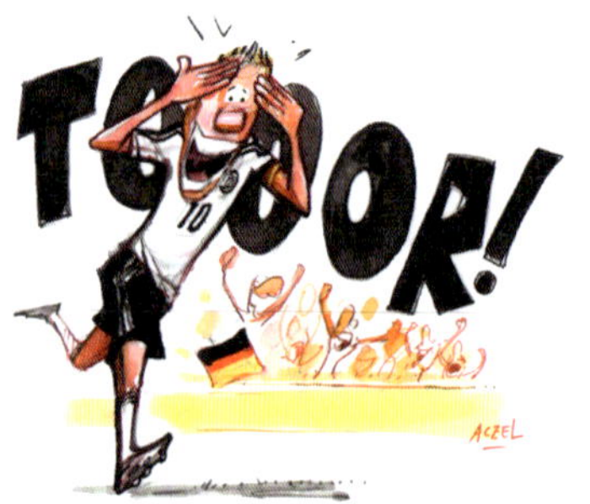

POLDI

Lukas Podolski war ein großer Publikumsliebling. Bei seinem Abschied aus der deutschen Nationalmannschaft sorgte „Poldi" in der 69. Minute selbst für das Highlight des Spiels.
Er lachte: „Das ist ein geiler Film: Wir gewinnen 1:0 und ich mache das Ding." Er hatte es sich verdient.
Thomas Müller: „Das Drehbuch hätte man nicht besser schreiben können. Mir als Regisseur wäre es ein bisschen zu kitschig. Das glaubt einem ja keiner."

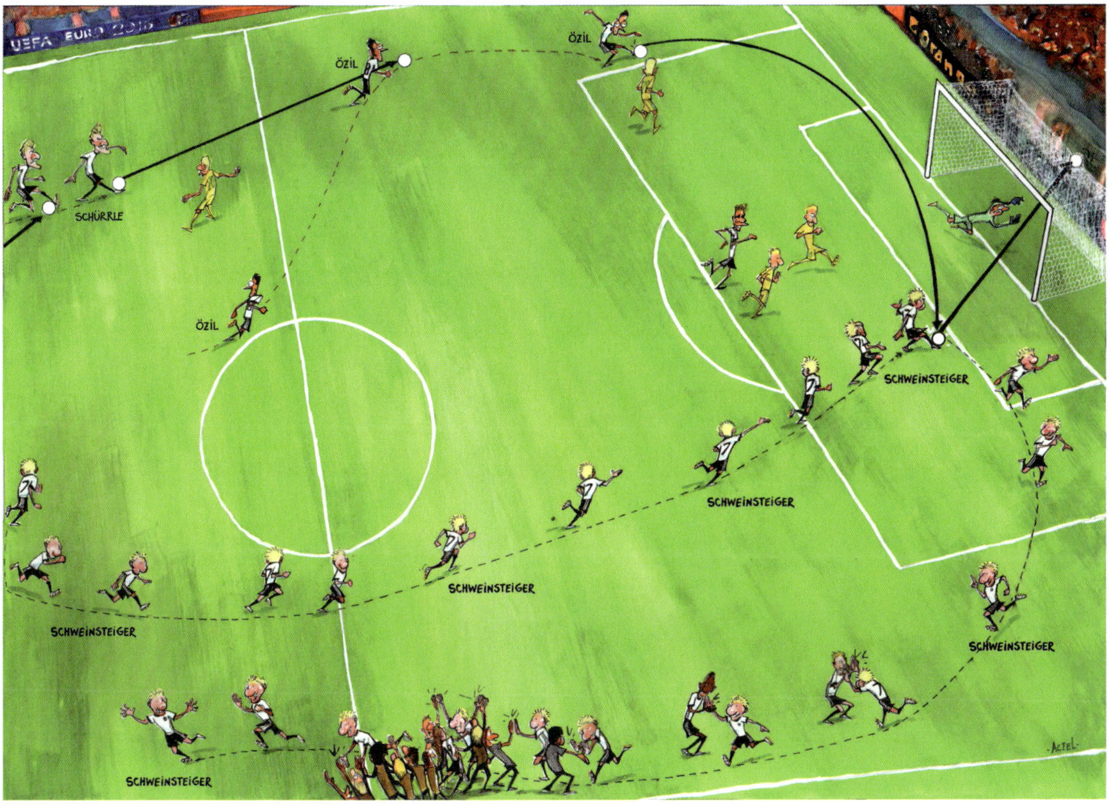

95

BASTIAN SCHWEINSTEIGER (DEUTSCHLAND) 90.+2 MINUTE (2:0)

12. JUNI 2016, STADE PIERRE-MAUROY, HAUTS-DE-FRANCE, LILLE (FRANKREICH)
EM 2016, GRUPPE C, DEUTSCHLAND 2:0 UKRAINE

SCHWEINI

Schweinsteiger sprintet fast über das gesamte Spielfeld, dann eine feine Dropkick-Abnahme und Schuss ins Tor. Er sprintete gleich weiter, um Spieler, Trainer, jeden Reservisten einzeln abzuklatschen.
Dies war sein letztes Länderspieltor für die DFB-Elf.

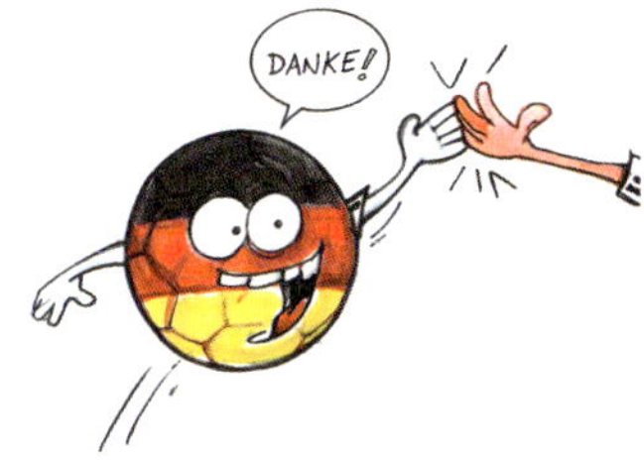

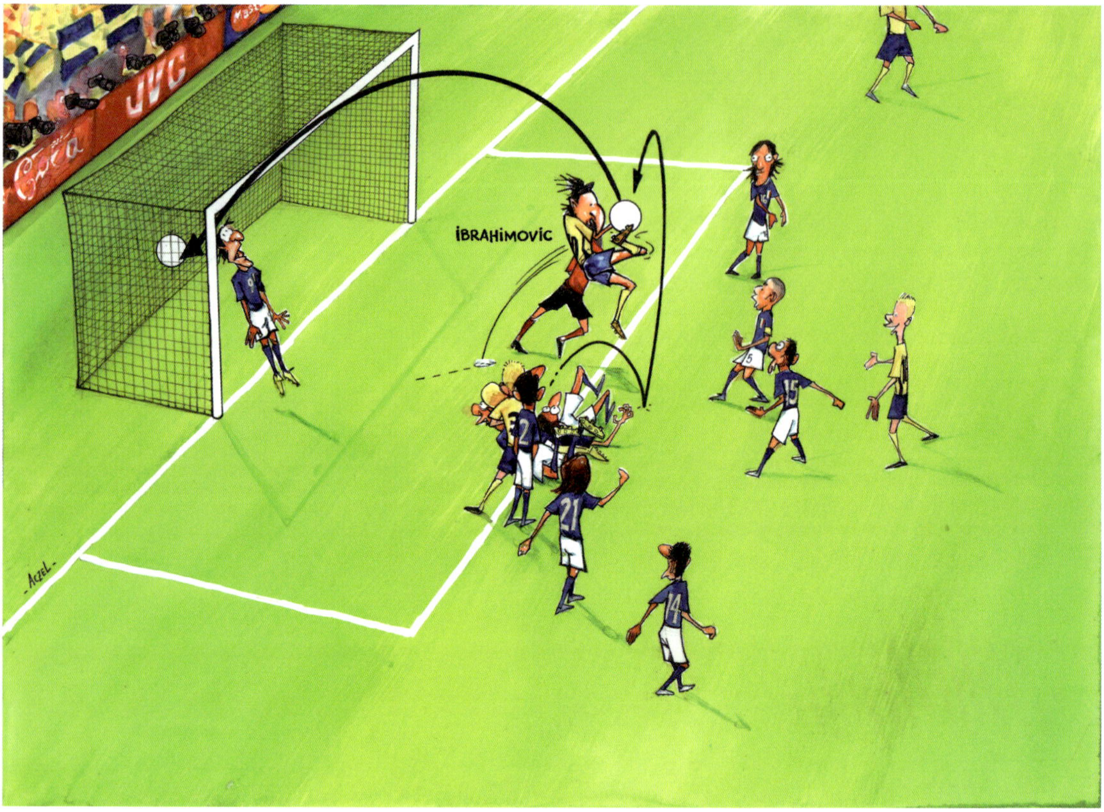

ZLATAN IBRAHIMOVIĆ (SCHWEDEN) 85. MINUTE (1:1)

96

18. JUNI 2004, ESTÁDIO DO DRAGÃO, PORTO (PORTUGAL)
EM 2004, GRUPPE C, ITALIEN 1:1 SCHWEDEN

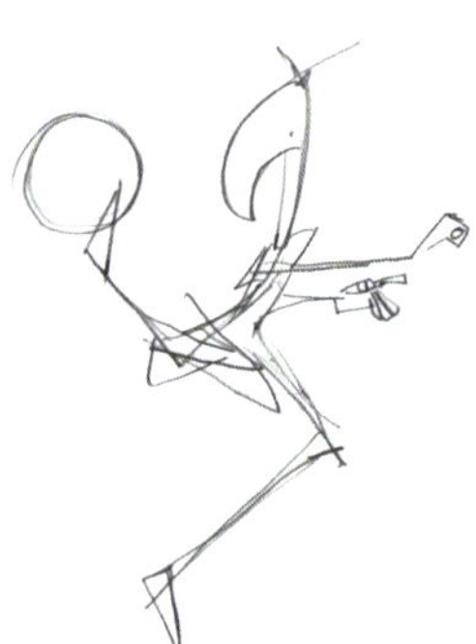

DER BEZWINGER DES CATENACCIO

Mit dem Rücken zum Tor von Gianluigi Buffon lupfte der 22-jährige Ibrahimović den Ball mit der Hacke über den italienischen Keeper ins Tor. Italien dominierte bis dahin mit seinem Catenaccio-System. Diese außergewöhnliche Aktion war Schwedens einzige Chance.

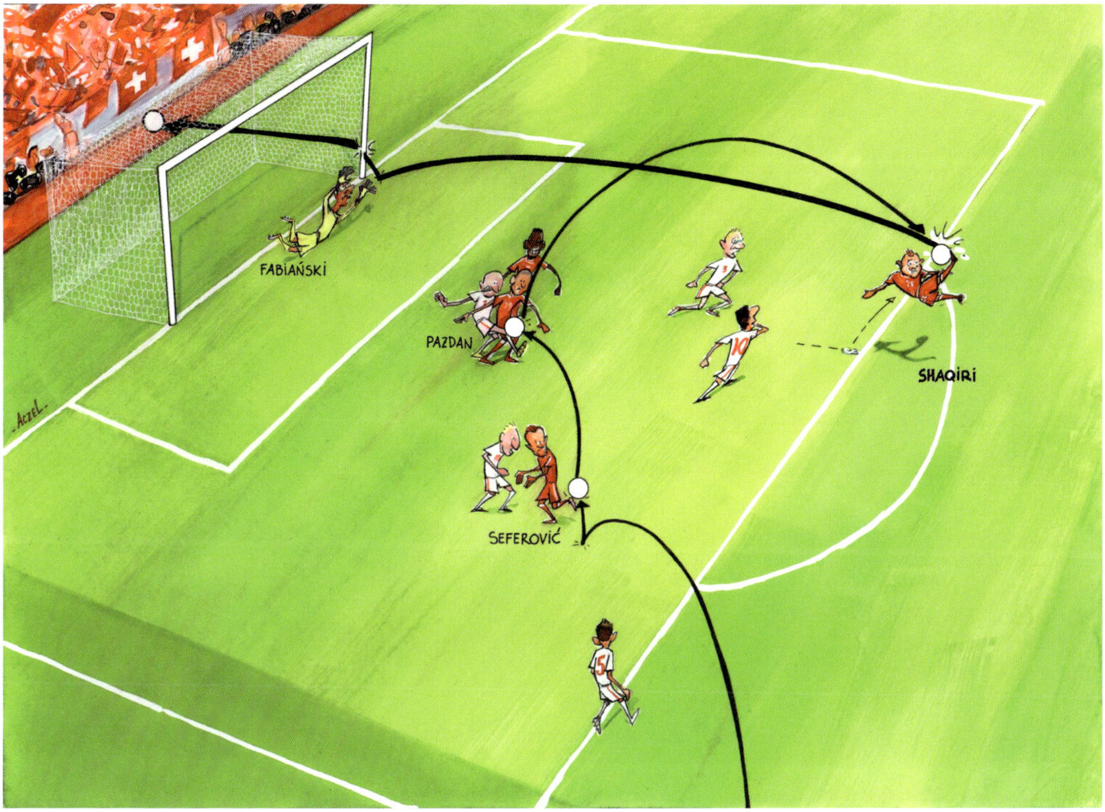

XHERDAN SHAQIRI (SCHWEIZ) 82. MINUTE (1:1)

97

25. JUNI 2016, STADE GEOFFROY-GUICHARD, SAINT-ÉTIENNE (FRANKREICH)
EM 2016, ACHTELFINALE, SCHWEIZ 1:1 N.V (4:5 I.E) POLEN

TOR DES TURNIERS

Ein Seitenfallrückzieher, der über Innenpfosten den Weg ins Netz findet. Shaqiri rettet die Schweiz in die Verlängerung. Das Tor wurde in Deutschland zum Tor des Monats gewählt. Da Granit Xhaka schließlich im Elfmeterschießen verschoss, schied sein Team trotzdem aus.

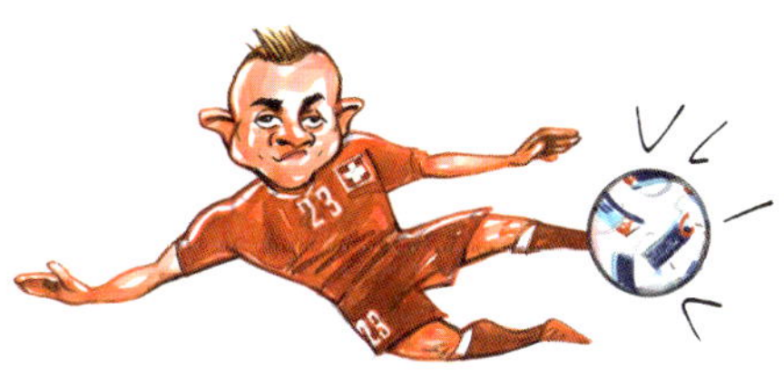

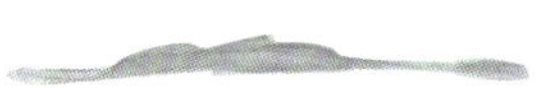

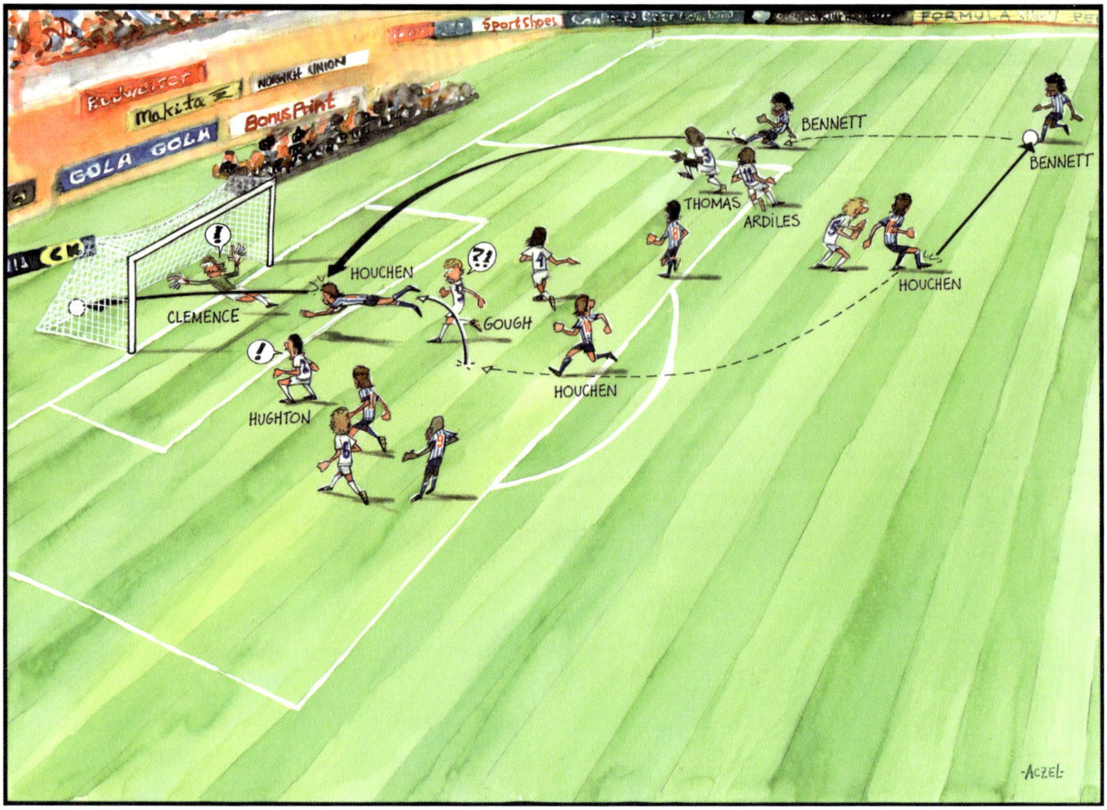

KEITH HOUCHEN (COVENTRY CITY) 62. MINUTE (2:2)

98

16. MAI 1987, WEMBLEY STADION, LONDON (ENGLAND)
FA CUP, FINALE, COVENTRY CITY 3:2 TOTTENHAM HOTSPUR

PER FLUGKOPFBALL ZUM POKAL

Ein spektakuläres Flugfkopfballtor, und das in einem Finale in Wembley. Es wurde außerdem Tor der Saison.

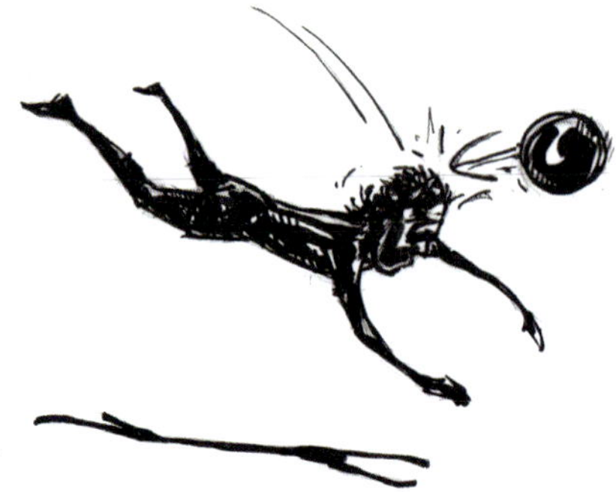

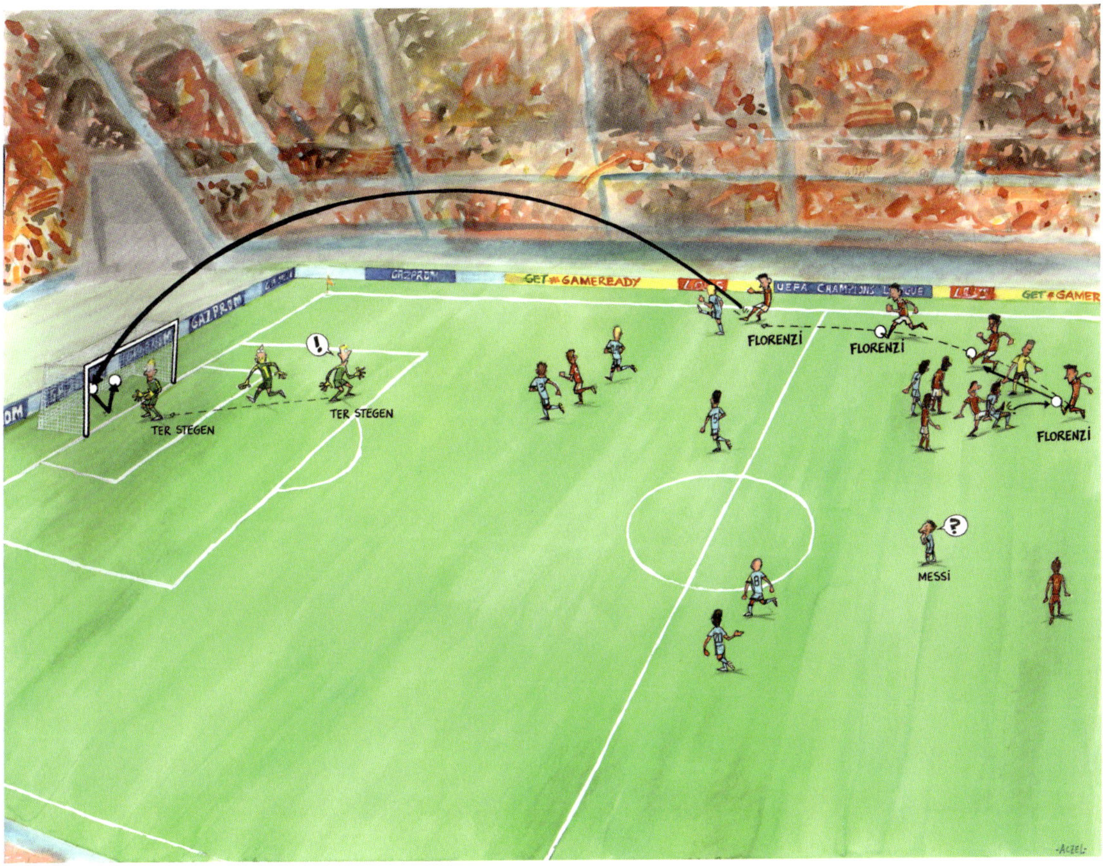

99

ALESSANDRO FLORENZI (AS ROM) — 31. MINUTE (1:1)

16. SEPTEMBER 2015, STADIO OLIMPICO DI ROMA, ROM (ITALIEN)
CHAMPIONS LEAGUE, GRUPPE E, AS ROM 1:1 FC BARCELONA

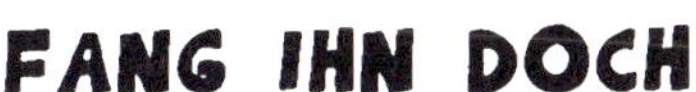

Gegen Ter Stegen ein Tor von der Spielfeldmitte aus zu schießen, ist sicher nicht alltäglich.

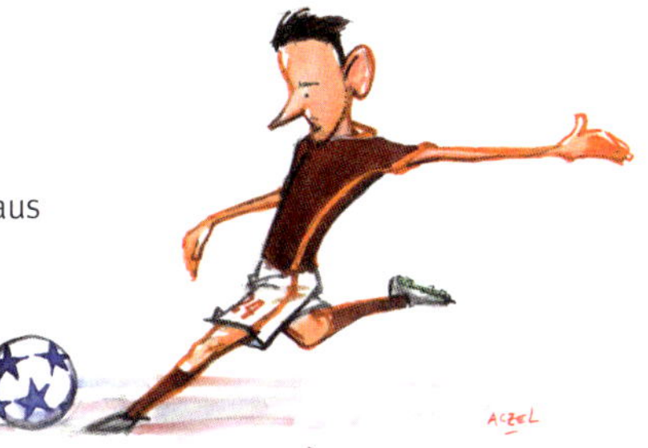

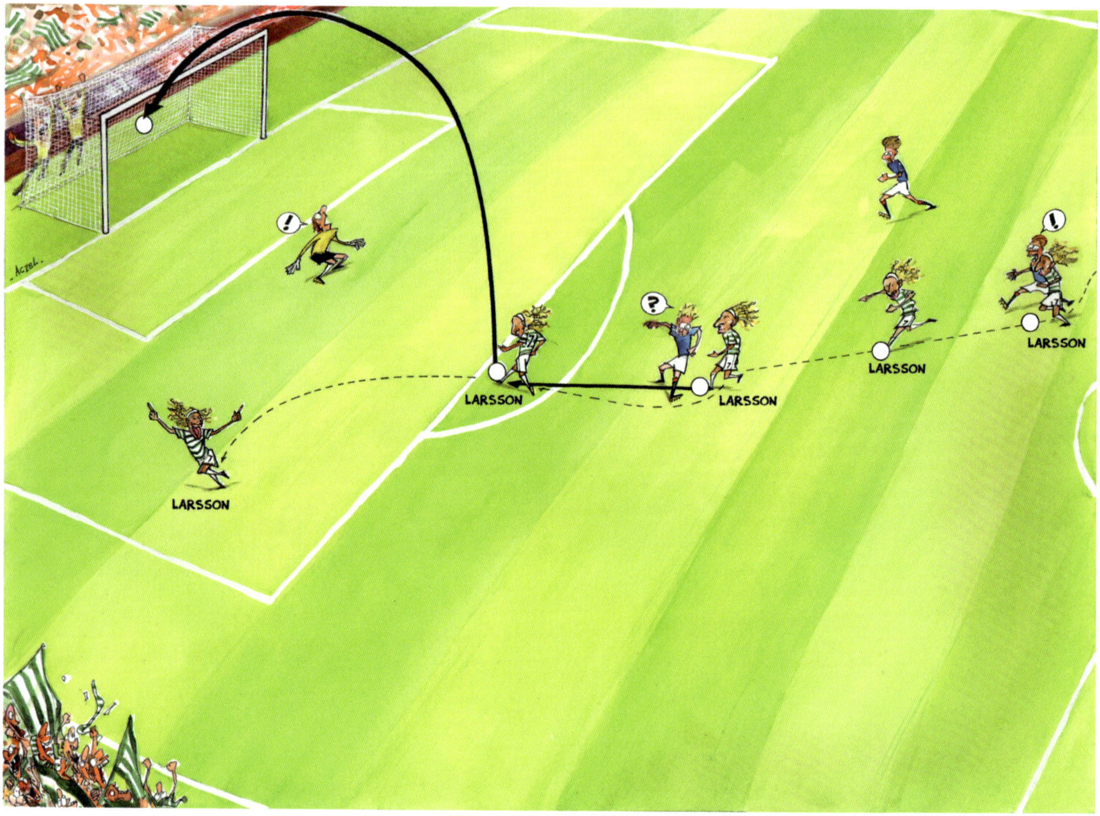

HENRIK LARSSON (CELTIC F.C.) 50. MINUTE (4:1)

100

27. AUGUST 2000, CELTIC PARK, PARKHEAD, GLASGOW (SCHOTTLAND)
SCOTTISH PREMIER LEAGUE, 5. SPIELTAG, CELTIC F.C. 6:2 RANGERS F.C.

DEMÜTIGUNG IM SCHOTTISCHEN KLASSIKER

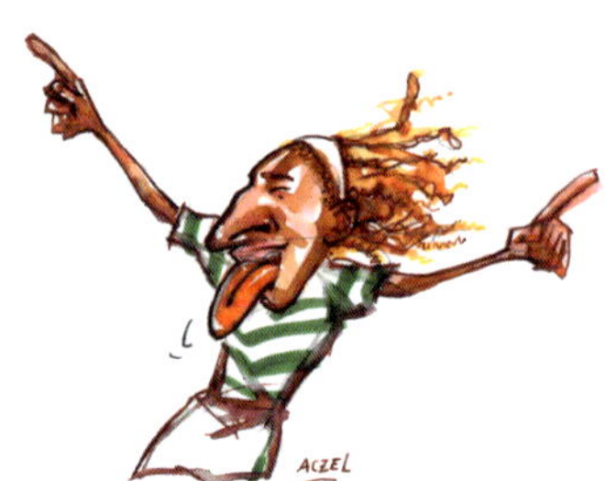

Tunnel und ein herrlicher Lupfer, um in den Herzen der Celtic Fans einen Platz zu finden. Der Schwede Larsson ist einer der wenigen Fußballer, den alle lieben (außer Rangers Fans). „Als ich das erste Mal Ronaldinho in Barcelona traf, sagte er mir: ‚Du bist mein Vorbild!‘ Fortan nannte er mich ‚Idolo‘. Das war für mich unglaublich.“

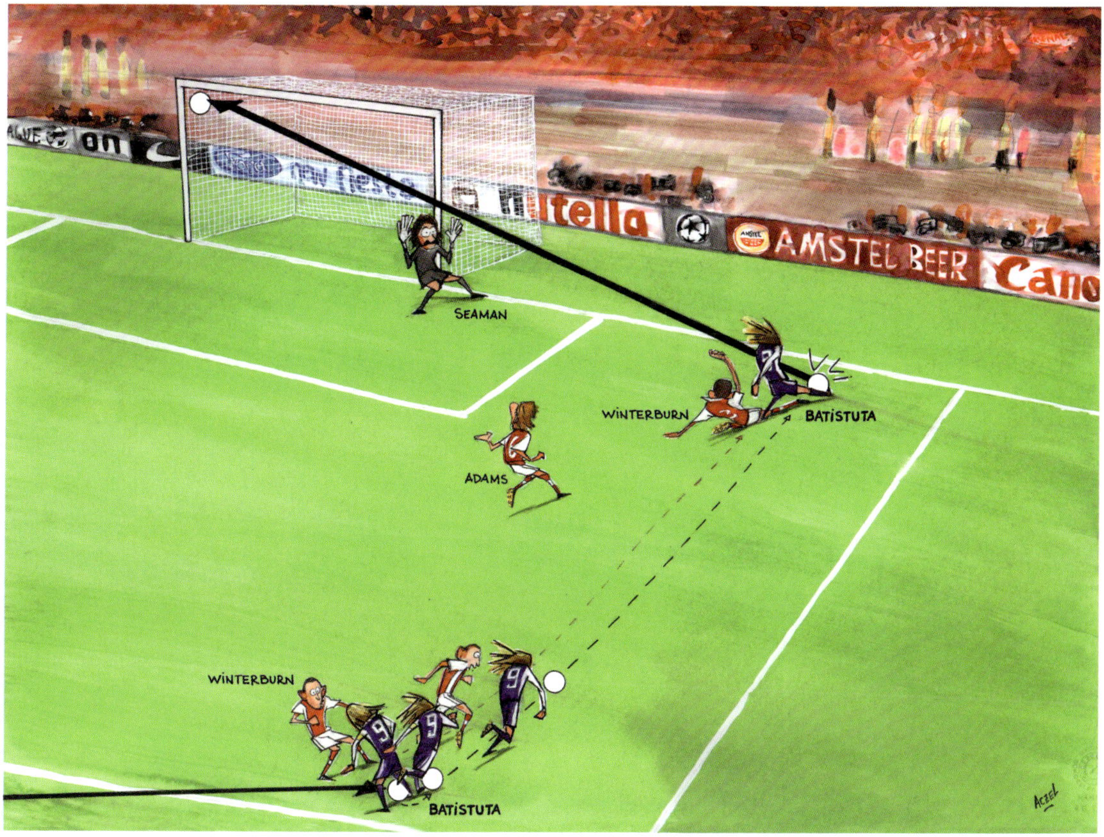

GABRIEL OMAR BATISTUTA (ACF FIORENTINA) 75. MINUTE (0:1)

101

27. OKTOBER 1999, WEMBLEY STADIUM, LONDON (ENGLAND)
CHAMPIONS LEAGUE, GRUPPE B, ARSENAL FC 0:1 ACF FIORENTINA

Á LA BATISTUTA

„Das war ein schönes Tor, doch für die Fiorentina-Anhänger eines der wichtigsten ihrer Geschichte. Wir schafften es, Arsenal, das in einer sehr guten Phase war, in seinem Hause zu schlagen. Vor dem Spiel schien es unmöglich." So Batistuta, der mit 168 Toren bis heute der erfolgreichste Torschütze des AC Florenz ist.

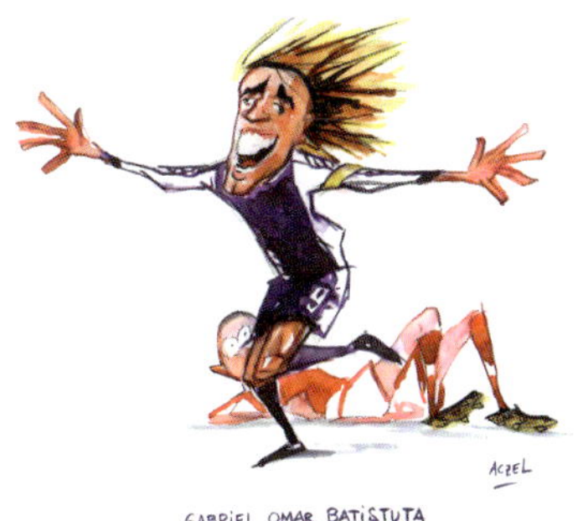

GABRIEL OMAR BATISTUTA
"BATIGOL"

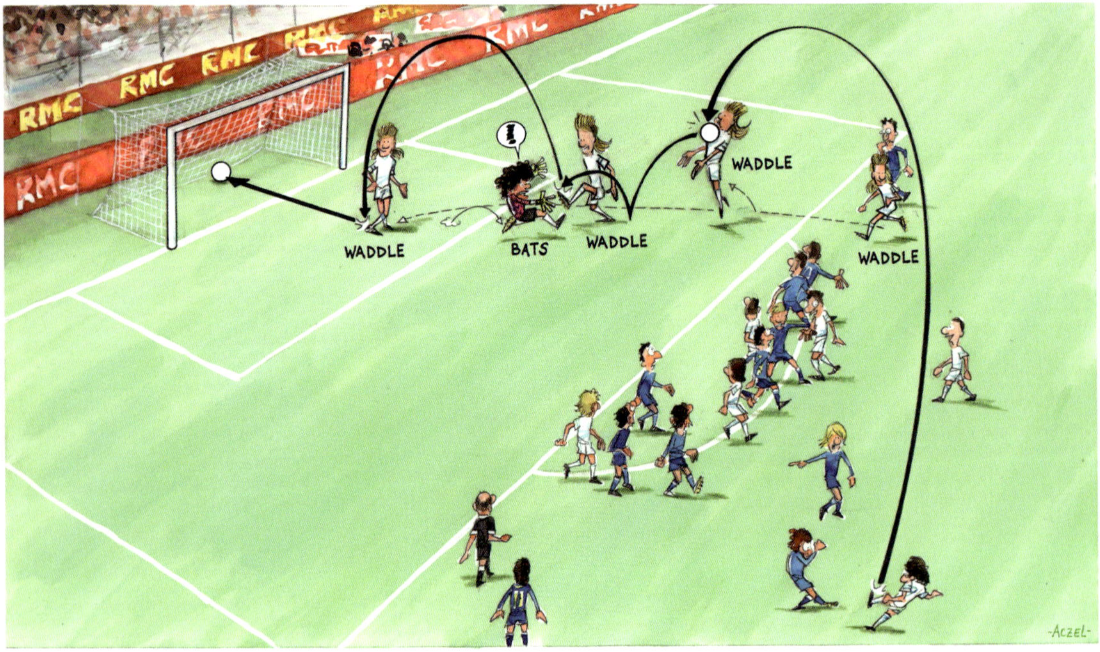

CHRIS WADDLE (OLYMPIQUE MARSEILLE) 5. MINUTE (1:0)

102

27. OKTOBER 1989, STADE VÉLODROME, MARSEILLE (FRANKREICH)
LIGUE 1, 16. SPIELTAG, OLYMPIQUE MARSEILLE 2:1 PARIS SAINT-GERMAIN

WADDLE VERGNÜGT SICH

Brust, Lupfer, Hacke ... Waddle fehlte eigentlich nur noch ein Tunnel.

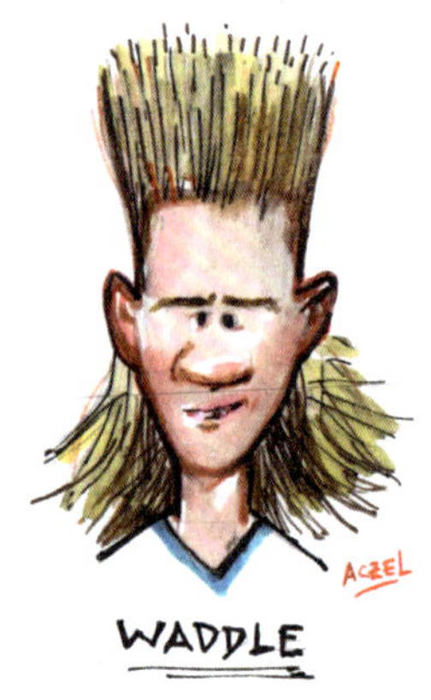

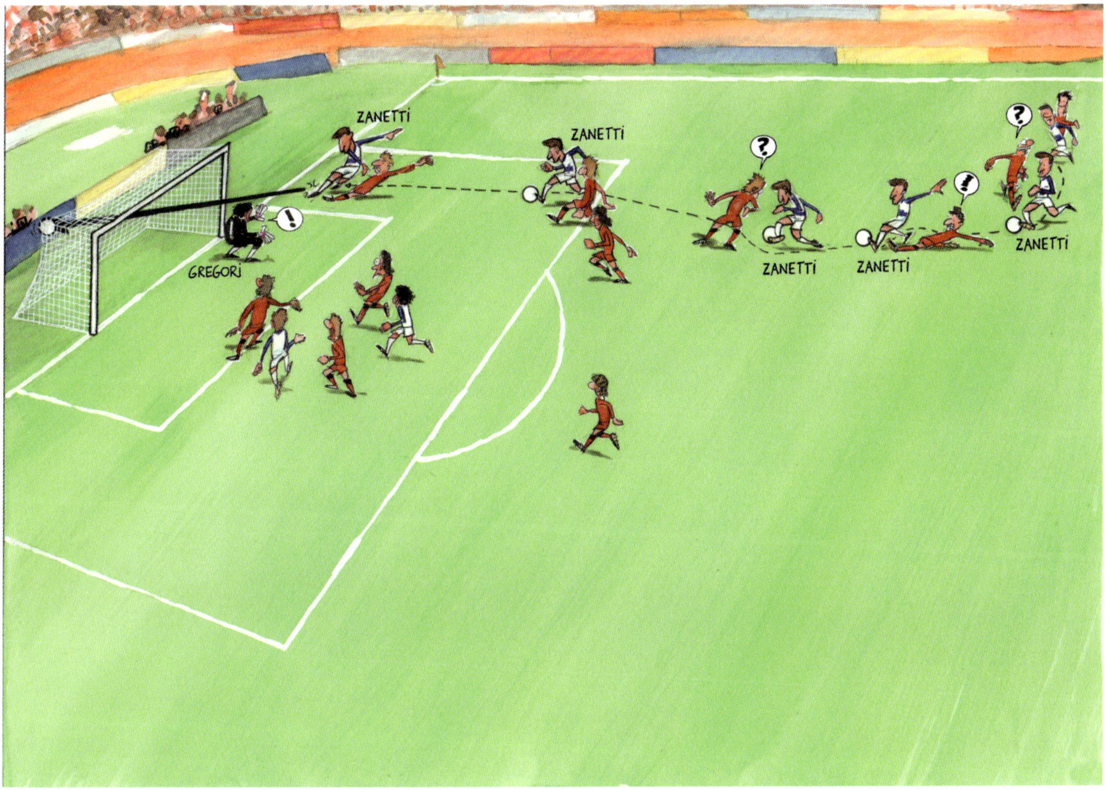

JAVIER ZANETTI (INTER MAILAND) 86. MINUTE (0:1)

103

03. NOVEMBER 1996, STADIO MARCANTONIO BENTEGODI, VERONA (ITALIEN)
SERIE A, 8. SPIELTAG, HELLAS VERONA 0:1 INTER MAILAND

"EL TRACTOR"

„El tractor" (so wurde er immer genannt) war viele Jahre Kapitän bei Inter und ist dort bis heute mit 834 Einsätzen Rekordspieler.

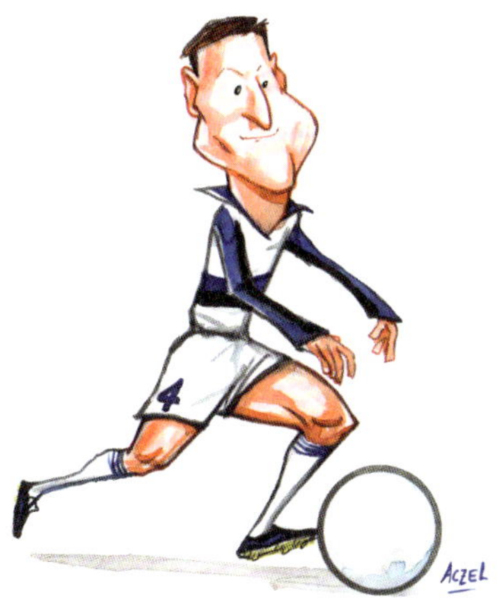

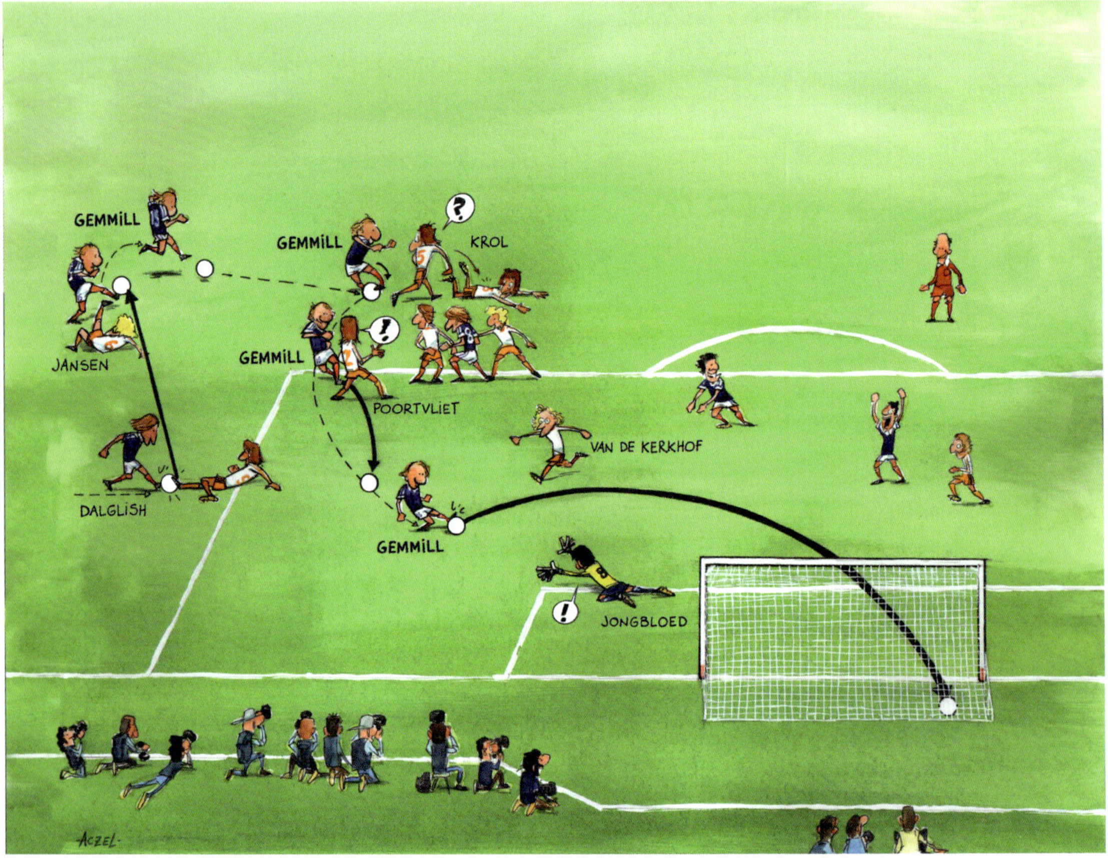

ARCHIE GEMILL (SCHOTTLAND)

68. MINUTE (3:1)

104

11. JUNI 1978, ESTADIO SAN MARTÍN, MENDOZA (ARGENTINIEN)
WM 1978, GRUPPE 4, SCHOTTLAND 3:2 NIEDERLANDE

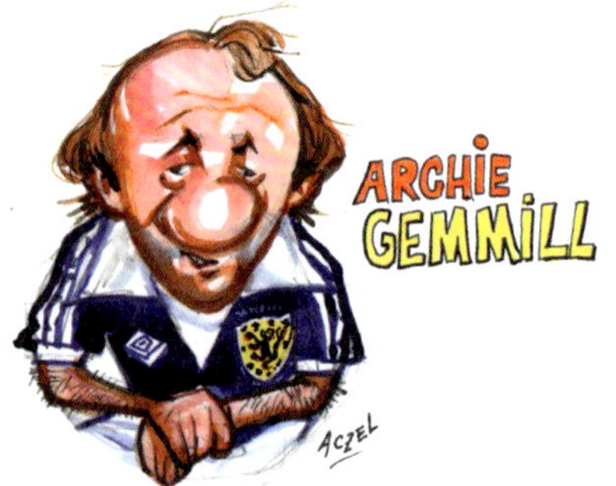

SCHOTTLANDS SCHÖNSTES TOR ALLER ZEITEN

Dieses Tor gegen die starken Niederländer der 1970er Jahre sicherte Gemill einen Platz im Herzen der Schotten.

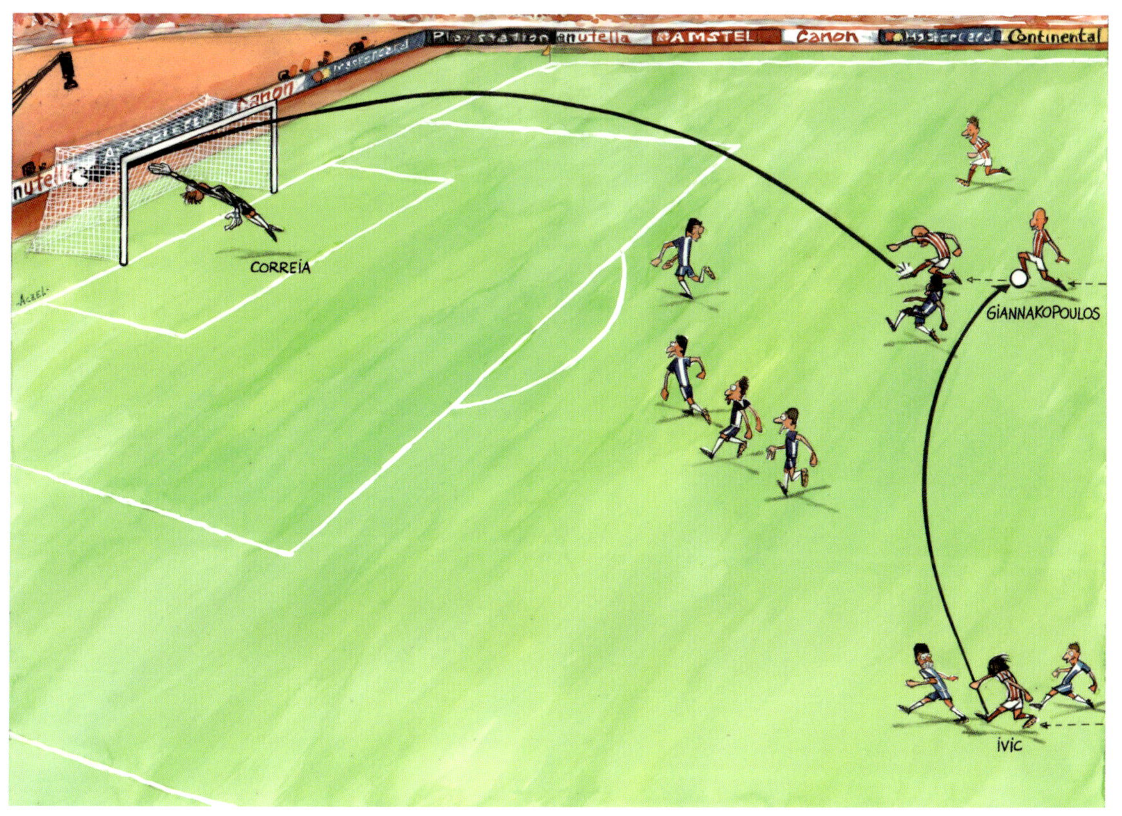

STELIOS GIANNAKOPOULOS (OLYMPIACOS FC) 6. MINUTE (1:0)

105

17. SEPTEMBER 1997,
OLYMPIASTADION ATHEN „SPIROS LOUIS", MAROUSI, ATTIKA, ATHEN (GRIECHENLAND)
CHAMPIONS LEAGUE, GRUPPE D, OLYMPIACOS FC 1:0 FC PORTO

OLYMPIAKOS ERSTES TOR IN DER CHAMPIONS LEAGUE GESCHICHTE

„Es war ein Konter. Ich stoppte den Ball eigentlich nicht gut, doch lag er dann genau so, dass ich versuchen konnte, zu schießen. Ich habe drei Söhne und sie sind stolz auf ihren Vater. Sollten sie mal Fußballer werden wollen wegen so eines Moments, ist das wunderbar. Darum geht es im Fußball."

GIANNAKOPOULOS

ACZEL

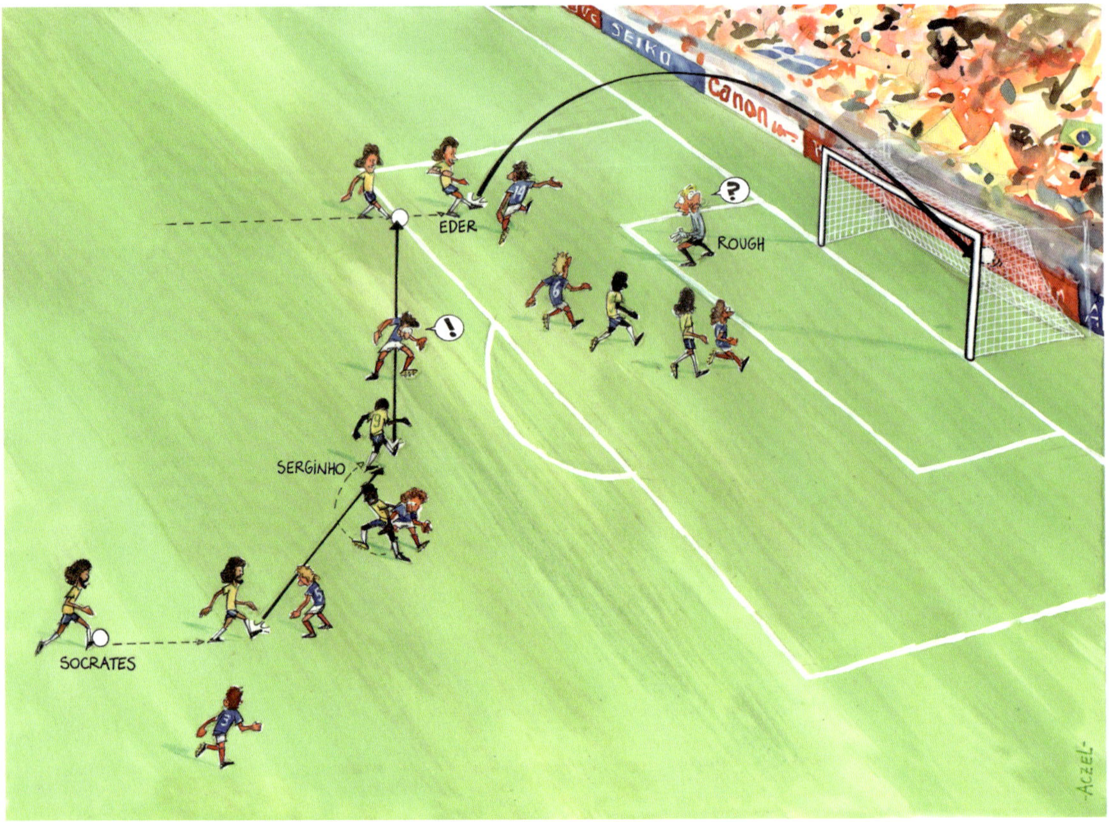

ÉDER (BRASILIEN) 5. MINUTE (3:1)

106 18. JUNI 1982, ESTADIO BENITO VILLAMARÍN, SEVILLA (SPANIEN)
WM 1982, GRUPPE 6, BRASILIEN 4:1 SCHOTTLAND

JOGO BONITO – SCHÖNES SPIEL

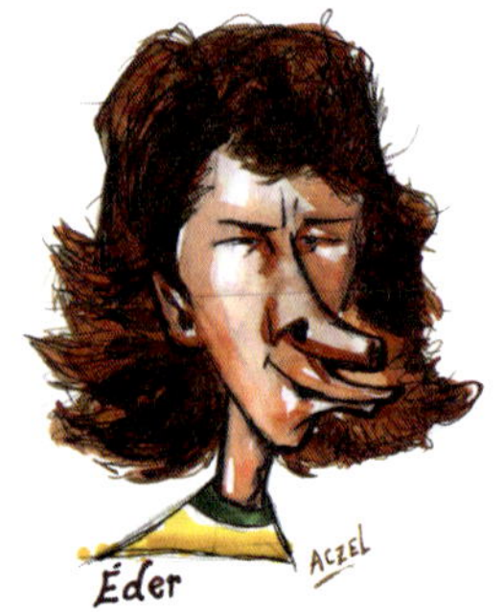

Lässig schließt Éder das Tor mit einem Heber ab. Das „jogo bonito" Brasiliens während der Weltmeisterschaft 1982 beeinflusst bis heute weltweit den Fußball. Auch Pep Guardiola sagte, dass ihn das Tiki-Taka dieser Seleção inspirierte.

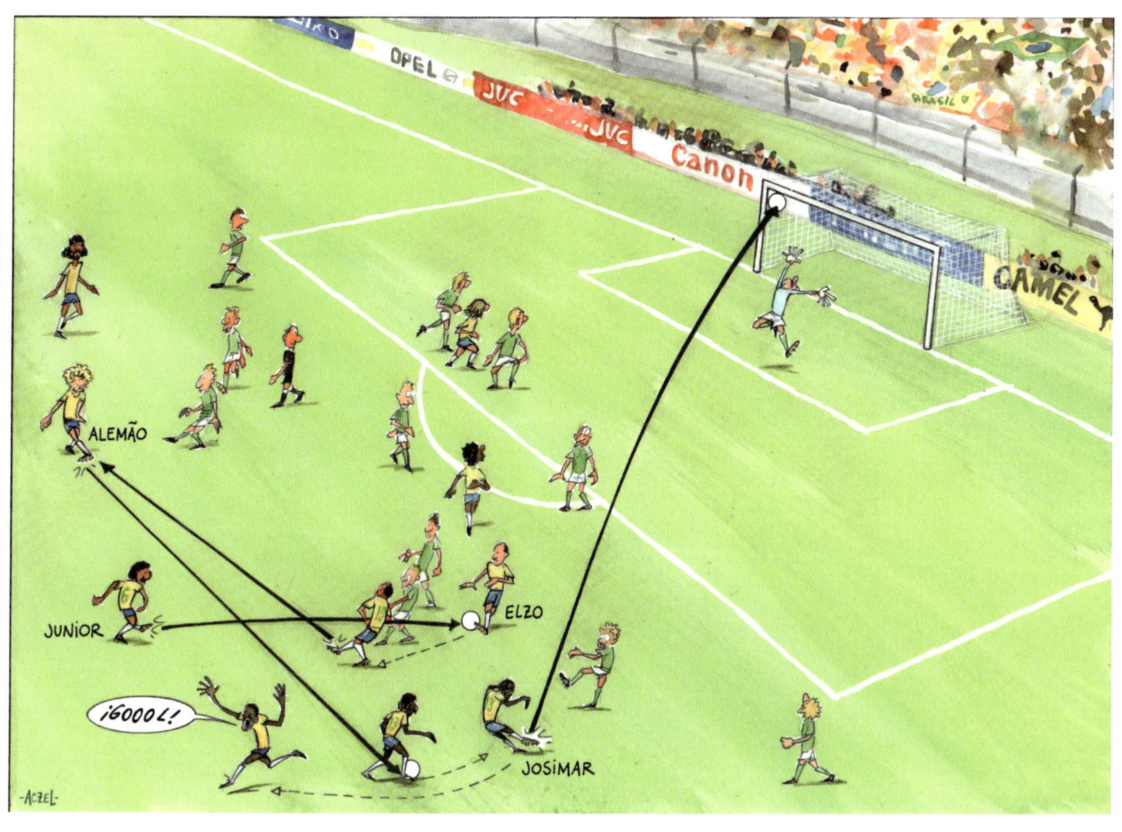

JOSIMAR (BRASILIEN) 42. MINUTE (2:0)

107

17. JUNI 1986, ESTADIO JALISCO, GUADALAJARA (MEXIKO)
WM 1986, GRUPPE D, BRASILIEN 3:0 NORDIRLAND

PURE FREUDE

-ACZEL-

JOSIMAR

Josimar reiste – wie er dachte – als Ersatzspieler zur Weltmeisterschaft. Seine Freude war unbändig, als der Fernschuss ins Tor ging. „Das war kein Glücksschuss. Ich habe viele Extrastunden trainiert, um meine Technik zu perfektionieren."

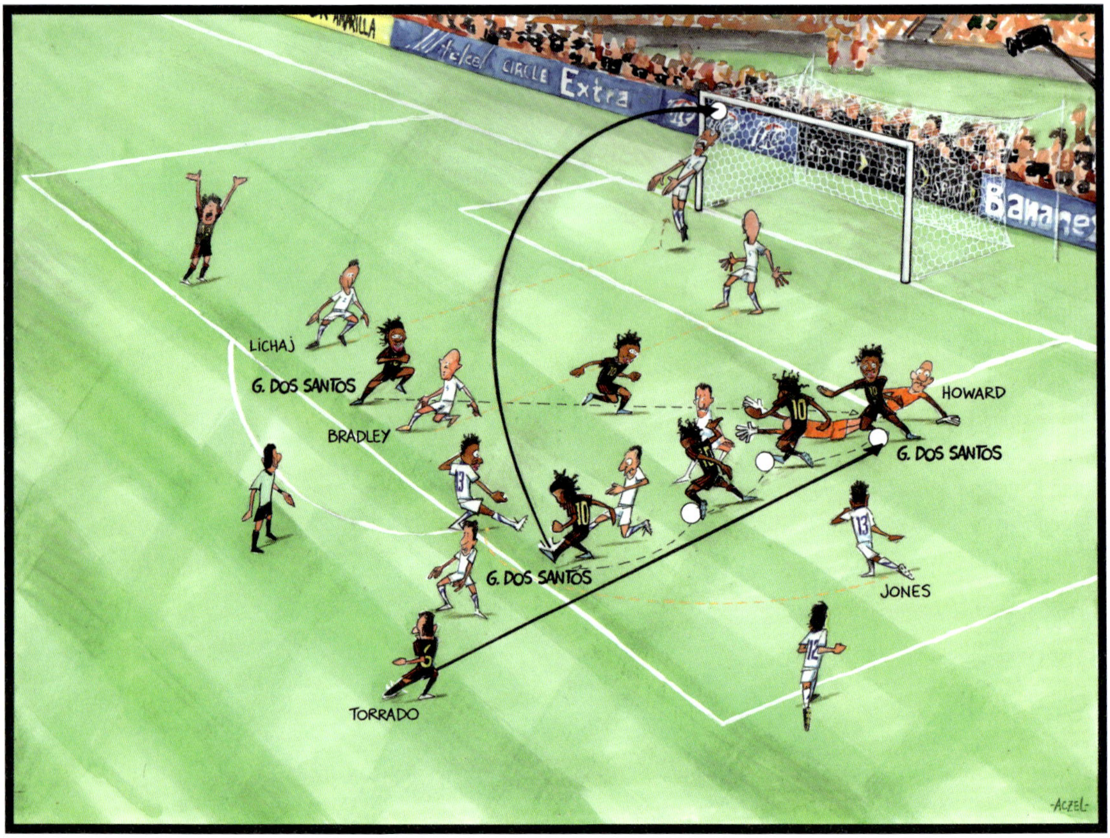

LICHAJ
G. DOS SANTOS
BRADLEY
HOWARD
G. DOS SANTOS
G. DOS SANTOS
JONES
TORRADO
-ACZEL-

GIOVANI DOS SANTOS (MEXIKO) 76. MINUTE (2:4)

108

25. JUNI 2011, ROSE BOWL, PASADENA, LOS ANGELES, KALIFORNIEN (USA)
GOLD CUP 2011, FINALE, USA 2:4 MEXIKO

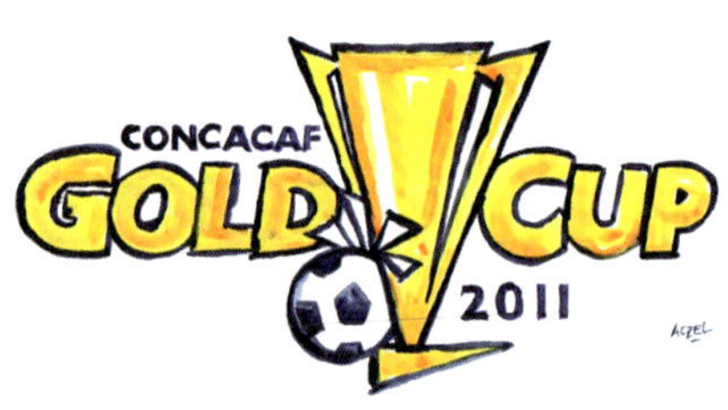

ALLES KALKULIERT

„Umzingelt vom Torwart und Abwehrspielern, brachte ich mich in die richtige Ausgangsposition, um dann den Ball an die einzig mögliche Stelle ins Tor zu bringen: zwischen den Kopf eines Abwehrspielers und den linken oberen Winkel des Tores. Technisch mein bestes Tor und auch das wichtigste, weil es für mein Land und in einem Finale war.“

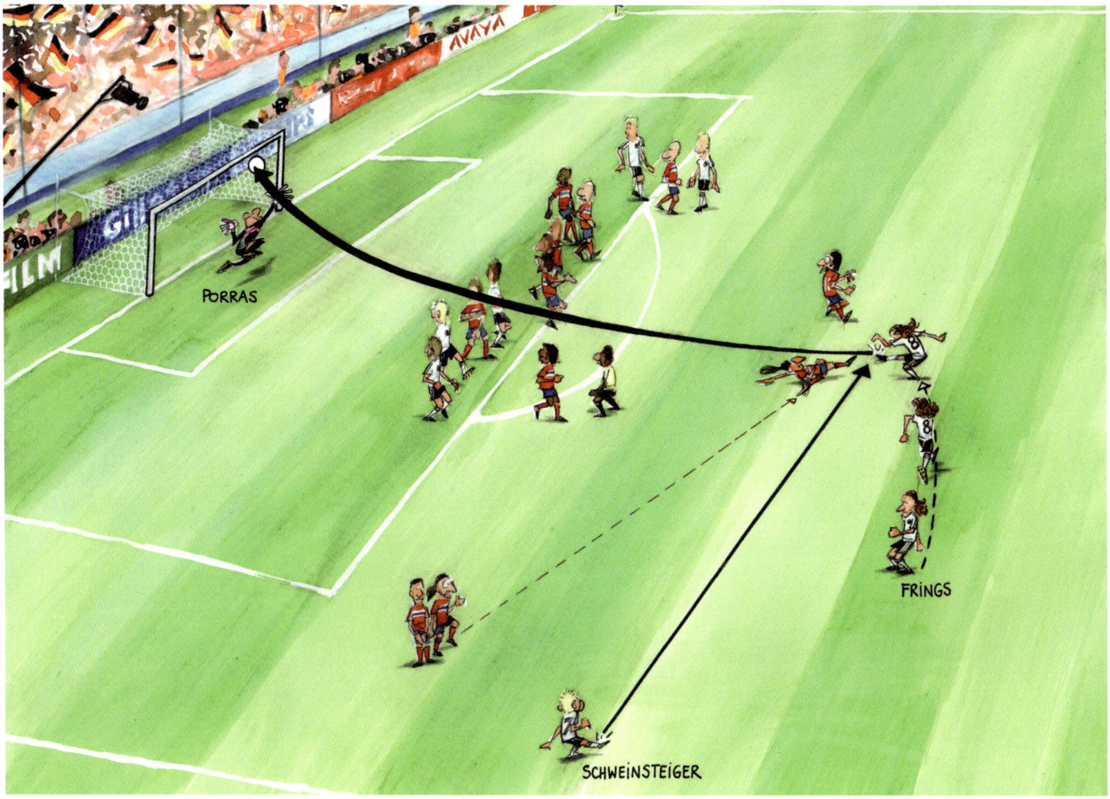

TORSTEN FRINGS (DEUTSCHLAND) 87. MINUTE (4:2)

109

9. JUNI 2006, ALLIANZ ARENA, MÜNCHEN (DEUTSCHLAND)
WM 2006, ERÖFFNUNGSSPIEL, GRUPPE A, DEUTSCHLAND 4:2 COSTA RICA

BEGINN DES SOMMERMÄRCHENS 2006

Frings setzte mit einem sehenswerten 25-Meter-Hammer in der 87. Minute den Schlusspunkt unter ein ereignisreiches Eröffnungsspiel. Zuvor hatte schon Philipp Lahm nach fünf Minuten mit einem tollen Tor diese Weltmeisterschaft in Deutschland eröffnet. Es war das erste Mal, dass der Gastgeber im Eröffnungsspiel antrat.

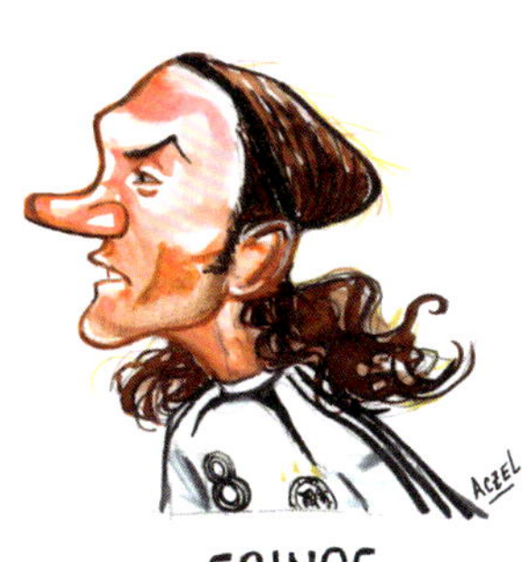

FRINGS

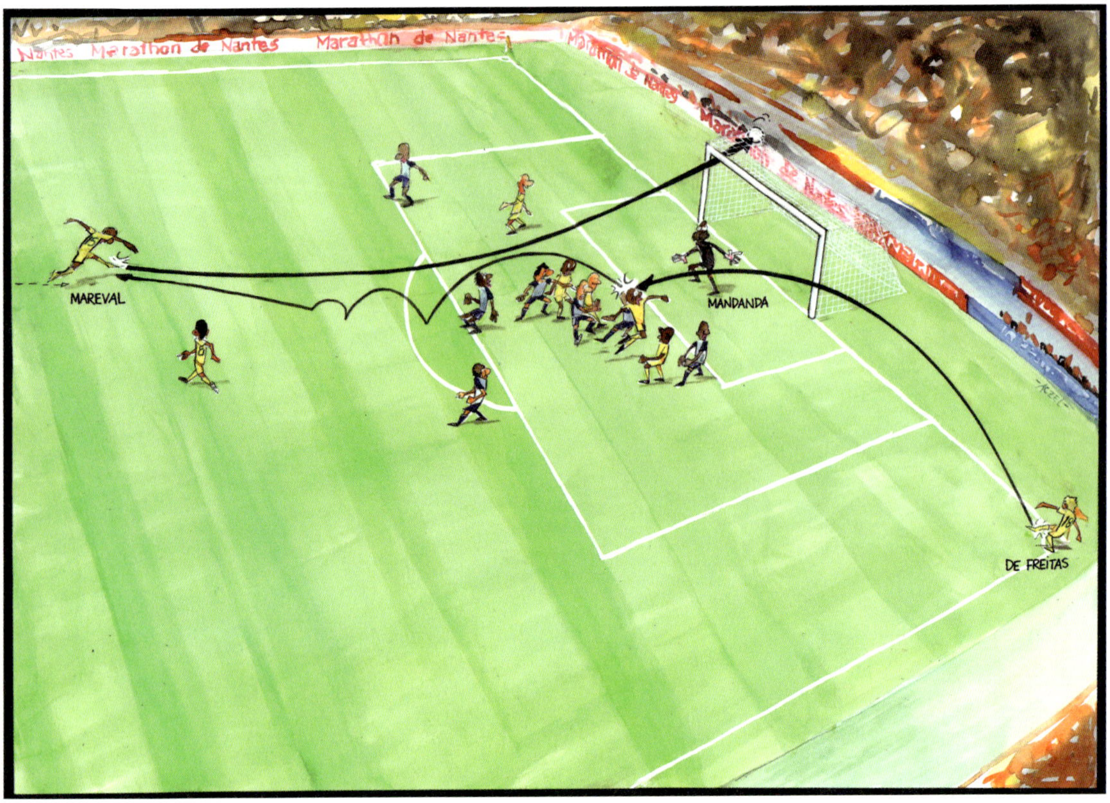

RÉMI MARÉVAL (FC NANTES) 44. MINUTE (1:0)

110

29. OKTOBER 2008, STADE DE LA BEAUJOIRE, NANTES (FRANKREICH)
LIGUE 1, 11. SPIELTAG, FC NANTES 1:1 OLYMPIQUE MARSEILLE

"ICH FÜHLTE MICH WIE EIN GROSSARTIGER STÜRMER"

Rémi Maréval, ein wenig bekannter französischer Abwehrspieler, erzielte nur zwei Tore in seinen drei Jahren bei Nantes, doch beide waren außerordentlich.

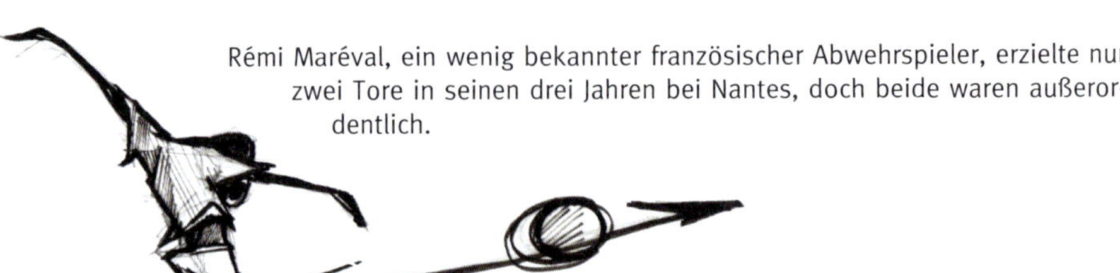

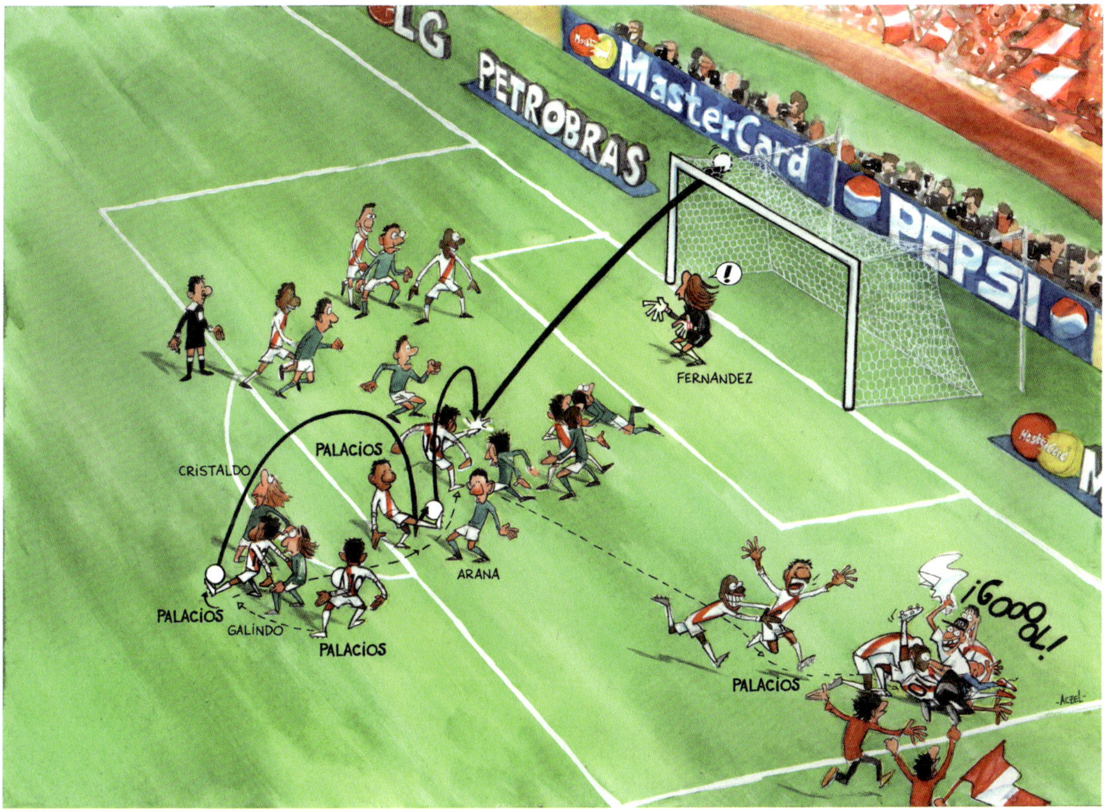

ROBERTO PALACIOS (PERU) 86. MINUTE (2:2)

111

6. JULI 2004, ESTADIO NACIONAL, LIMA (PERÚ)
COPA AMERICA 2004, GRUPPE A, PERU 2:2 BOLIVIEN

BEIDFÜSSER

„Mein Vater sagte mir immer: ‚Mein Sohn, du musst beide Füße benutzen.‘ Und von klein an übte ich, indem ich den Ball stundenlang gegen die Wand schoss.“ Palacios schoss dieses bemerkenswerte Tor im Eröffnungsspiel der Copa América. Sein Land Peru war der Gastgeber.

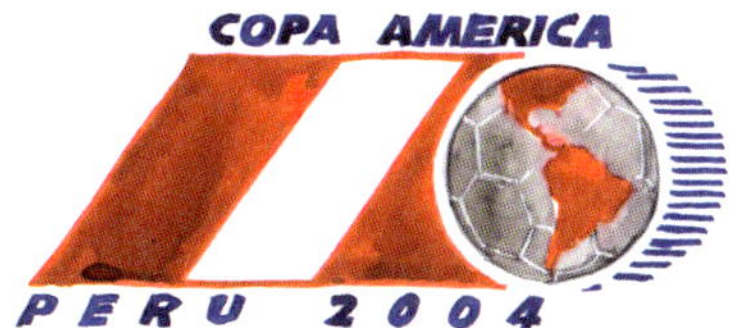

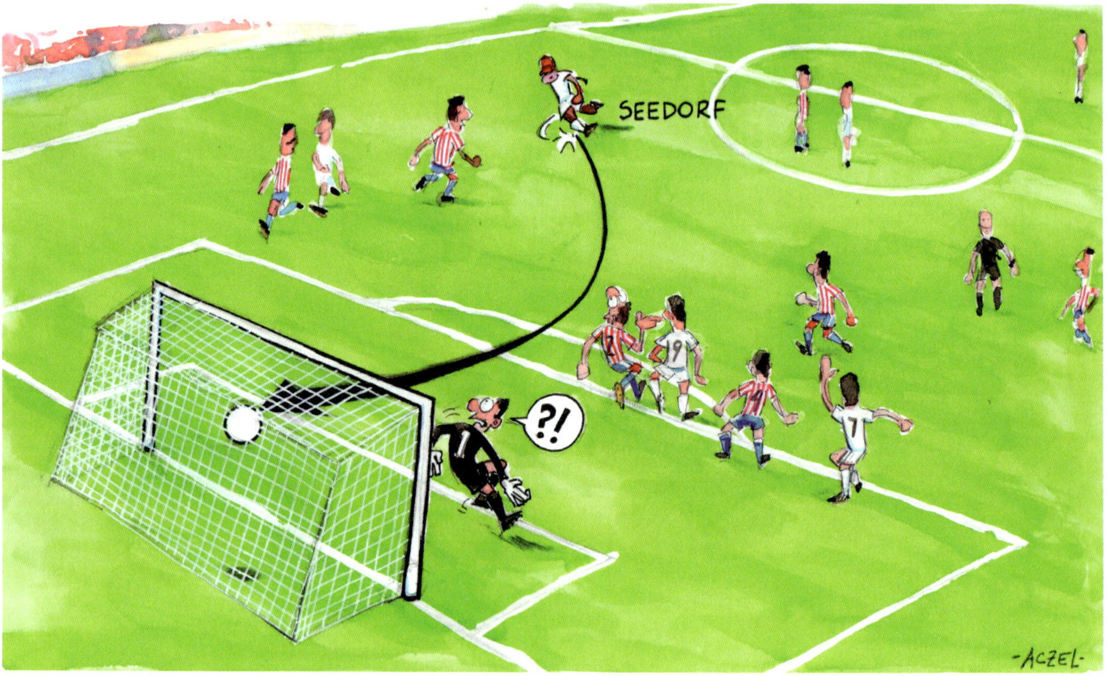

CLARENCE SEEDORF (REAL MADRID) 75. MINUTE (1:1)

112

30. AUGUST 1997, SANTIAGO BERNABÉU, MADRID (SPANIEN)
LA LIGA, 1. SPIELTAG, REAL MADRID 1:1 ATLETICO MADRID

RAKETE IM ANFLUG

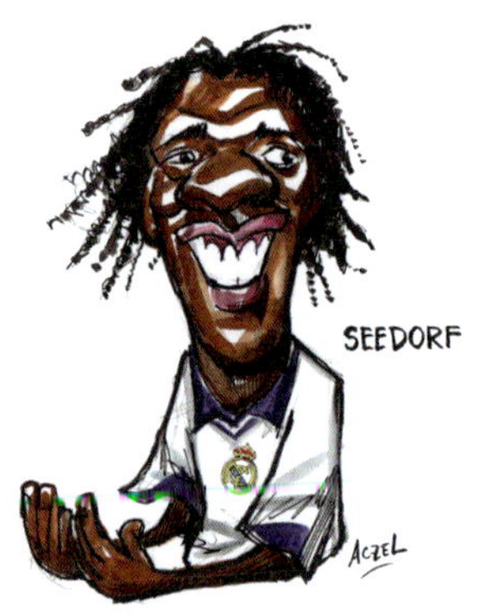

Bei diesem beeindruckenden Fernschuss raste der Ball wie eine Rakete mit Effet ins Tor. Und das auch noch bei dem Madrid-Derby. Einen Tag zuvor war Seedorfs erstes Kind geboren worden.

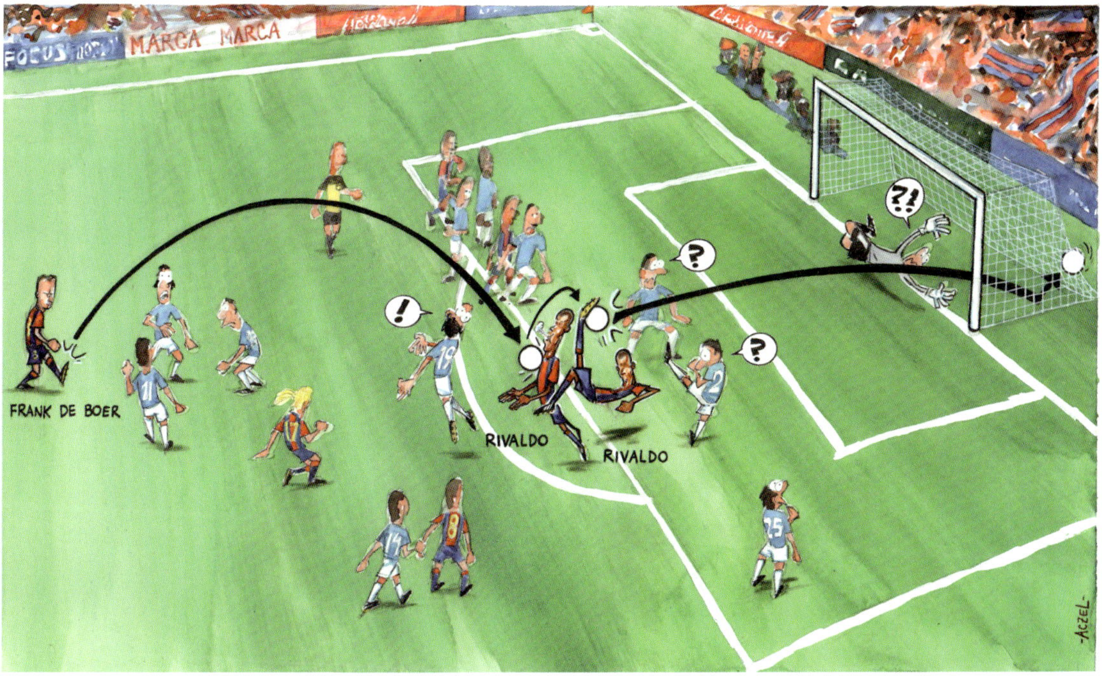

RIVALDO (FC BARCELONA) 89. MINUTE (3:2)

113 17. JUNI 2001, CAMP NOU, BARCELONA (SPANIEN)
PRIMERA DIVISIÓN, 38. SPIELTAG, FC BARCELONA 3:2 CF VALENCIA

SPEKTAKULÄRE QUALI

Brust und Fallrückzieher. Dank Rivaldos schönstem Tor qualifizierte Barcelona sich in der Nachspielzeit für die Champions League.

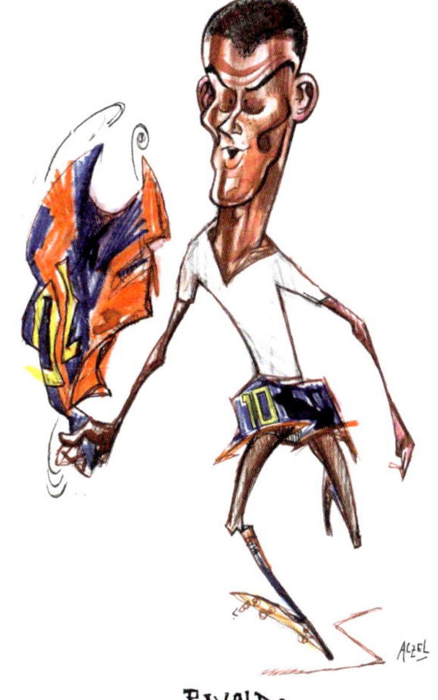

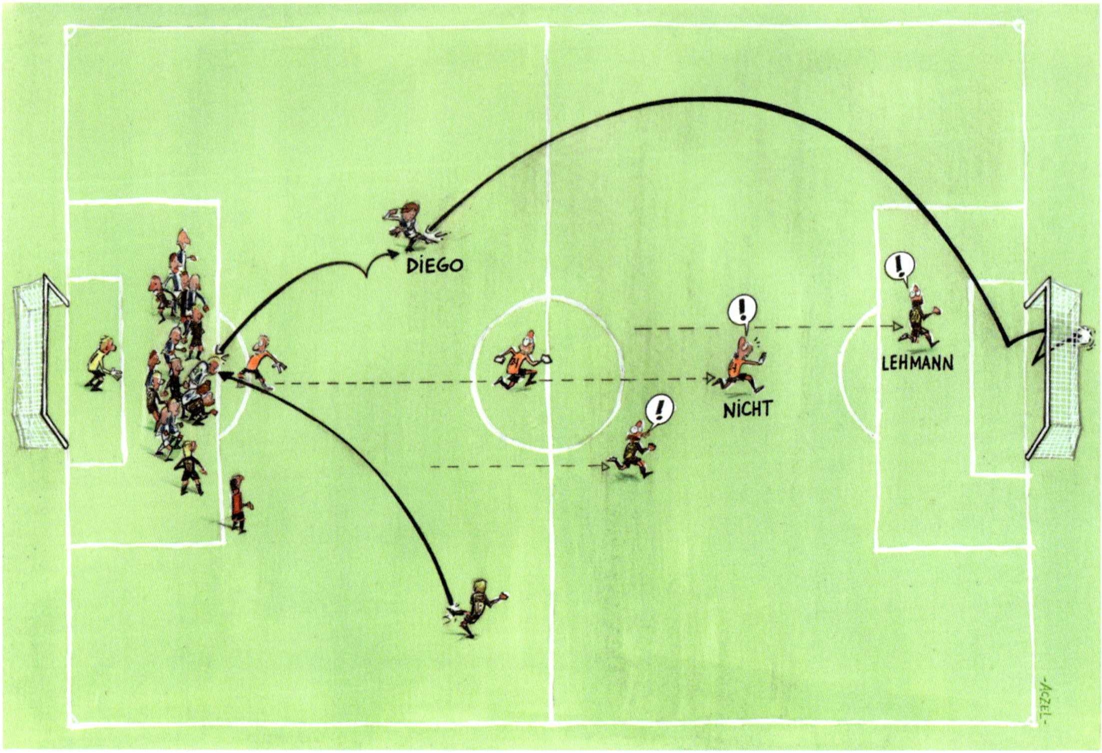

DIEGO (SV WERDER BREMEN) 90+3. MINUTE (3:1)

114

20. APRIL 2007, WESERSTADION, BREMEN (DEUTSCHLAND)
BUNDESLIGA, 30. SPIELTAG, SV WERDER BREMEN 3:1 ALEMANNIA AACHEN

TOR DES JAHRES

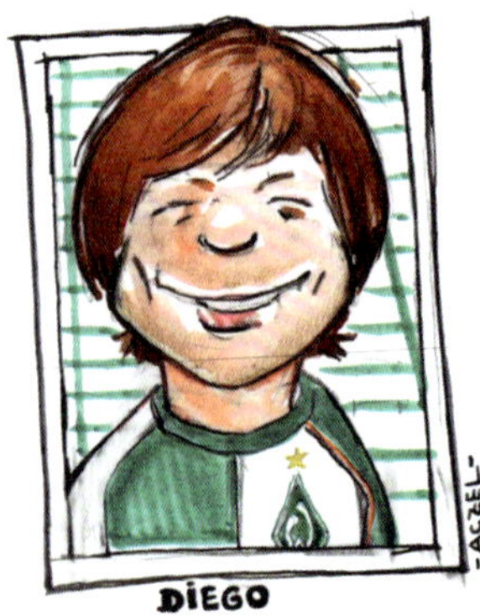

Es läuft bereits die dritte Minute der Nachspielzeit im Werder Stadion, als die Gäste noch einen Freistoß zugesprochen bekommen. Der Alemannia-Torwart verlässt für die letzte Offensivaktion seinen Kasten. Bremen klärt, der Ball landet bei Diego. Der Brasilianer zögert nicht lange und schießt aus 63 Metern in hohem Bogen über die zurücklaufenden Gegenspieler.

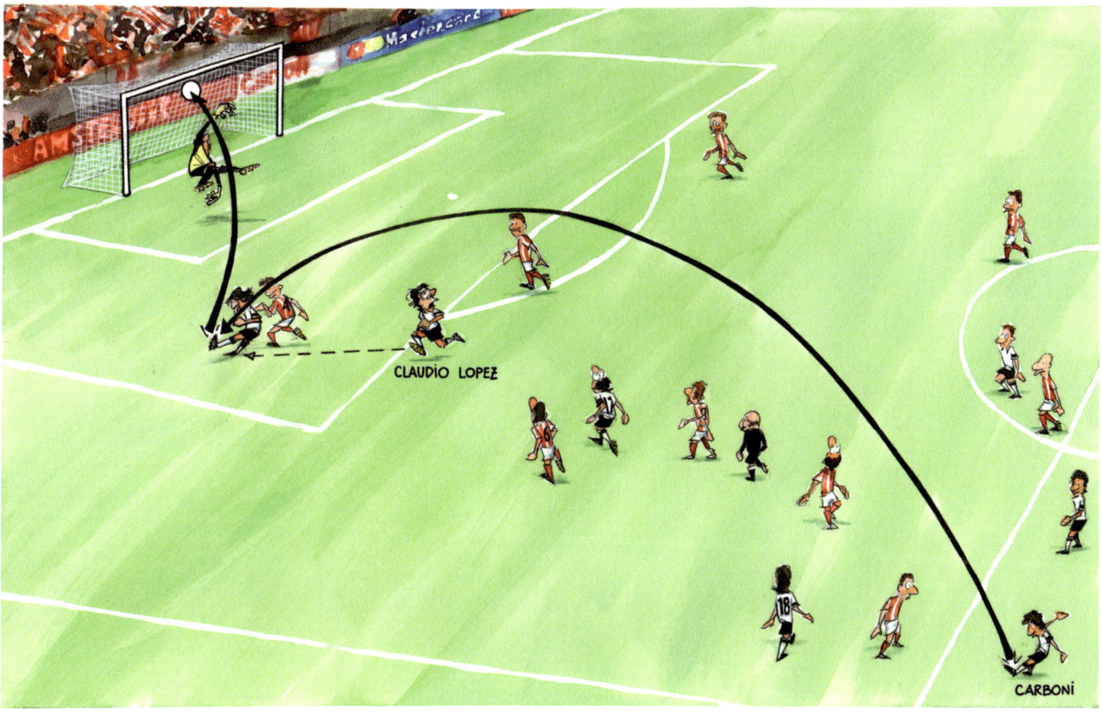

CLAUDIO LÓPEZ (VALENCIA CF)

4. MINUTE (0:1)

115

21. SEPTEMBER 1999, PSV STADION, EINDHOVEN (NIEDERLANDE)
CHAMPIONS LEAGUE, GRUPPE F, PSV EINDHOVEN 1:1 VALENCIA CF

VOLLEY AUS DER DREHUNG

López hatte sich geschickt angeschlichen und ließ den Ball über seine Schulter kommen. Trotzdem war dieser unglaubliche Volley eine riskante Entscheidung. Es hätte auch komplett schief gehen können. Schließlich wurde der Schuss Champions League-Tor des Jahres.

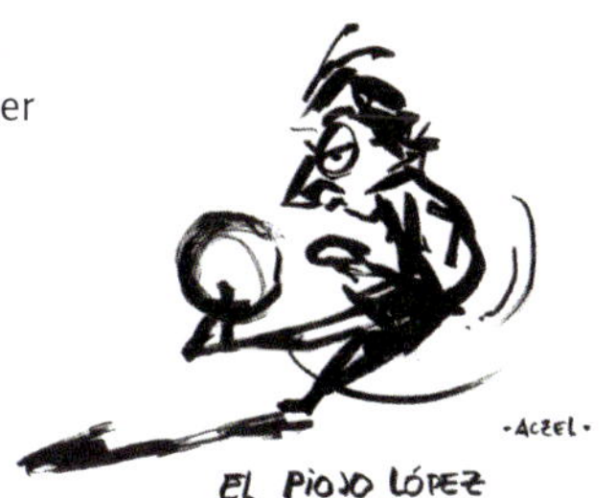

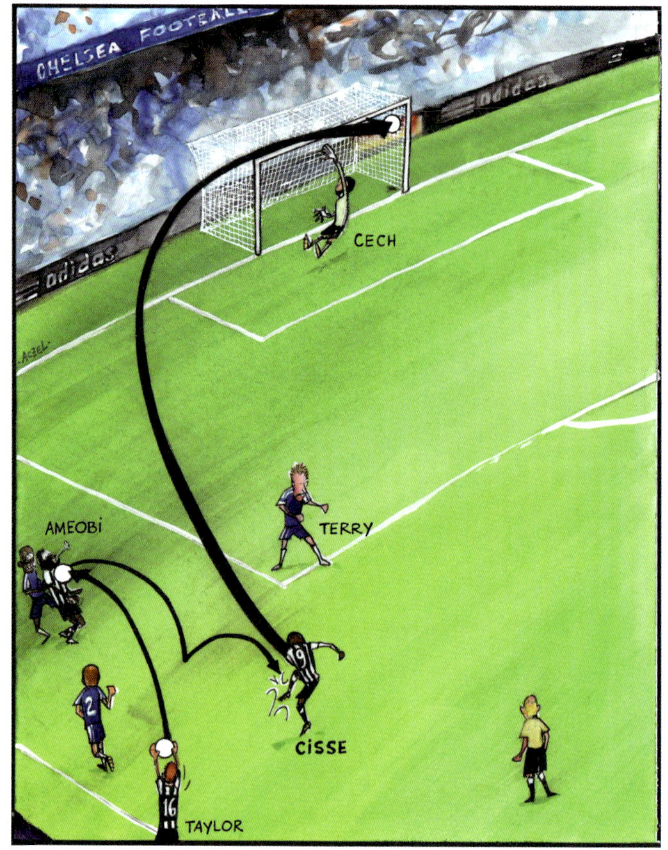

116

PAPISS DEMBA CISSÉ (NEWCASTLE UNITED) 90+4. MINUTE (0:2)

2. MAI 2012, STAMFORD BRIDGE, LONDON (ENGLAND)
PREMIER LEAGUE, 36. SPIELTAG, CHELSEA F.C. 0:2 NEWCASTLE UNITED

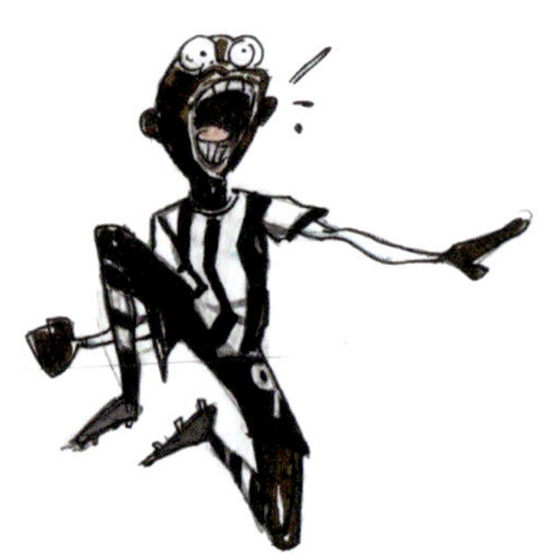

UNHALTBAR

Der Ball nahm eine fantastische Kurve an, geschossen aus einem unmöglichen Winkel. Damit konnte der Torwart wirklich nicht rechnen. Ähnlich wie bei Roberto Carlos (Seite 8 und 18) schienen die physischen Gesetze aufgehoben.

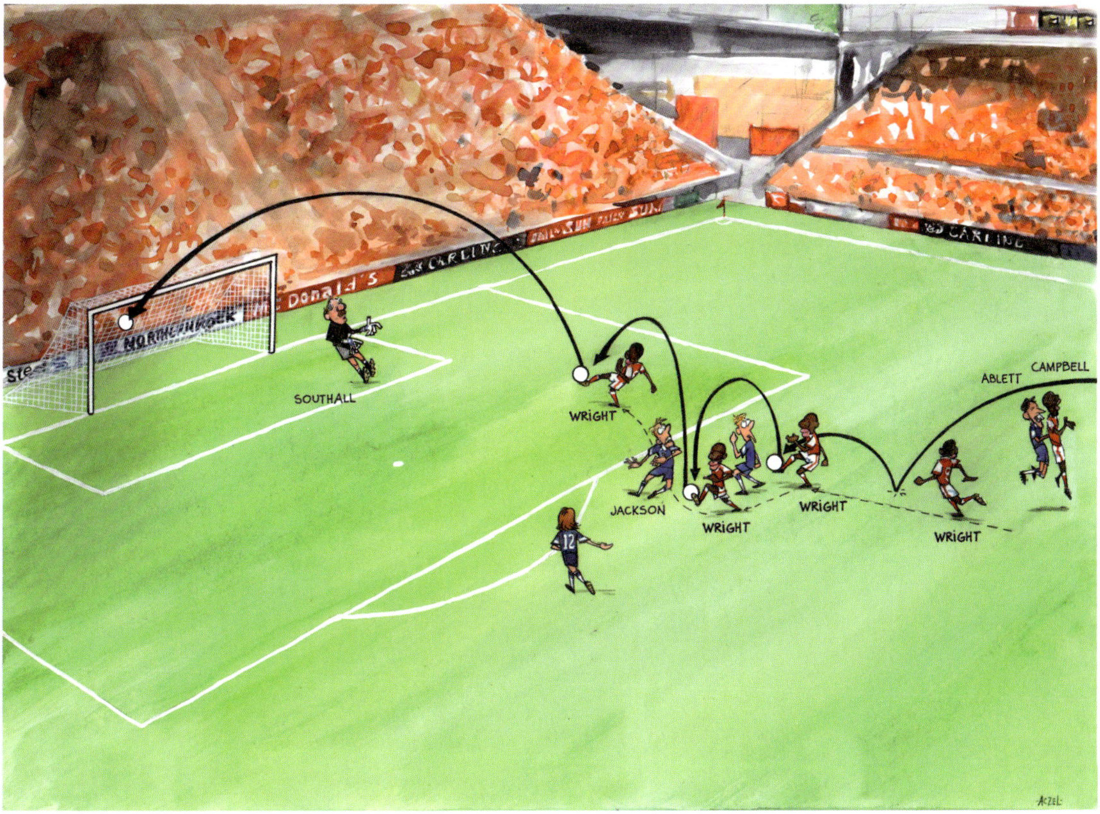

IAN WRIGHT (FC ARSENAL) 78. MINUTE (2:0)

117

28. AUGUST 1993, ARSENAL STADIUM, HIGHBURY, LONDON (ENGLAND)
PREMIER LEAGUE, 5. SPIELTAG, FC ARSENAL 2:0 FC EVERTON

"ICH LIEBE LUPFER"

Wright lupfte sehr gerne.

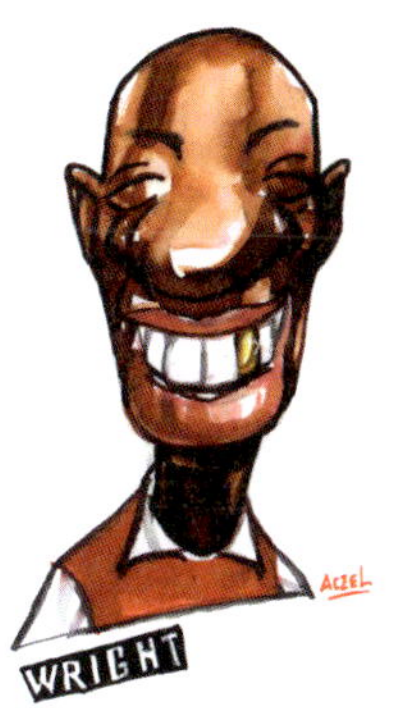

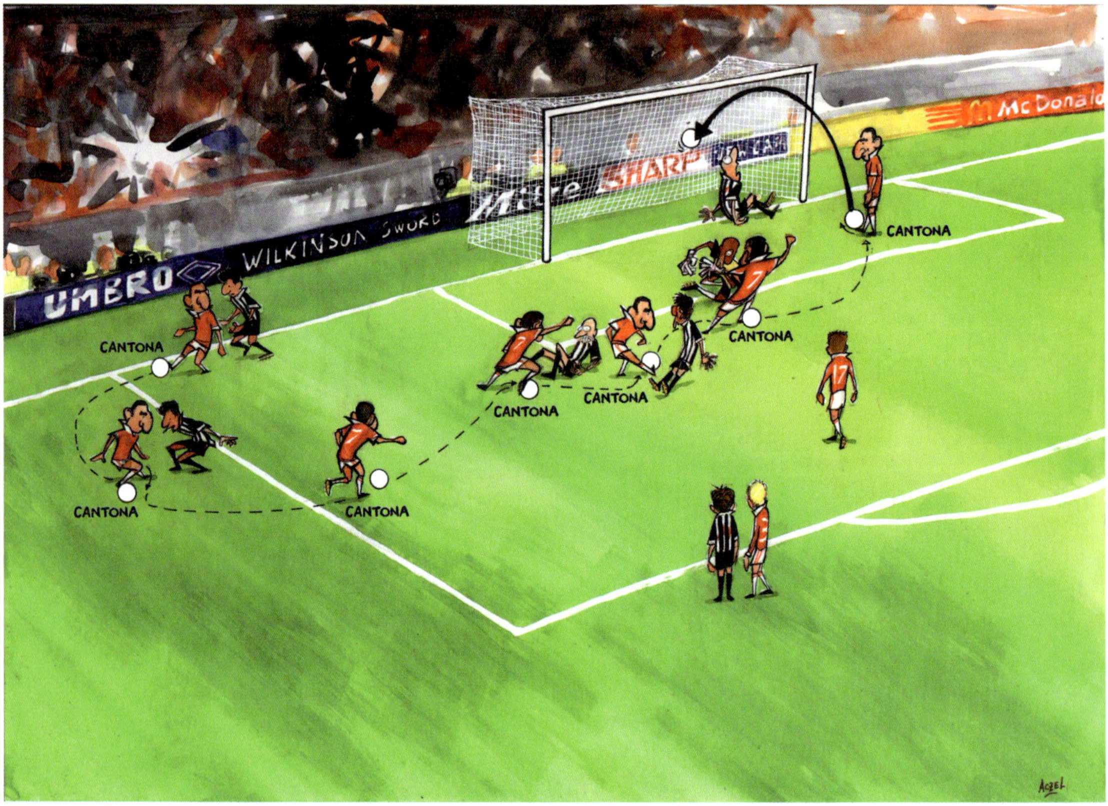

ERIC CANTONA 80. MINUTE (7:4)

118

18. AUGUST 1998, OLD TRAFFORD, MANCHESTER (ENGLAND)
THE MUNICH MEMORIAL MATCH
MANCHESTER UNITED XI 8:4 INTERNATIONAL XI

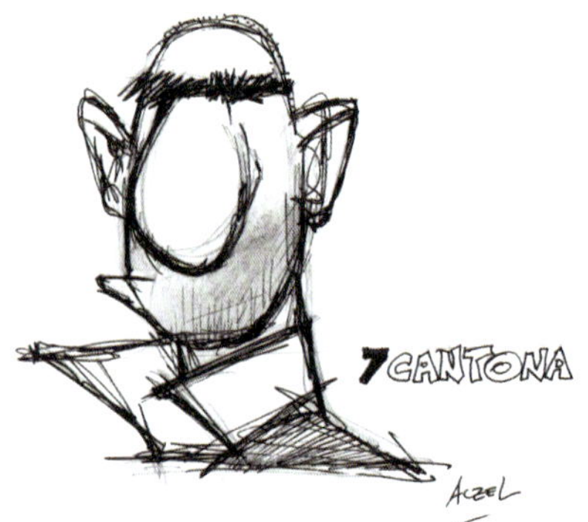

HOCHMUT

Es schien, als würfen sich die Abwehrspieler absichtlich vor Manchesters König Cantona auf den Boden, damit dieser in besserem Licht dastand. Er nahm sich mit Vergnügen die Zeit, sie lächerlich aussehen zu lassen.
Dieses Spiel wurde zur Erinnerung an die bei einem Flugzeugunglück in München 1958 ums Leben gekommenen Mannschaftskollegen ManUs ausgetragen.

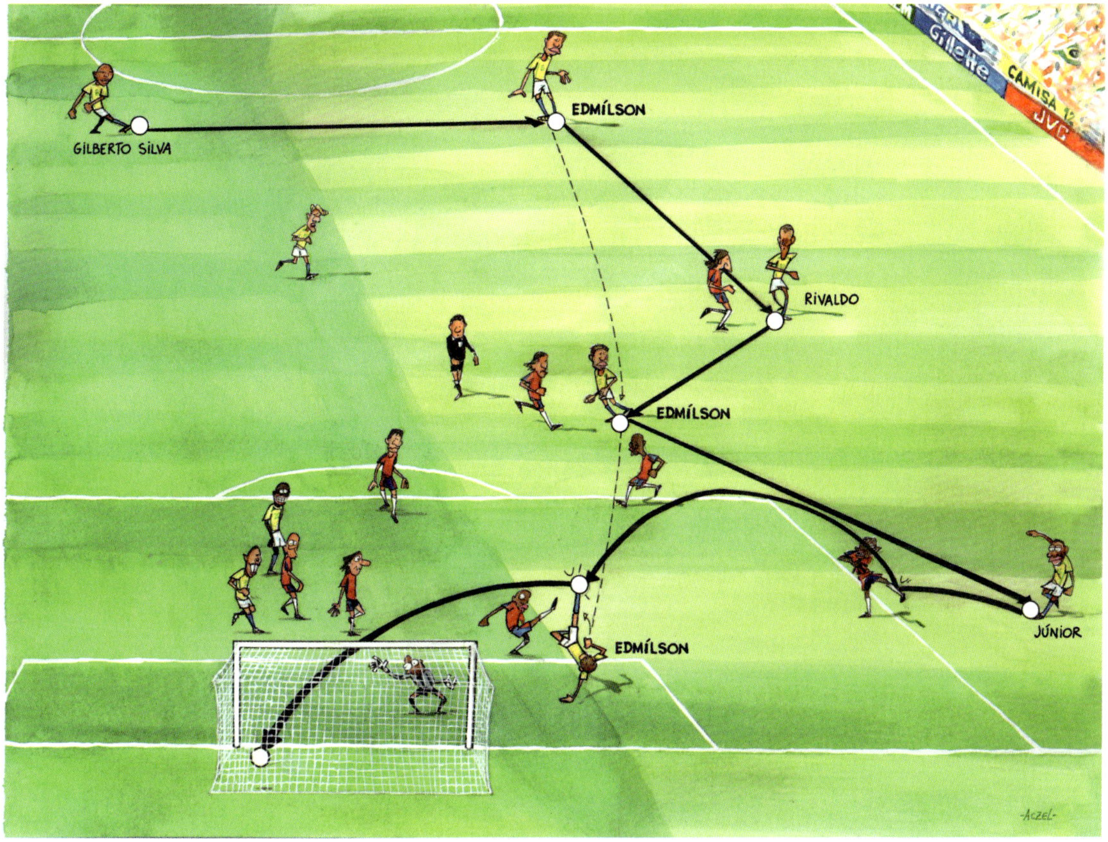

EDMÍLSON (BRASILIEN) 38. MINUTE (3:0)

119

13. JUNI 2002, SUWON WORLD CUP STADIUM, SUWON, GYEONGGI-DO, (SÜDKOREA)
WM 2002, GRUPPE C, BRASILIEN 5:2 COSTA RICA

SICH DEN PLATZ VERDIENEN

Edmílson erzielte nur ein Tor für Brasilien, dafür aber ein ziemlich schönes. „Der Trainer hatte mich aus dem vorigen Spiel herausgenommen, da ich nicht besonders gut spielte. Zum Glück gab er mir noch eine Chance. Dieses Mal machte ich ein großes Spiel, und dieses akrobatische Tor half mir, mir den Platz in der Stammelf Brasiliens zu sichern, die schließlich Weltmeister wurde."

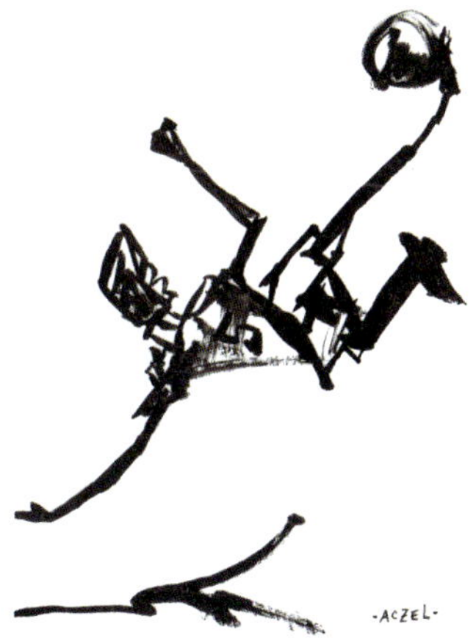

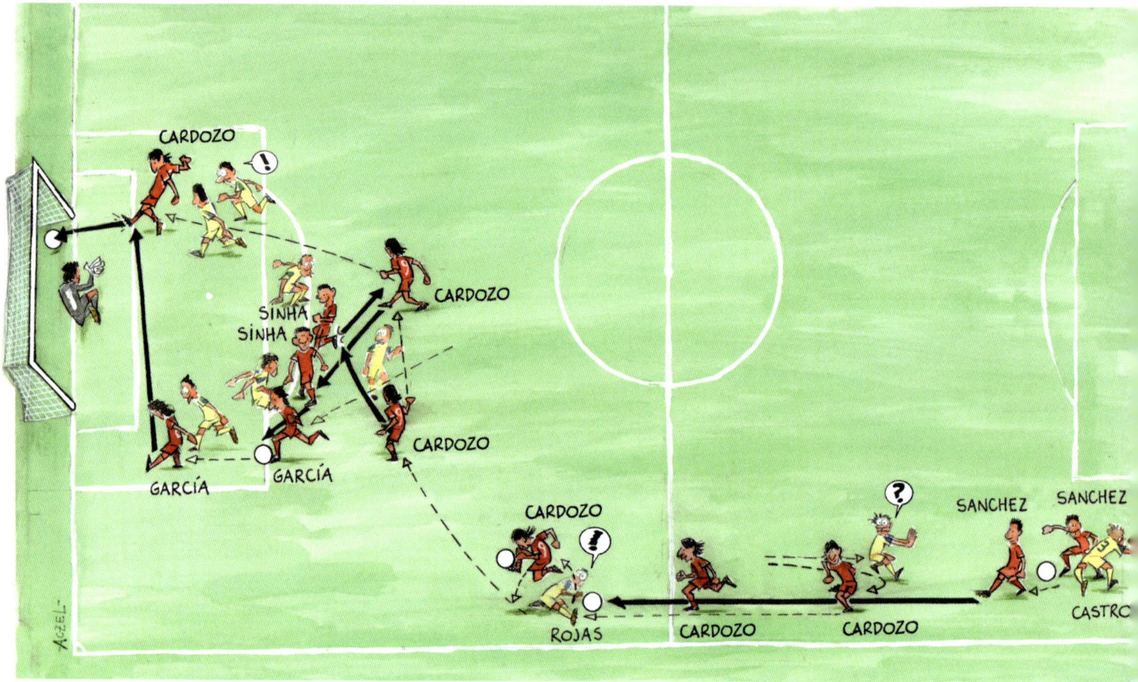

JOSÉ SATURNINO CARDOZO (DEPORTIVO COLUCA) 75. MINUTE (5:0)

120

1. NOVEMBER 2003, ESTADIO NEMESIO DÍEZ, TOLUCA DE LERDO (MEXIKO)
MEXIKO PRIMERA DIVISIÓN, 16. SPIELTAG,
DEPORTIVO TOLUCA 6:0 CF AMÉRICA

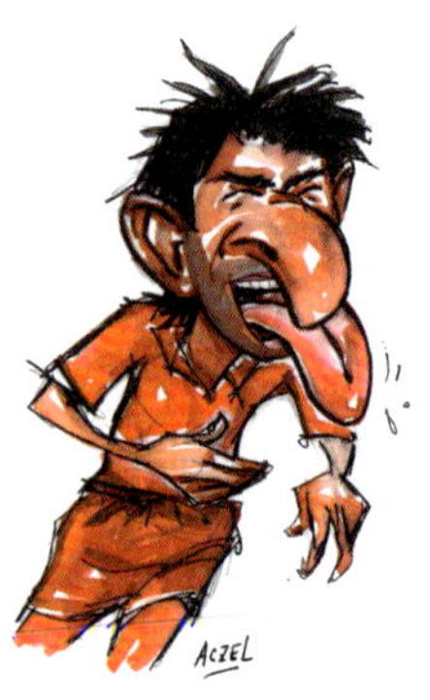

VERRÜCKT

Er zählt zu den besten Spielern in der Geschichte Paraguays. Den Fans von Toluca (Mexiko) blieb er auch für sein verrücktes Tor gegen den Erzrivalen América in Erinnerung.

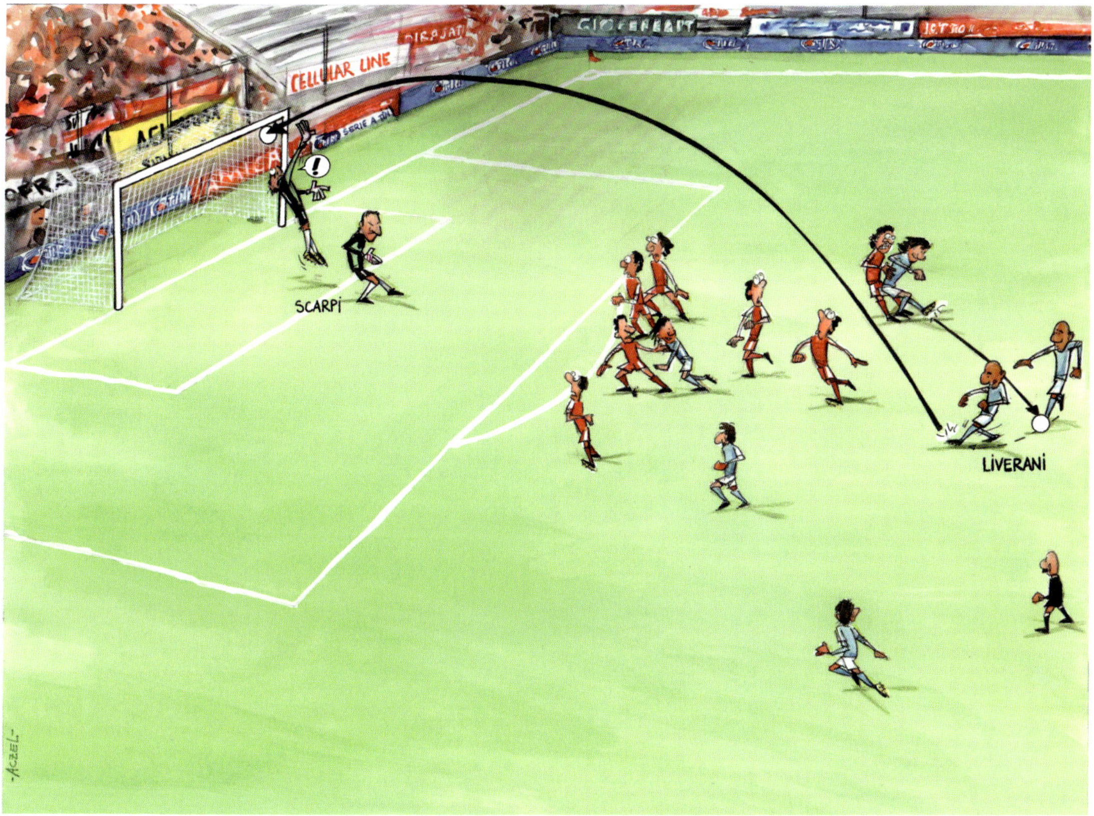

121

FABIO LIVERANI (LAZIO ROM) 75. MINUTE (0:1)

14. DEZEMBER 2003, STADIO DEL CONERO, ANCONA (ITALIEN)
SERIE A, 13. SPIELTAG, ANCONA CALCIO 0:1 LAZIO ROM

EIN SENSATIONELLER LUPFER AUS DER FERNE

„Es war absolut perfekt."

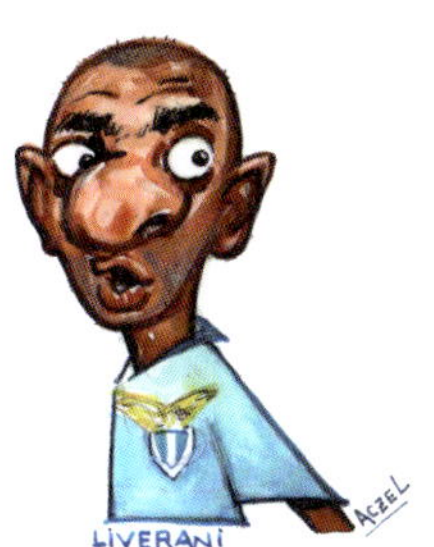

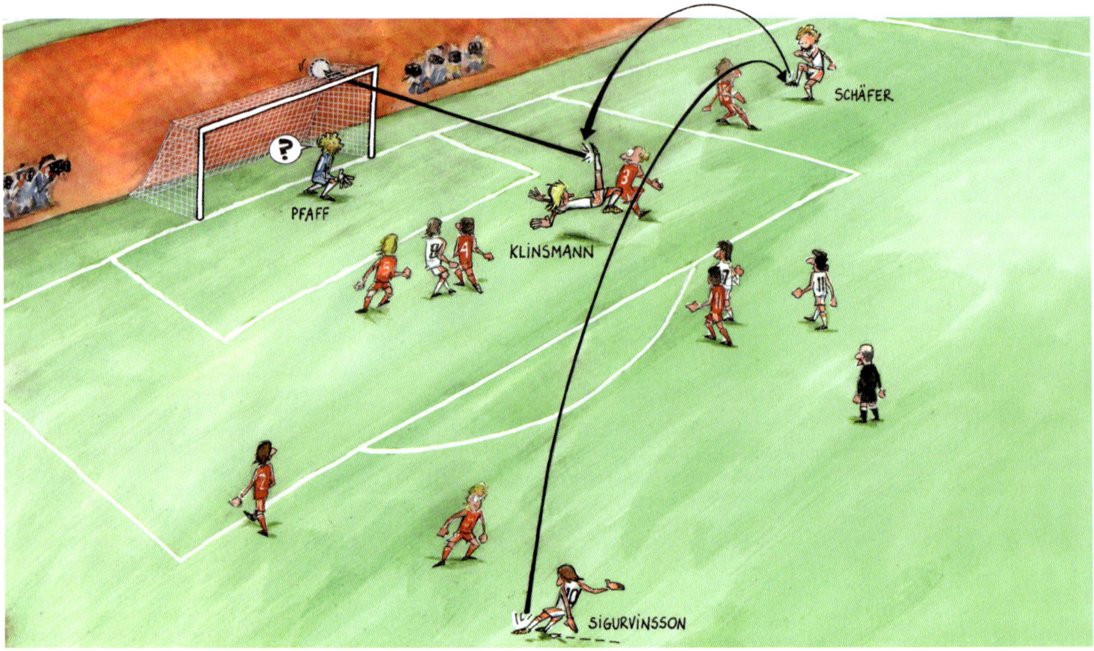

JÜRGEN KLINSMANN (VFB STUTTGART)

18. MINUTE (1:0)

14. NOVEMBER 1987,
NECKARSTADION, STUTTGART (DEUTSCHLAND)
BUNDESLIGA, 16. SPIELTAG
VFB STUTTGART 3:0 FC BAYERN MÜNCHEN

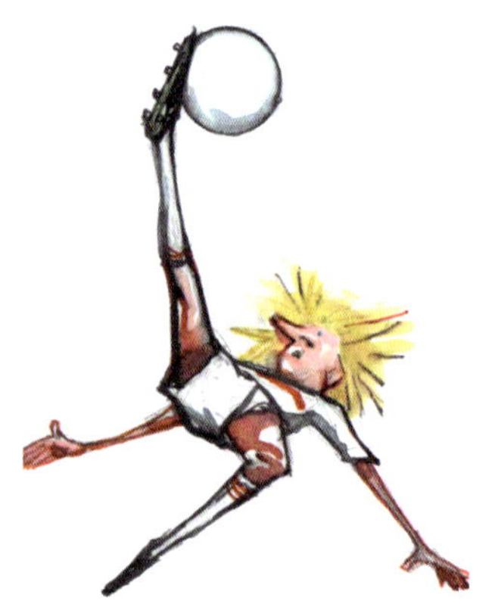

122

BEWERBUNGSSCHREIBEN

Jürgen Klinsmann war beides: ein großartiger Torschütze und ein Schütze großartiger Tore. „Aber dieses war wirklich das großartigste", sagt er. Ein Tor, das ihm die Türen zum internationalen Fußball öffnen sollte. Einen Monat später berief Beckenbauer ihn in den Kader der Nationalmannschaft.

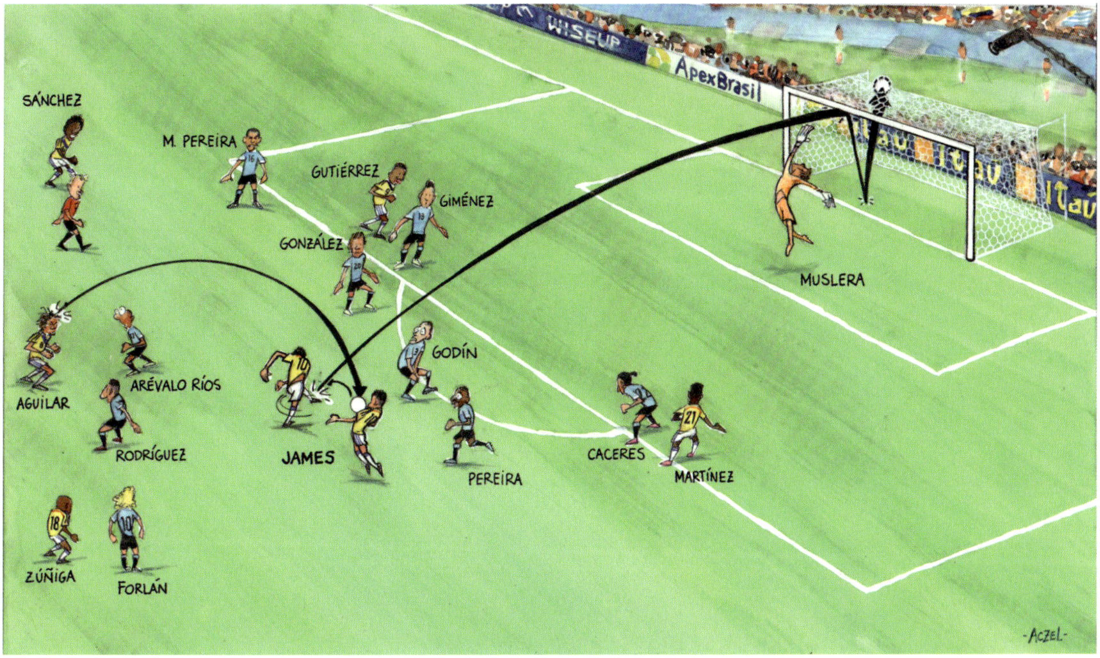

JAMES RODRIGUEZ (KOLUMBIEN) 28. MINUTE (1:0)

123

28. JUNI 2014, MARACANÃ, RIO DE JANEIRO (BRASILIEN)
WM 2014, ACHTELFINALE, KOLUMBIEN 2:0 URUGUAY

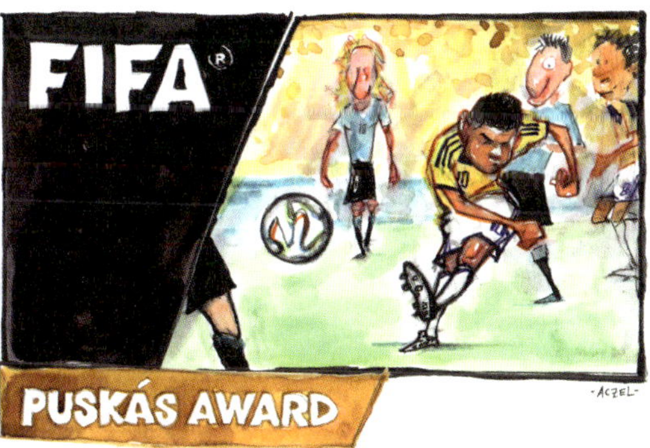

EINFACH KLASSE

Gewählt zum schönsten Tor der Weltmeisterschaft und des Jahres 2014.

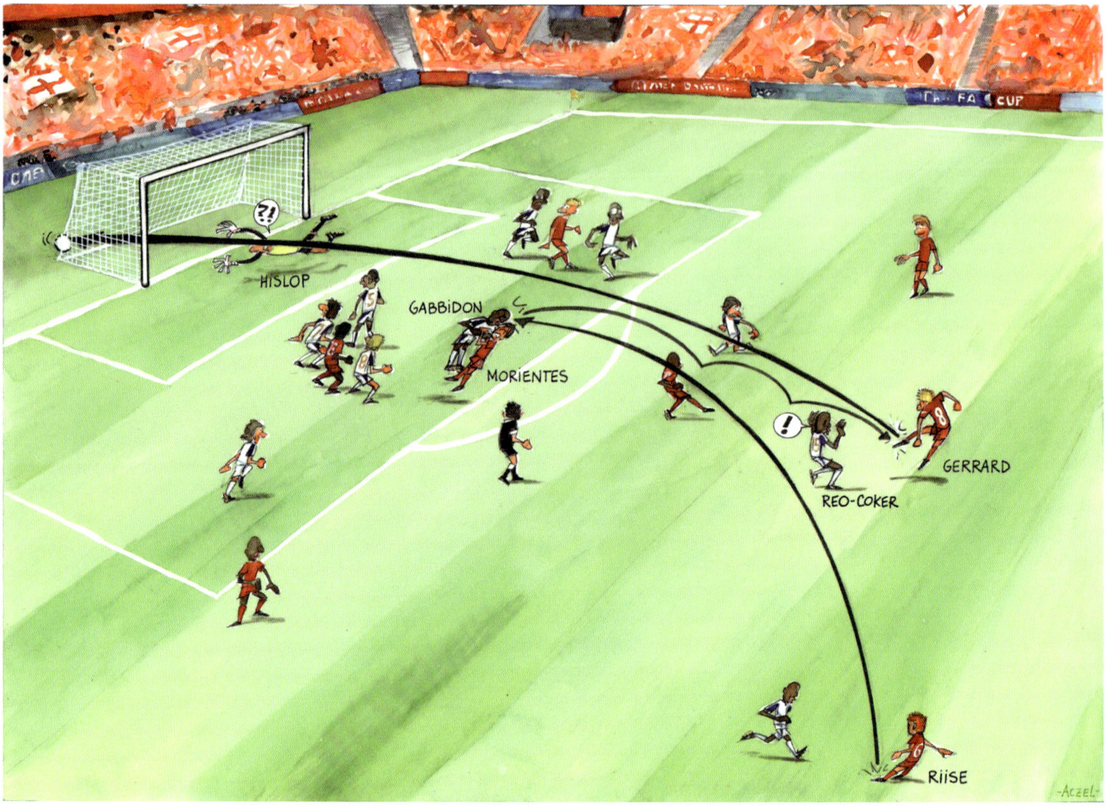

STEVEN GERRARD (LIVERPOOL F.C.) 90+1. MINUTE (3:3)

124

13. MAI 2006, MILLENNIUM STADIUM, CARDIFF, (WALES)
FA CUP 2006, FINALE, FC LIVERPOOL 3:3 N. V. (3:1 I. E.) WEST HAM UNITED

DER KAPITÄN VON LIVERPOOL

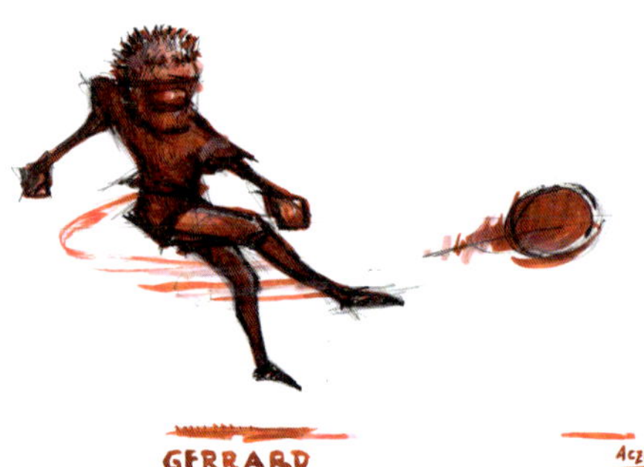

Liverpools Kapitän und seine Mannschaft befanden sich bereits in der Nachspielzeit vor einer drohenden Niederlage. Noch wenige Minuten zuvor lag Gerrard mit einem Krampf auf Cardiffs Rasen. Doch mit seiner typischen Entschlossenheit zog er zuerst sich selbst wieder hoch und schließlich Liverpool in die Verlängerung, woraufhin sie den FA Cup per Elfmeterschießen gewannen.

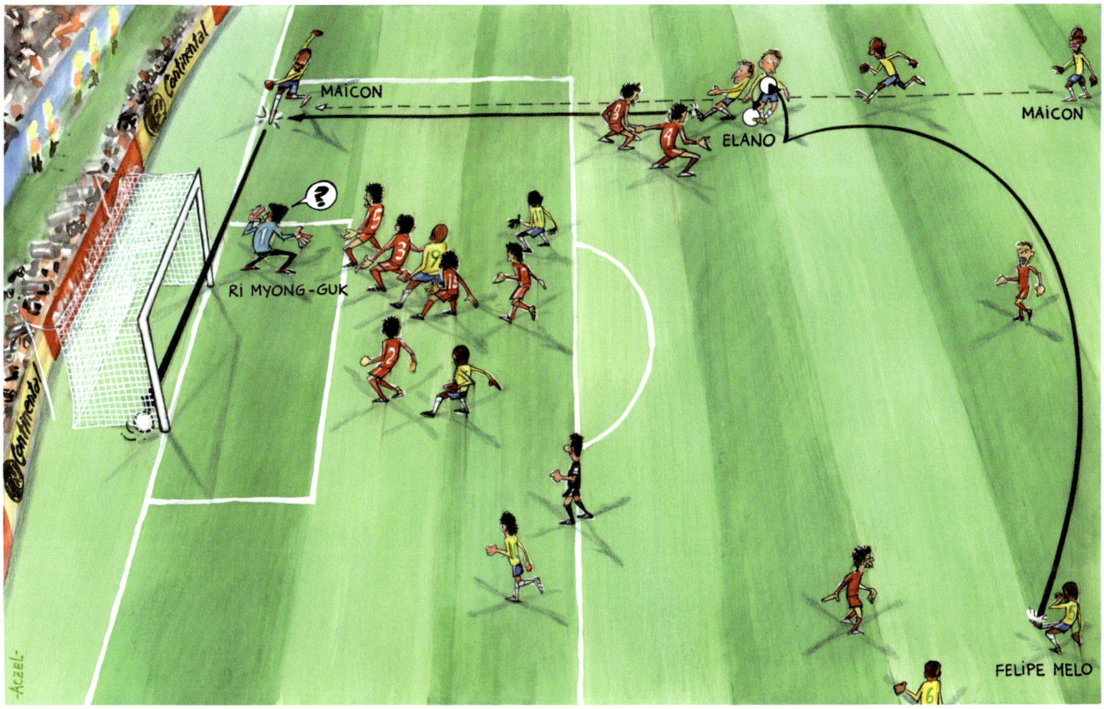

MAICON (BRASILIEN) 55. MINUTE (1:0)

125

15. JUNI 2010, ELLIS-PARK-STADION, JOHANNESBURG (SÜDAFRIKA)
WM 2010, GRUPPE G, BRASILIEN 2:1 NORDKOREA

UNMÖGLICHER WINKEL

Maicon sah, dass der Torwart etwas entfernt vom kurzen Pfosten war. Anstatt also in den Strafraum zu passen, was alle erwarteten, schoss er aus einem unmöglichen Winkel zwischen Torwart und Pfosten.

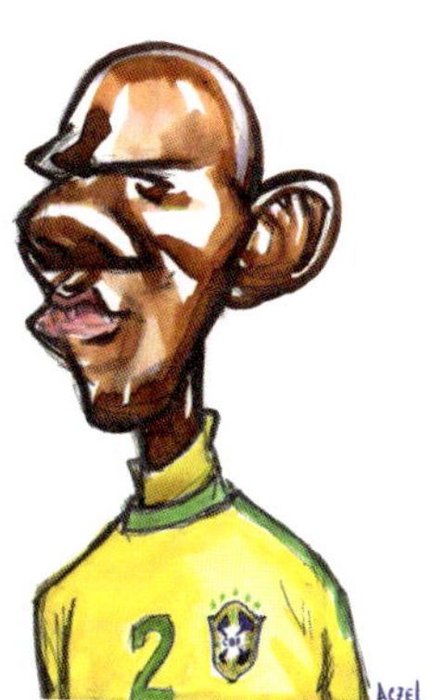

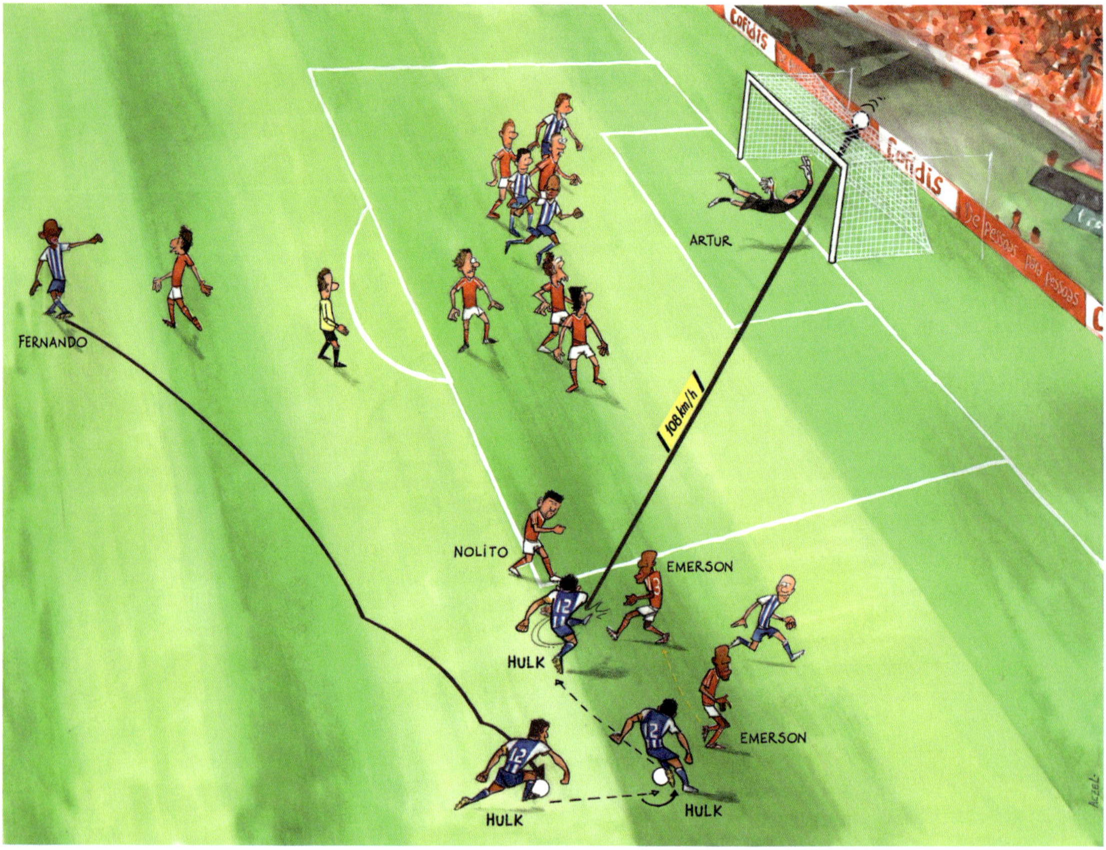

HULK (FC PORTO)

7. MINUTE (1:0)

126

2 MÄRZ 2012, ESTÁDIO DA LUZ, LISSABON (PORTUGAL)
PRIMERA LIGA, 21. SPIELTAG, BENFICA LISSABON 2:3 FC PORTO

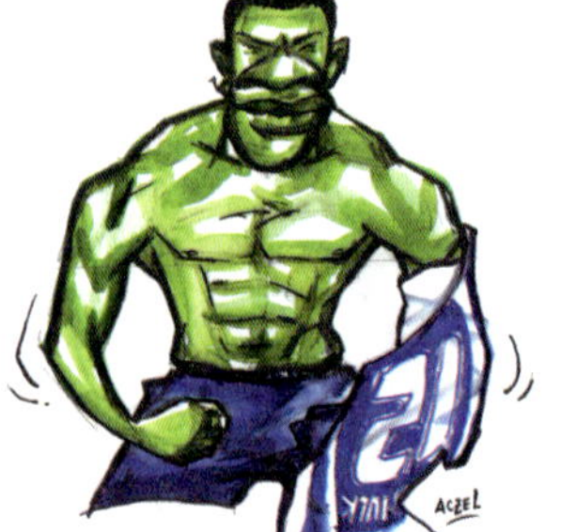

DER UNGLAUBLICHE HULK

Dieser für den Torwart völlig unerwartete Schuss erreichte die monströse Geschwindigkeit von 108 km/h. Das 3:2 im portugiesischen Clasico über Lissabon trug erheblich zum Gewinn der Meisterschaft dieses Jahres bei.

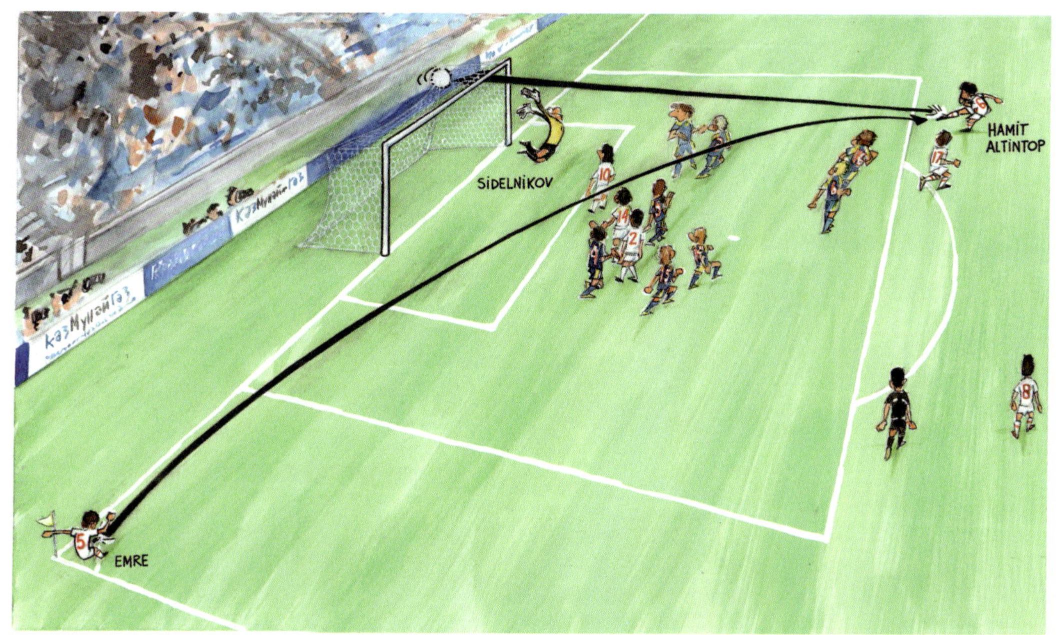

127

HAMIT ALTINTOP (TÜRKEI) 26. MINUTE (0:2)

3. SEPTEMBER 2010, ASTANA ARENA, NUR-SULTAN (KASACHSTAN)
EM-QUALIFIKATION 2012, KASACHSTAN 0:3 TÜRKEI

"SWEET SPOT"

Mit diesem Tor gewann Altintop verdient den Puskás-Award für das beste Tor 2010. „Manchmal beim Fußball weißt du, wenn du gerade den Sweet Spot (süßen Punkt), also die optimale Wirkung erzielt hast. Das war so ein Moment. Ich glaube, dass ich den Ball nicht einmal in 100 Versuchen so treffen würde."

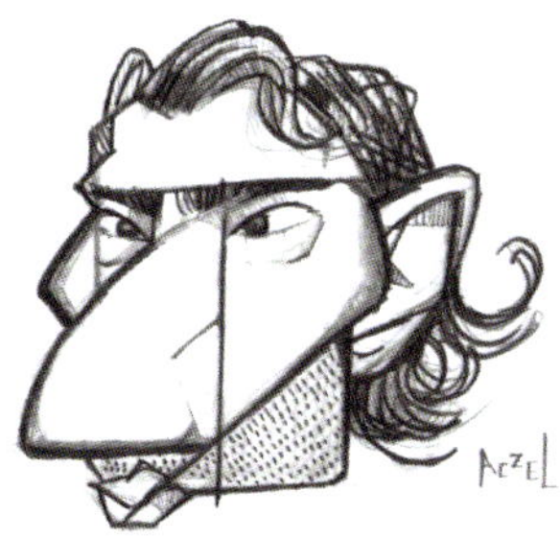

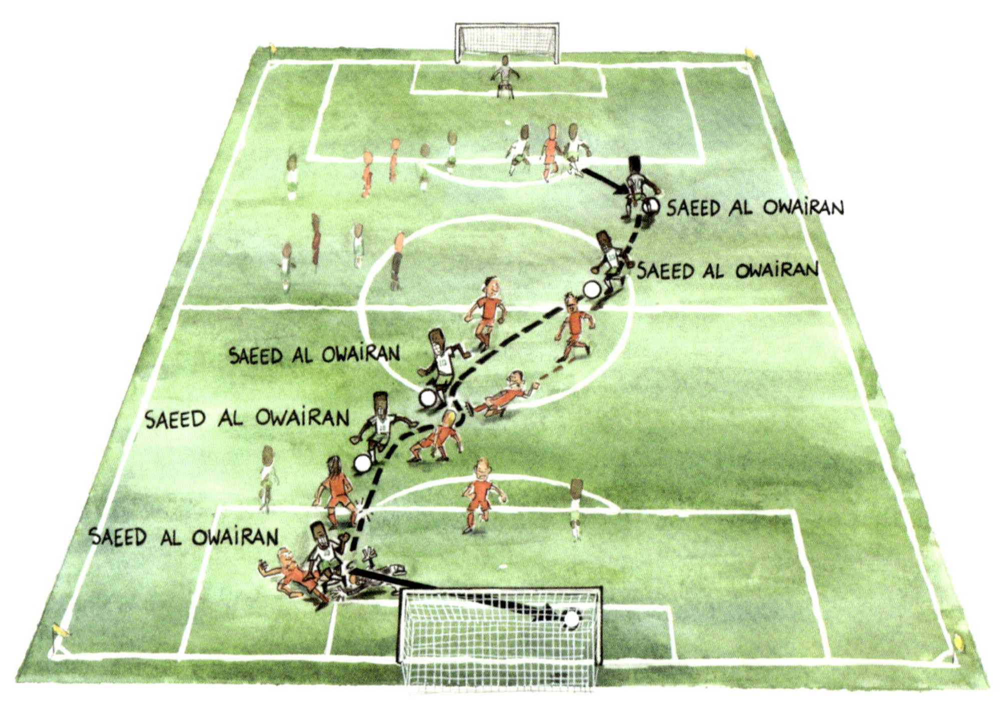

SAEED AL-OWAIRAN (SAUDI-ARABIEN) 5. MINUTE (0:1)

128

29. JUNI 1994, RFK STADIUM, WASHINGTON, D.C. (USA)
WM-VORRUNDE, GRUPPE F, BELGIEN 0:1 SAUDI-ARABIEN

DER WÜSTENMARADONA

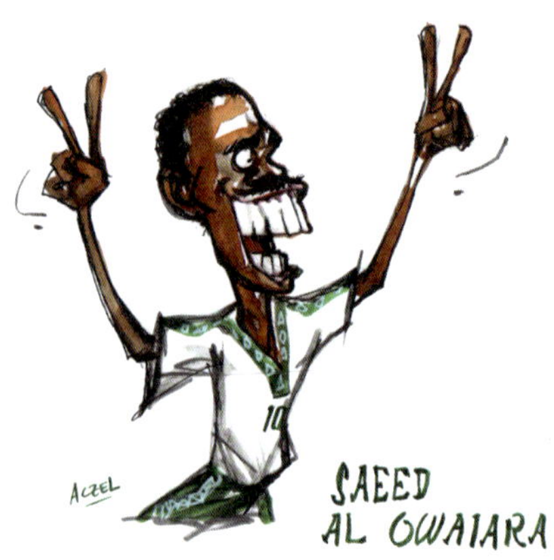

„Wüstenmaradona“: So wurde Al-Owairan nach diesem unglaublichen Alleingang genannt. Ein Tor, das sich zusammen mit von Fußballlegenden geschossenen Toren in die Liste der besten der Geschichte einreiht. Für die Nationalmannschaft Saudi Arabiens eine wertvolle Leistung.

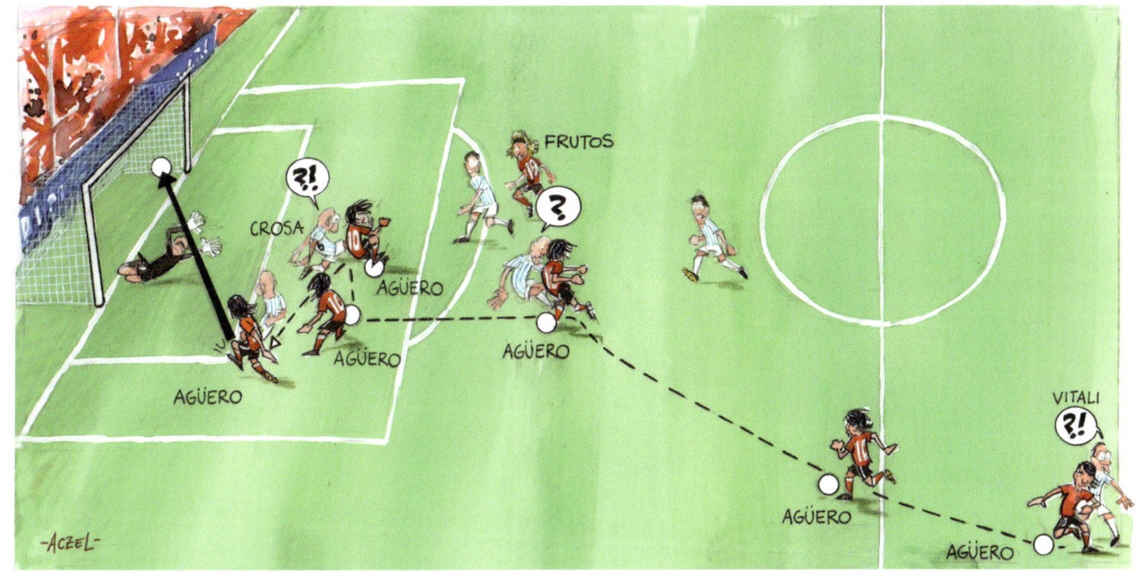

SERGIO „KUN" AGÜERO (CA INDEPENDIENTE) 82. MINUTE (4:0)

129

11. SEPTEMBER 2005,
ESTADIO LIBERTADORES DE AMÉRICA, AVELLANEDA, BUENOS AIRES (ARGENTINIEN)
PRIMERA DIVISIÓN DE ARGENTINA, TORNEO APERTURA, 6. SPIELTAG
CA INDEPENDIENTE 4:0 RACING CLUB

"ICH WERDE DIESEN TAG NIE VERGESSEN."

Der siebzehnjährige Sergio Agüero sorgte für ein Spektakel in Avellanedas Klassiker Independiente – Racing. „Kun“ war die herausragende Figur des 4:0 und er schloss das Spiel mit einem authentischen Traumtor ab. Diese Partie blieb unvergessen für „El rojo“ (Independiente).
„Als ich später den Spielzug im Fernsehen sah, konnte ich nicht glauben, was ich gemacht hatte. Der perfekte Klassiker und mein erstes Tor gegen Racing. Mein Vater sagte mir immer: ‚Warte nicht, bis du mit rechts schießen kannst.‘ Also übte ich schon als Kind, auch mit links zu definieren. An diesem Tag hatte ich die Chance ihm zu sagen, dass er Recht gehabt hatte.“

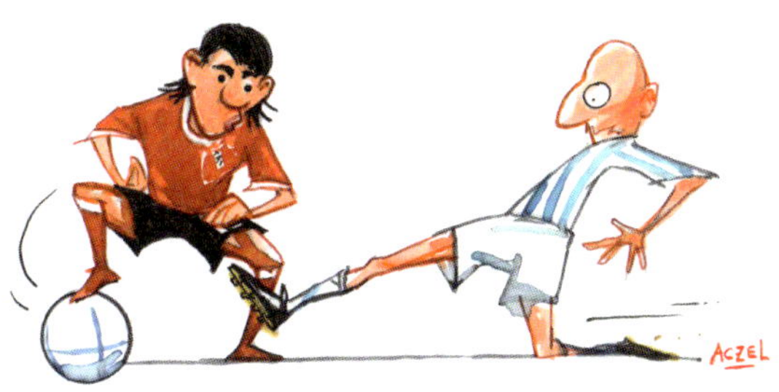

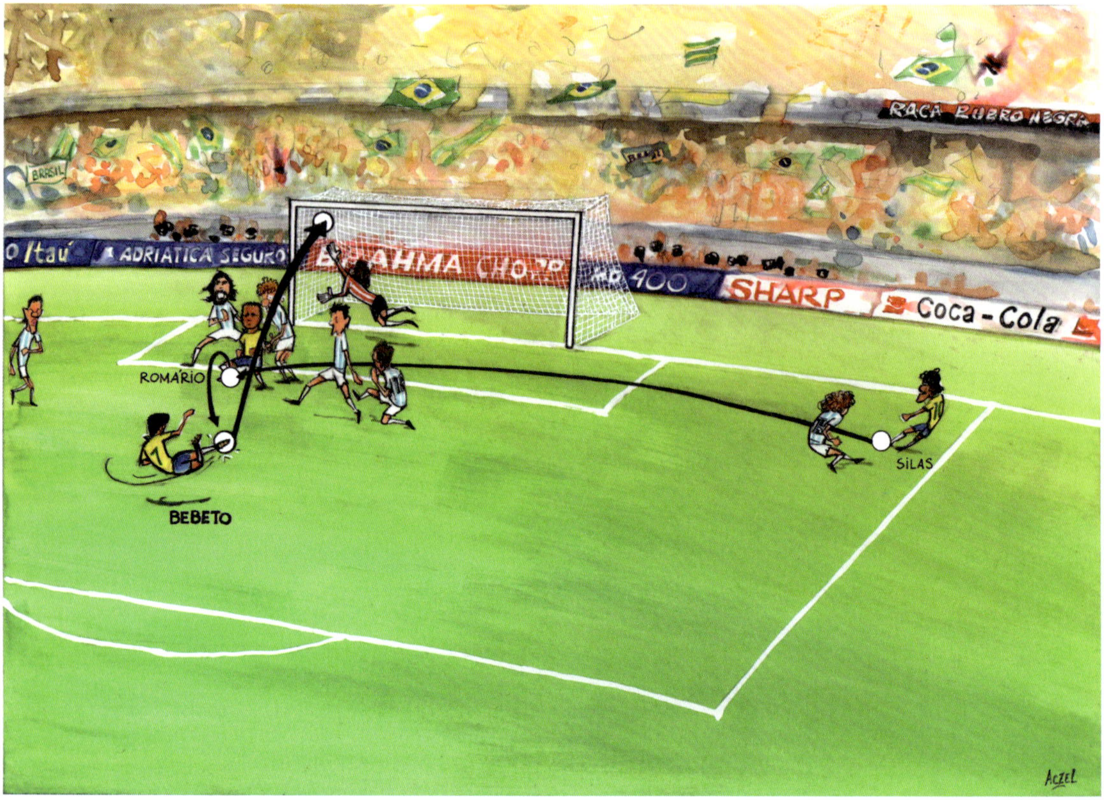

BEBETO (BRASILIEN) 48. MINUTE (1:0)

130

14. JULI 1989, ESTÁDIO DO MARACANÃ, RIO DE JANEIRO (BRASILIEN)
COPA AMÉRICA 1989, FINALRUNDE, BRASILIEN 2:0 ARGENTINIEN

ROMÁRIO – BEBETO

Ein tolles Scherentor durch Bebeto in einem Copa América-Spiel, das für Brasilien lokal im Maracanã Stadion in Rio de Janeiro stattfand. Es waren die Anfänge der historischen Doppelspitze Romário – Bebeto.

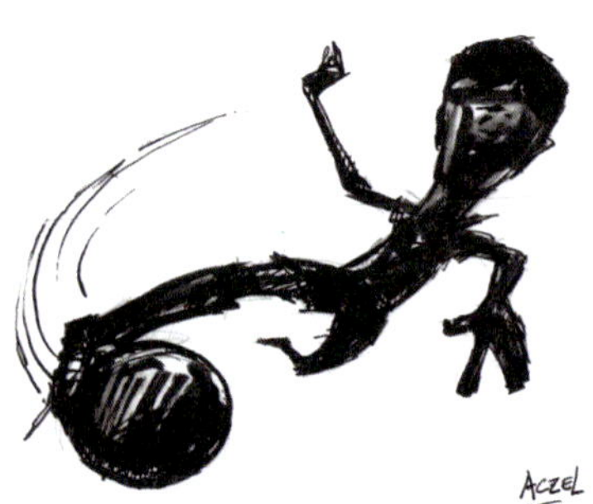

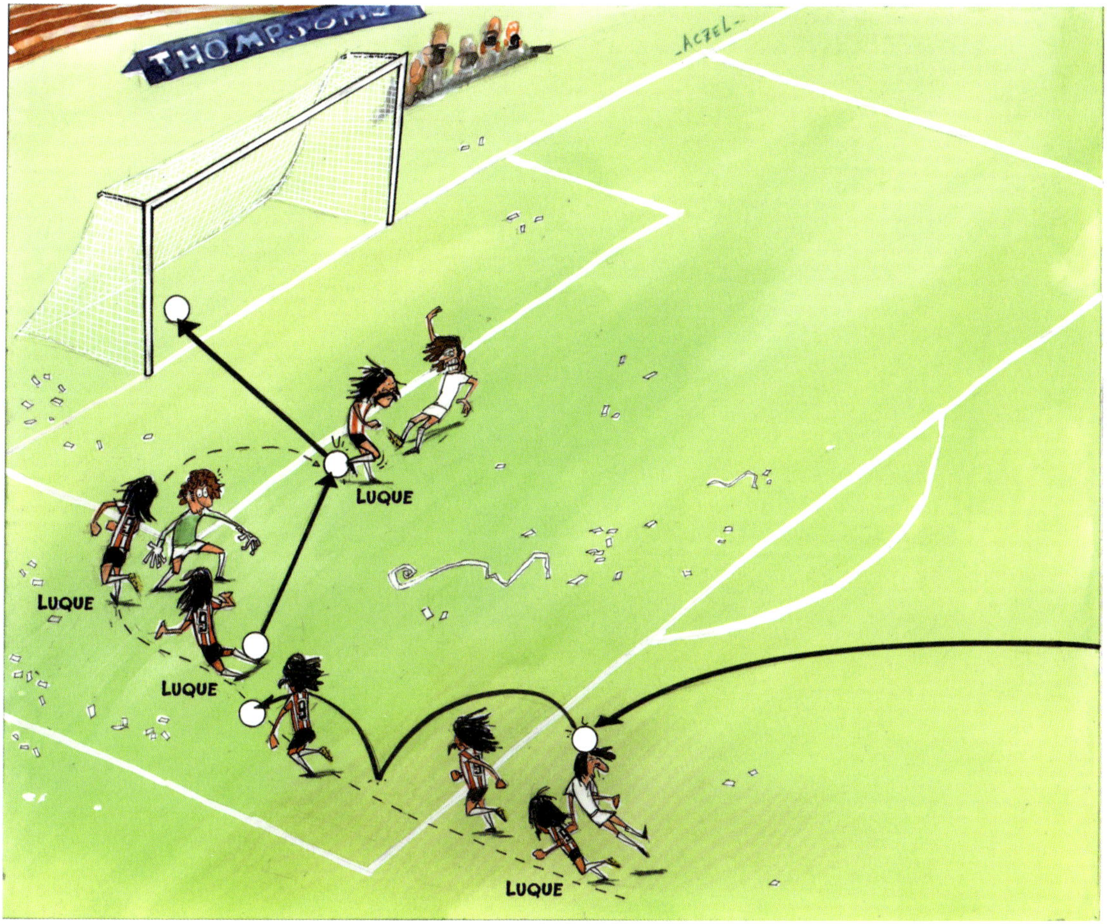

LEOPOLDO JACINTO LUQUE (RIVER PLATE) 18. MINUTE (1:0)

131

2. DEZEMBER 1979, ESTADIO MONUMENTAL, NÚÑEZ, BUENOS AIRES (ARGENTINIEN)
TORNEO NACIONAL, ZONA B, 14. SPIELTAG
RIVER PLATE 1:1 HURACÁN

INSPIRIERT

Ein anthologisches Tor. Luque ließ den Torwart mit einem Eigenpass stehen, und da er mit dem Rücken zum Tor stand, schloss er einfach mit der Hacke ab. „Die Inspiration kam zu mir wie zu den Malern oder Musikern. Selbst ich war überrascht, es geht einfach um Instinkt und Vorstellungskraft."

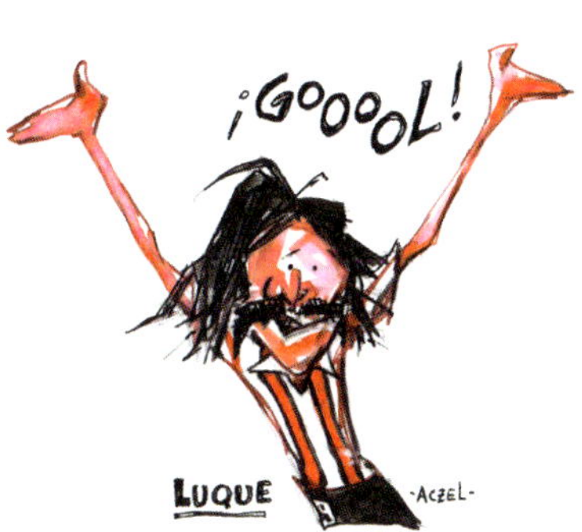

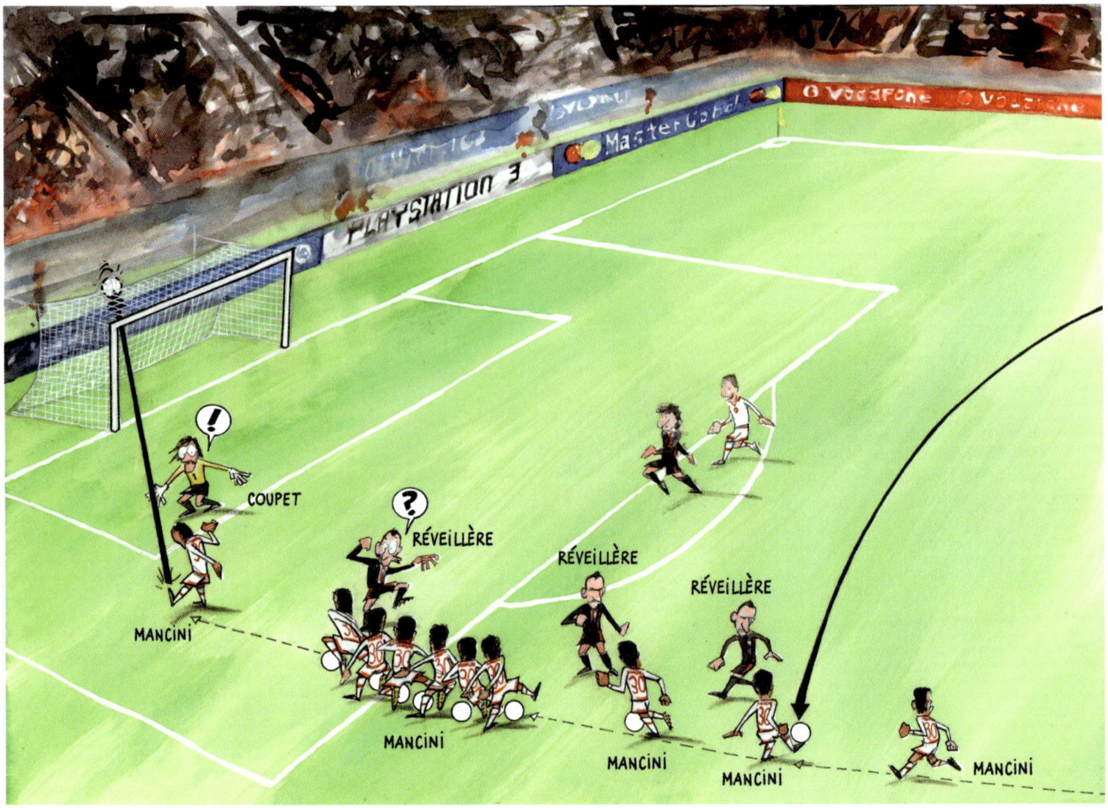

MANCINI (AS ROM)

44. MINUTE (0:2)

132

6. MÄRZ 2007, STADE DE GERLAND, LYON (FRANKREICH)
CHAMPIONS LEAGUE, ACHTELFINALE – RÜCKSPIEL
OLYMPIQUE LYON 0:2 AS ROM

ÜBERSTEIGER-LEKTION

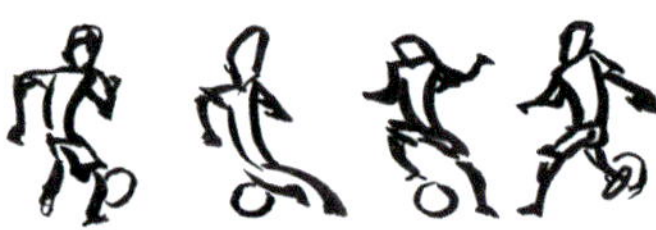

Dieses Tor von Mancini ist eine wahre Lektion der Übersteiger, die sehr charakteristisch für den brasilianischen Fußball sind. In Brasilien nennt man diesen Skill „pedalada".

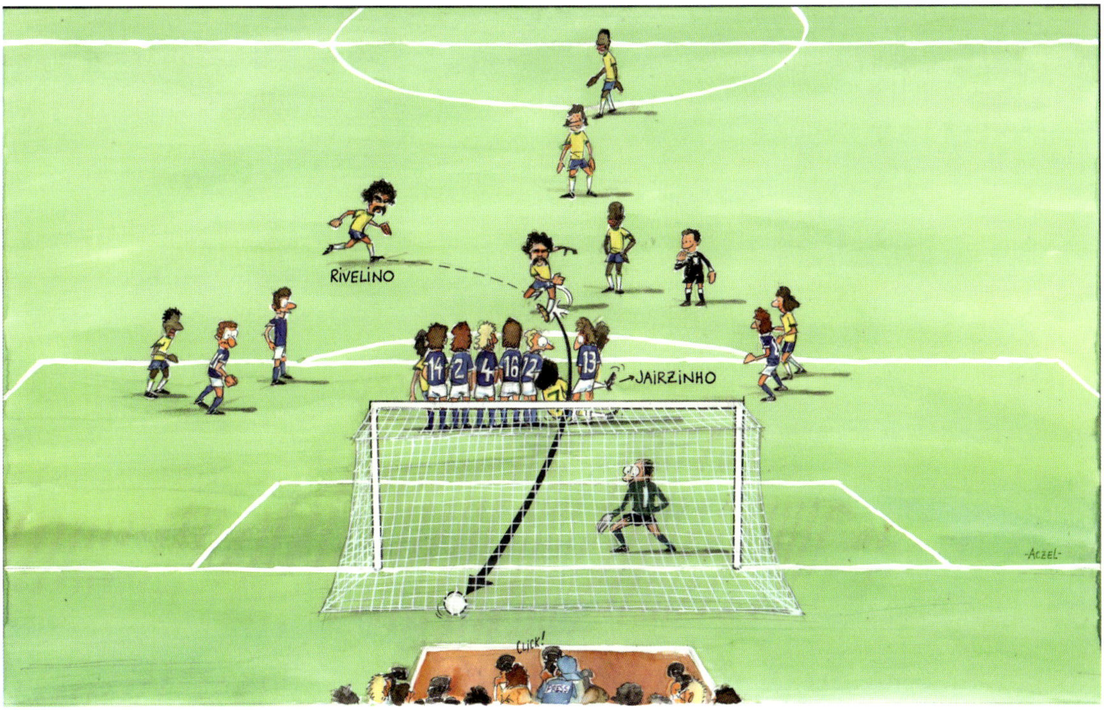

133

RIVELINO (BRASILIEN)

61. MINUTE (1:0)

26. JUNI 1974, NIEDERSACHSENSTADION, HANNOVER (DEUTSCHLAND)
WM 1974, FINALRUNDE, GRUPPE A, BRASILIEN 1:0 DDR

GEFAHR!

Ein einstudierter Spielzug mit hohem Risiko: „Ich schoss den Ball mit all meiner Kraft. Ich hätte meinen Mannschaftskollegen verletzen können." Jairzinho warf sich genau im richtigen Moment auf den Boden, um ein Loch in der Mauer zu schaffen, durch das der Ball hindurchflog. Der Torwart konnte nicht einmal reagieren.

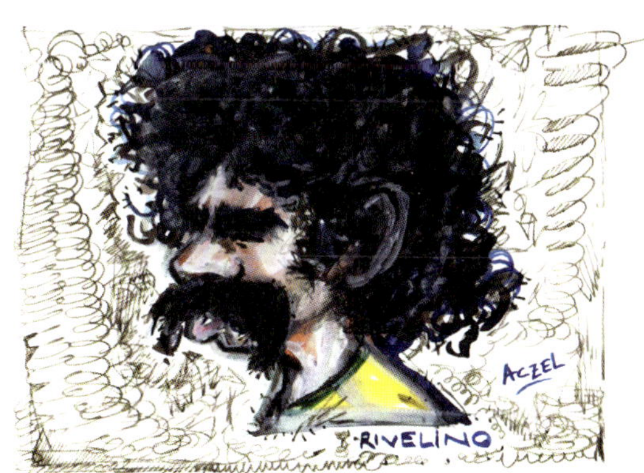

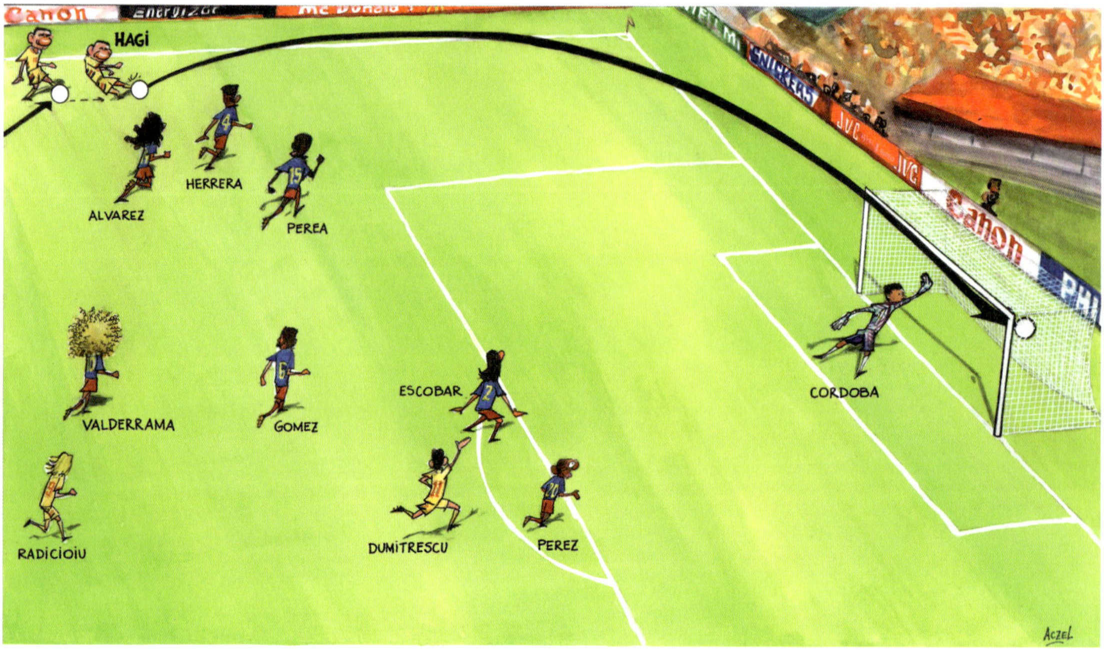

GHEORGHE HAGI (RUMÄNIEN) 34. MINUTE (2:0)

134

18. JUNI 1994, ROSE BOWL, LOS ANGELES, PASADENA, KALIFORNIEN (USA)
WM 1994, GRUPPE A, RUMÄNIEN 3:1 KOLUMBIEN

DER KARPATEN-MARADONA

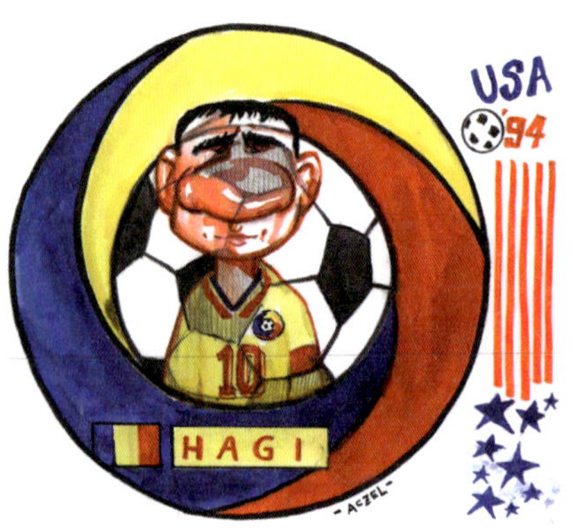

Hagi hatte vor allem im rumänischen Nationaltrikot die größten Momente seiner Fußballer-Laufbahn. Von einer harmlosen Position links außen zauberte er den Ball aus der Gelegenheit heraus durch einen fantastischen Weitschuss über den kolumbianischen Torwart hinweg ins Tor. Zuvor hatte Hagi extra noch aufgeschaut, sodass alle dachten, er wollte flanken, jedoch …

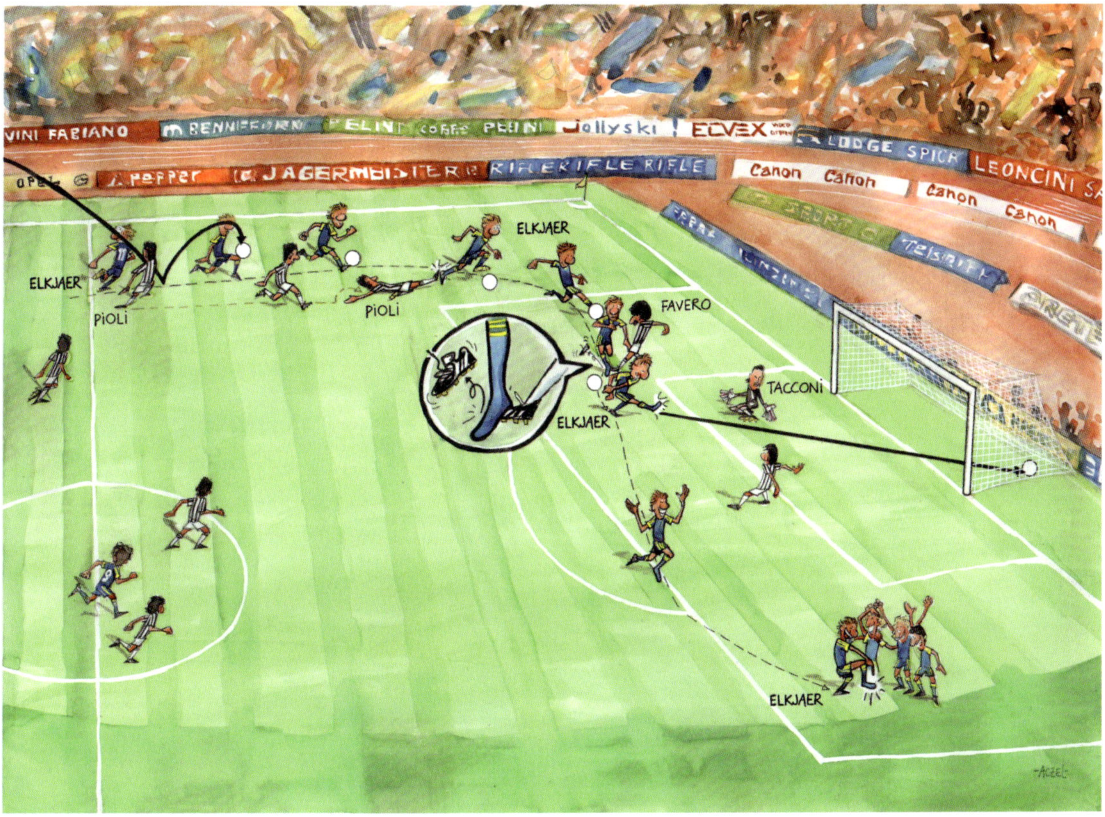

PREBEN ELKJAER (HELLAS VERONA) 81. MINUTE (2:0)

135

14. OKTOBER 1984, STADIO MARC'ANTONIO BENTEGODI, VERONA (ITALIEN)
SERIE A, 5. SPIELTAG, HELLAS VERONA 2:0 JUVENTUS TURIN

DAS SOCKENTOR

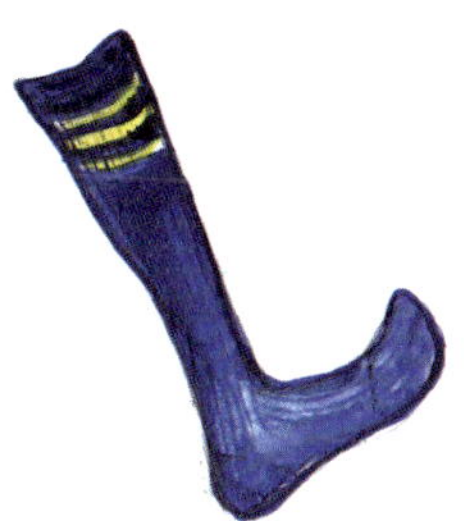

„Ich konnte Pioli entkommen, doch als ich in den Strafraum kam, wollte er mich foulen, wobei ich aus dem rechten Schuh schlüpfte. Als ich dann Favero auswich, verlor ich meinen Schuh ganz und machte schließlich ein Tor in Socken. Etwas ungewöhnlich, und die Fans erinnern sich bis heute daran." Elkjaer war ein Schlüsselspieler, um den einzigen Titel der Serie A in Italien 1984/85 für Hellas Verona zu holen. Noch vor Napoli mit Maradona und Juventus mit Platini.

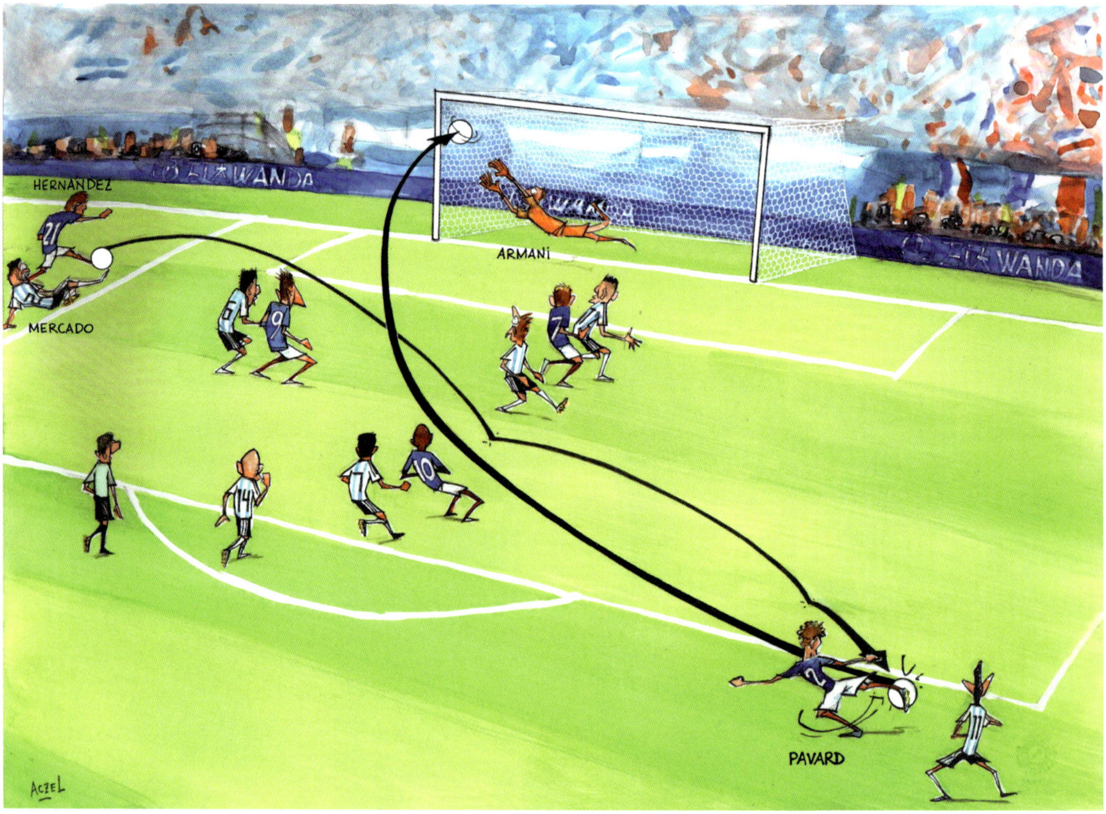

BENJAMIN PAVARD (FRANKREICH) 57. MINUTE (2:2)

30. JUNI 2018, KASAN-ARENA, KASAN (RUSSLAND)
WM 2018, ACHTELFINALE, FRANKREICH 4:3 ARGENTINIEN

136

EFFET

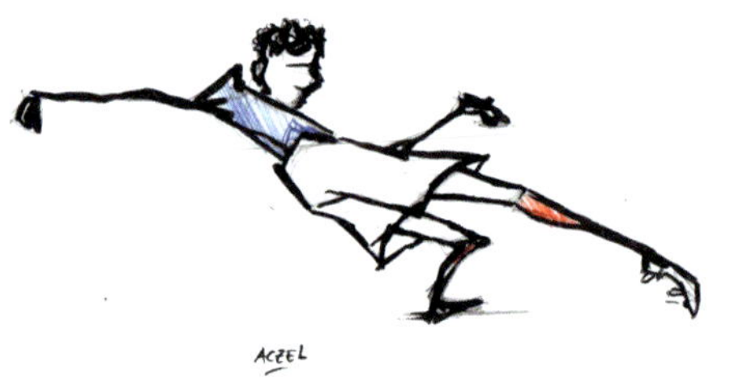

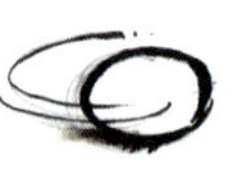

Lucas Hernandez flankt scharf in den Strafraum, wo aber kein Abnehmer steht. Stattdessen landet der Ball bei Lucas' Gegenpart Pavard. Der Franzose nimmt ihn an der Strafraumkante direkt. Mit einem wunderschönen Effet flattert die Kugel ins lange Eck. Traumtor!

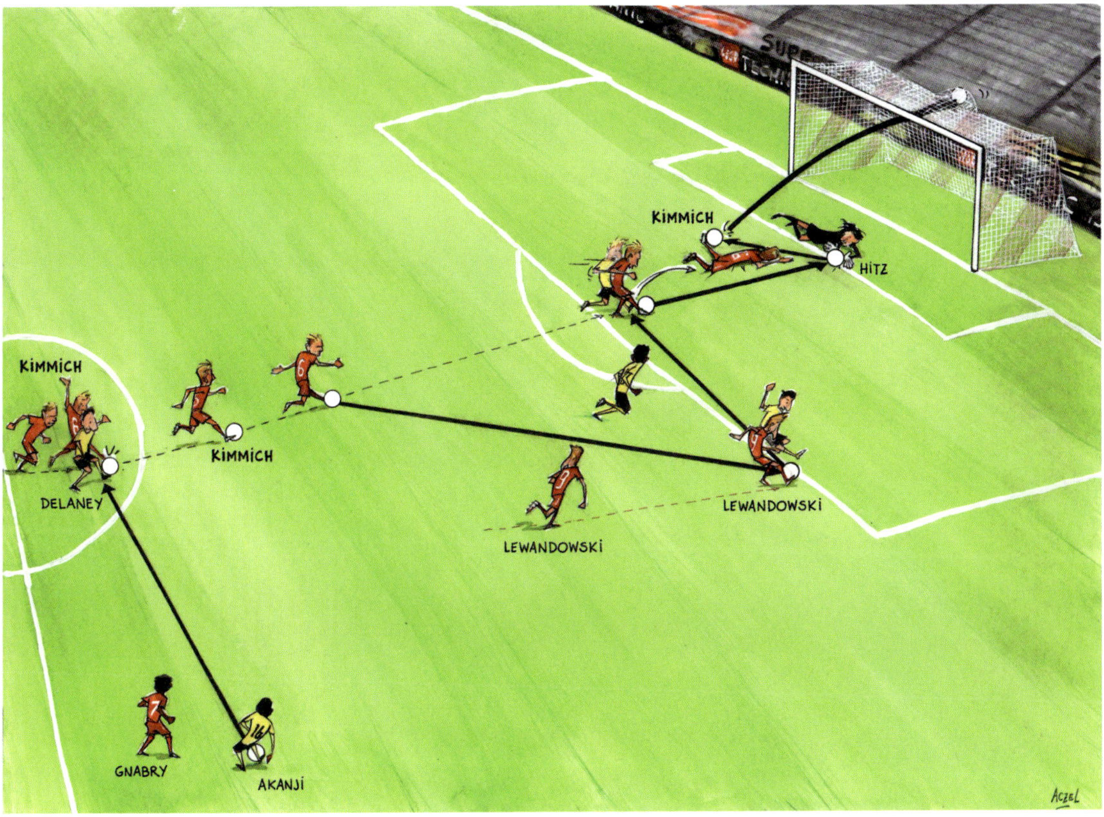

JOSHUA KIMMICH (FC BAYERN MÜNCHEN) 82. MINUTE (3:2)

137

30. SEPTEMBER 2020, ALLIANZ ARENA, MÜNCHEN (DEUTSCHLAND)
DFL SUPERCUP, FINALE, FC BAYERN MÜNCHEN 3:2 BORUSSIA DORTMUND

PURER WILLEN

„Weil er nie aufgibt!", lobte Trainer Flick den für die Saison 2019/2020 zu Europas bestem Verteidiger gewählten Kimmich. Der FC Bayern gewinnt gegen den BVB seinen fünften Titel des Jahres. Das entscheidende Tor erzielte Kimmich nach einer enormen Energieleistung und mit großem Geschick im Fallen. „Es ist, als spielte man mit Brüdern." So erklärt sich Joshua den Erfolg der unschlagbaren Mannschaft.

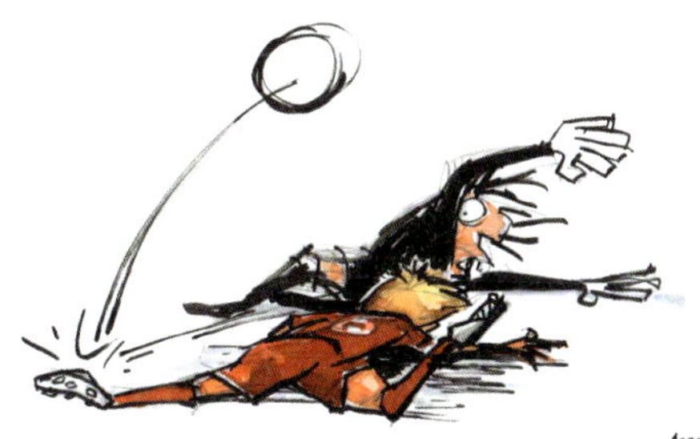

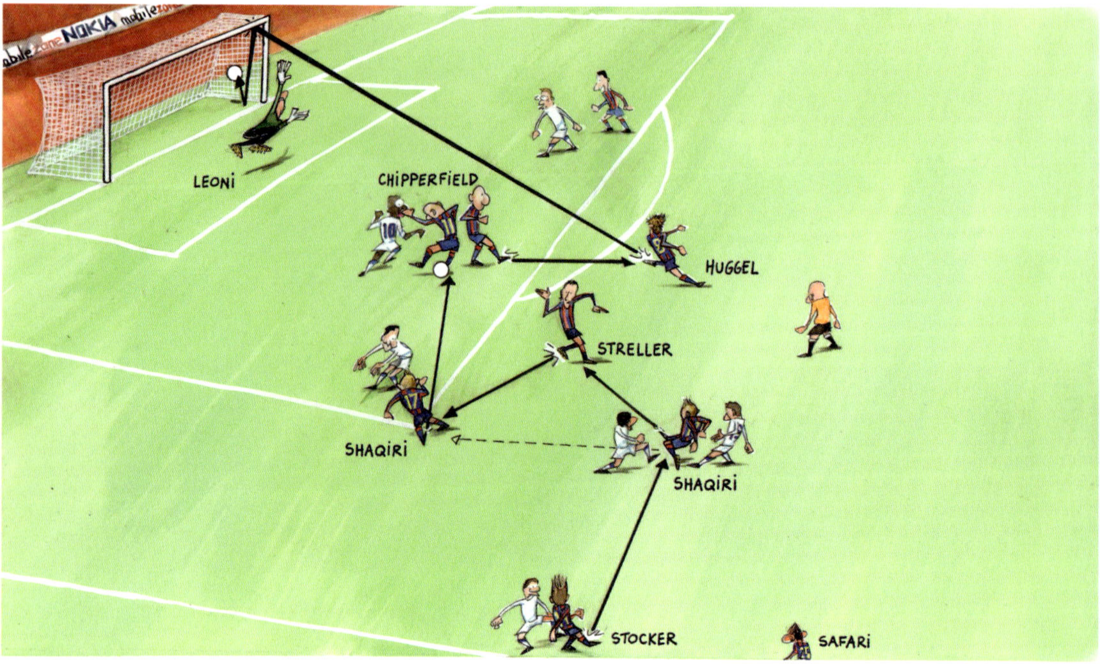

138

BENJAMIN HUGGEL (FC BASEL)

89. MINUTE (1:1)

9. AUGUST 2009, ST. JAKOB-PARK, BASEL (SCHWEIZ)
SWISS SUPERLIGA, 5. SPIELTAG, FC BASEL 1:1 FC ZÜRICH

MADE IN SWITZERLAND

Ein Spielzug mit der Präzision eines Schweizer Uhrwerks. Basel wurde in dieser Saison verdient Meister.

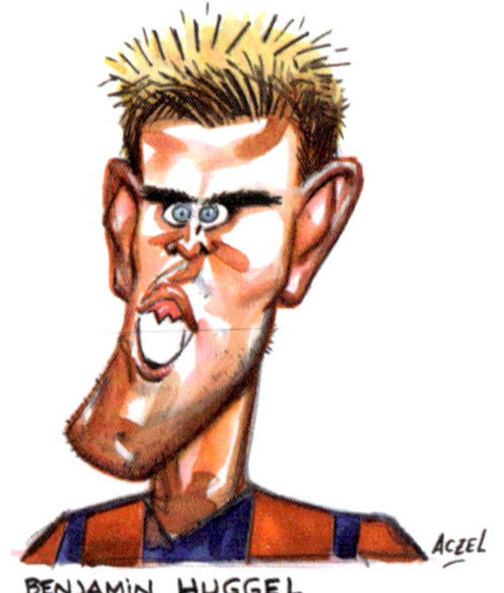

BENJAMIN HUGGEL

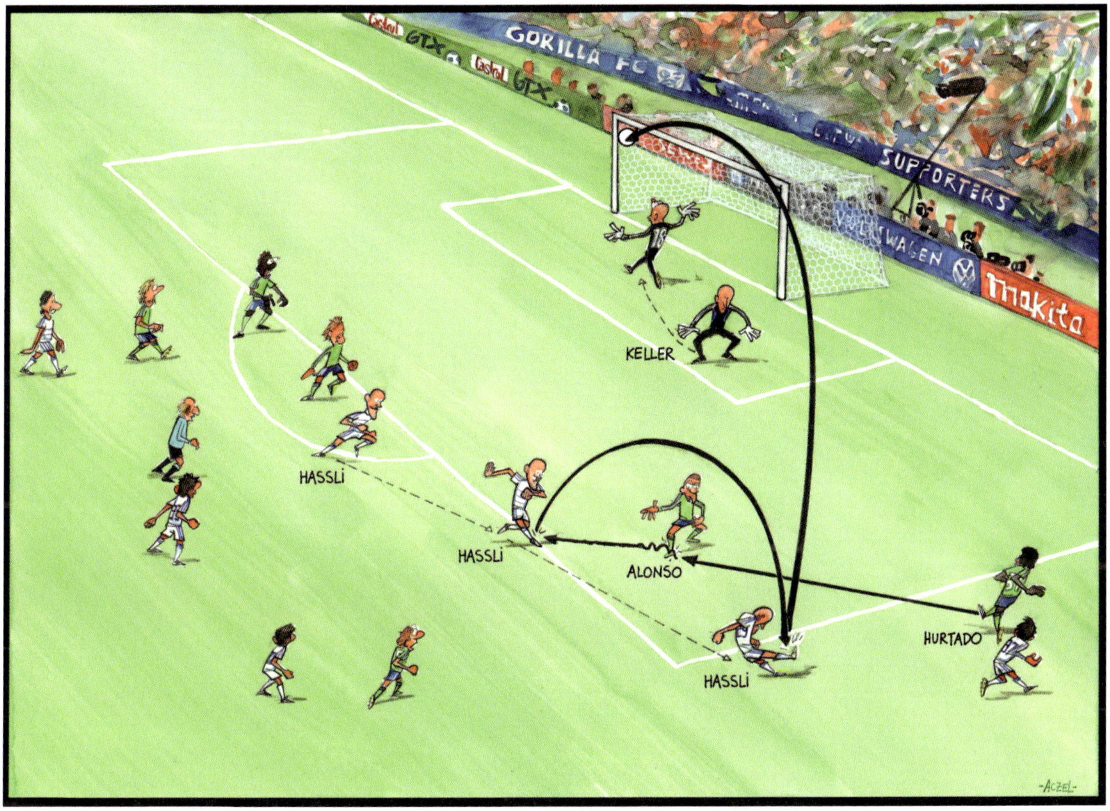

139

ERIC HASSLI (VANCOUVER WHITECAPS) 85. MINUTE (2:2)

11. JUNI 2011, QWEST FIELD, SEATTLE, WASHINGTON (USA)
MAJOR LEAGUE SOCCER (MLS), 15. SPIELTAG,
SEATTLE SOUNDERS 2:2 VANCOUVER WHITECAPS

WONDER-VOLLEY

„Man braucht Raum, perfektes Timing und ein bisschen Glück.“

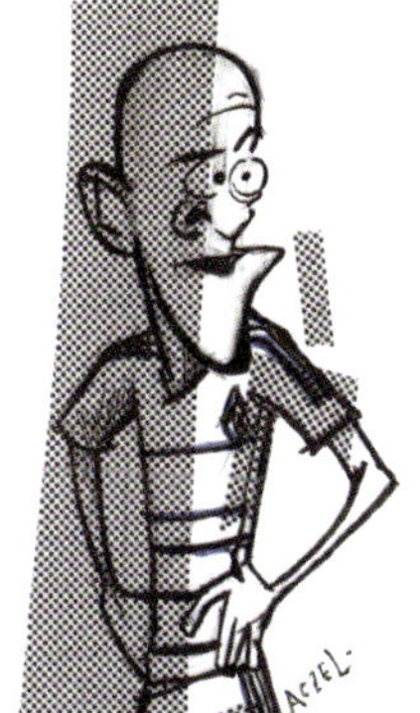

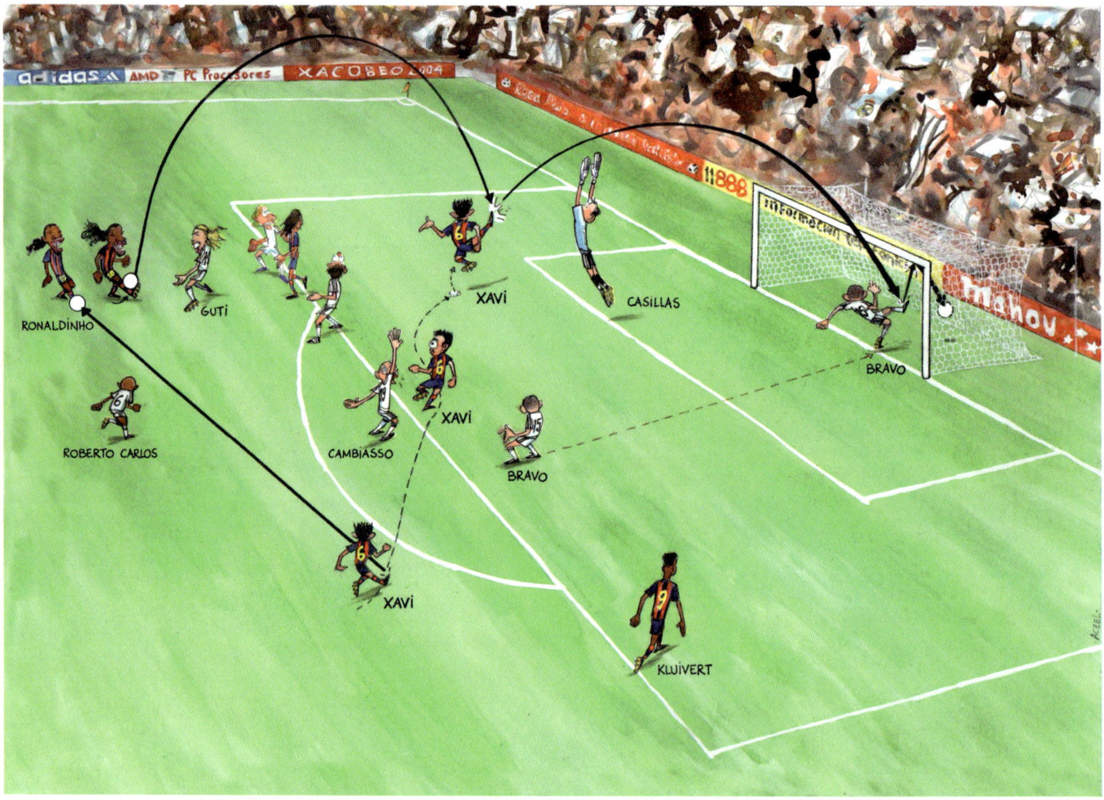

140

XAVI (BARCELONA) 86. MINUTE (1:2)

25. APRIL 2004, SANTIAGO BERNABÉU, MADRID (SPANIEN)
LA LIGA, 34. SPIELTAG, REAL MADRID 1:2 FC BARCELONA

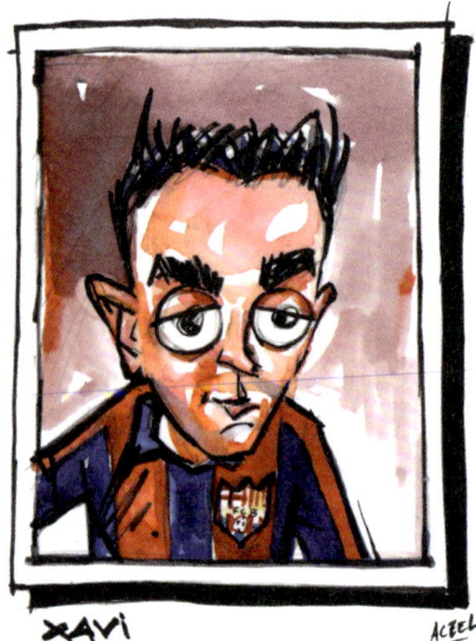

SPÄTER "CLÁSICO" SIEG

Dieser späte Clásico-Sieg ist Xavi der liebste. Es fehlten nur noch wenige Minuten und es stand 1:1. Ronaldinho passte perfekt zu Xavi, der fast ohne zu schauen, über Casillas lupfte.
„Ich hatte das Gefühl, dass der Sieg in diesem Clásico uns emotionalen Auftrieb und Selbstbewusstsein gab, und den Beginn einer goldenen Epoche für Barcelona einläutete."

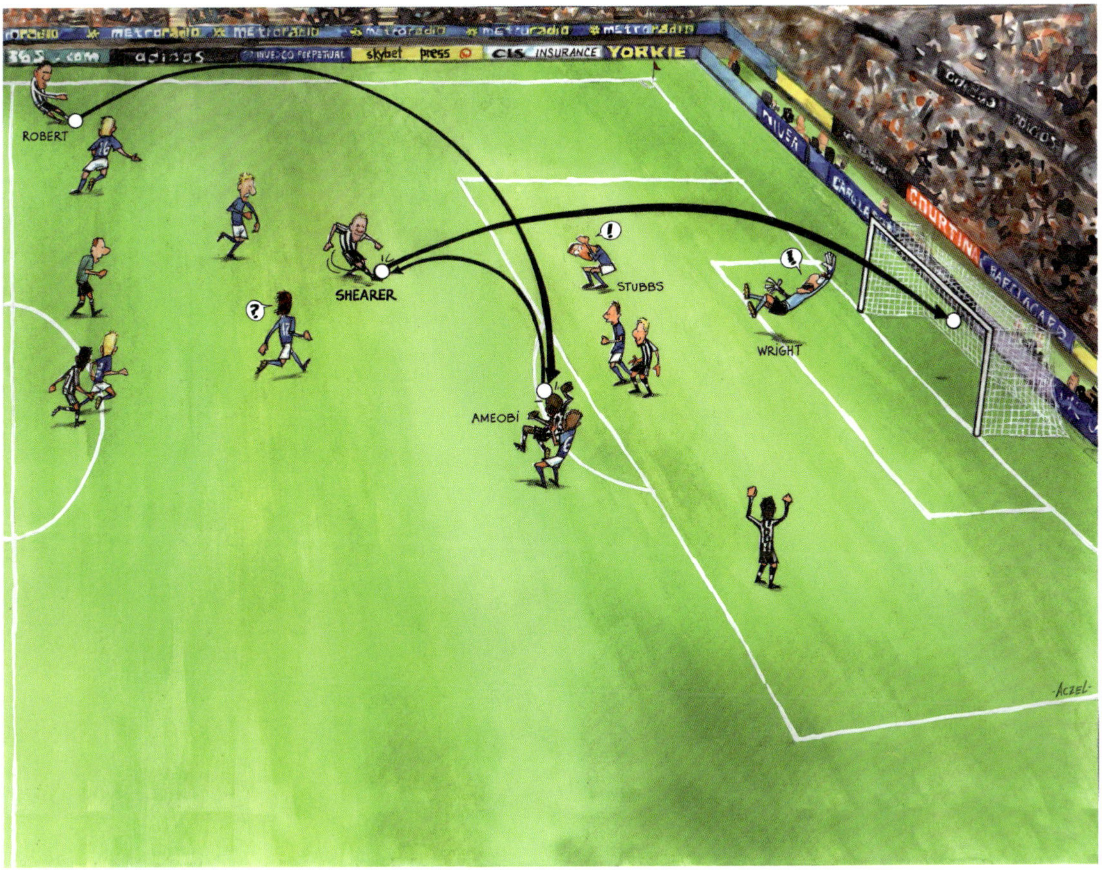

ALAN SHEARER (NEWCASTLE UNITED)

86. MINUTE (1:1)

141

1. DEZEMBER 2002, ST. JAMES' PARK, NEWCASTLE UPON TYNE (ENGLAND)
PREMIER LEAGUE, 15. SPIELTAG, NEWCASTLE UNITED 2:1 EVERTON

"ICH ERWISCHTE IHN PERFEKT."

„Ich erwischte ihn perfekt, und der Anblick des Balles, wie er in das Netz kurvte, war fantastisch", erinnert sich Newcastles Rekordtorschütze.

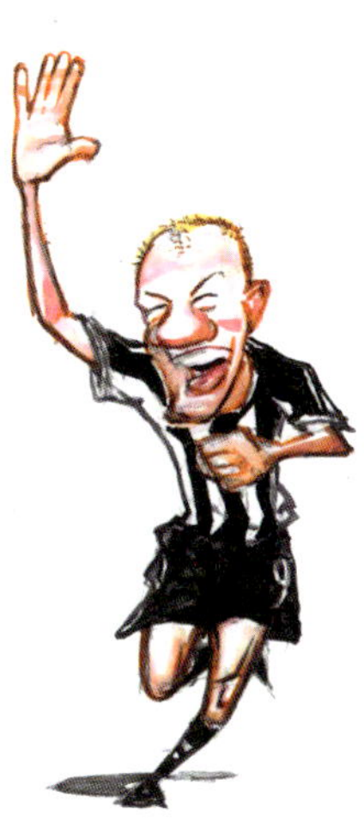

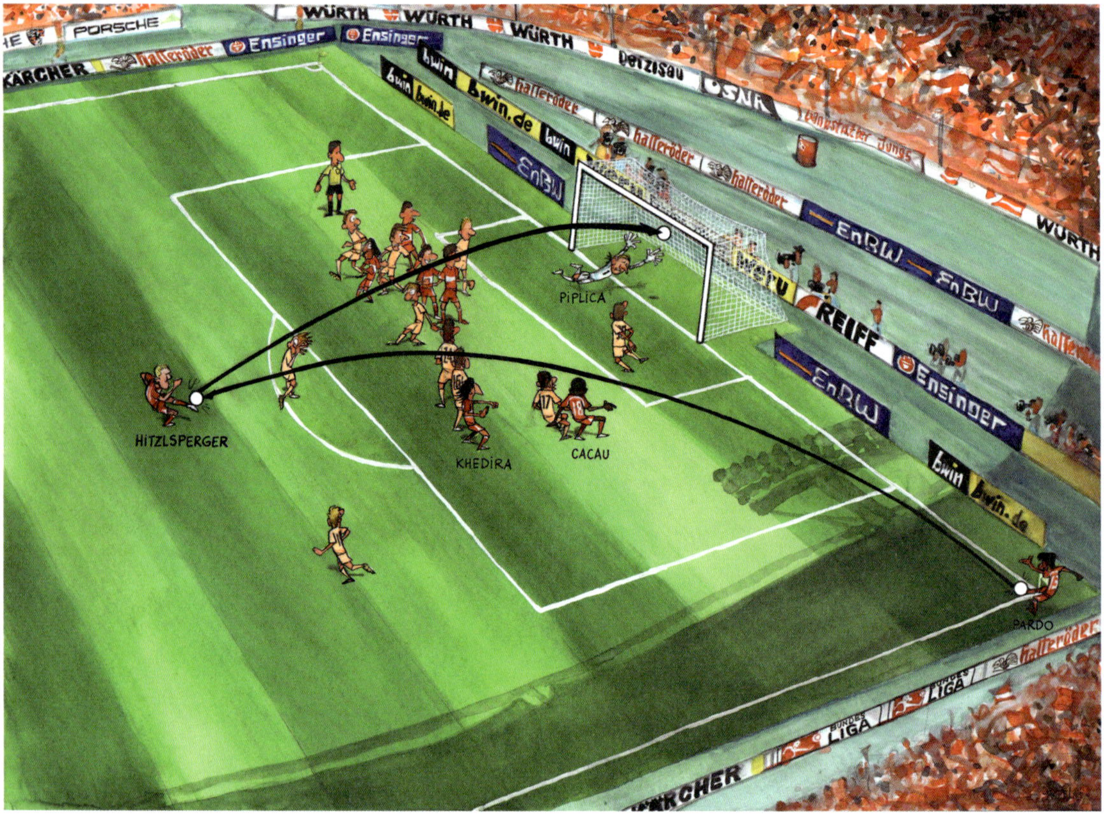

THOMAS HITZELSPERGER (VFB STUTTGART) 27. MINUTE (1:1)

142

19. MAI 2007, GOTTLIEB-DAIMLER-STADION, STUTTGART (DEUTSCHLAND)
BUNDESLIGA, 34. SPIELTAG, VFB STUTTGART 2:1 ENERGIE COTTBUS

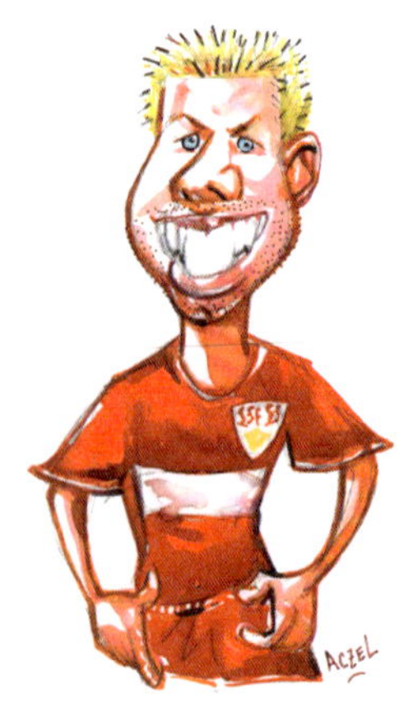

DER HAMMER

Flanke, Volleyschuss. So ein Tor vergisst man als Stuttgarter Fan nicht. Erst recht nicht, wenn es nicht nur schön, sondern auch am letzten Spieltag der Saison ein entscheidendes Tor zum Titel 2006/07 war.

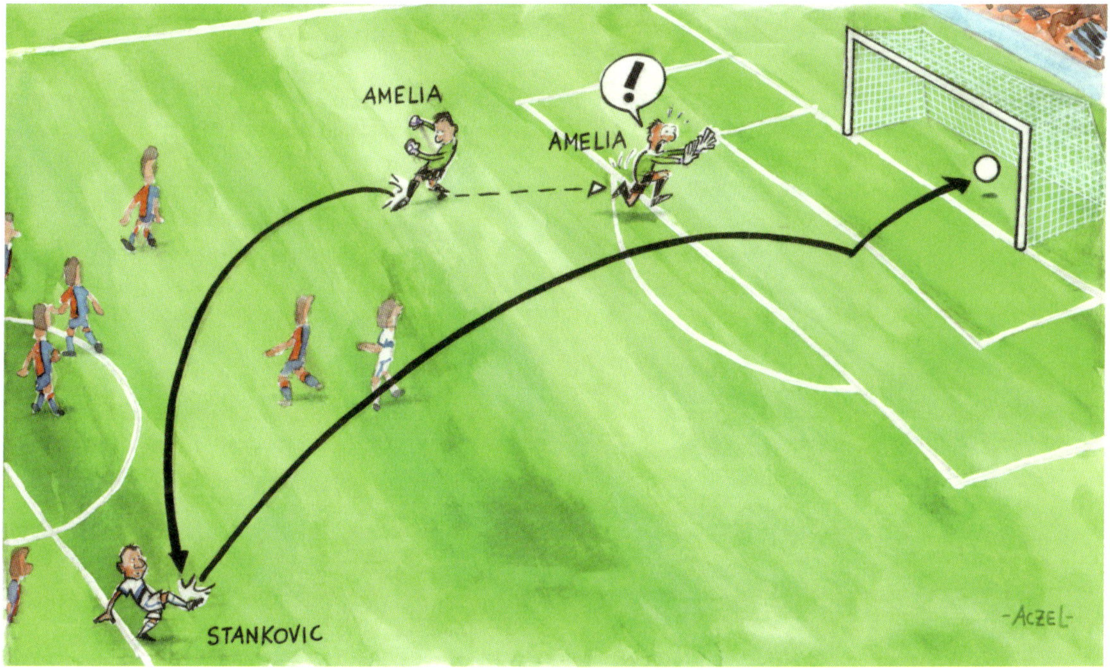

DEJAN STANKOVIĆ (INTER MAILAND) 45. MINUTE (0:3)

143

17. OKTOBER 2009, STADIO LUIGI FERRARIS, GENUA (ITALIEN)
SERIE A, 8. SPIELTAG, FC GENUA 0:5 INTER MAILAND

SPEZIALIST

Dies ist eines der verrücktesten Tore, das je in der Serie A beobachtet wurde.
Als hätte er sich darauf spezialisiert, erzielte Stanković 2011 noch einmal ein sehr ähnliches gegen Neuer in der Champions League (vs Schalke).

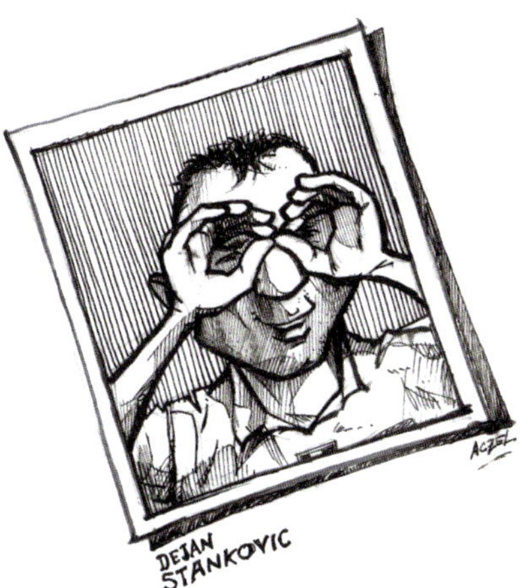

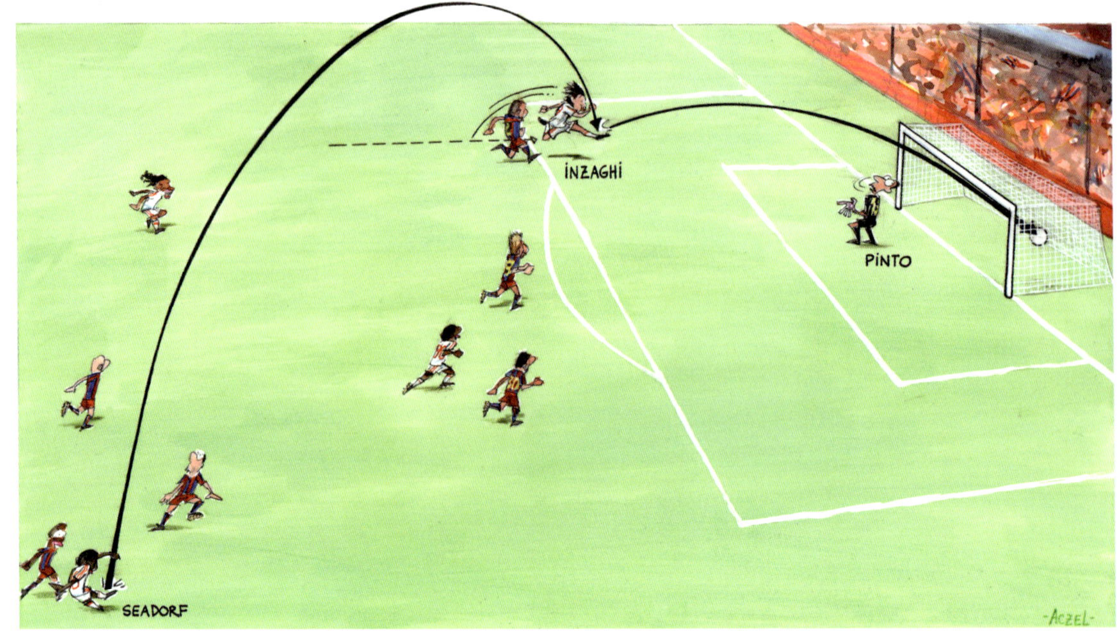

FILIPPO INZAGHI (AC MAILAND) 67. MINUTE (1:1)

144

25. AUGUST 2010, CAMP NOU, BARCELONA (SPANIEN)
GAMPER TROPHY 2010, FC BARCELONA 1:1 AC MILAN (3:1 ELFMETERSCHIESSEN)

SUPER PIPPO

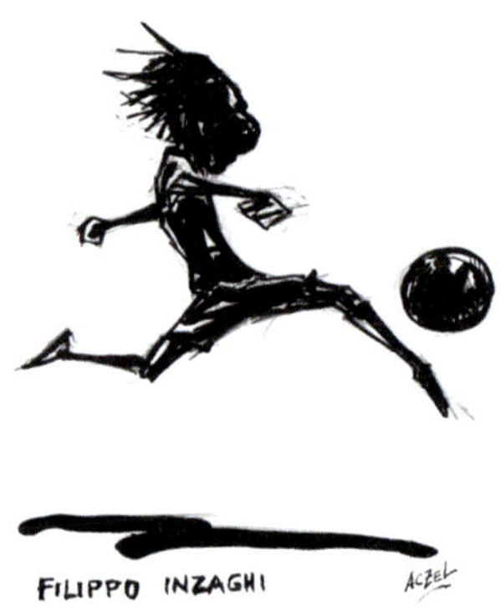

Für all diejenigen, die glaubten, Super Pippo hätte nur einfache Tore gemacht ... hier ein krasser Volleyschuss im Camp Nou.

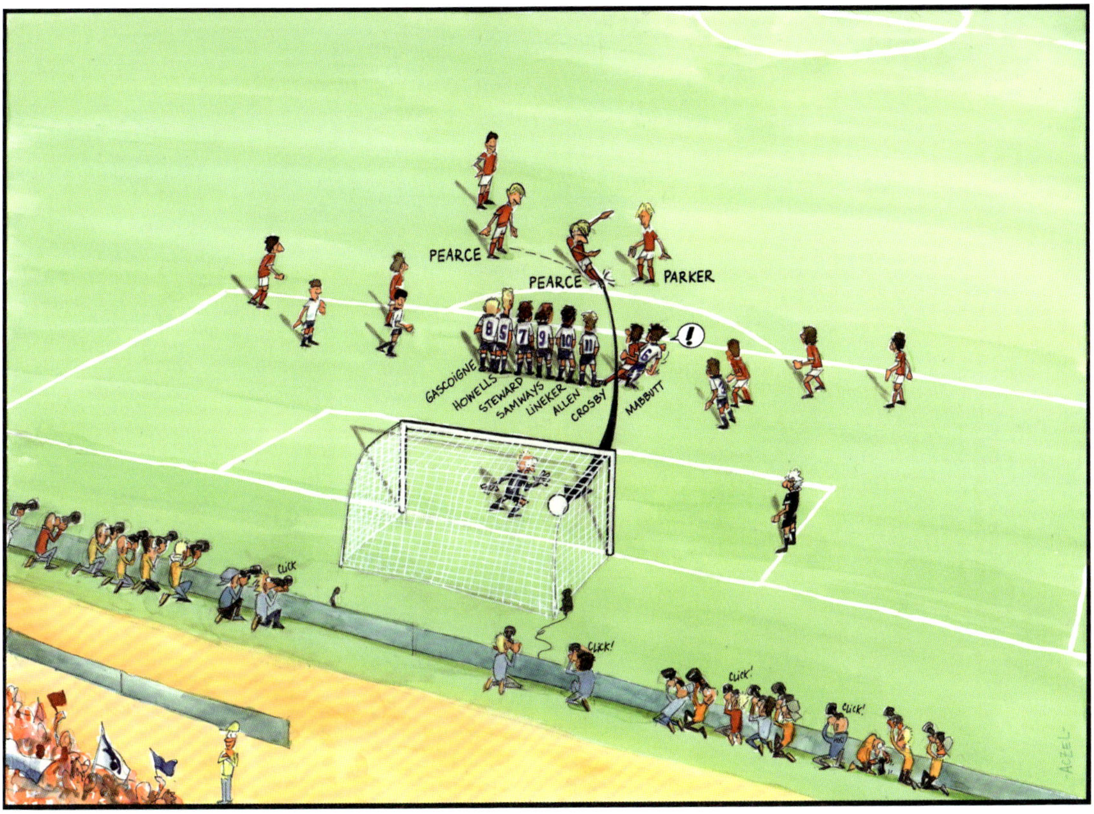

STUART PIERCE (NOTTINGHAM FOREST)

16. MINUTE (0:1)

145

18. MAI 1991, WEMBLEY-STADION, LONDON (ENGLAND)
FA CUP FINALE, TOTTENHAM HOTSPUR 2.1 NOTTINGHAM FOREST

EXPLOSION

Durch eine gut einstudierte Bewegung des Flügelspielers Gary Crosby, mit der er Spurs' Kapitän Gary Mabbutt aus dem Weg räumte, verschaffte er Pearce eine Lücke, der so explodieren konnte.

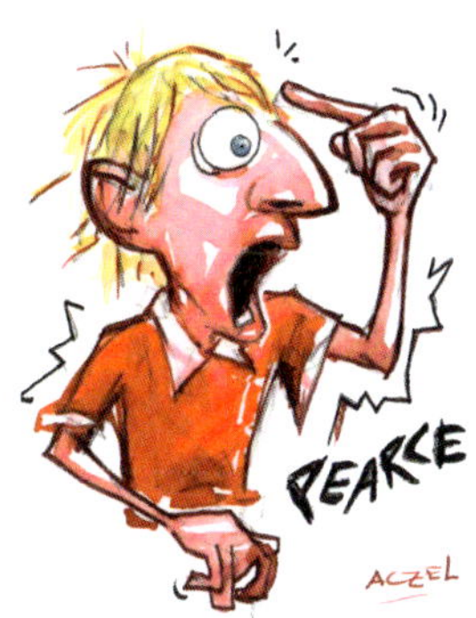

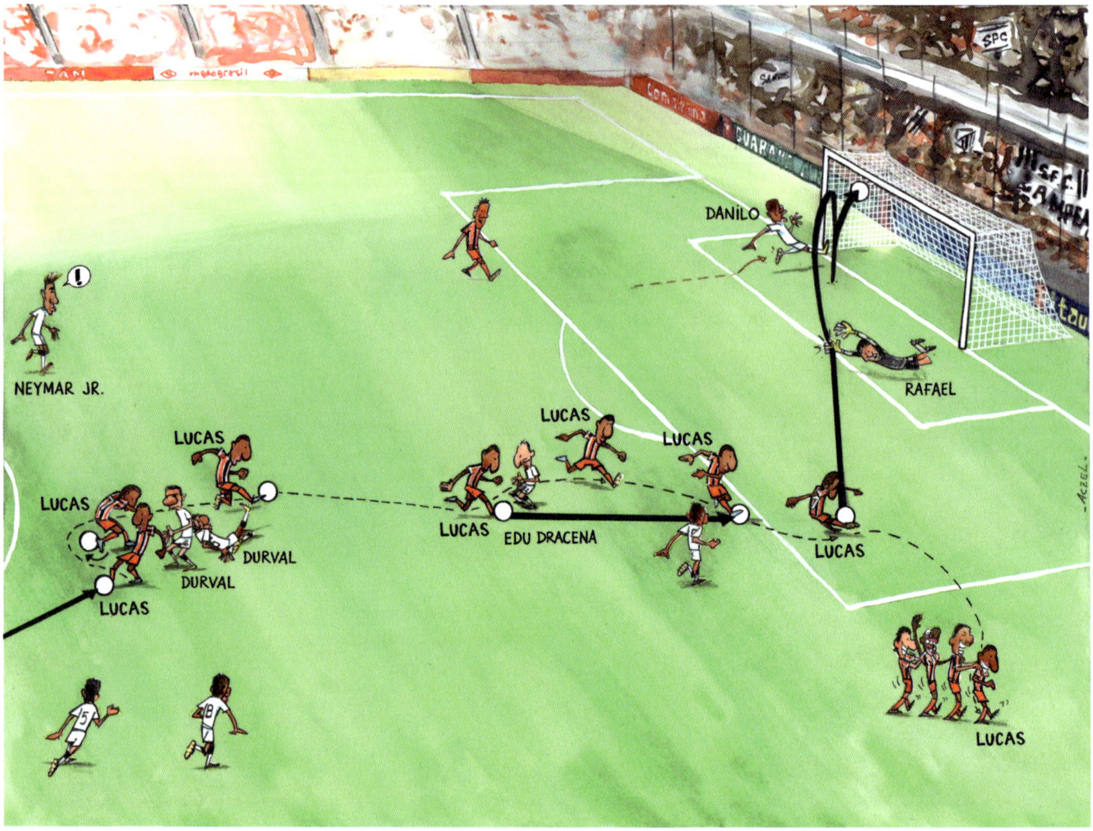

LUCAS MOURA (FC SÃO PAULO)

45. MINUTE (0:1)

146

28. AUGUST 2011, ESTÁDIO URBANO CALDEIRA, SANTOS (BRASILIEN)
CAMPEONATO BRASILEIRO, 19. SPIELTAG, SANTOS FC 1:1 FC SÃO PAULO

WIDMUNG

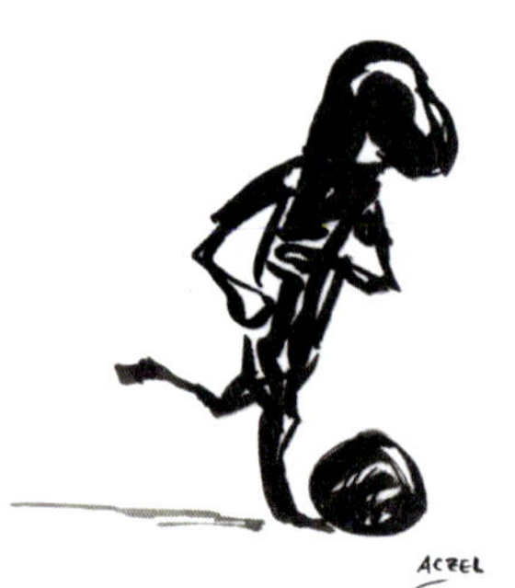

Vor Neymars Augen machte Lucas Moura ein Tor, indem er bei seiner ersten Drehung zunächst keinen Geringeren als Maradona imitierte und bei dem zweiten Skill Pelé.

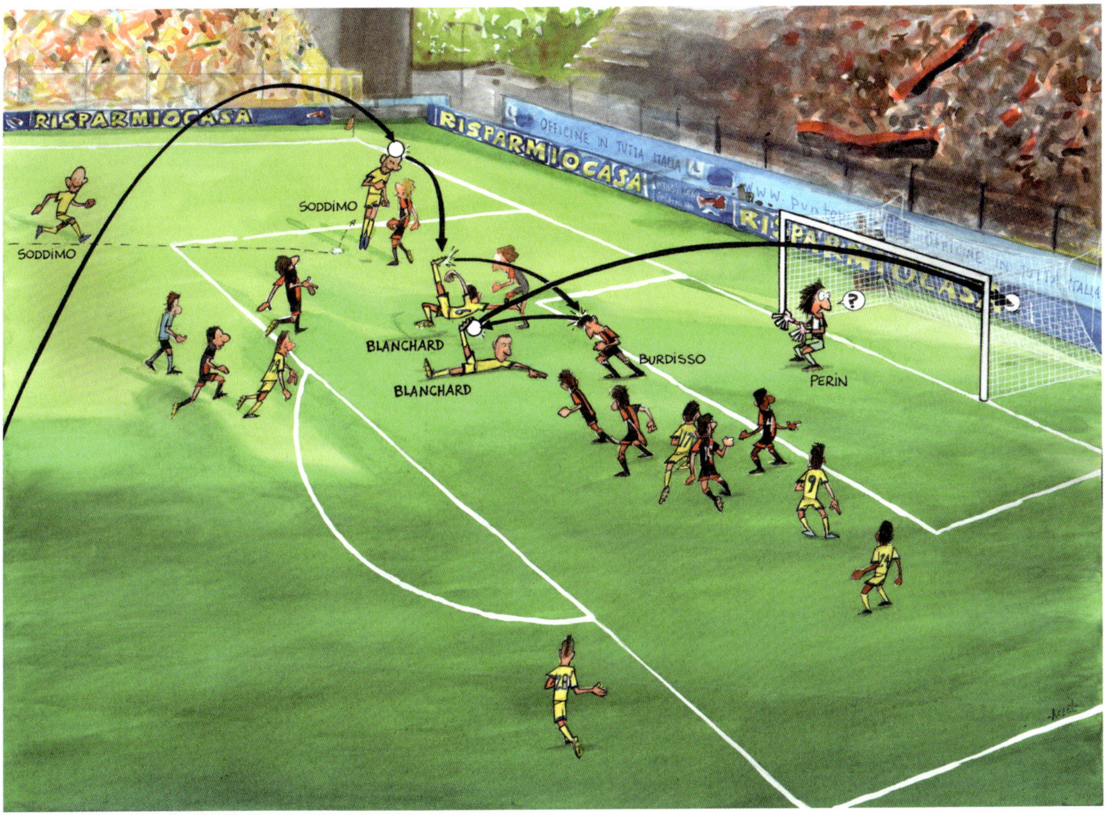

LEONARDO BLANCHARD (FROSINONE CALCIO) 31. MINUTE (1:1)

147

8. NOVEMBER 2015, STADIO MATUSA, FROSINONE, LAZIO (ITALIEN)
SERIE A, 12. SPIELTAG, FROSINONE CALCIO 2:2 CFC GENUA

BEIM ZWEITEN VERSUCH

„Ich versuchte einen Fallrückzieher, der mir missglückte und blieb ziemlich beschämt auf dem Boden liegen. Jedoch wollte Burdisso schließlich klären und der Ball kam zu mir zurück. Intuitiv erwischte ich ihn noch mal per Fallrückzieher, dieses Mal vom Boden aus und mit meinem schwächeren Bein. Der Ball landete im Kreuzeck. Ich bezweifle, das wiederholen zu können."

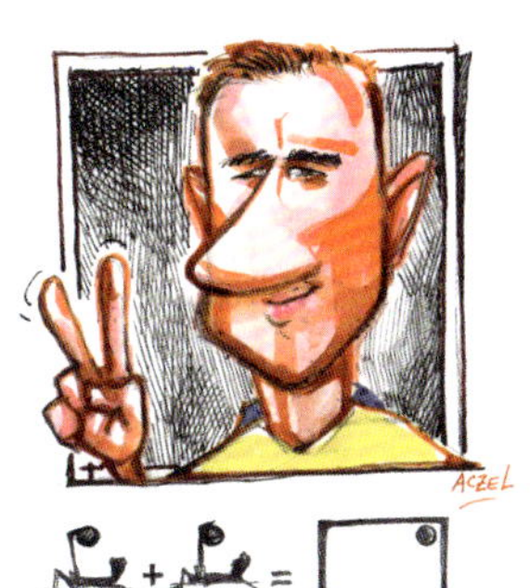

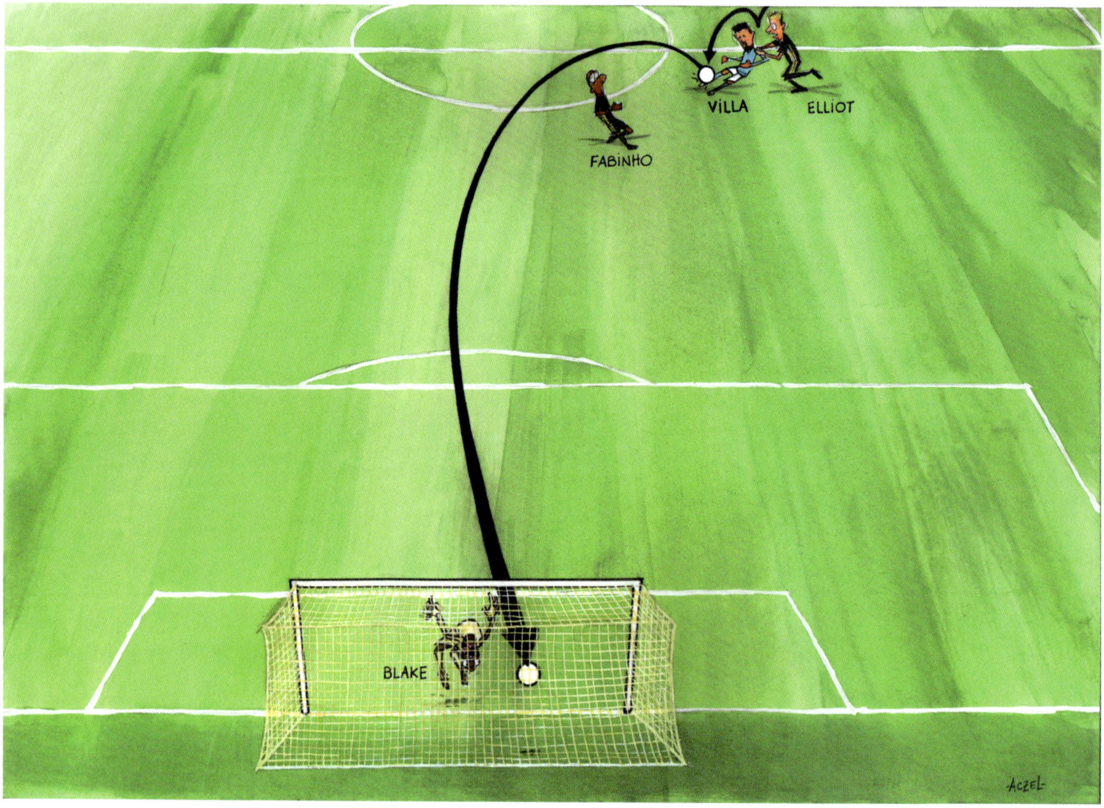

DAVID VILLA (NEW YORK CITY FC) 90. MINUTE (0:2)

148

14. APRIL 2017, TALEN ENERGY STADIUM, CHESTER, PENNSYLVANIA (USA)
MAJOR LEAGUE SOCCER (MLS), 6. SPIELTAG, PHILADELPHIA UNION 0:2 NEW YORK CITY FC

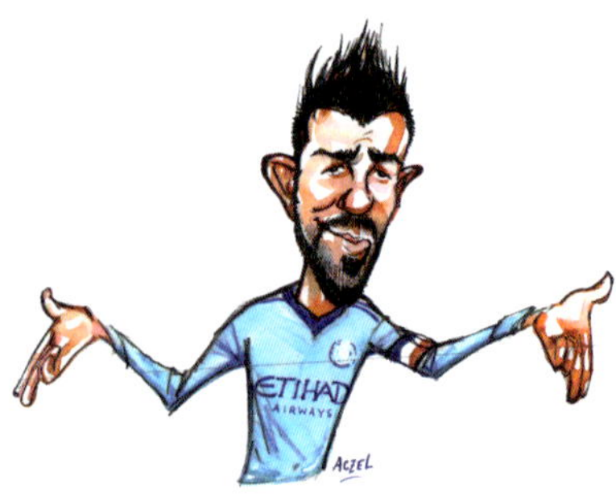

REGENBOGEN

David Villa hat wirklich alles gewonnen mit Barcelona und Spanien. Doch das spektakulärste Tor seiner fußballerischen Karriere machte er in der MSL für New York FC, obwohl er, wie er später unter vorgehaltener Hand erzählte, eigentlich einfach nur zu müde war, um weiter zu laufen und deshalb diesen Weitschuss hinlegte.

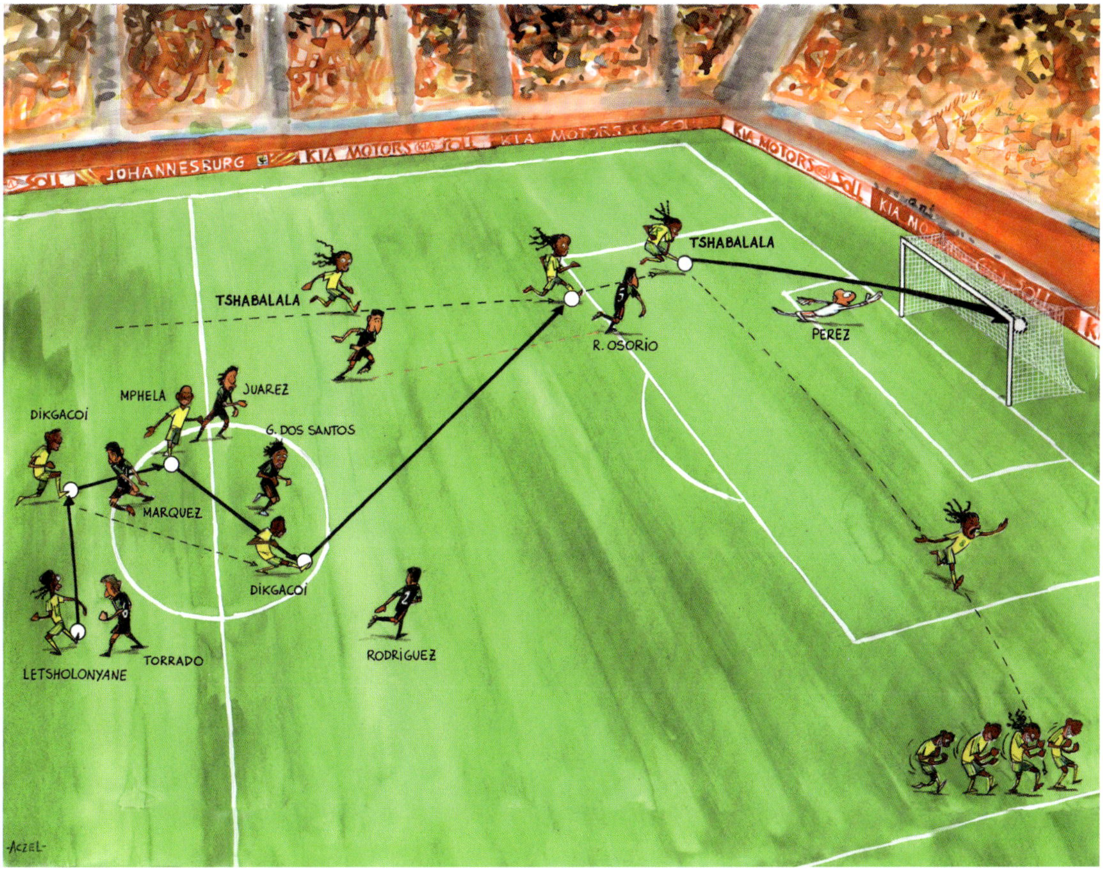

LAWRENCE SIPHIWE TSHABALALA (SÜDAFRIKA) 55. MINUTE (1:0)

149

11. JUNI 2010, SOCCER CITY, JOHANNESBURG (SÜDAFRIKA)
WM 2010, GRUPPE A, SÜDAFRIKA 1:1 MEXIKO

TOR FÜR AFRIKA

Mit diesem ersten Weltmeisterschafts-Tor auf afrikanischem Boden begann die Feier auf dem Kontinent. Und die Vuvuzelas werden nicht mehr verstummen.

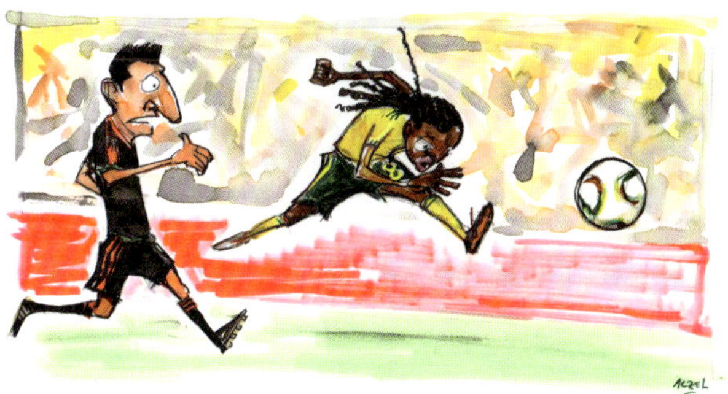

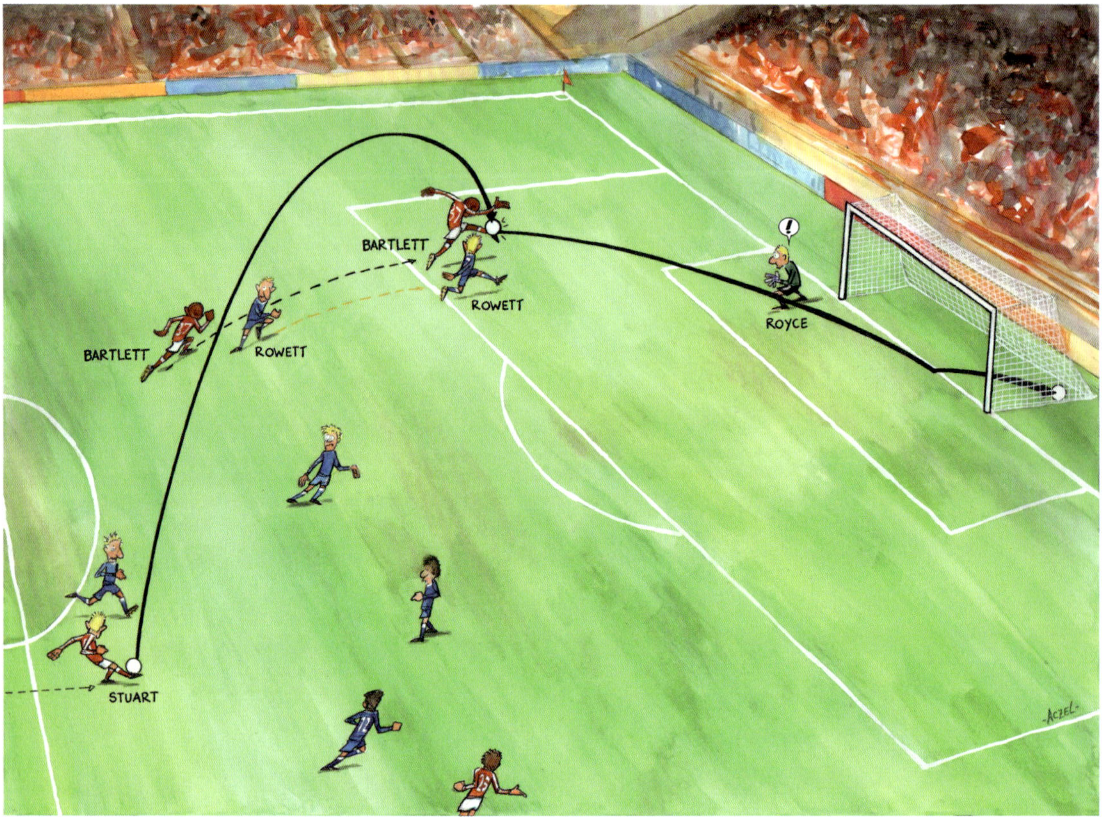

SHAUN BARTLETT (CHARLTON ATHLETIC) 82. MINUTE (2:0)

150

1. APRIL 2001, THE VALLEY (STADION), CHARLTON, LONDON (ENGLAND)
PREMIER LEAGUE, 31. SPIELTAG, CHARLTON ATHLETIC 2:0 LEICESTER CITY

KANONENKUGEL

Dieses Tor wurde von niemand anderem als Thierry Henry zum Tor der Saison gewählt. „Niemand im Stadion erwartete, dass ich direkt schießen würde. In dem Moment, in dem der Ball flach blieb, wusste ich, dass er sich in eine Kanonenkugel verwandeln würde“, so Bartlett.

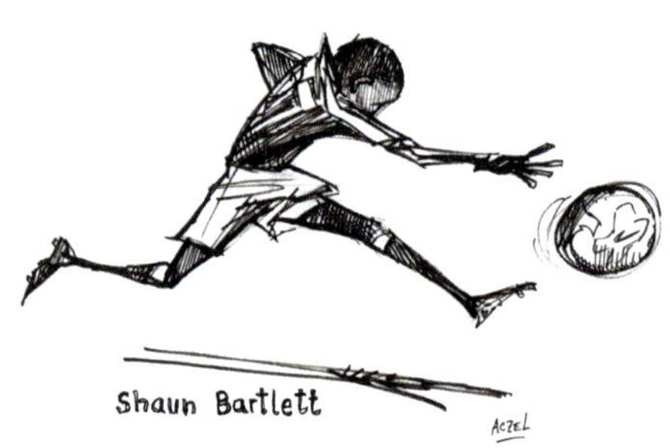

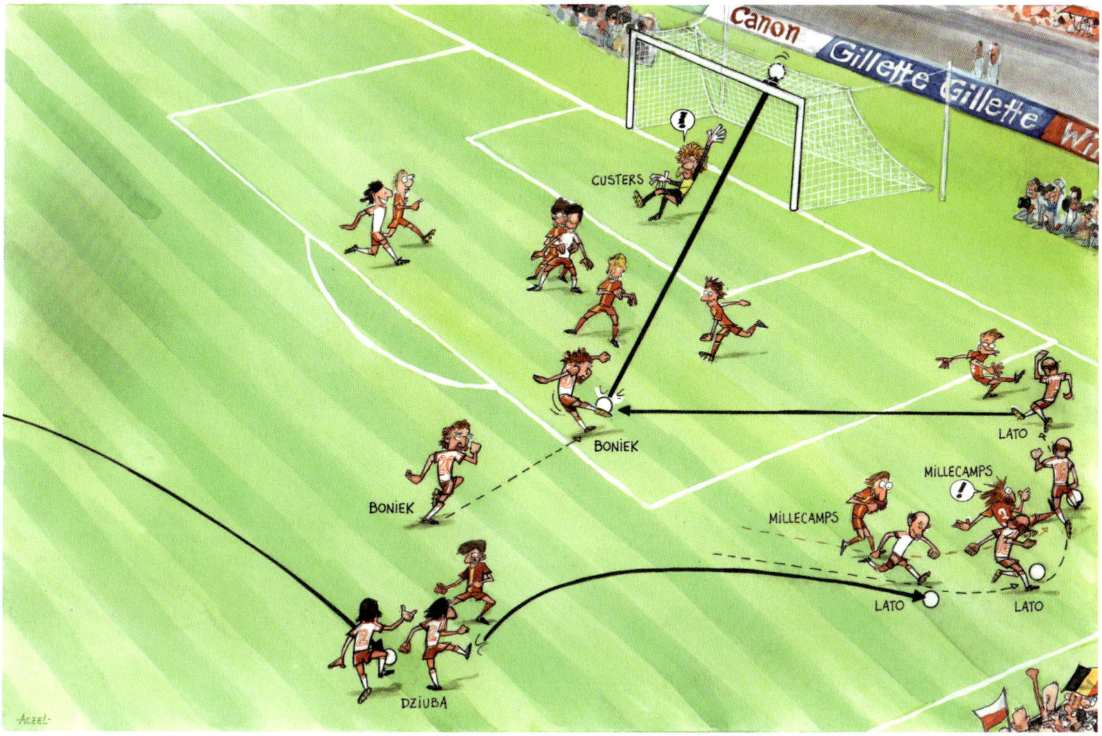

ZBIGNIEW BONIEK (POLEN) 3. MINUTE (1:0)

151

28. JUNI 1982, CAMP NOU, BARCELONA (SPANIEN)
WM 1982, FINALRUNDE, GRUPPE A, POLEN 3:0 BELGIEN

DER BESTE POLNISCHE FUSSBALL ALLER ZEITEN

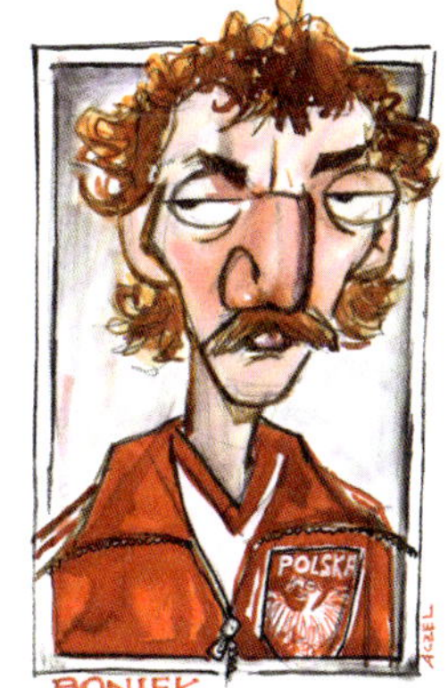

Dieser feine Spielzug spiegelt die goldene Epoche des polnischen Fußballs wider. Die Spieler wurden zu Nationalhelden. Polen belegte bei dieser WM 1982 den dritten Platz wie auch schon 1974. Noch heute spricht man vom guten polnischen Fußball aus dieser Zeit.

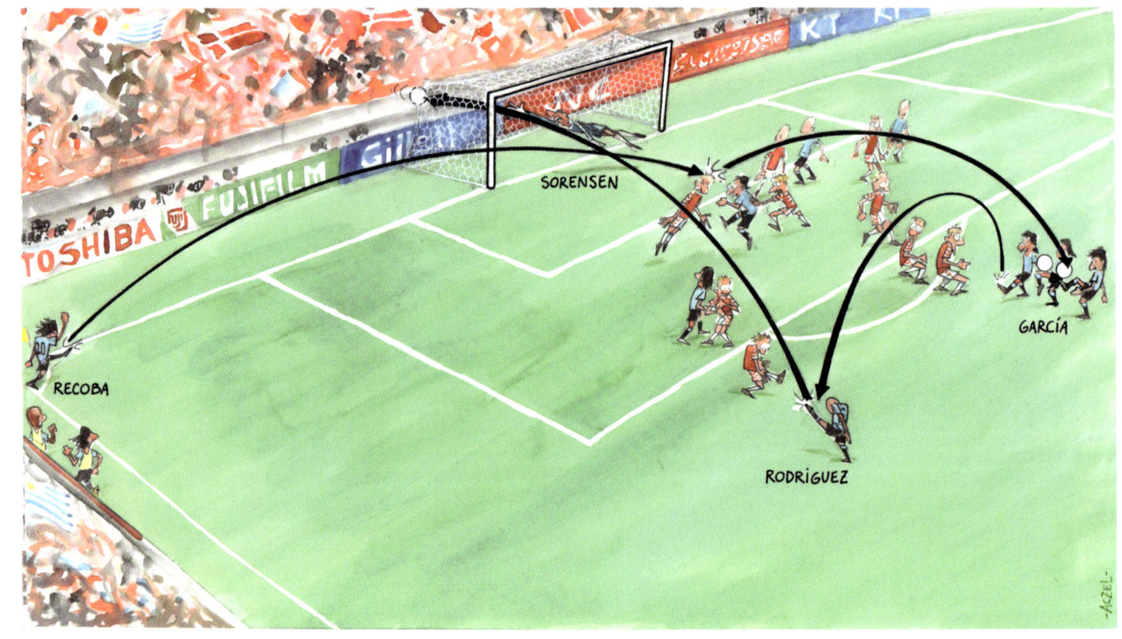

DARIO RODRIGUEZ (URUGUAY) 46. MINUTE (1:1)

152

1. JUNI 2002, ULSAN MUNSU FOOTBALL STADIUM, ULSAN (SÜDKOREA)
WM 2002, GRUPPE A, URUGUAY 1:2 DÄNEMARK

URUGUAYISCHER STOLZ

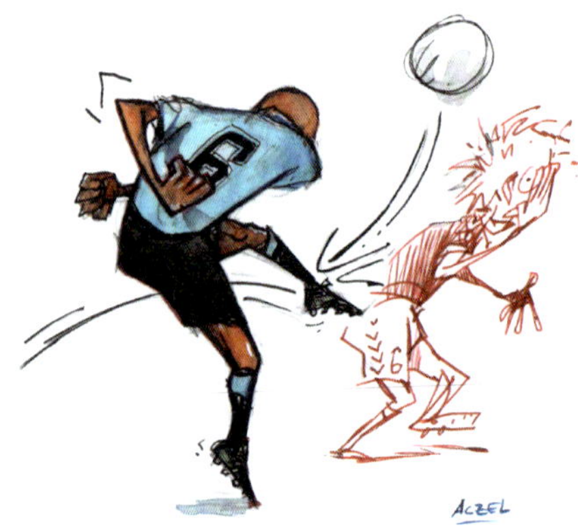

Wir alle lieben einen Langstrecken-Volley. Aber wenn so einer von einem Abwehrspieler in einem wichtigen Weltmeisterschaftsspiel kommt, und wenn so einer auf einen Pass eines zuvor dandelnden Teamkollegen folgt, dann kann man dieses Tor sehr speziell nennen. „Als Kind träumte ich davon, Stürmer zu sein, aber ich wurde Abwehrspieler. Dass mein Tor neben großen Stürmern der Geschichte zu den besten der Weltmeisterschaften zählt, macht mich sehr stolz." Somit erfüllte Rodríguez sich seinen Kindheitstraum zumindest für einen kurzen Augenblick und erhielt in der Geschichte einen Platz als großer Torschütze.

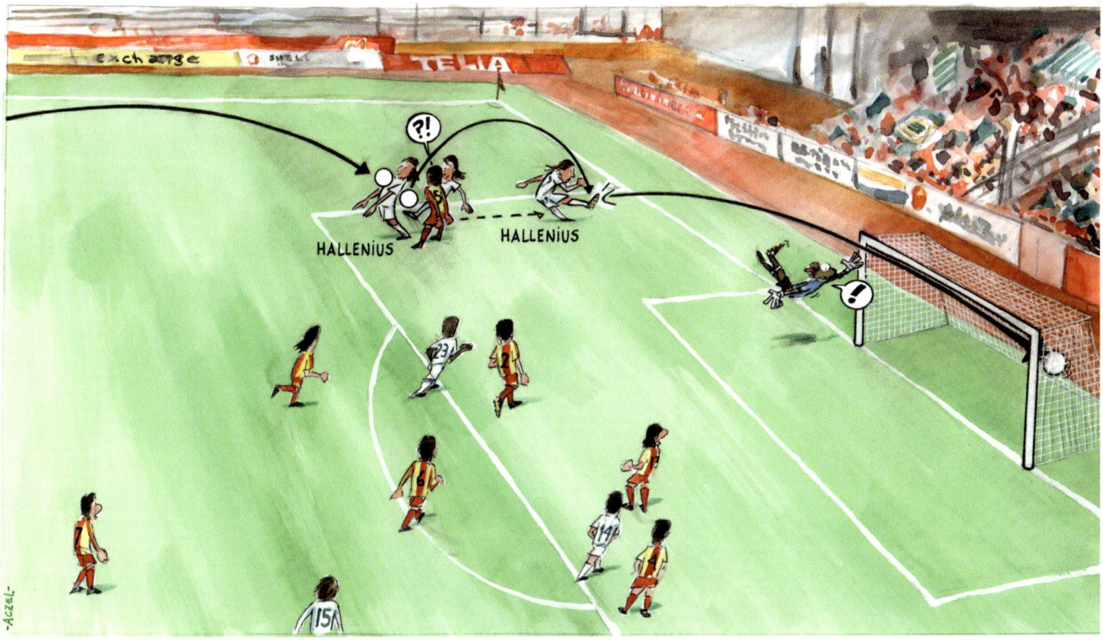

LINUS HALLENIUS (HAMMARBY IF) 66. MINUTE (0:2)

153

20. JUNI 2010, SÖDERTÄLJE FOTBOLLSARENA, SÖDERTÄLJE (SCHWEDEN)
SWEDISH SUPERETTAN, 12. SPIELTAG, SYRIANSKA FC 0:2 HAMMARBY IF

NICHT SCHLECHT

Dieses Tor belegte den zweiten Platz des FIFA-Puskás-Preises für das beste Tor des Jahres 2010. Hamit Altintop (Tor Seite 131) gewann den ersten Preis. Dennoch war es für den 21-jährigen schwedischen Zweitligisten ein unglaublicher Erfolg, noch vor Messi, Nassi und Neymar ausgewählt worden zu sein.

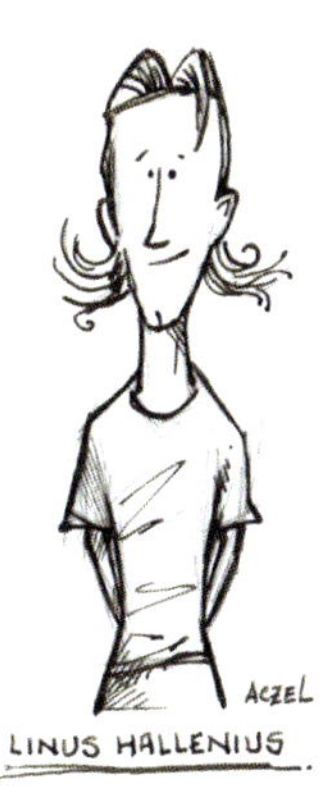

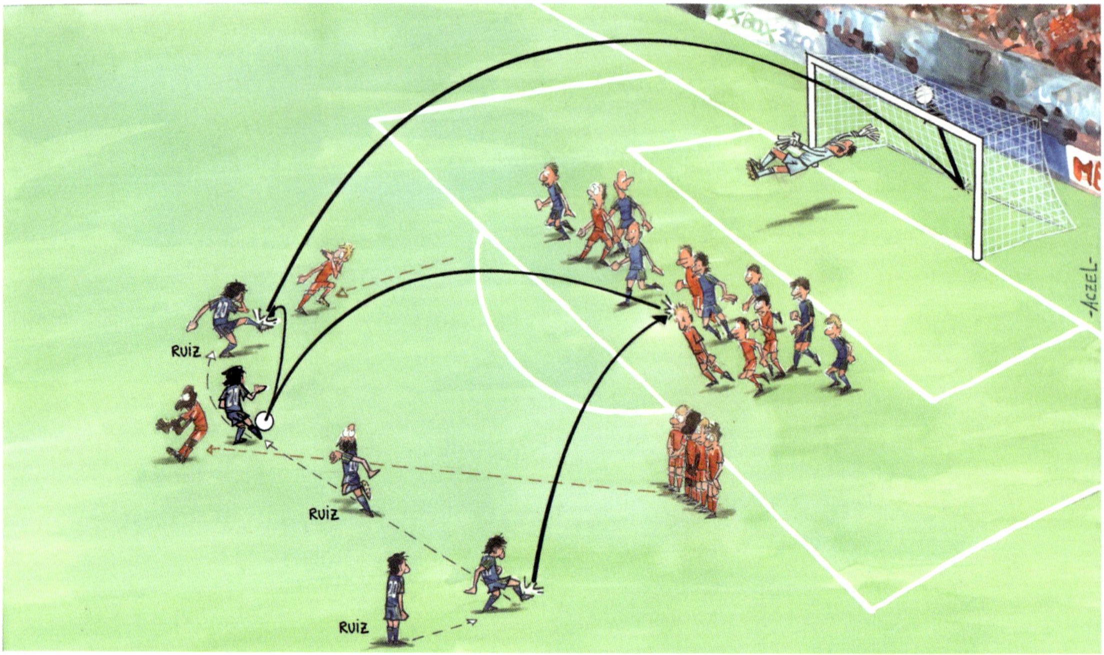

CARLOS RUIZ (PHILADELPHIA UNION) 75. MINUTE (2:1)

154

22. MAI 2011, TALEN ENERGY STADIUM, CHESTER, PENNSYLVANIA (USA)
MAJOR LEAGUE SOCCER (MLS), 3. SPIELTAG,
PHILADELPHIA UNION 2:1 CHICAGO FIRE FC

ZWEITE CHANCE

Ruiz zeigt, wie man einen schlecht geschossenen Freistoß wieder gut machen kann.

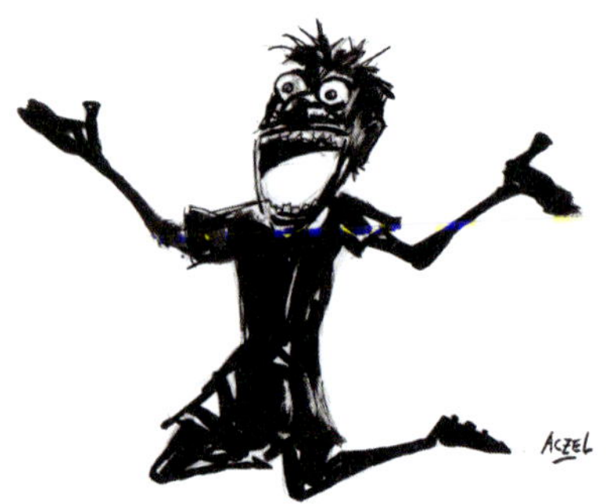

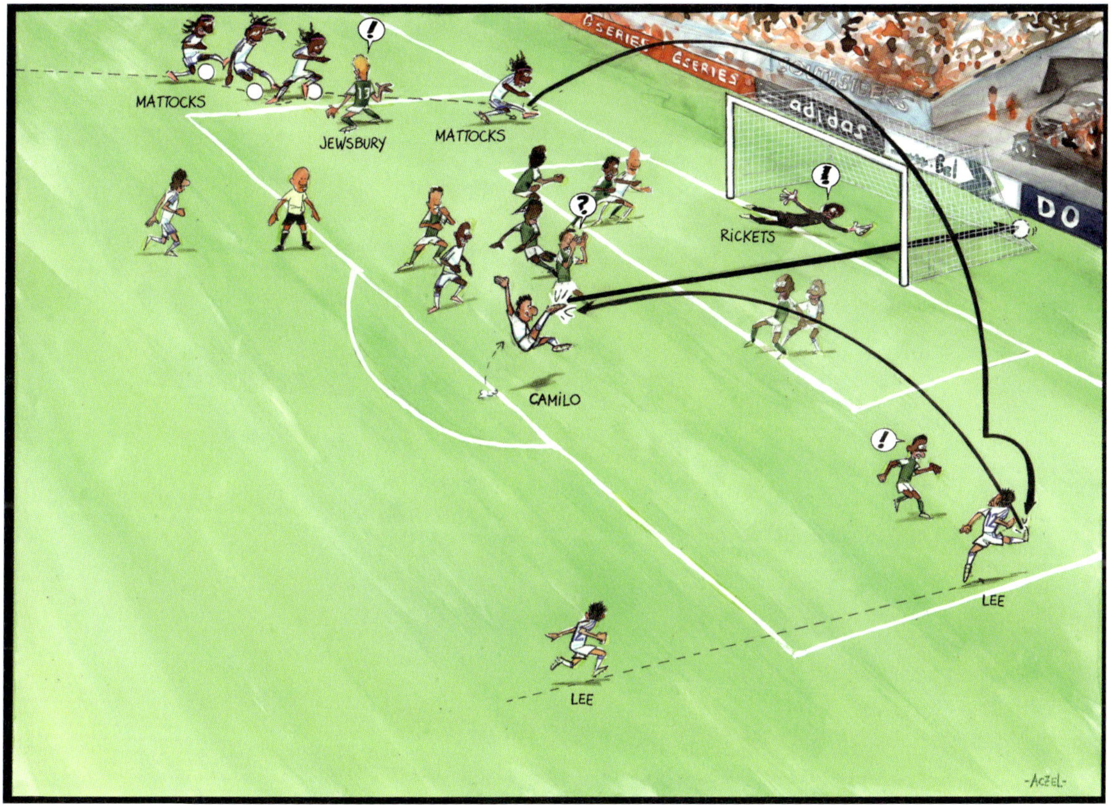

CAMILO SANVEZZO (VANCOUVER WHITECAPS) 78. MINUTE (2:2)

155

6. OKTOBER 2013, BC PLACE, VANCOUVER (KANADA)
MAJOR LEAGUE SOCCER (MLS), 31. SPIELTAG,
VANCOUVER WHITECAPS 7:2 PORTLAND TIMBERS

MLS TOR DES JAHRES

„Es war eines dieser Spiele, wo einfach alles passieren kann und dir einfach alles gelingt.“

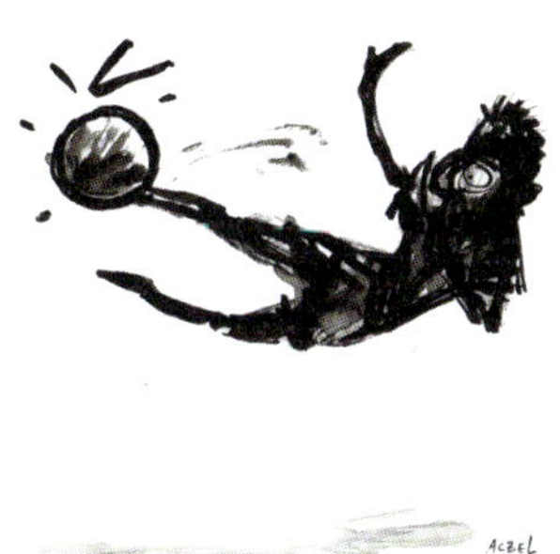

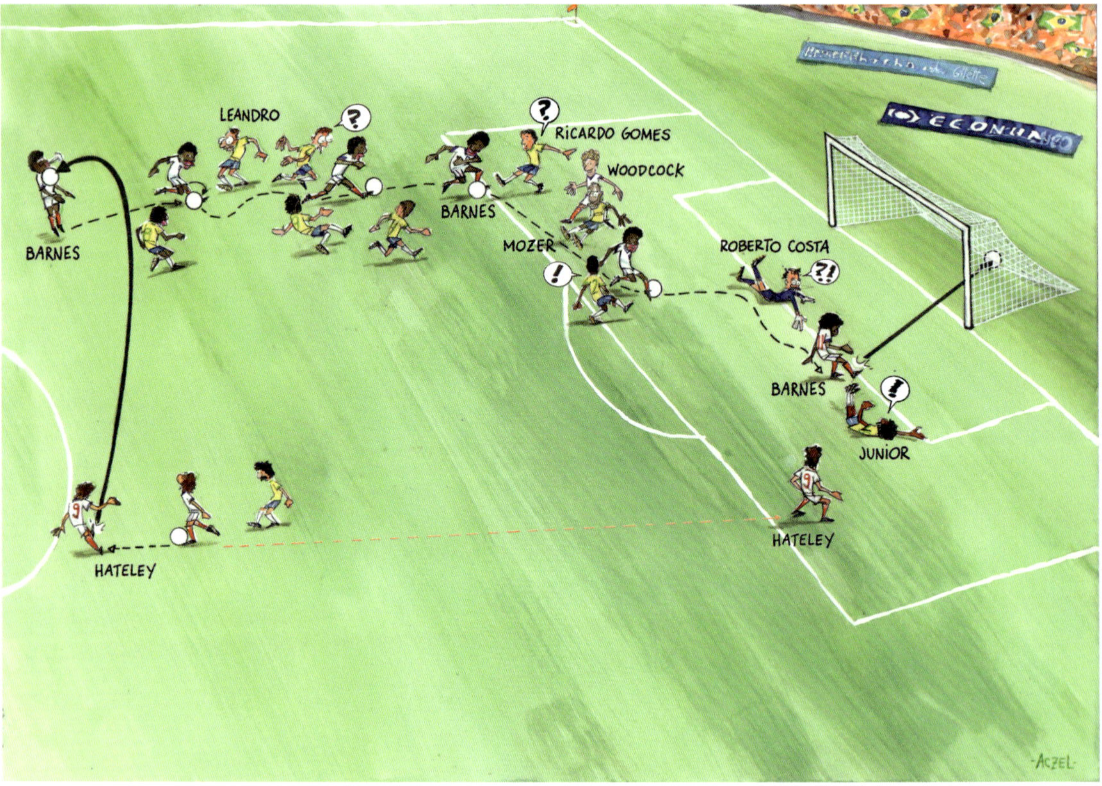

JOHN BARNES (ENGLAND) 44. MINUTE (0:1)

156

10. JUNI 1984, MARACANÃ, RIO DE JANEIRO (BRASILIEN)
INTERNATIONAL FRIENDLY, BRASILIEN 0:2 ENGLAND

FREUNDLICHES MARACANAZO

Das Tor Barnes‘, der die gesamte brasilianische Abwehr mitten im Maracanã ausspielte, ist eines der Lieblinge Englands. Die brasilianischen Fans erinnern sich nicht daran. Sie sagen: „Was? So ein englisches Tor? Bist du sicher, dass es in Rio war? Das kann nicht sein!“

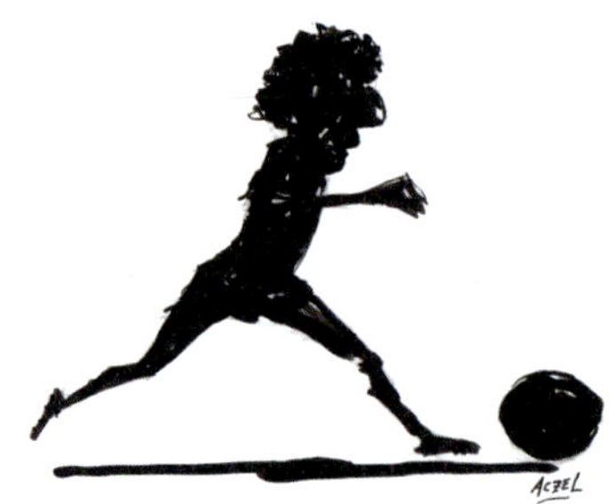

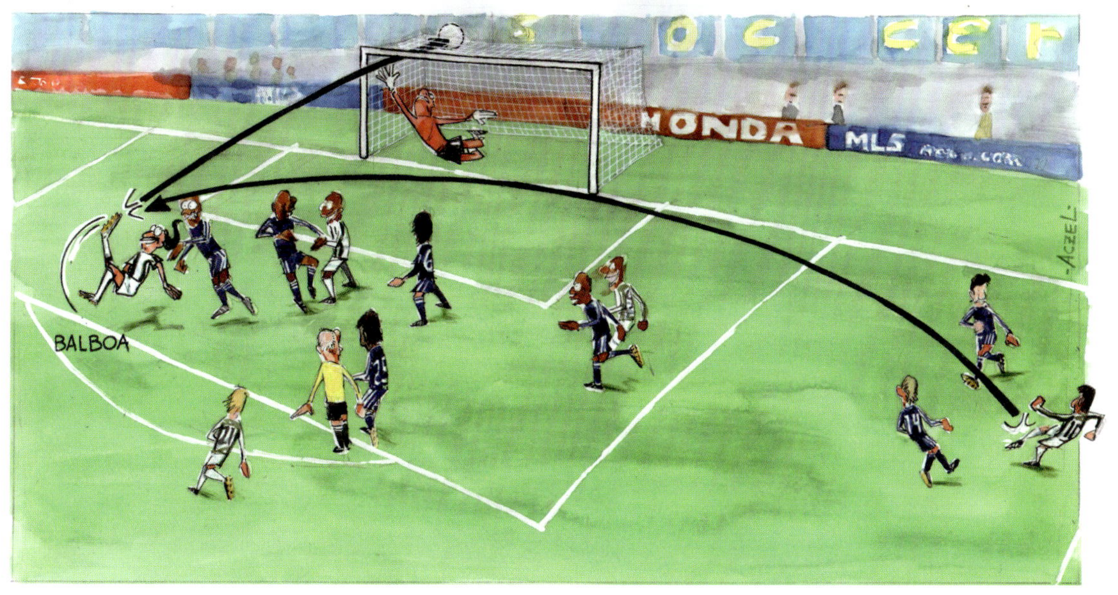

MARCELO BALBOA (COLORADO RAPIDS) 55. MINUTE (1:2)

157

22. APRIL 2000, COLUMBUS CREW STADIUM, COLUMBUS, OHIO (USA)
MAJOR LEAGUE SOCCER (MLS), 6. SPIELTAG,
COLUMBUS CREW 2:3 COLORADO RAPIDS

BORN IN THE USA

Balboa, Abwehrspieler, war ein großer Kapitän der amerikanischen Nationalmannschaft. Er hatte bereits internationale Aufmerksamkeit mit einem Fallrückzieher-Fast-Tor in der Weltmeisterschaft 1994 auf sich gezogen. Schließlich, am Ende seiner Karriere, erzielte er tatsächlich für seinen Club ein Tor mit einem wunderbaren Fallrückzieher. Es wird als eines der besten in der Geschichte der MLS gewertet.

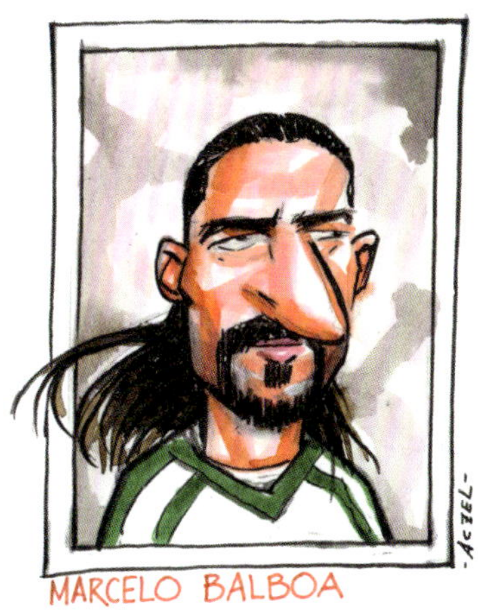

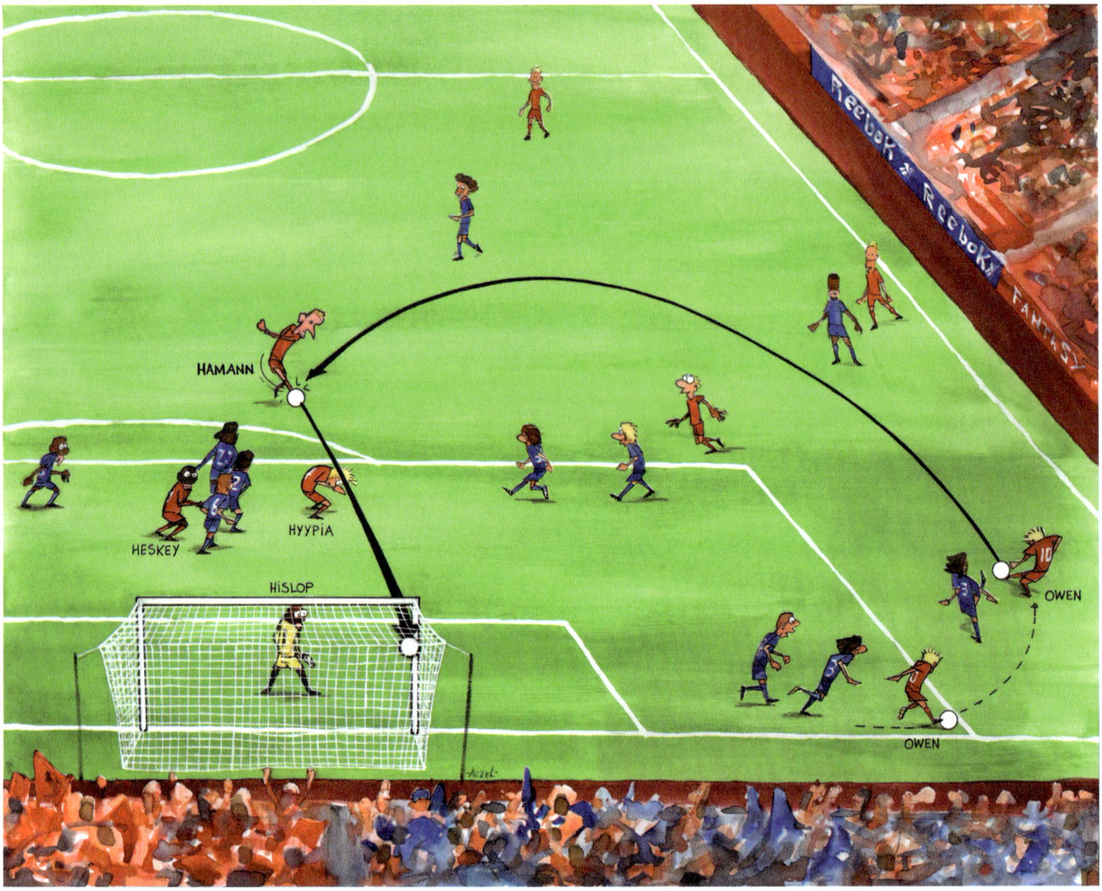

DIETMAR HAMANN (FC LIVERPOOL) 6. MINUTE (1:0)

158

17. MÄRZ 2004, ANFIELD, LIVERPOOL (ENGLAND)
PREMIER LEAGUE, 28. SPIELTAG, FC LIVERPOOL 3:0 FC PORTSMOUTH

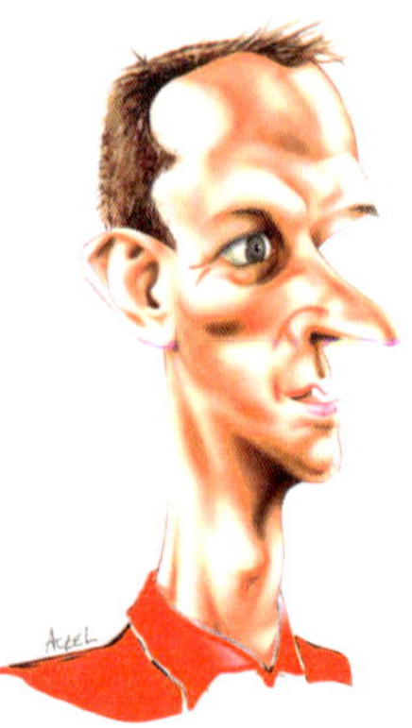

"ICH HABE IHN EINFACH GETROFFEN"

Owen holte sich den Ball nahe der Ecke wieder, sah beim Zurücklaufen Hamann und flankte ihm einen perfekt schwebenden Ball zu. „Ich habe einfach mit allem geschossen. Ich könnte den Ball tausende Male wieder schießen und würde ihn sicherlich niemals wieder so mit so viel Kraft ins Tor bekommen", gibt Hamann zu. Das Tor wurde nicht nur Tor der Saison, sondern sollte Liverpool auch für die Champions League qualifizieren, die sie daraufhin gewann.

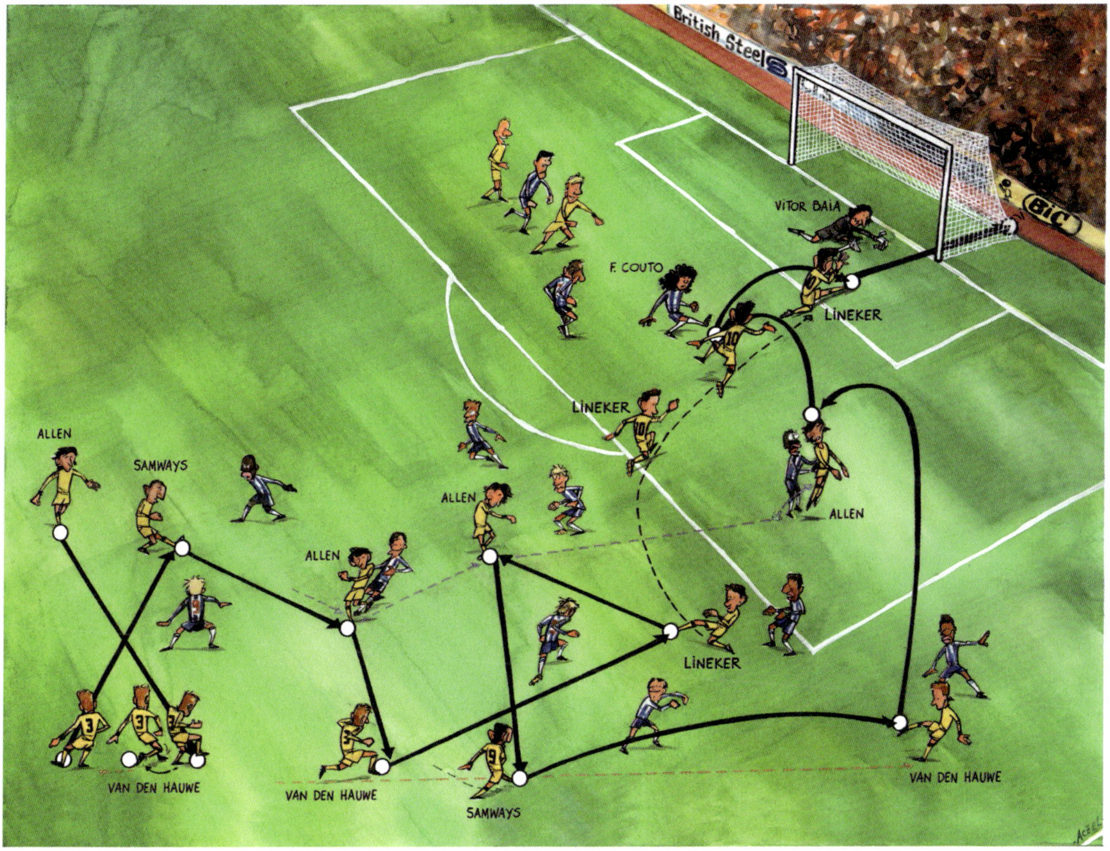

GARY LINEKER (TOTTENHAM HOTSPUR) 14. MINUTE (1:0)

159 23. OKTOBER 1991, WHITE HART LANE, TOTTENHAM, LONDON (ENGLAND)
EUROPAPOKAL DER POKALSIEGER, 2. RUNDE, HINSPIEL, TOTTENHAM HOTSPUR 3:1 FC PORTO

DER ENGLISCHE TORSCHÜTZE

„Ich habe nie besonders spektakuläre Tore gemacht, aber dieses war das schönste Tor als Mannschaft, an das ich mich erinnern kann", schwärmt der sympathische Engländer. Er bekam übrigens in seiner sechzehnjährigen Profikarriere nicht eine gelbe oder rote Karte.

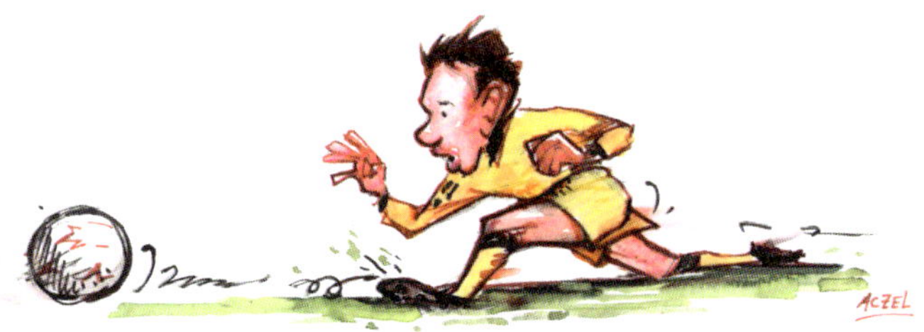

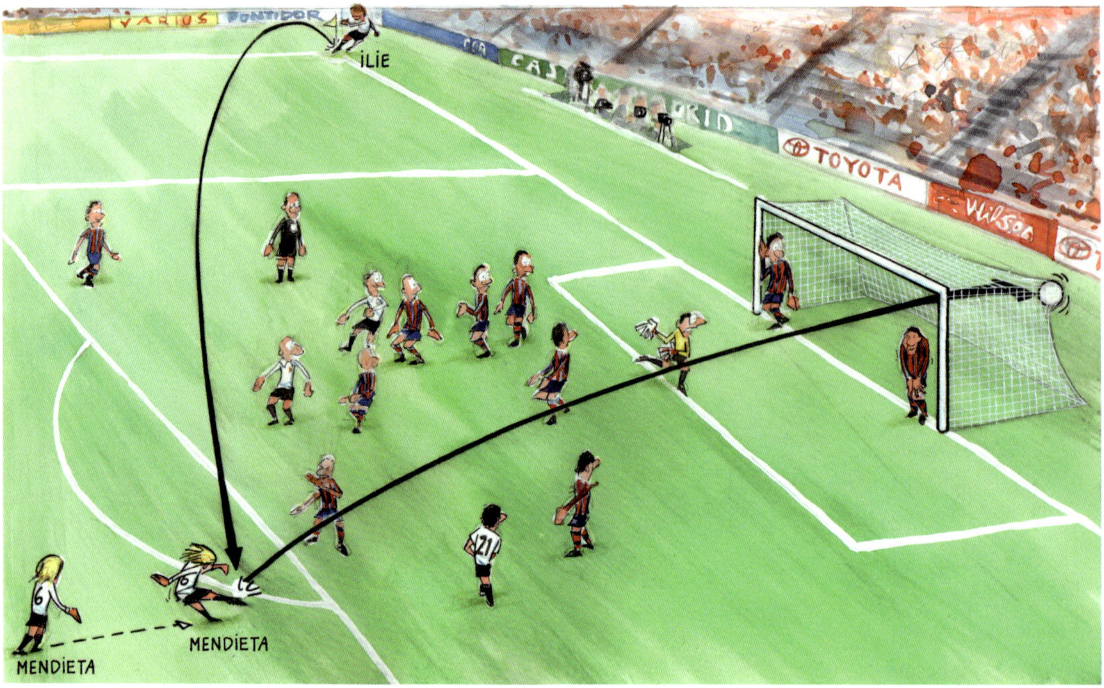

GAIZKA MENDIETA (FC VALENCIA) 80. MINUTE (2:3)

160

17. FEBRUAR 1999, CAMP NOU, BARCELONA (SPANIEN)
COPA DEL REY, VIERTELFINALE, HINSPIEL, FC BARCELONA 2:3 FC VALENCIA

IMPROVISIERTER ECKSTOSS

„Das Lustige ist, dass wir das nie so trainiert hatten. Ich hob meine Hand, weil ich frei stand, und Ilie legte mir den Ball perfekt auf meinen Fuß. Ich versenkte ihn phänomenal.“ Dies war Valencias goldene Epoche unter Mendietas Führung als Kapitän. Sie würden Barcelona und Real Madrid auf dem Weg links liegen lassen und die Copa de Rey gegen Atletico Madrid gewinnen.

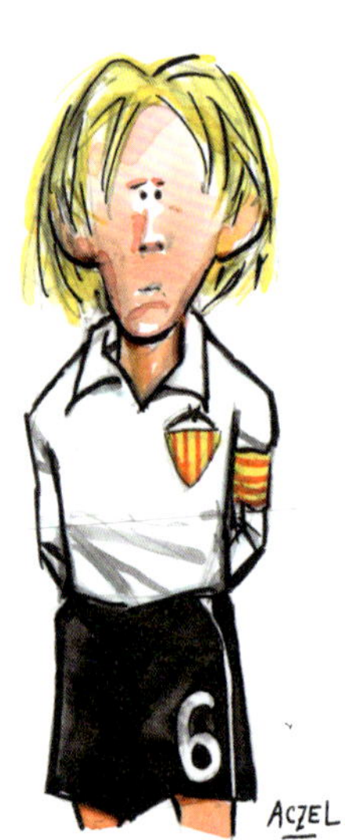

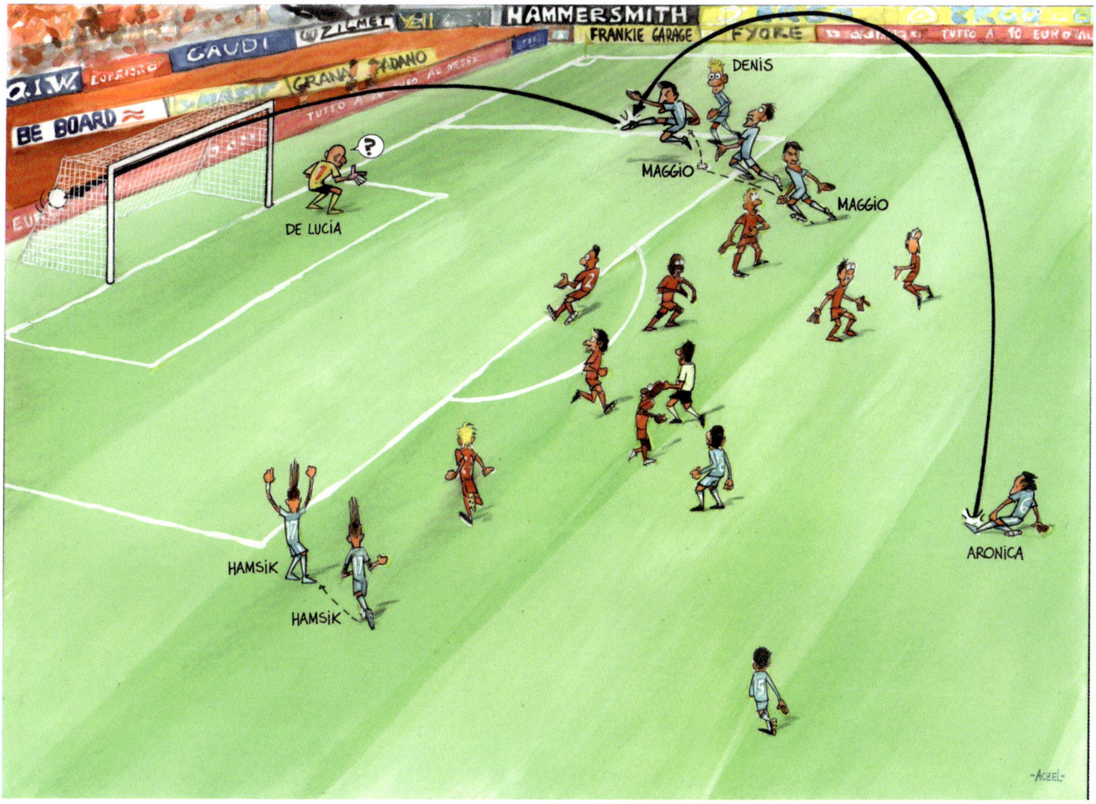

CHRISTIAN MAGGIO (SSC NEAPEL) 45+1. MINUTE (0:1)

161

24. JANUAR 2010, STADIO ARMANDO PICCHI, LIVORNO, TOSKANA (ITALIEN)
SERIE A, 21. SPIELTAG, AS LIVORNO 0:2 SSC NEAPEL

A LA VAN BASTEN

Dieses Tor war dem van Bastens (Seite 12) in der Europameisterschaft 1988 sehr ähnlich, nur aus einem besseren Winkel und zu einem nicht so wichtigen Anlass. Dennoch mit der selben Perfektion.

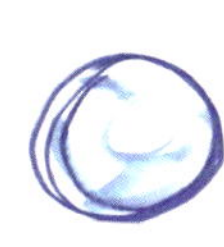

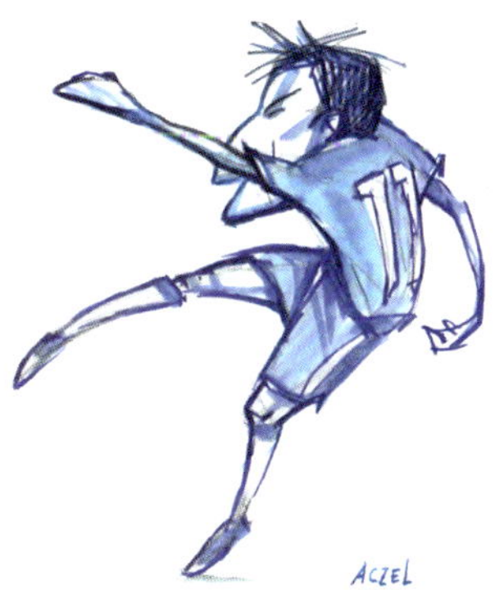

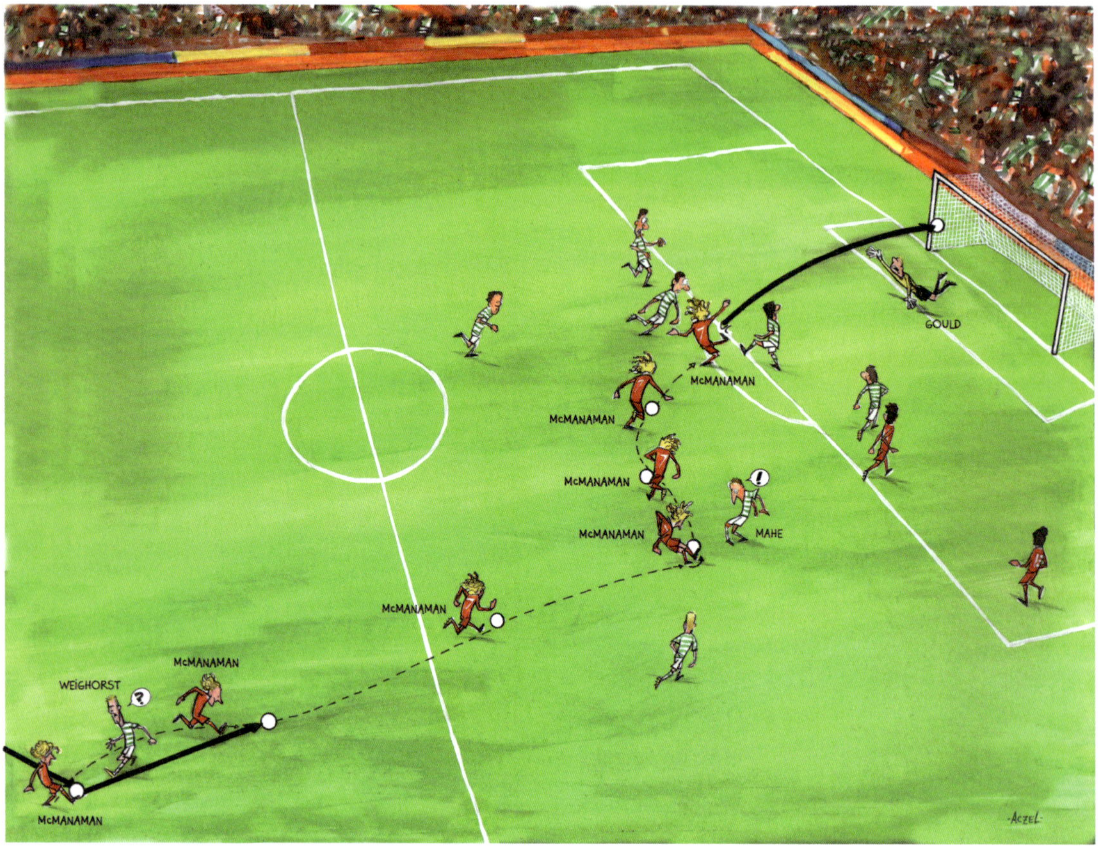

STEVE MCMANAMAN (FC LIVERPOOL) 89. MINUTE (2:2)

162

16. SEPTEMBER 1997, CELTIC PARK, GLASGOW (SCHOTTLAND)
UEFA CUP, 1ST ROUND, 1ST LEG, CELTIC GLASGOW 2:2 FC LIVERPOOL

DER LAUF

„Als ich den Ball bekam und loslief, war ich so weit entfernt, dass ich niemals dachte, aufs Tor schießen zu können."

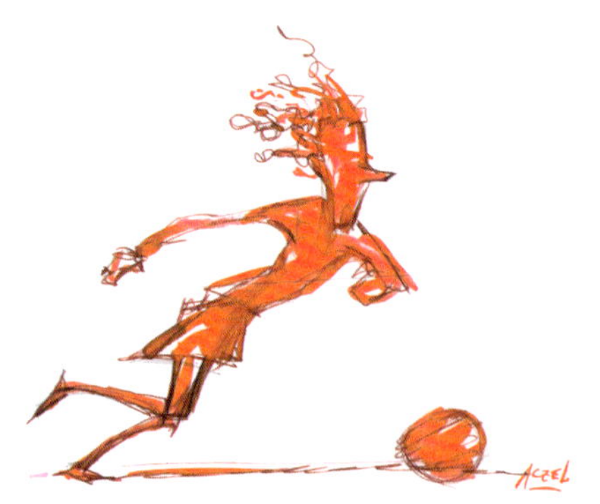

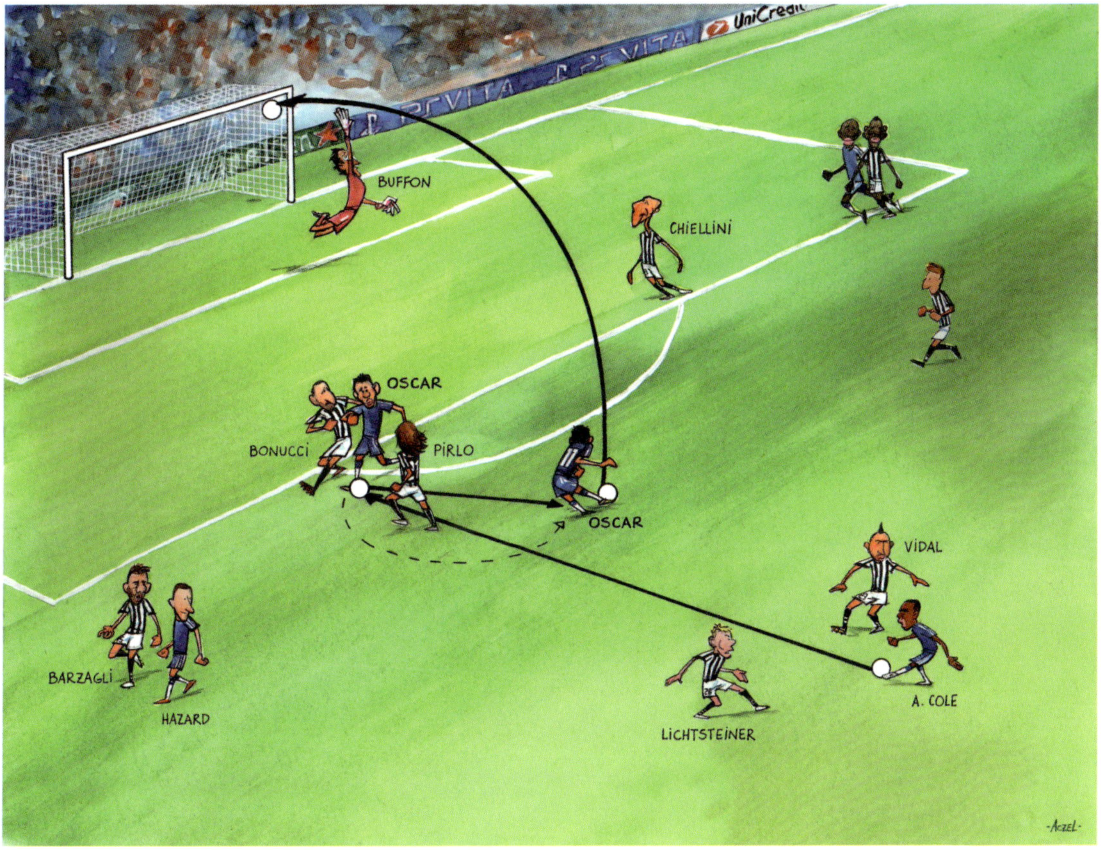

OSCAR (FC CHELSEA) 33. MINUTE (2:0)

163

19. SEPTEMBER 2012, STAMFORD BRIDGE, FULHAM, LONDON (ENGLAND)
CHAMPIONS LEAGUE, GRUPPE E, FC CHELSEA 2:2 JUVENTUS TURIN

GEGEN DIE BESTE ABWEHR

Oscar war gerade von Internacional Brasil bei Chelsea angekommen und gab sein Debüt in der Champions League. Und das gegen Juventus mit einer der besten Abwehr aller Zeiten. Er kam vor Bonucci an den Ball mit einem „Bergkamp-esque“-Kontakt um sich selbst herum und schoss den Ball anschließend in den Winkel. Pirlo sah ihn danach an, als ob er sagen wollte: „Dieser Junge ist echt gut.“
Später wechselte er mit nur 25 Jahren nach China, um den Fußball dort populärer zu machen.

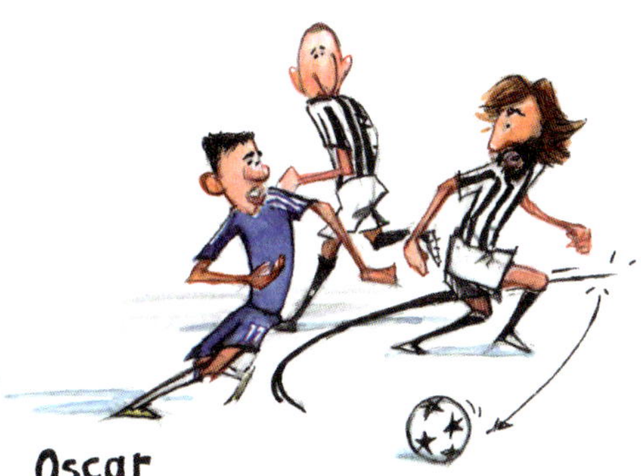

Oscar

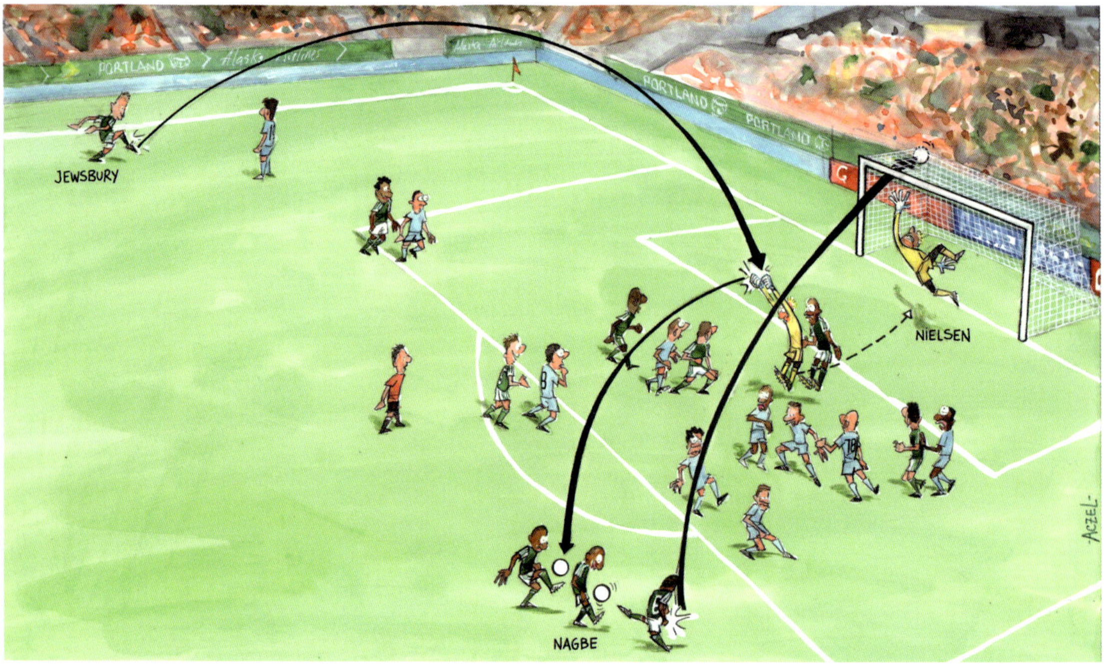

DARLINGTON NAGBE (PORTLAND TIMBERS) 45. MINUTE (1:2)

164

2. JULI 2011, PROVIDENCE PARK, PORTLAND, OREGON (USA)
MAJOR LEAGUE SOCCER (MLS), 16. SPIELTAG,
PORTLAND TIMBERS 1:2 SPORTING KANSAS CITY

JONGLIEREN

Als wäre es ein Spiel mit Freunden im Park, begann Nagbe zu dandeln mit einem unhaltbaren Abschluss. Es wurde Tor des Jahres der MLS 2011.

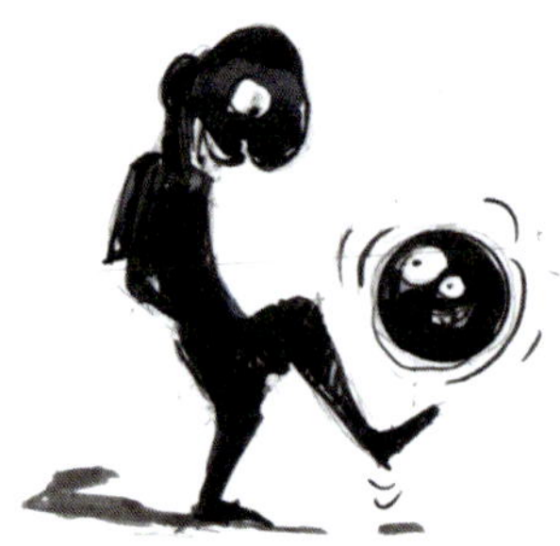

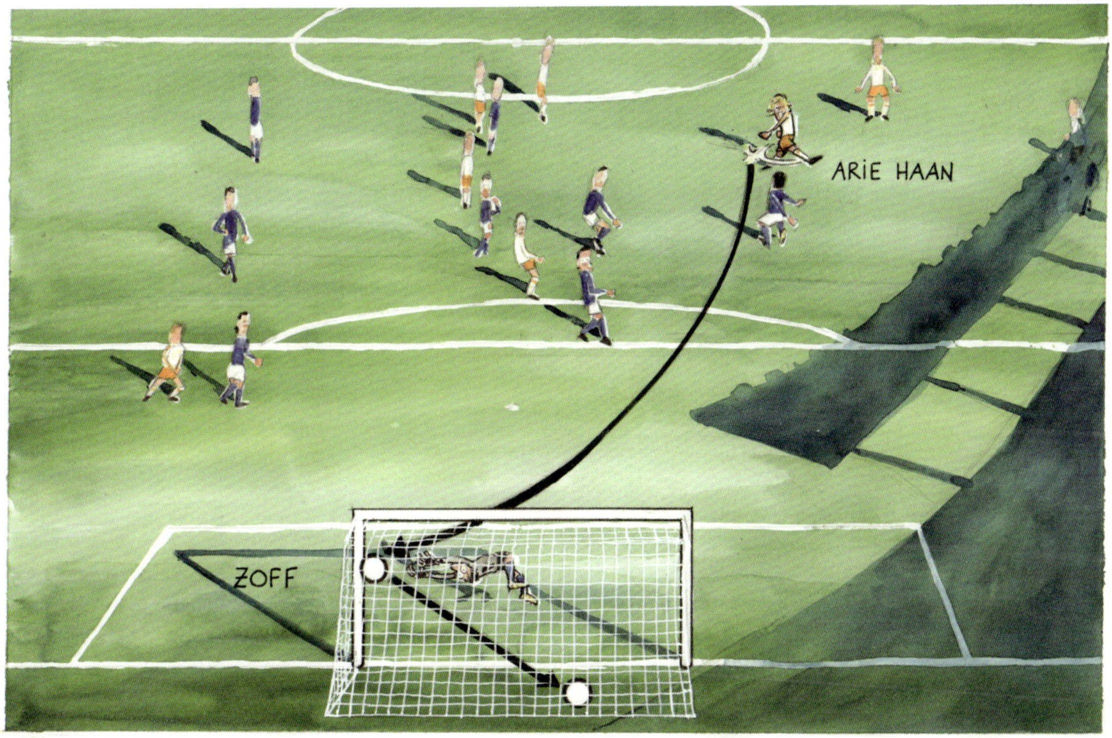

165

ARIE HAAN (NIEDERLANDE) 75. MINUTE (2:1)

26. JUNI 1978, ESTADIO MONUMENTAL, BUENOS AIRES (ARGENTINIEN)
WM 1978, GRUPPE A, ZWEITE RUNDE, NIEDERLANDE 2:1 ITALIEN

WARUM NICHT…

… einfach abziehen? Haan war in den 1970er Jahren Stammspieler im Mittelfeld der niederländischen Nationalelf. Mit ihr wurde er 1974 und 1978 Vize-Weltmeister. Unvergessen sind seine Tore aus großer Entfernung. Mit seinem schönsten überwand er Weltklassetorhüter Dino Zoff und trug so maßgeblich zum Einzug seiner Mannschaft in das WM-Finale bei.

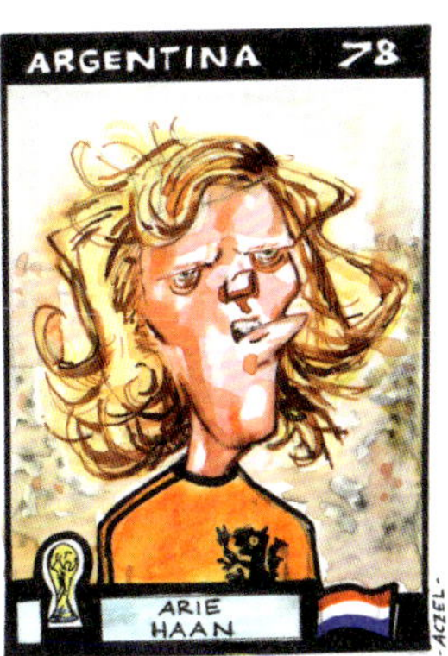

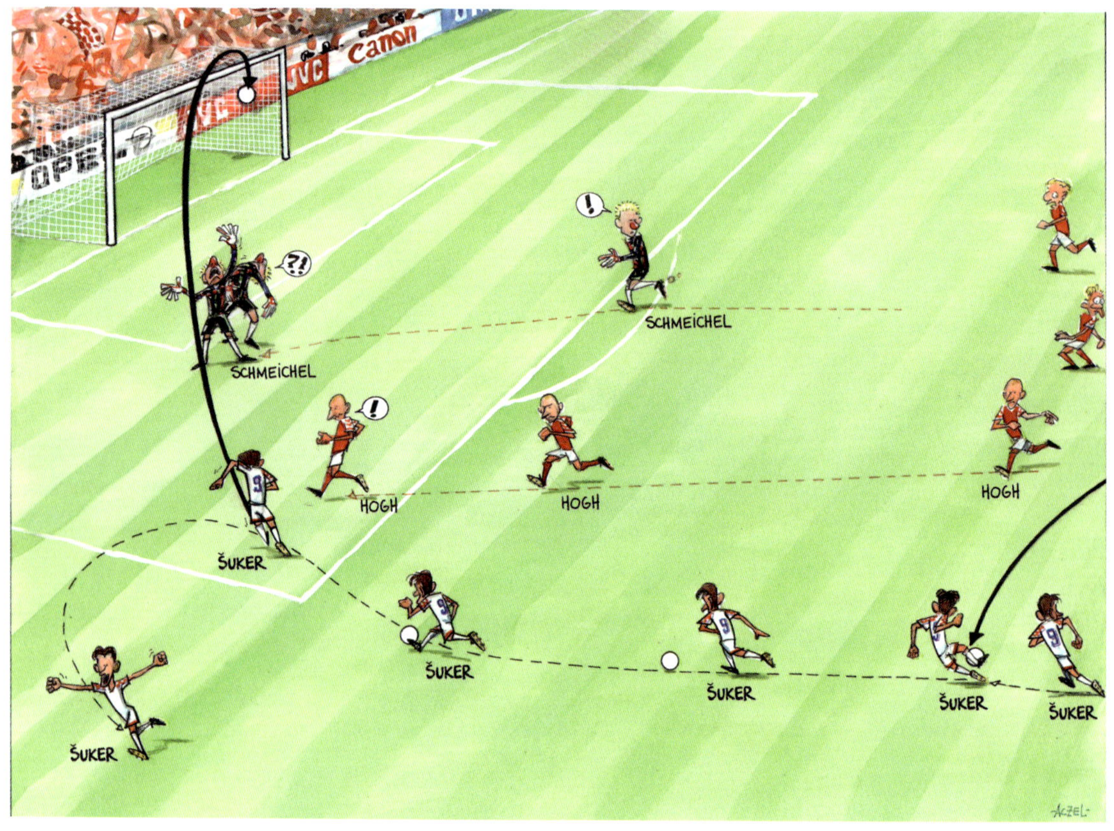

166

DAVOR ŠUKER (KROATIEN) — 90. MINUTE (3:0)

16. JUNI 1996,
HILLSBOROUGH STADIUM, SHEFFIELD, YORKSHIRE AND THE HUMBER (ENGLAND)
EUROPAMEISTERSCHAFT 1996, KROATIEN 3:0 DÄNEMARK

GUTER ERSTER EINDRUCK

Beim EM-Debüt bekam es Kroatien in der Gruppenphase mit Titelverteidiger Dänemark zu tun. In den ersten Jahren als unabhängige Nation wollten die Kroaten zeigen, dass sie gut Fußballspielen konnten. „Der Schlüssel war die gute Kontrolle am Anfang des Spielzugs, der Rest scheint improvisiert. Jedoch hatte ich diese Art von Schuss viel in den Trainings geübt. Klar zählte dieses Tor noch mehr, weil es gegen Schmeichel, dem damals besten Torwart, und den amtierenden Meister fiel. Und das bei unserem Debüt. Es war sehr wichtig für unser Land."

ACZEL

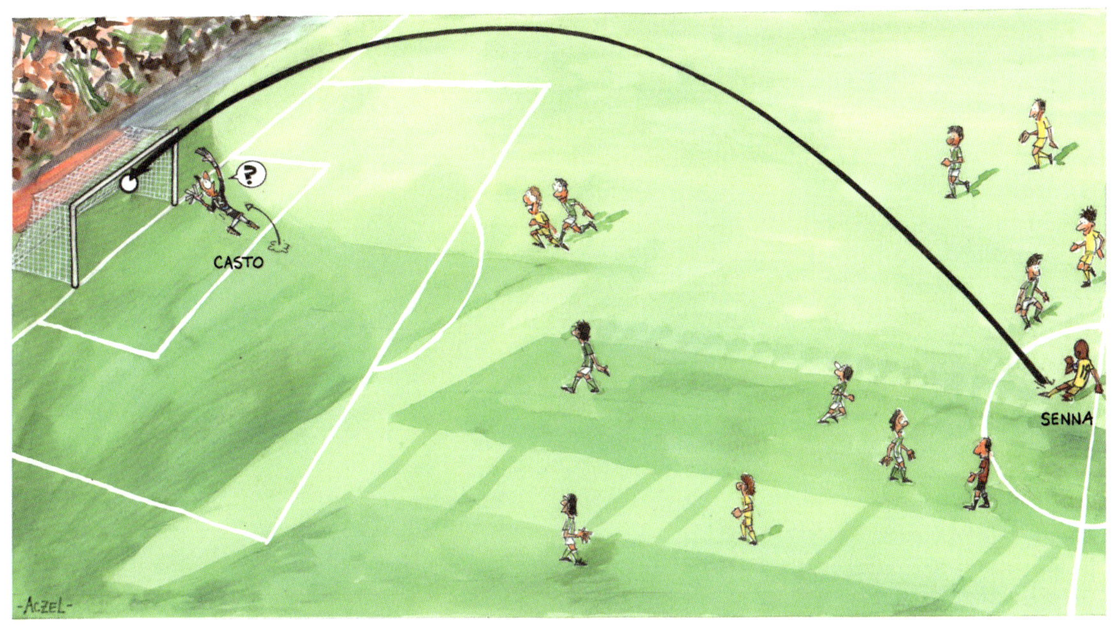

MARCOS SENNA (FC VILLARREAL) 15. MINUTE (0:1)

167

27. APRIL 2008, ESTADIO BENITO VILLAMARÍN, ANDALUSIEN, SEVILLA (SPANIEN)
LA LIGA, 34. SPIELTAG, REAL BETIS SEVILLA 0:1 FC VILLARREAL

ÜBERRASCHUNG

Unglaublich, denn es war nicht nur ein Traumtor, sondern auch das Siegtor, und es half dem Team einen entscheidenden Schritt weiter Richtung Titel, den sie dieses Jahr gewinnen sollten. Dieses Team galt als das großartigste Villareals, und Senna wurde zum Spieler der Saison gewählt.

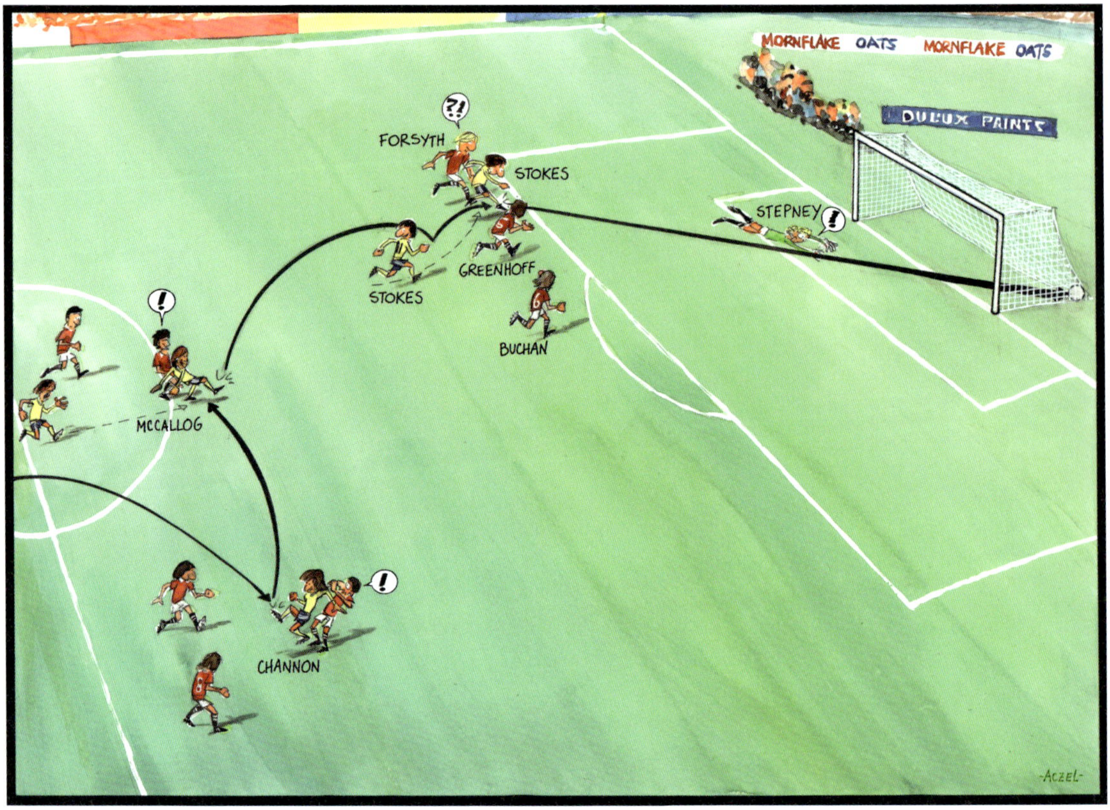

BOBBY STOKES (SOUTHAMPTON)

83. MINUTE (0:1)

168

1. MAI 1976 WEMBLEY STADIUM, LONDON (ENGLAND)
FA CUP 1976, FINALE
MANCHESTER UNITED 0:1 SOUTHHAMPTON

SOUTHAMPTONS BERÜHMTESTES TOR

Einer der größten Schocks aller FA Cup Finale: Völlig überraschend gewann der Underdog. Stokes gewann ein Auto für dieses Tor und hatte gerade erst vor ein paar Wochen angefangen, Fahrstunden zu nehmen.

BOBBY STOKES

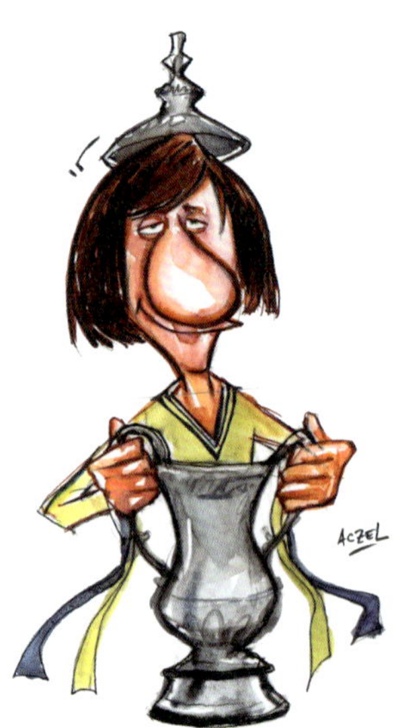

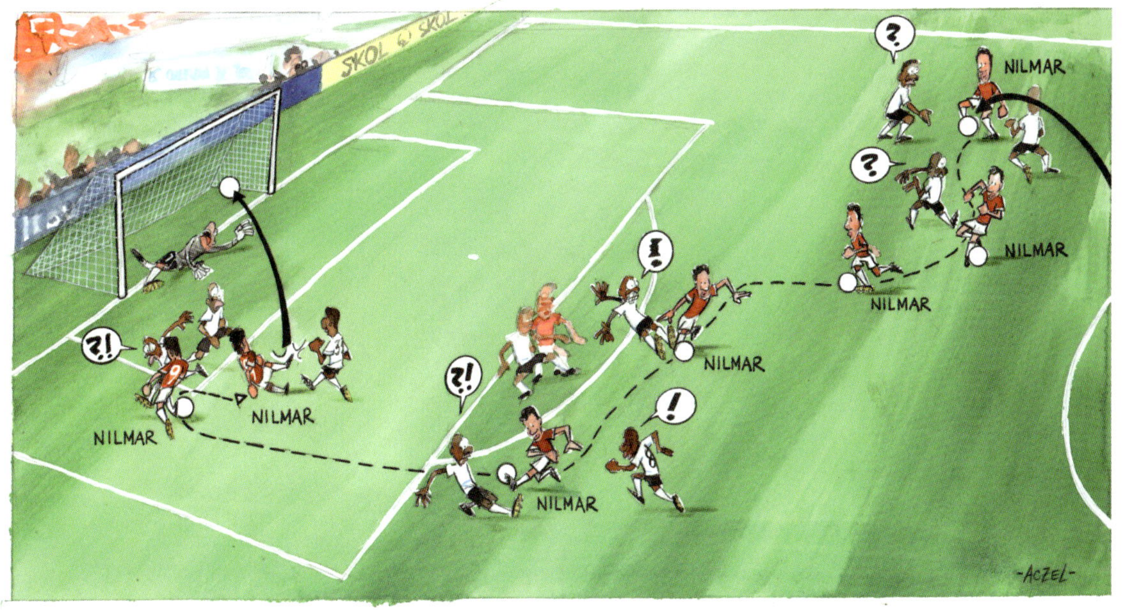

NILMAR (INTERNACIONAL PORTO ALEGRE) 9. MINUTE (0:1)

169

10. MAI 2009, ESTÁDIO DO PACAEMBU, SÃO PAULO (BRASILIEN)
CAMPEONATO BRASILEIRO, 1. SPIELTAG,
CORINTHIANS 0:1 INTERNACIONAL PORTO ALEGRE

UM DIE WIEDERHOLUNG MEHRMALS ZU SEHEN

Ein Kommentator des brasilianischen Fernsehens beschrieb das Siegtor so: „Dies ist mehr als ein Tor, es ist ein Gemälde."
Zu diesem Tor gibt es nichts weiter zu sagen. Einfach applaudieren und noch einmal ansehen.

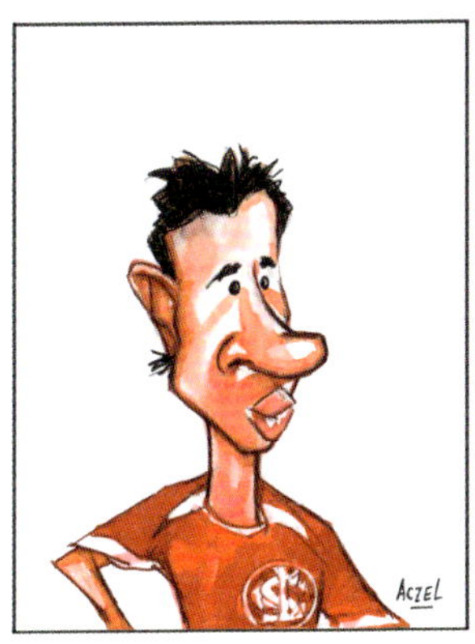

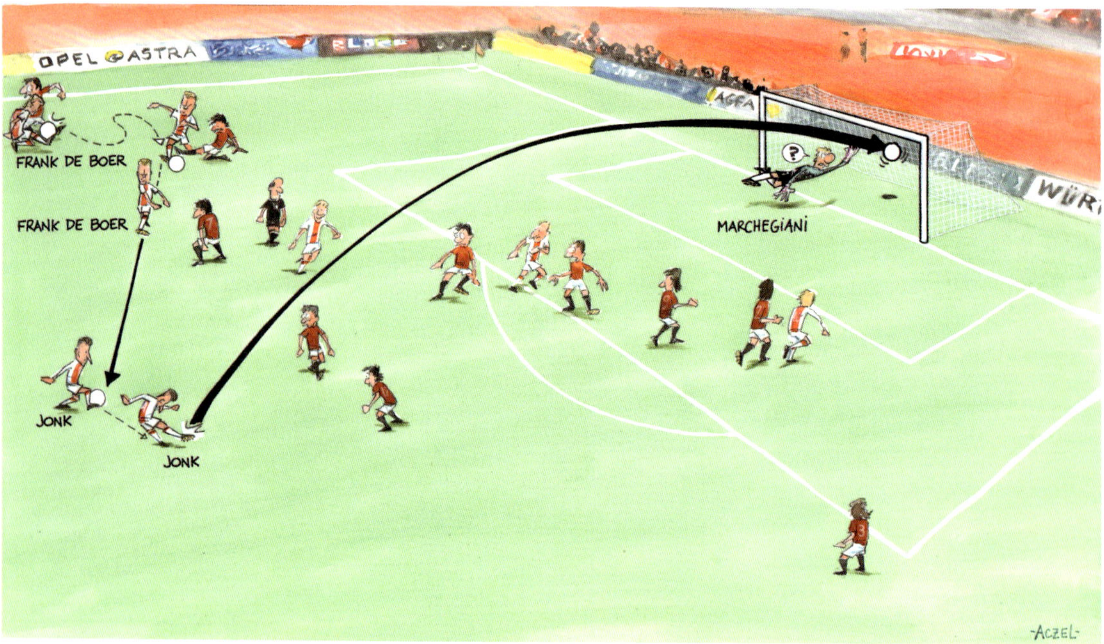

WIM JONK (AJAX AMSTERDAM) 17. MINUTE (0:1)

170

29. APRIL 1992, STADIO DELLE ALPI, TURIN (ITALIEN)
UEFA-POKAL, FINALE, HINSPIEL
TURIN CALCIO 2:2 AJAX AMSTERDAM

DISTANZSCHUSS

Im Jahr 1992 wurde das UEFA-Pokal-Endspiel noch über Hin- und Rückspiel ausgetragen. Der AFC Ajax sicherte sich den Sieg dank der Auswärtstorregel, auch dank des tollen Distanzschusses von Wim Jonk. Das unerwartete Tor des Abwehrspielers von Ajax würde der Schlüssel in diesem Finale sein, damit Ajax der zweite Club sein würde, der alle drei UEFA-Club-Wettbewerbe gewann.

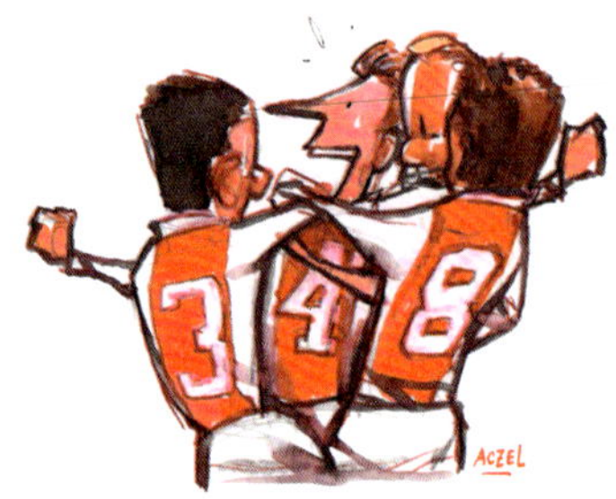

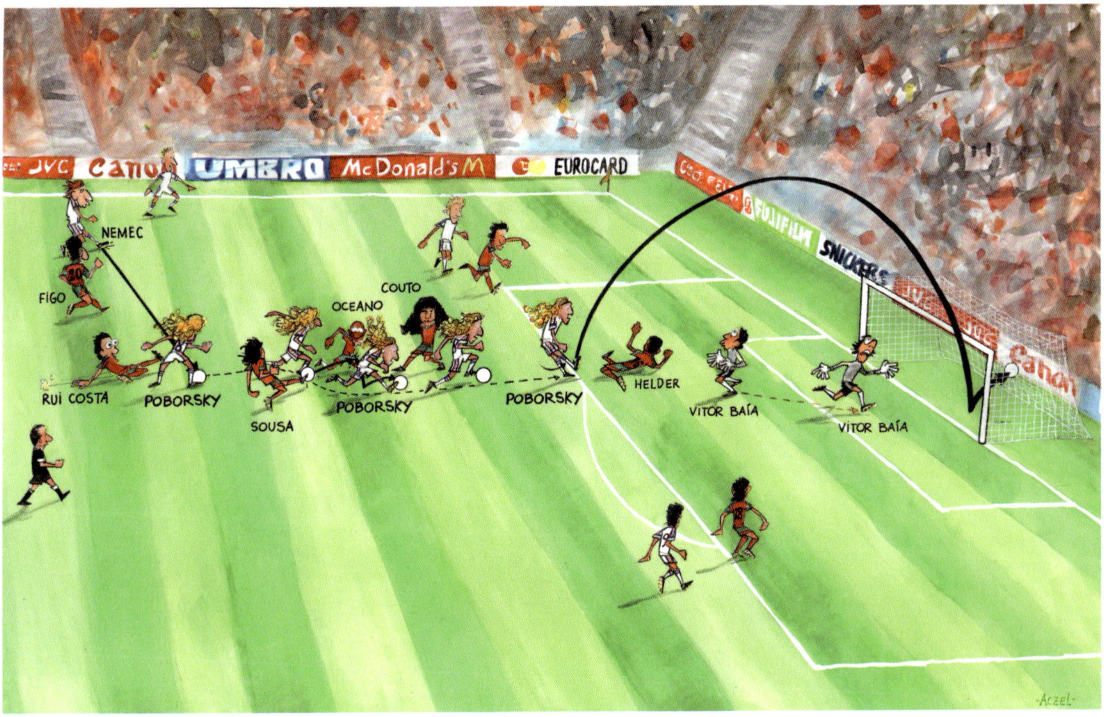

KAREL POBORSKÝ (TSCHECHIEN) 54. MINUTE (1:0)

171

23. JUNI 1996, VILLA PARK, BIRMINGHAM, WEST MIDLANDS (ENGLAND)
EUROPAMEISTERSCHAFT 1996, VIERTELFINALE, TSCHECHIEN 1:0 PORTUGAL

DER MIT DEN UNGEPFLEGTEN HAAREN

In der Meisterschaft, die für ihre schönen Tore in Erinnerung blieb, war das Poborskys am Schönsten. Für Tschechien auch, weil sie damit Portugal besiegten und ins Finale einzogen. Leider jedoch wurde dann das Tor Bierhoffs das wichtigste des Turniers, da es das erste Golden Goal der Geschichte sein würde, und Deutschland zum Meister machte.

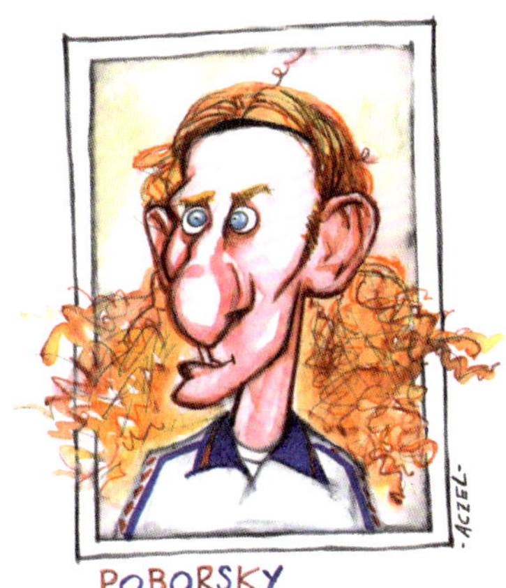

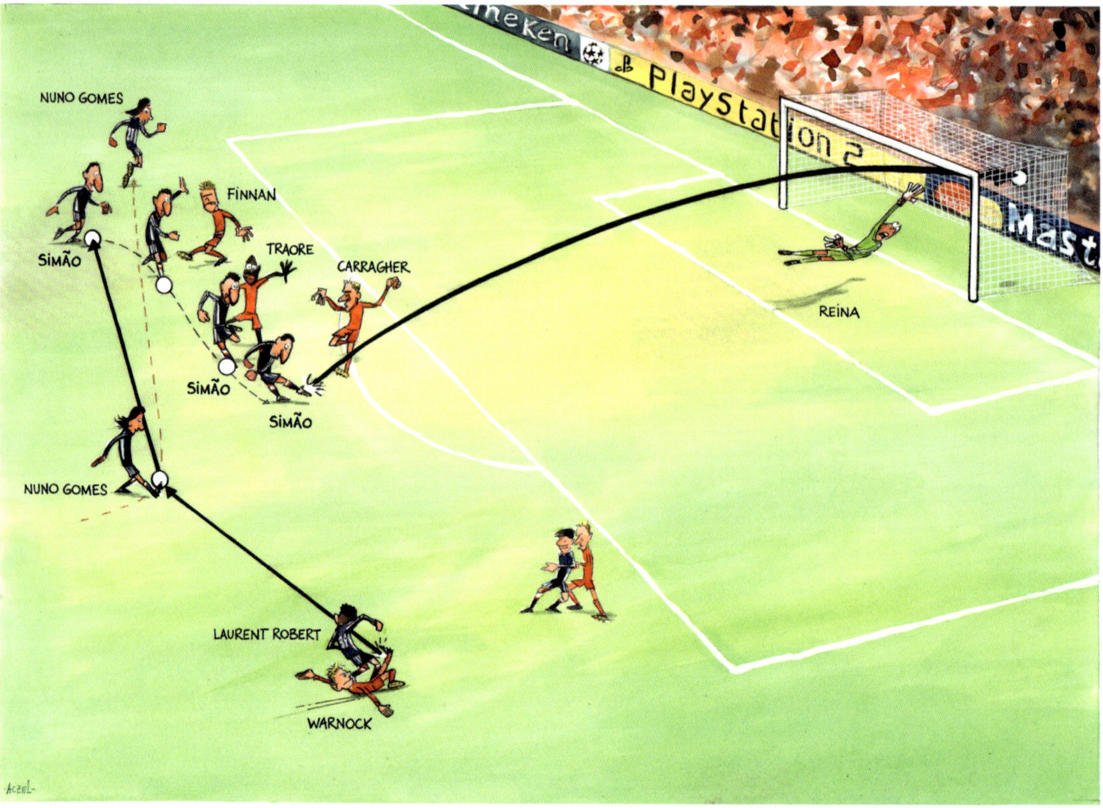

SIMÃO (BENFICA LISSABON) 36. MINUTE (0:1)

172

8. MÄRZ 2006, ANFIELD, LIVERPOOL (ENGLAND)
CHAMPIONS LEAGUE, ACHTELFINALE, RÜCKSPIEL
FC LIVERPOOL 0:2 BENFICA LISSABON

MISSION IMPOSSIBLE

„Niemand dachte, dass wir eine Chance in Anfield hätten. Doch Nuno Gomez schuf hinter mir Platz, damit ich schießen konnte. Und obwohl der Torwart (der mich kannte) mir sagte, dass er wusste, wohin ich zielen wollte, war der Schuss für ihn unhaltbar. Benficas Fans liebten mich. Ich erinnere mich an dieses Tor, als wäre es gestern gewesen.“

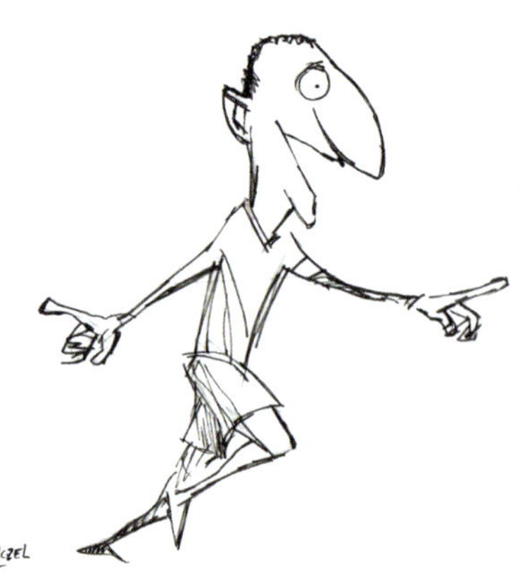

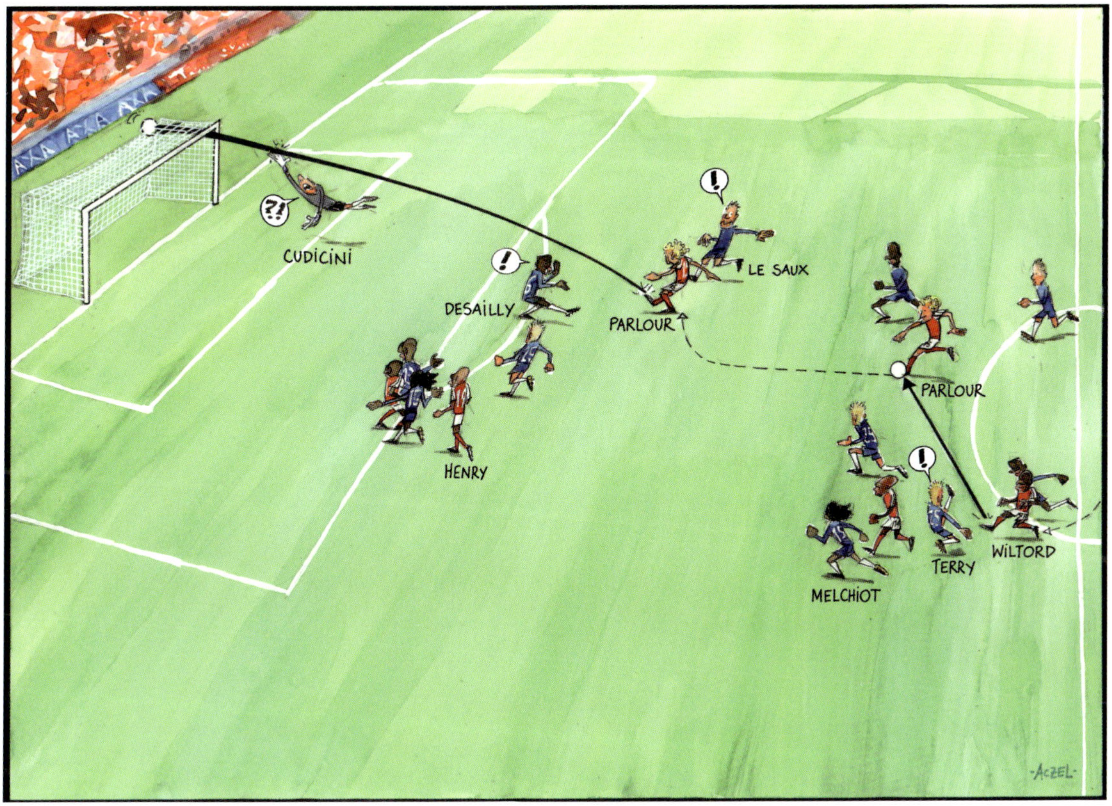

RAY PARLOUR (FC ARSENAL) 70. MINUTE (1:0)

173

4. MAI 2002, MILLENNIUM STADIUM, CARDIFF (WALES)
FA CUP FINALE 2002, FC ARSENAL 2:0 FC CHELSEA

"ES IST NUR RAY PARLOUR"

Diese Worte benutzte ein Reporter von Chelsea, als er sah, dass Parlour den Ball hatte, denn der machte sonst nie Tore.
Dies war eindeutig Arsenals und Parlours Tag.

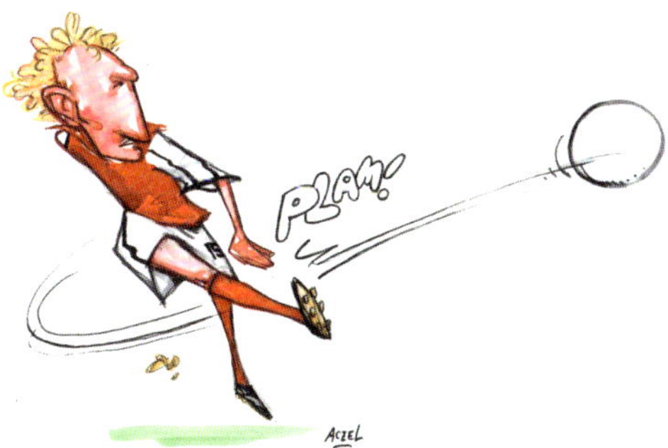

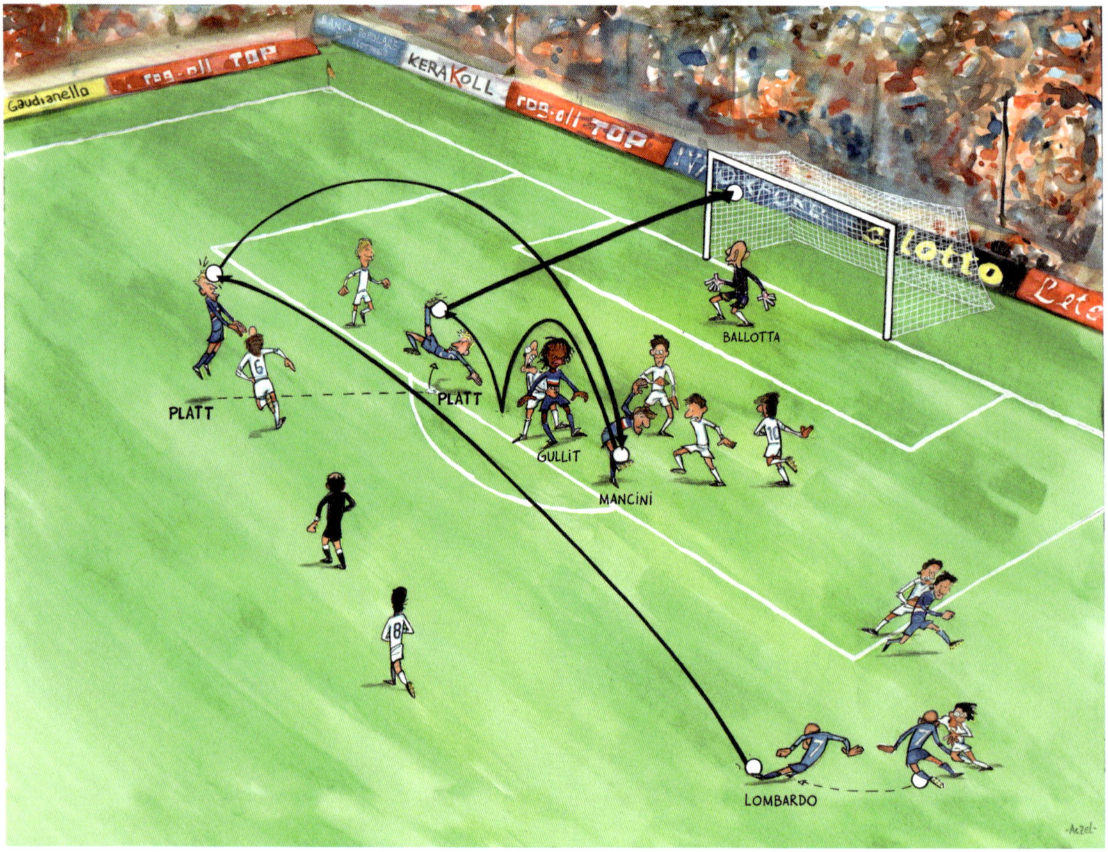

DAVID PLATT

56. MINUTE (2:1)

174

8. FEBRUAR 1994,
STADIO LUIGI FERRARIS, LIGURIEN, GENUA (ITALIEN)
COPPA ITALIA, HALBFINALE
SAMPDORIA GENUA 2:1 PARMA CALCIO

GLÜCKLICHE TAGE IN SAMPDORIA

„Mit all meinem Respekt für Ancona, aber dieses Tor fühlte sich an, wie den Pokal gewinnen, obwohl es das Halbfinale war. Denn im Finale traten wir gegen Ancona aus der Serie B an.“
Sampdoria würde auch den Pokal erheben. Den letzten bis heute.

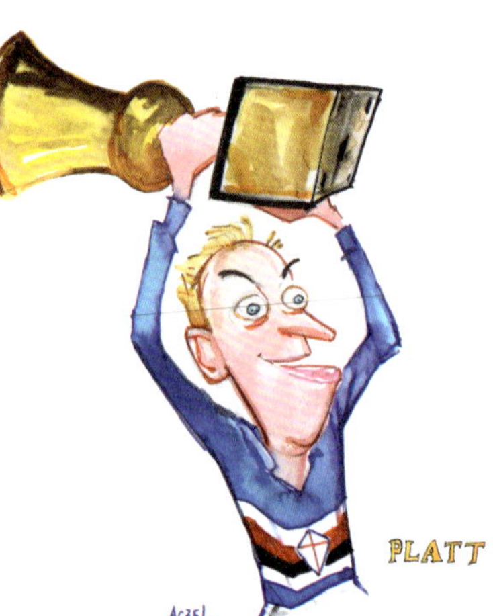

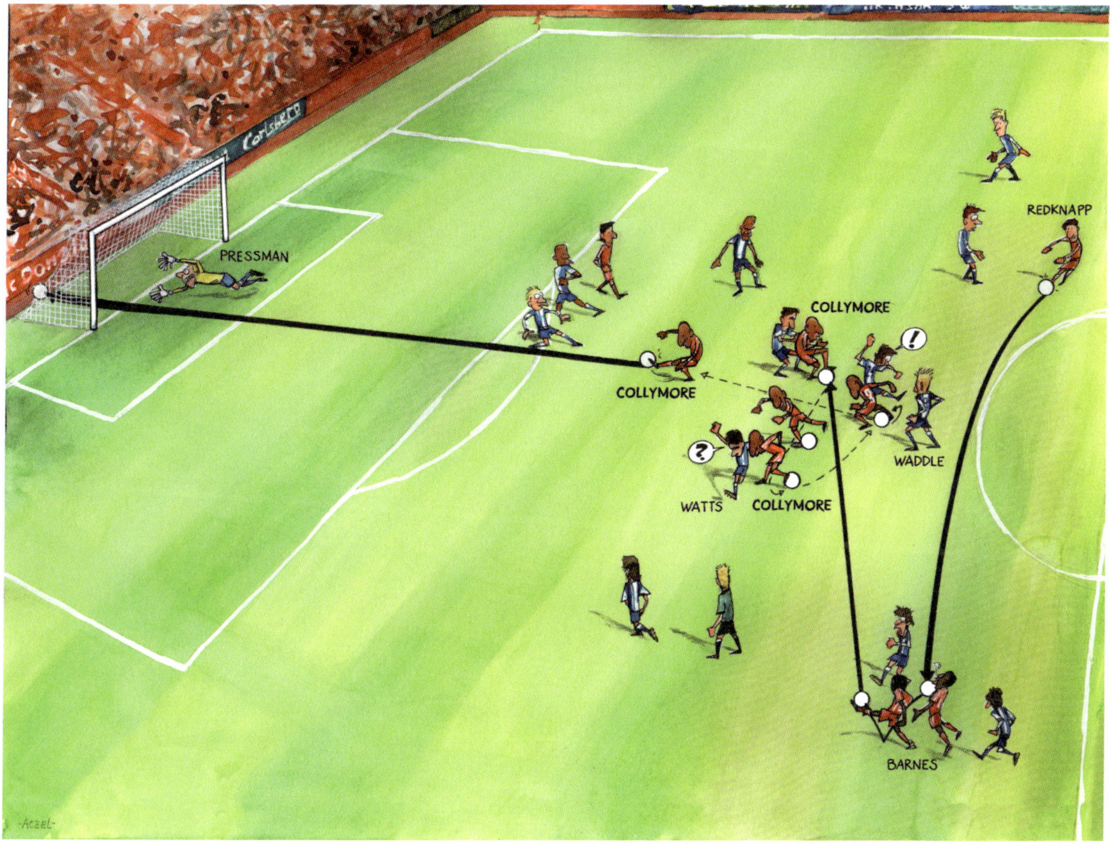

STAN COLLYMORE (FC LIVERPOOL)

61. MINUTE (1:0)

175

19. AUGUST 1995, ANFIELD, LIVERPOOL (ENGLAND)
PREMIER LEAGUE, 1. SPIELTAG, FC LIVERPOOL 1:0 SHEFFIELD WEDNESDAY

DEBÜT IN ANFIELD

Die Erwartungen an das Debüt des Angreifers Collymore waren hoch in Liverpool. Der damalige Transferrekord in der englischen Liga wurde für ihn gebrochen. „Ich war ängstlich und konnte die Nacht vor dem Spiel nicht schlafen. Aber ja, so ein Tor in einem Debüt zu machen war ein Traum.“

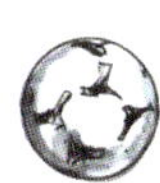

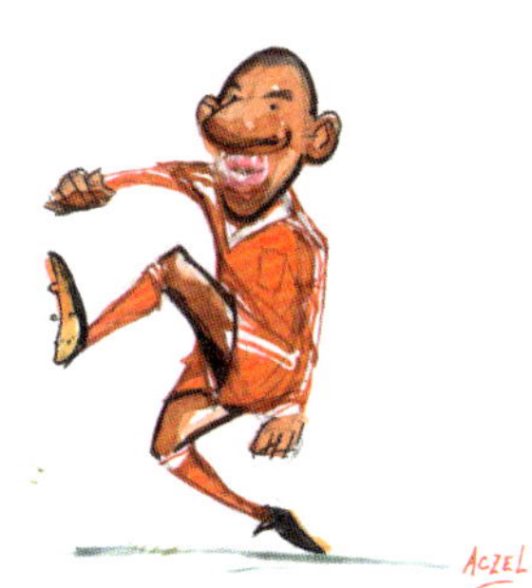

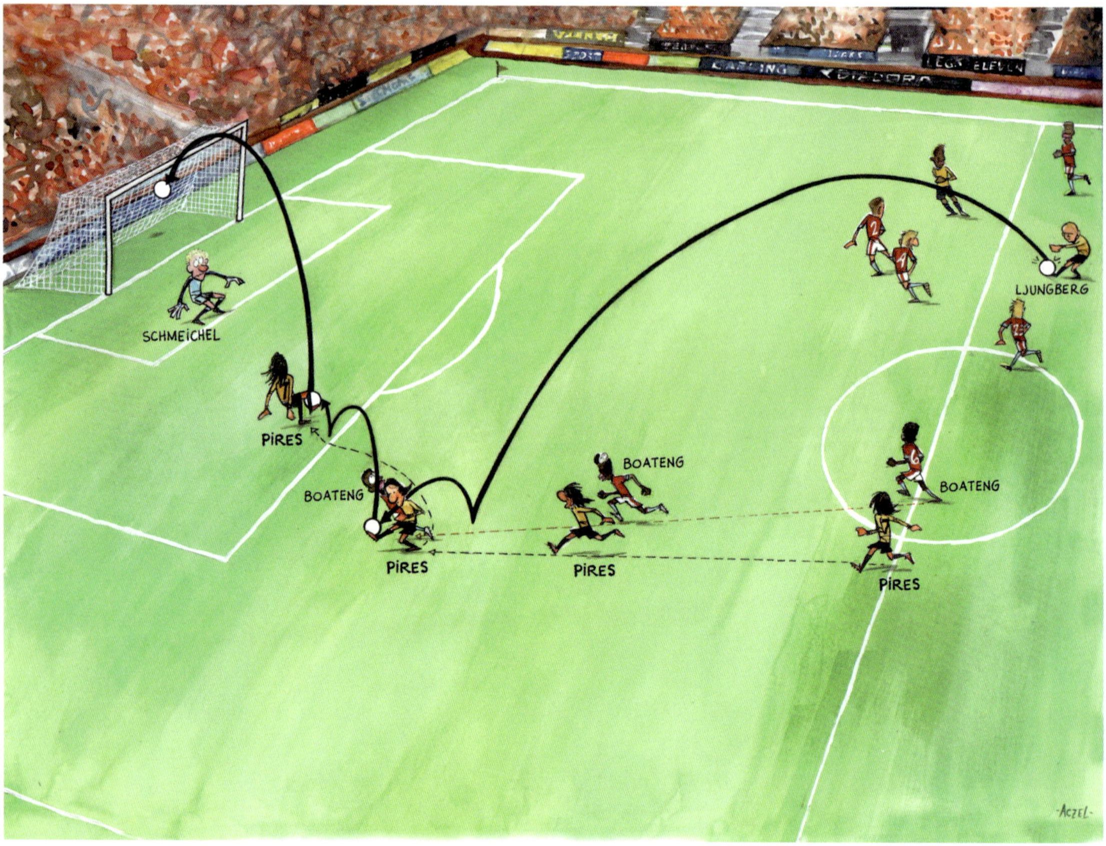

ROBERT EMMANUEL PIRES (ARSENAL LONDON) 60. MINUTE (1:2)

176

17. MÄRZ 2002, VILLA PARK, ASTON, BIRMINGHAM (ENGLAND)
PREMIER LEAGUE, 30. SPIELTAG, ASTON VILLA 1:2 ARSENAL LONDON

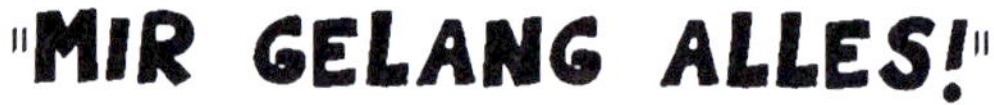

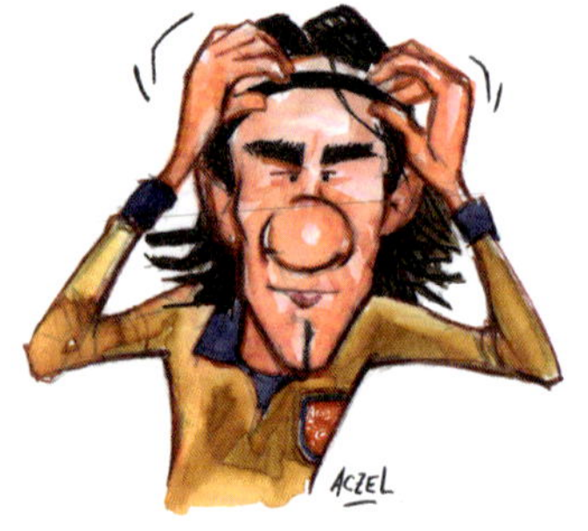

„Die 2001-2002 Saison war die beste meiner Karriere. Mein Trainer (Arsene Wenger) sagte, dass ich das Öl im Motor war. Dieses Jahr spielte ich meinen besten Fußball. Alles, was ich versuchte, gelang auch. Ich machte einige schöne Tore in meiner Laufbahn, doch dieses war das technisch beste."

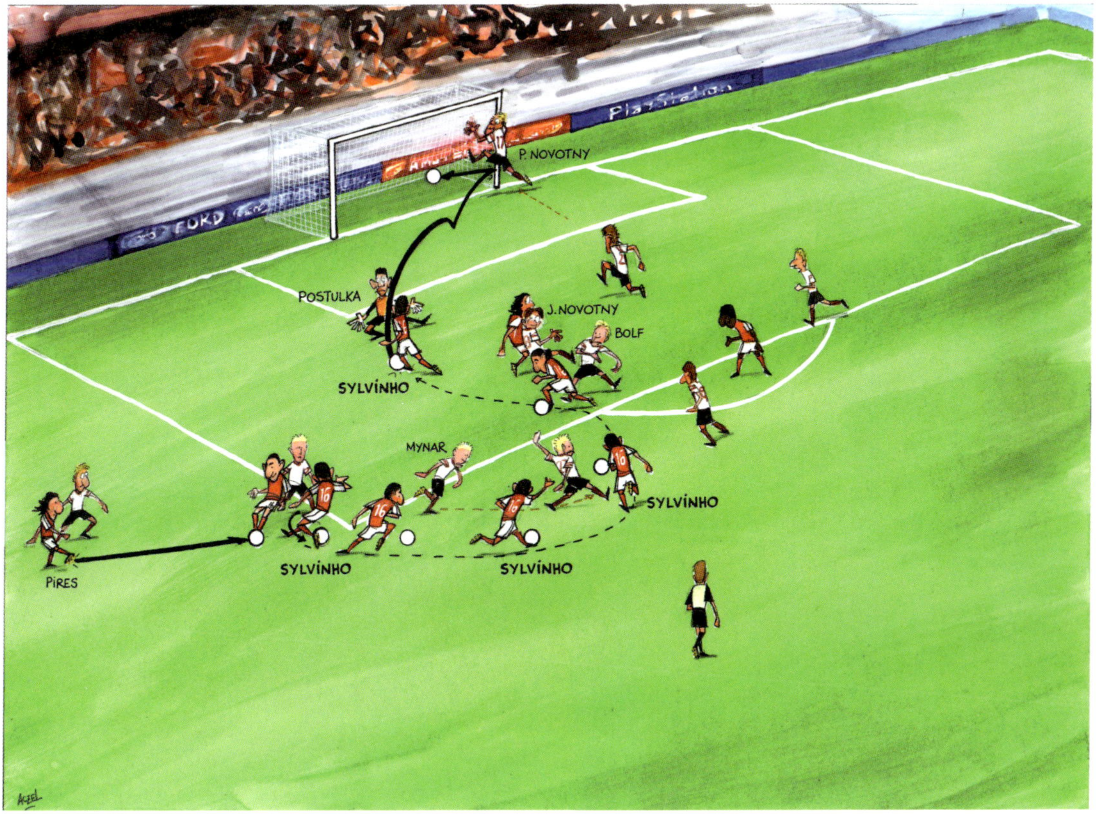

SILVINHO (ARSENAL LONDON) 33. MINUTE (0:1)

177

12. SEPTEMBER 2000, STADION LETNÁ, PRAG (TSCHECHIEN)
CHAMPIONS LEAGUE, GRUPPE B,
SPARTA PRAG 0:1 ARSENAL LONDON

„ICH HATTE KEINE WAHL."

„Ich konnte niemanden finden, der frei stand. Also musste ich die Probleme irgendwie alleine lösen.“ Der erste Brasilianer, der für Arsenal spielte, hatte hervorragende Fähigkeiten als Angreifer.

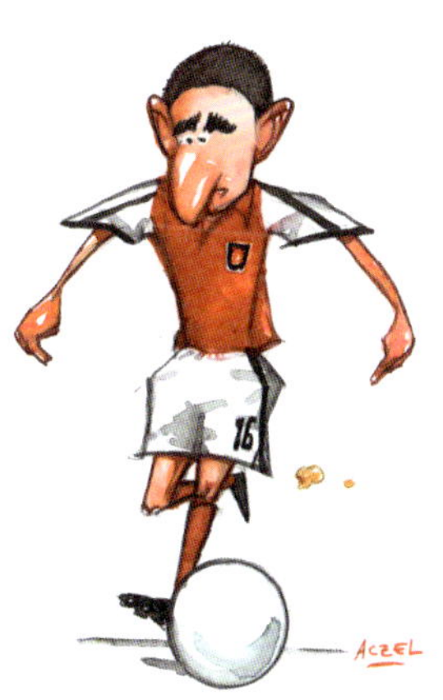

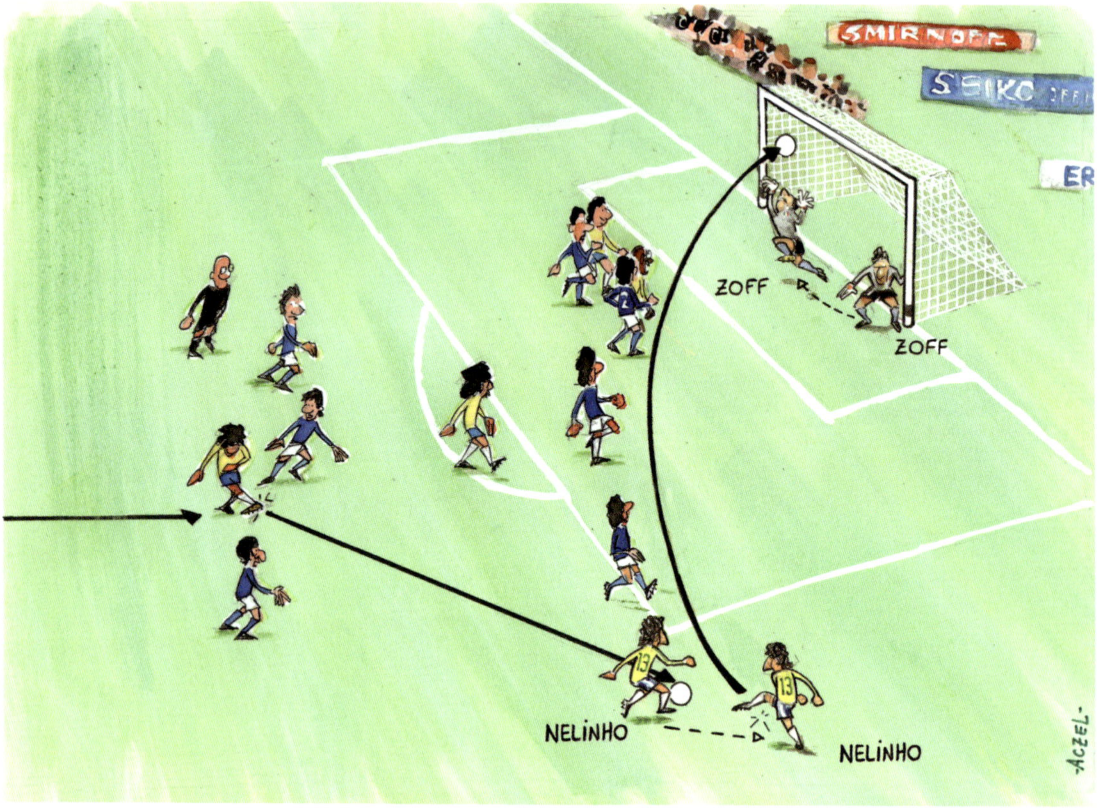

NELINHO (BRASILIEN) 64. MINUTE (1:1)

178

24. JUNI 1978, ESTADIO MONUMENTAL, BUENOS AIRES (ARGENTINIEN)
WM 1978, SPIEL UM PLATZ 3, BRASILIEN 2:1 ITALIEN

JA, DIESER SCHUSS IST BRASILIANISCH

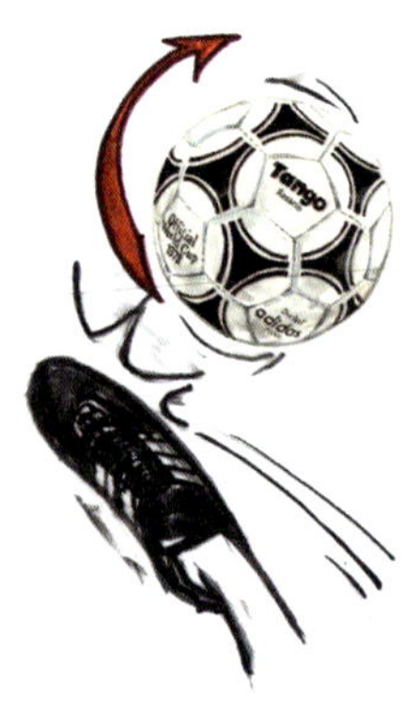

Bestätigt: Die Brasilianer können am besten mit dem Außenrist. Wie schön es sein muss, den Ball so schießen zu können! Mit eben diesem Außenrist machte Nelinho ein wunderschönes Tor. Eines der erinnerungswürdigsten der Weltmeisterschaft 1978.

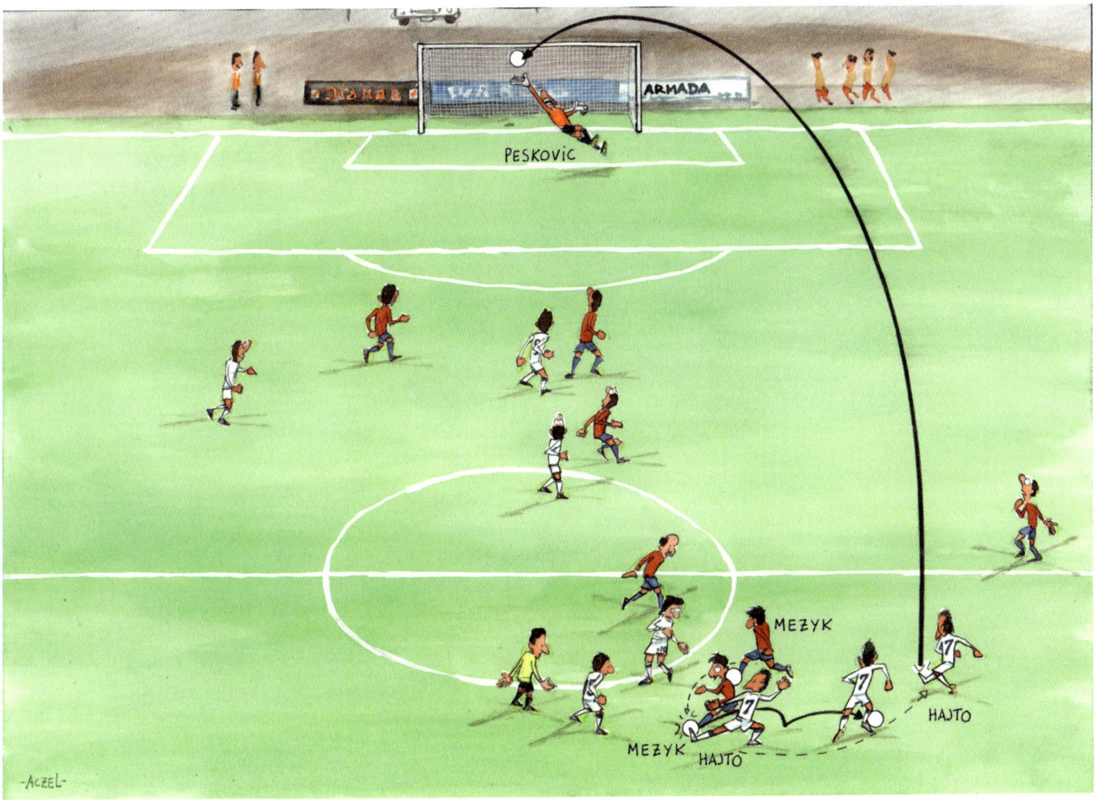

TOMASZ HAJTO (GÓRNIK ZABRZE)

81. MINUTE (0:1)

179

22. MÄRZ 2008,
STADION IM. EDWARDA SZYMKOWIAKA, BYTOM (POLEN)
EKSTRAKLASA, 22. SPIELTAG,
POLONIA BYTOM 0:1 GÓRNIK ZABRZE

"FÜR MEINE ERINNERUNG."

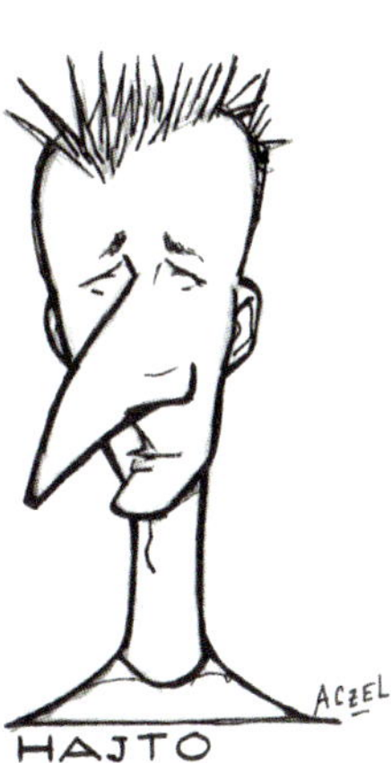

„Im polnischen Klassiker machte ich das Tor meiner Karriere, genau ohne Publikum (leeres Stadion, da die Fans gesperrt waren). Paradoxerweise war das Stadion prall gefüllt, als ich 2001 für Schalke spielte, und wir alle zusammen auf einer riesigen Leinwand mitansehen mussten, wie uns Bayern München den Titel in den letzten Sekunden stahl. Es war schrecklich. Aber na gut, zumindest habe ich für immer dieses schöne Tor in meiner Fußball-Erinnerung.“

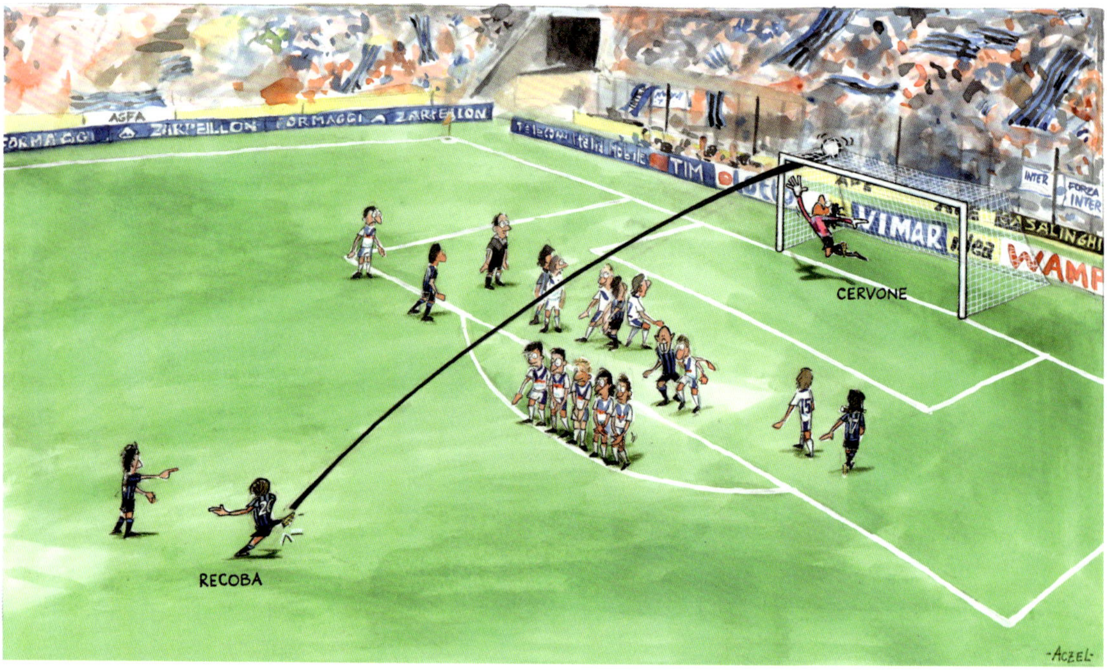

ALVARO RECOBA (INTER MAILAND) 85. MINUTE (2:1)

180

31. AUGUST 1997
STADIO GIUSEPPE MEAZZA,
SAN SIRO, MILAN (ITALIEN)
SERIE A, 1. SPIELTAG,
INTER MAILAND 2:1 BRESCIA

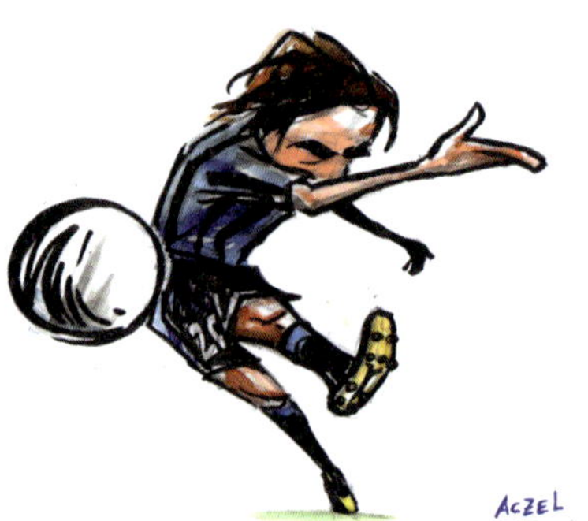

UNDERCOVER

Recoba erzielte zwei Tore bei seinem Debüt. Ronaldo (Brasilien) debütierte am selben Tag. „Bis zu diesem Zeitpunkt war ich der Fremde, der zusammen mit Ronaldo angekommen war, doch am Ende dieses Spiels sangen die Zuschauer meinen Namen. Eine Emotion, die ich niemals vergessen werde.“

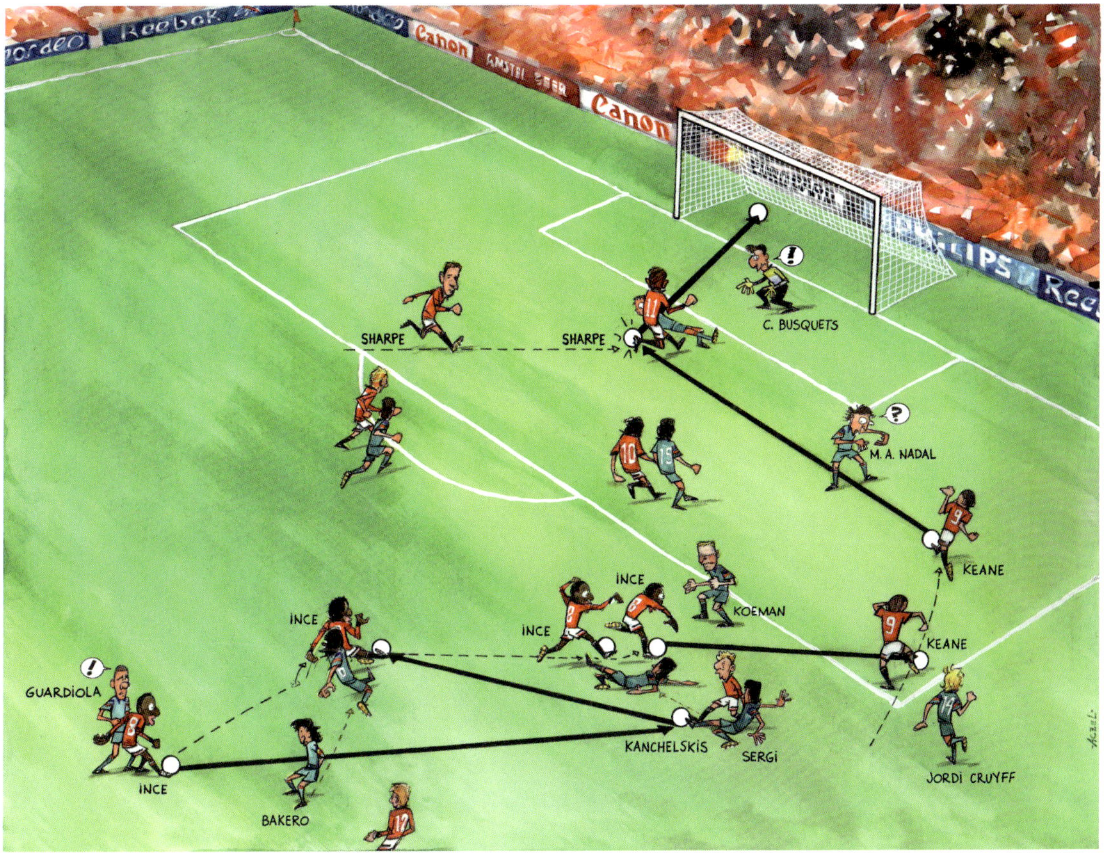

LEE SHARPE (MANCHESTER UNITED)

80. MINUTE (2:2)

181

19. OKTOBER 1994,
OLD TRAFFORD, GREATER MANCHESTER (ENGLAND)
CHAMPIONS LEAGUE, GRUPPE A
MANCHESTER UNITED 2:2 FC BARCELONA

FUSSBALL TOTAL

Es gibt sicherlich einige Tore mit einem Abschluss dieser Art, dennoch ist dieses eines der besondersten aufgrund des schönen vorangegangenen Kombinationsspiels und dass Sharpe es gegen den großen FC Barcelona und seinen Trainer Johann Cruyff machte.

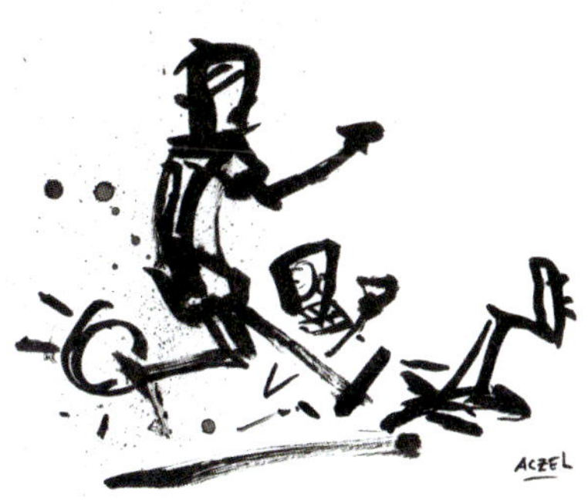

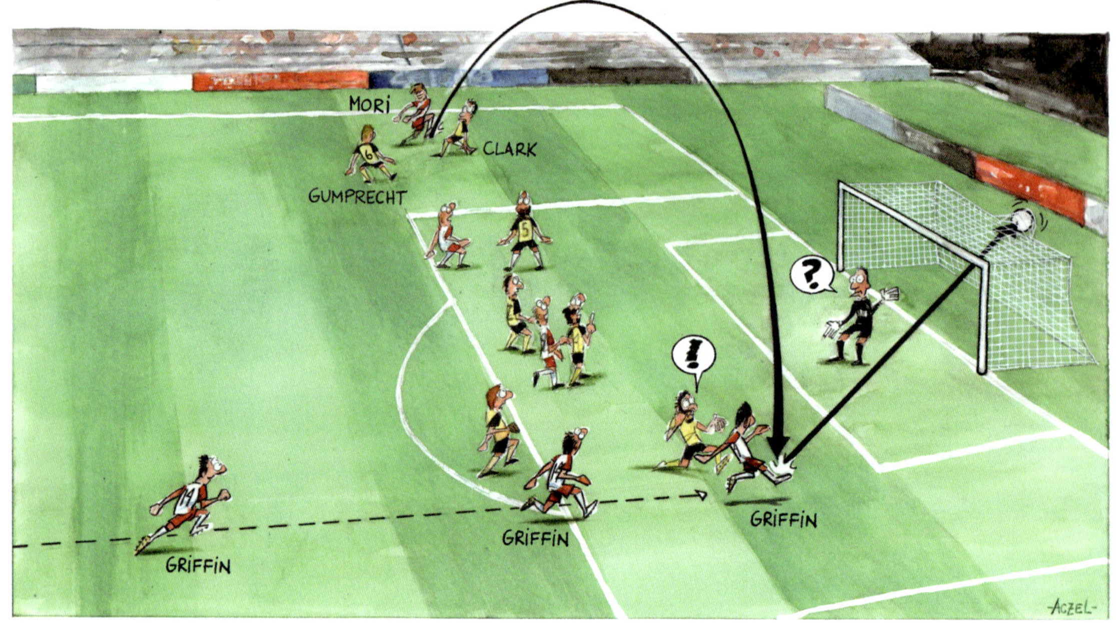

BEN GRIFFIN (QUEENSLAND ROAR FC) 40. MINUTE (1:1)

182

16. DEZEMBER 2006, CENTRAL COAST STADIUM, GOSFORD (AUSTRALIEN)
A-LEAGUE, 17. SPIELTAG, CENTRAL COAST MARINERS 2:3 QUEENSLAND ROAR FC

INSTINKT

„Für mich als Abwehrspieler kam es sehr selten vor, dass ich über die Mittellinie kam. An diesem Tag folgte ich meinem Instinkt und rannte wie ein Verrückter in den Torraum und nahm eine hohe Flanke an. Das Timing war perfekt, ich fühlte den Ball fast gar nicht auf meinem Fuß, so einen Turbo hatte ich drauf. Hätte ich verschossen, wäre ich im Ozean gelandet." (Das Stadion liegt direkt neben dem Meer.)
Dies war sein erstes und einziges Tor in seiner Karriere.

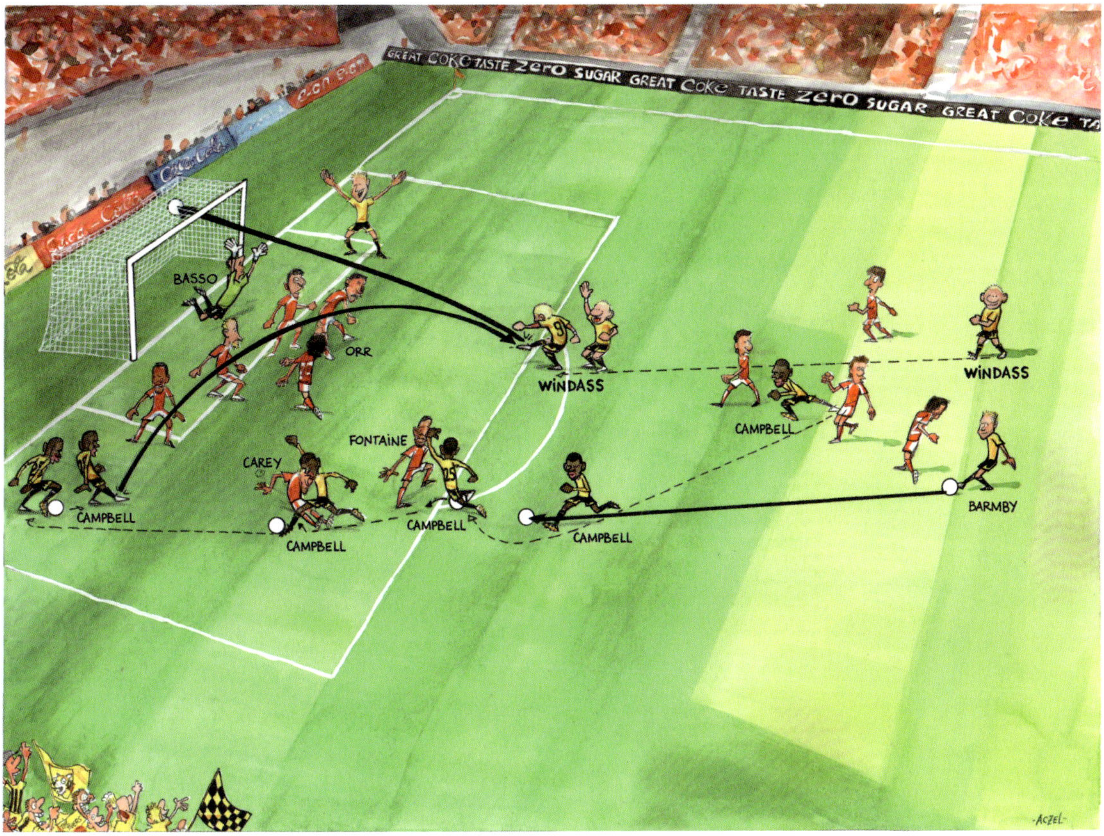

DEAN WINDASS (HULL CITY)

38. MINUTE (0:1)

183

24. MAI 2008, WEMBLEY STADIUM, WEMBLEY, LONDON (ENGLAND)
2008 FOOTBALL LEAGUE CHAMPIONSHIP PLAY-OFF FINAL
BRISTOL CITY 0:1 HULL CITY

WIE IM DREHBUCH

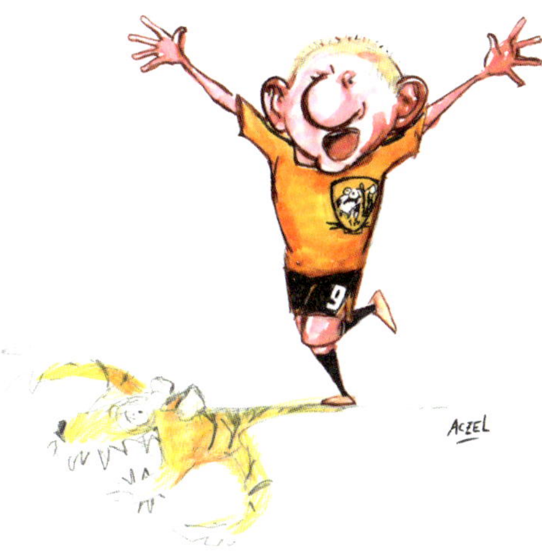

Windass spielte schon für den Hull City, als dieser ganz unten war, und mit diesem Traumtor sollte die Clublegende die Tigers das erste Mal in die Premier League bringen. „Für den Club meines Viertels mit 39 Jahren in einem vollen Stadion getroffen zu haben und das erträumte Ziel zu erreichen, war wie in einem Film. Ich glaube nicht, dass es viele so erinnerungswürdige Play-Off-Finale gab."

TOP TORWARTTORE

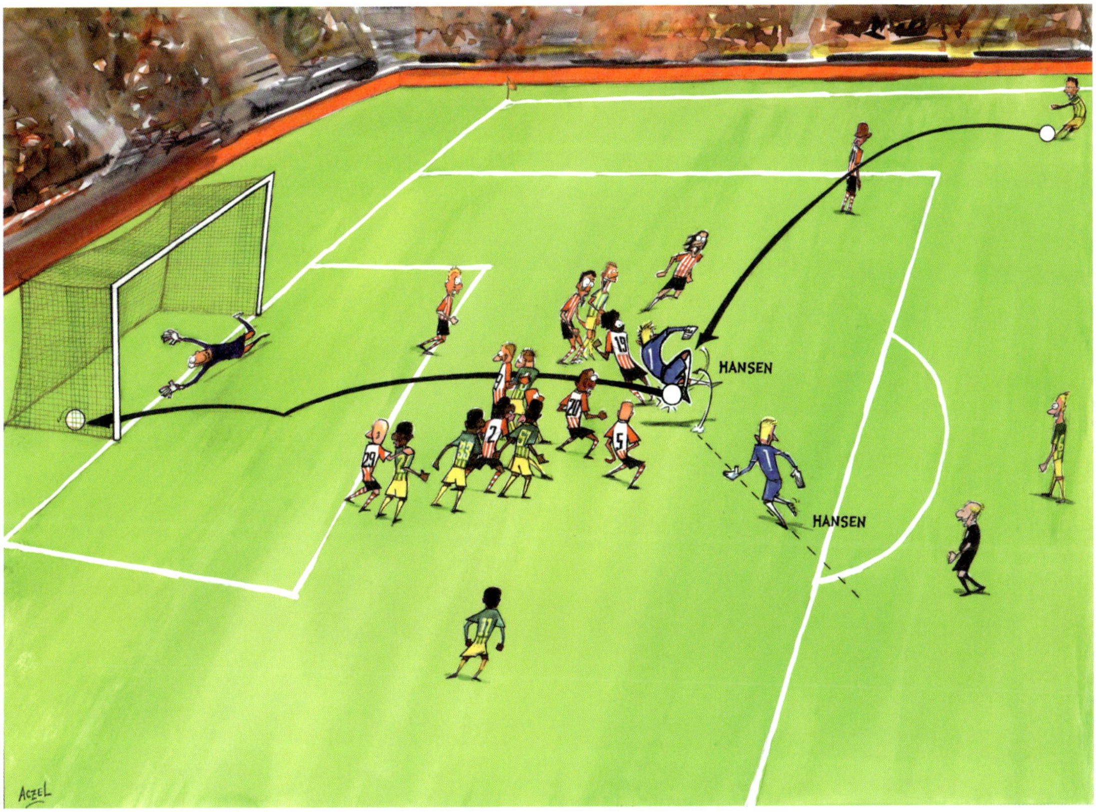

MARTIN HANSEN (ADO DEN HAAG) 90+5. MINUTE (2:2)

1

8. AUGUST 2015, KYOCERA STADION, DEN HAAG (NIEDERLANDE)
EREDIVISIE, 1. SPIELTAG,
ADO DEN HAAG 2:2 PSV EINDHOVEN

DIE FLIEGENDE HACKE

Hansens fliegende Hacke war fabelhaft.

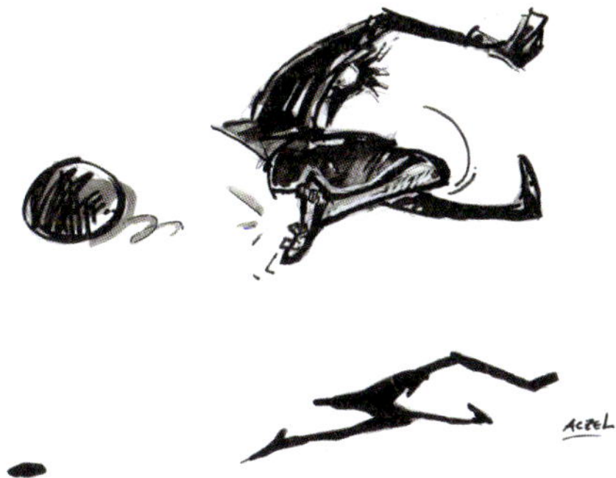

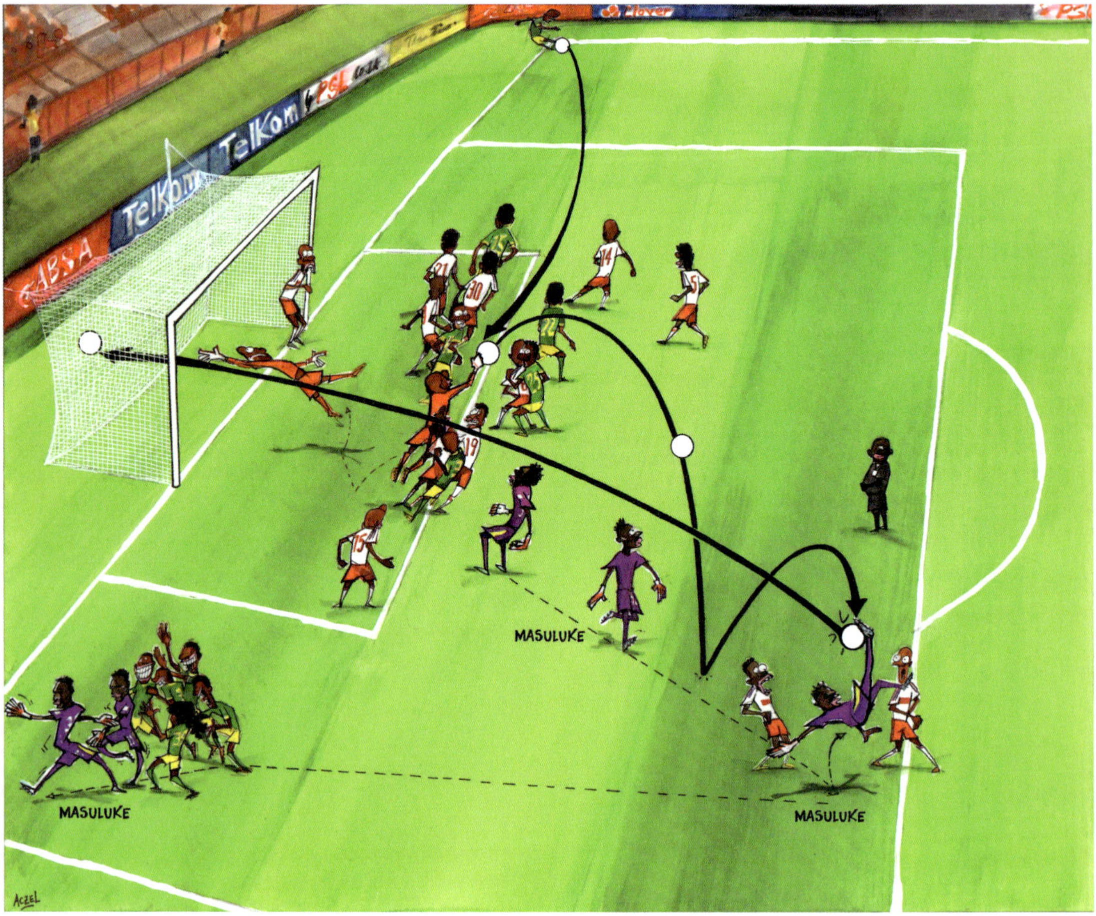

OSCARINE MASULUKE (BAROKA FC) 90+5. MINUTE (1:1)

2

30. NOVEMBER 2016, PETER-MOKABA-STADION, POLOKWANE (SÜDAFRIKA)
PREMIER SOCCER LEAGUE, 11. SPIELTAG
BAROKA FC 1:1 ORLANDO PIRATES

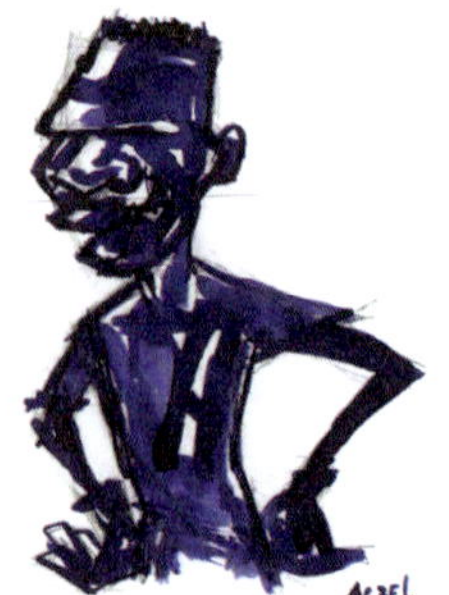

PARTY TIME

Dies war das erste für den Puskás-Preis nominierte Tor eines Torwarts. Es wurde auf den zweiten Platz gewählt, hinter Girouds Skorpion-Tor (Seite 13). Auch Masulukes verrückter Torjubel hätte einen Preis verdient.

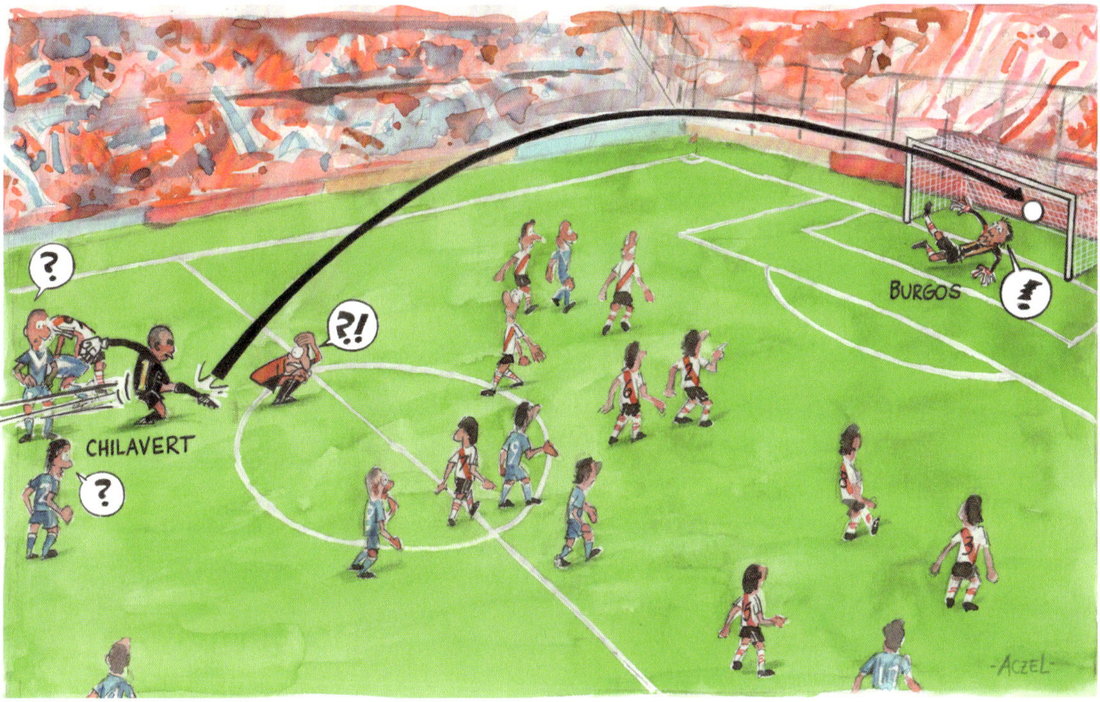

JOSÉ LUIS CHILAVERT (VÉLEZ SARSFIELD) 66. MINUTE (2:1)

3

22. MÄRZ 1996, ESTADIO JOSÉ AMALFITANI, BUENOS AIRES (ARGENTINIEN)
TORNEO CLAUSURA, 3. SPIELTAG
VÉLEZ SARSFIELD 3:2 RIVER PLATE

AUS DER BAHN, SCHIRI!

Chilavert erzielte tatsächlich 62 Tore in seiner Laufbahn, hier ein Freistoßtor aus 60 Metern.

„Ich sah, dass der Torwart zerstreut war und offenbar nach Vögeln Ausschau hielt, also begann ich zu rennen. Weil der Schiedsrichter im Weg war schrie ich: ‚Aus der Bahn!‘. Zum Glück reagierte dieser schnell und duckte sich, sonst hätte der Ball ihn wahrscheinlich ausgeknockt. Und als Burgos dann versuchte zu reagieren, war es schon zu spät.

Mein Vater hatte sich gerade von einer Herzbehandlung erholt, also widmete ich es ihm. Mein Trikot schenkte ich dem Schiedsrichter. Es war sein letztes Spiel und er hatte es sich auch redlich verdient wegen seiner guten Reflexe.“

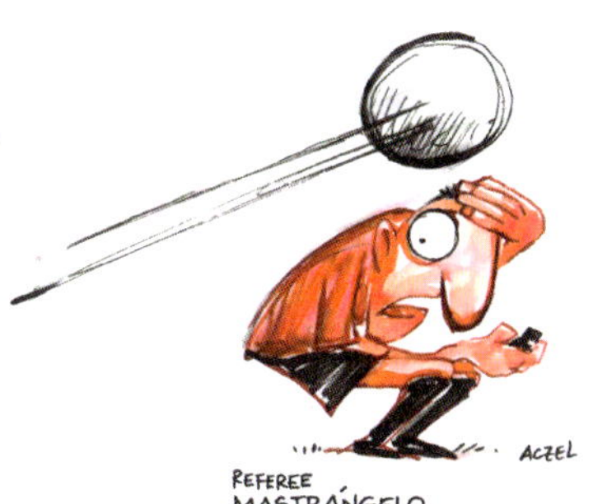

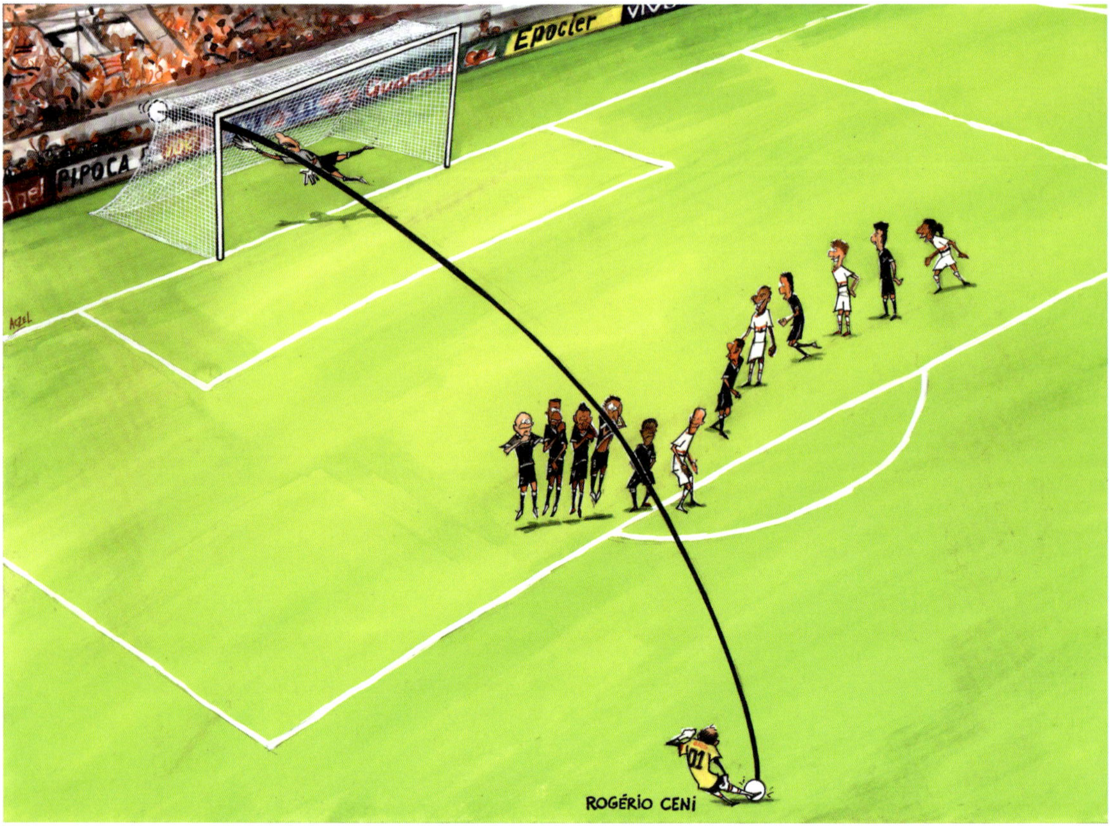

ROGERIO CENI (SÃO PAULO) 53. MINUTE (2:0)

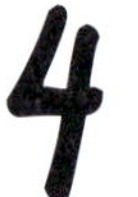

27. MÄRZ 2011, ARENA BARUERI, SÃO PAULO (BRASILIEN)
CAMPEONATO PAULISTA, 16. SPIELTAG
SÃO PAULO 2:1 CORINTHIANS

TOR NUMMER

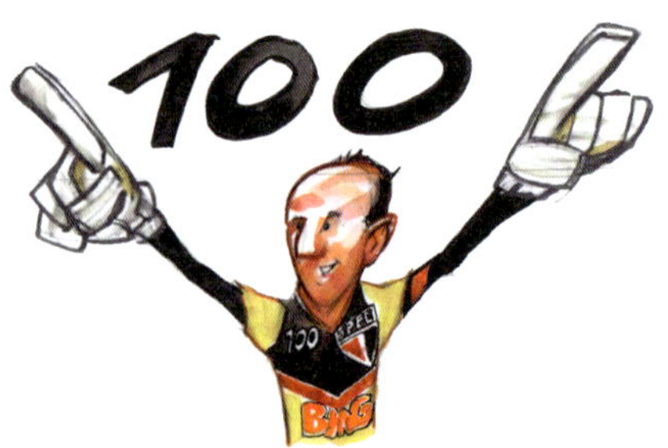

Ceni ist eine Torwartlegende bei São Paulo, der Unglaubliches erreicht hat: drei Mal Copa Libertadores, zwei Mal Club-Weltmeister, gegen Liverpool Man of the Match, 131 Tore in seiner Karriere, absoluter Rekord.
Hier sehen wir sein 100.Tor – er war der erste, der diese Marke erreichte – ausgerechnet gegen seinen größten Rivalen Corinthians. Die Fans rasteten aus!

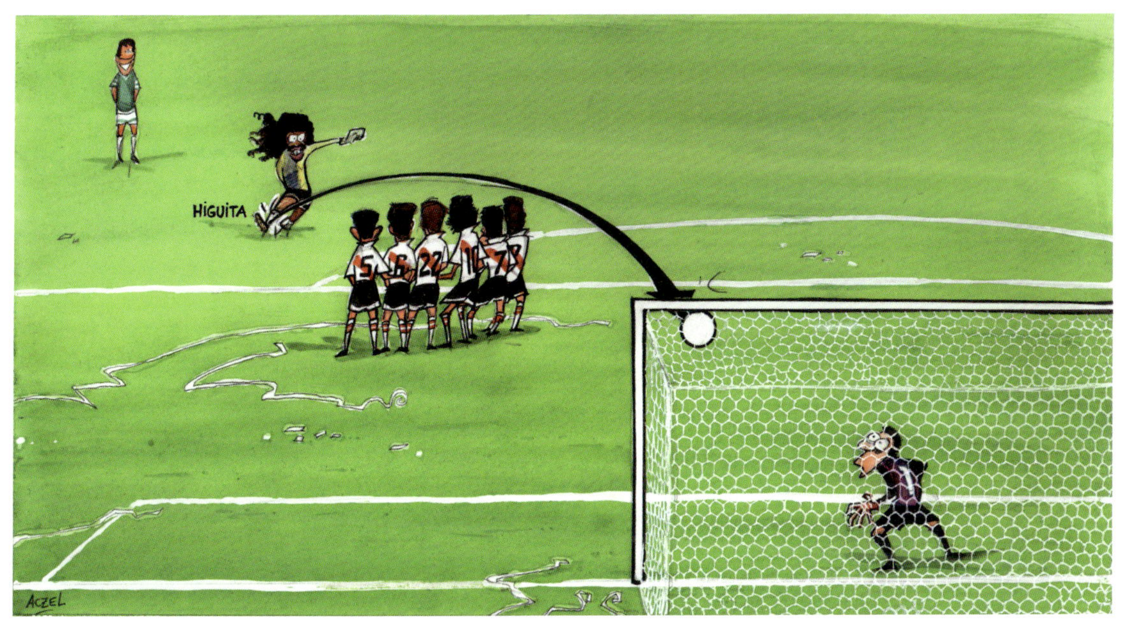

RENÉ HIGUITA (ATLÉTICO NACIONAL) 52. MINUTE (1:0)

5

9. AUGUST 1995, ESTADIO ATANASIO GIRARDOT, MEDELLÍN (KOLUMBIEN)
COPA LIBERTADORES, HALBFINALE, HINSPIEL, ATLÉTICO NACIONAL 1:0 RIVER PLATE

ER KANN AUCH ANDERS

Higuita, vor allem berühmt für seine legendäre „Scorpionkick"-Abwehr, war der erste Torwart in der Copa Libertadores, der ein Freistoßtor erzielte.

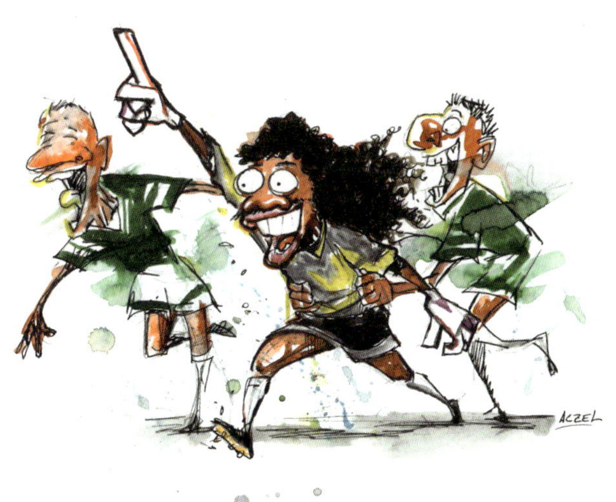

TOP TORWARTFEHLER

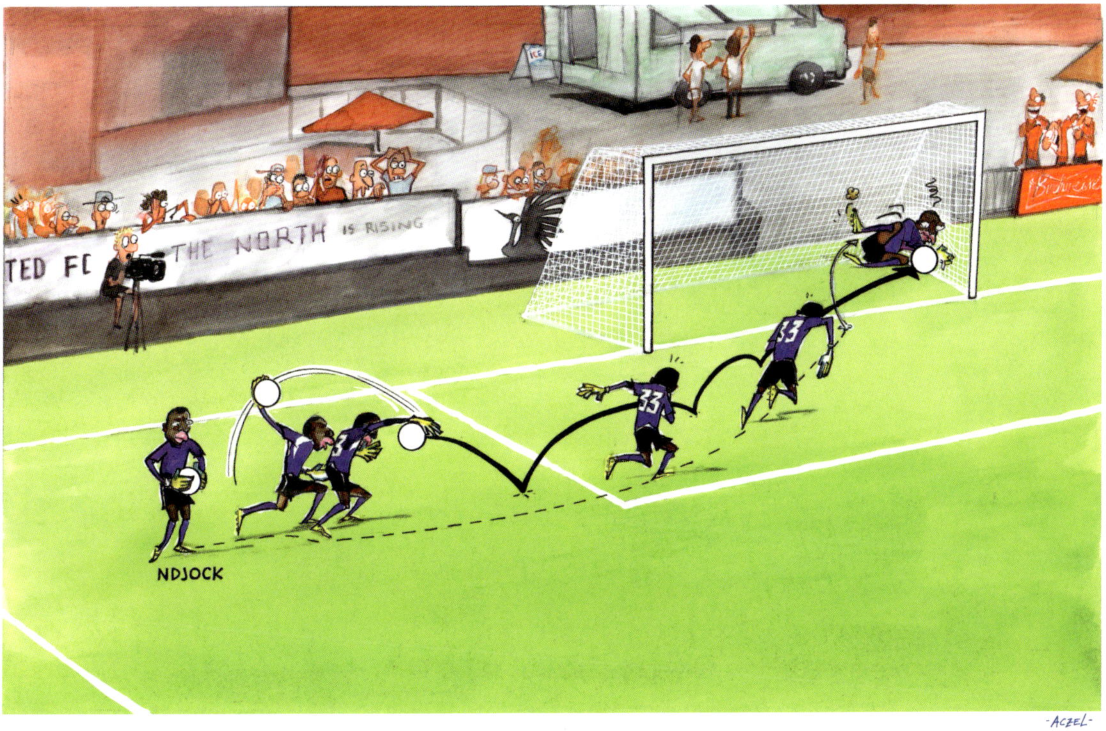

SAMMY NDJOCK (MINNESOTA UNITED) 26. MINUTE (0:2)

1

21. JULI 2016, NATIONAL SPORTS CENTER, MINNESOTA (USA)
FREUNDSCHAFTSSPIEL, MINNESOTA UNITED 0:4 AFC BOURNEMOUTH

UNERKLÄRBARES ERKLÄREN

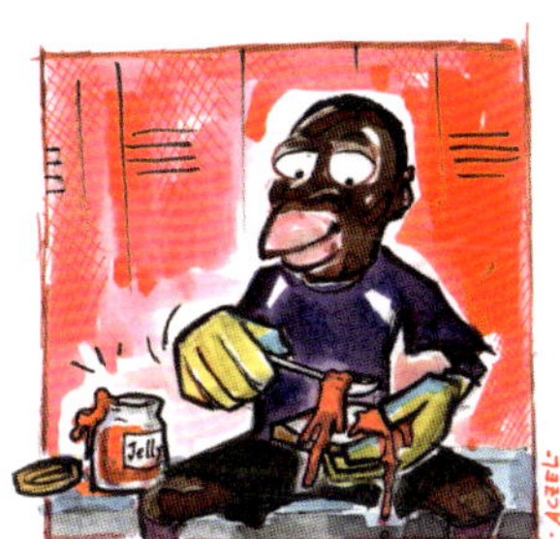

Damit definierte der Torwart Ndjock die Bedeutung des Eigentors eindeutig neu. Er warf tatsächlich den Ball selbst direkt ins eigene Tor. Doch anstatt sich von diesem Moment ruinieren zu lassen, machte er ihn zu seinem. Er nahm es mit Humor und seine Mannschaft und er drehten ein Video, das sie vor dem Spiel in der Kabine bei der Besprechung mit dem Trainer zeigt. Während alle aufmerksam zuhören, schmiert sich Ndjock dick Gelee auf ein Brot und isst es genüsslich. Doch dann läuft seine Mannschaft schon aus der Kabine, er sieht, dass seine Torwarthandschuhe voller Gelee sind, hat aber keine Zeit mehr, sie zu waschen. Also läuft er so hinterher zum Spiel. Eine logische Erklärung für sein Eigentor, nicht wahr?

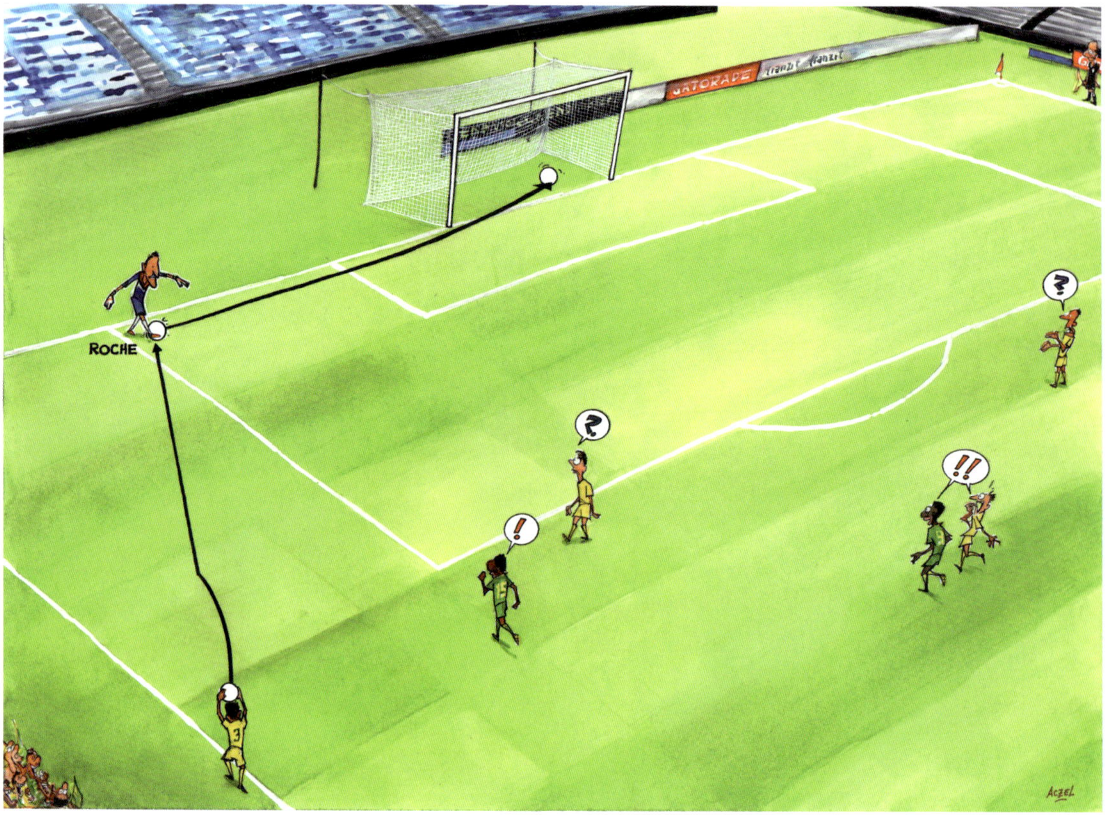

MICKAËL ROCHE (AS TEFANA (TAHITI)) 62. MINUTE (1:4)

2

8. APRIL 2016, PRINCE CHARLES PARK, NADI (FIDSCHI)
OFC CHAMPIONS LEAGUE (OZEANIEN), GRUPPE C, NADI FC 1:6 AS TEFANA

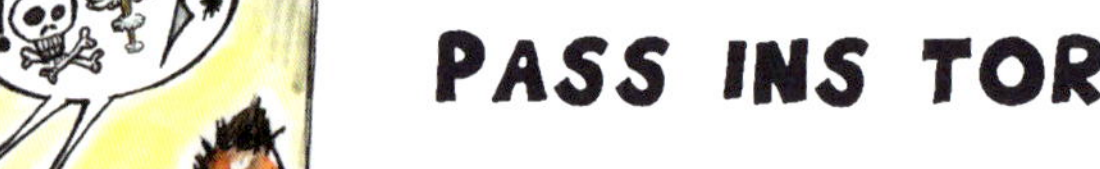

PASS INS TOR

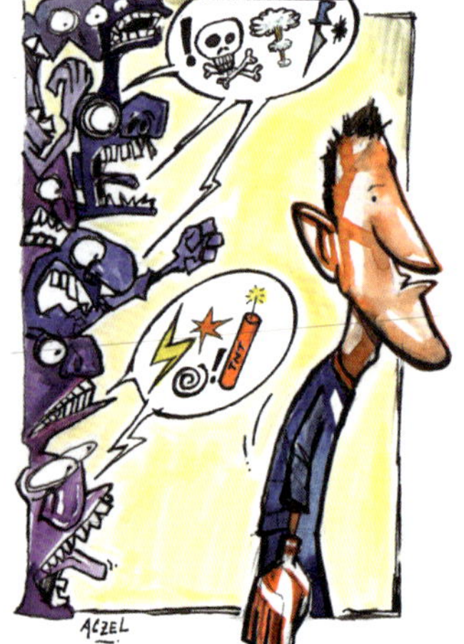

Was für ein Fehler. Das Stadion war nicht sehr voll und man konnte klar die Beschimpfungen hören. Zum Glück in einer Sprache, die nicht so viele verstehen.

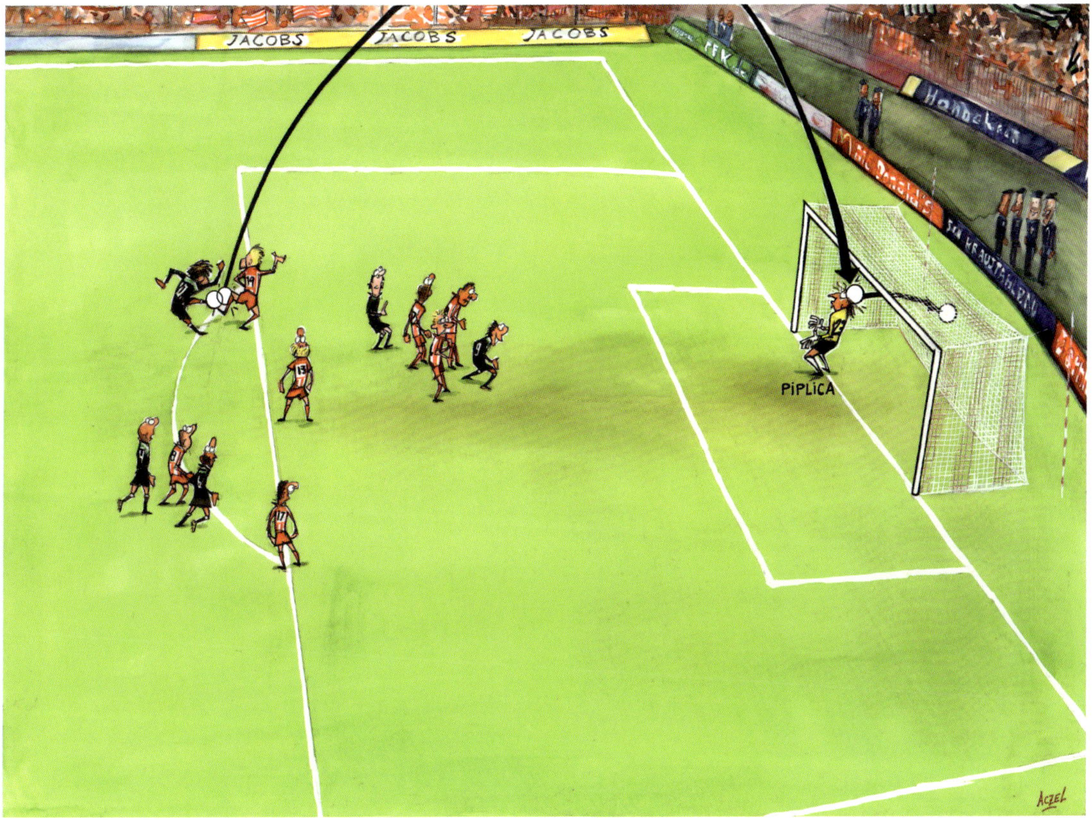

TOMISLAV PIPLICA (ENERGIE COTTBUS) 85. MINUTE (3:3)

3

6. APRIL 2002, STADION DER FREUNDSCHAFT, COTTBUS (DEUTSCHLAND)
BUNDESLIGA, 30. SPIELTAG, ENERGIE COTTBUS 3:3 BORUSSIA MÖNCHENGLADBACH

GESCHENK DES HIMMELS

Gibt man in die Suchmaschine „Beste Torwart-Bloopers“ ein, taucht sogleich Piplicas Name auf. Es gilt als das legendärste Eigentor eines Torhüters in der Bundesliga-Geschichte.

Der Schuss wurde abgefälscht und zur Mutter aller Bogenlampen. Der Ball schien Richtung Weltall unterwegs zu sein. Doch als er wieder herunterkam, hatte sich Piplica eindeutig verkalkuliert. Später sagte er: „Es war meine Schuld. Ich dachte, der Ball fällt auf die Latte.“ Nach dem Schlusspfiff hatte er nur ein Ziel: Nichts wie weg!

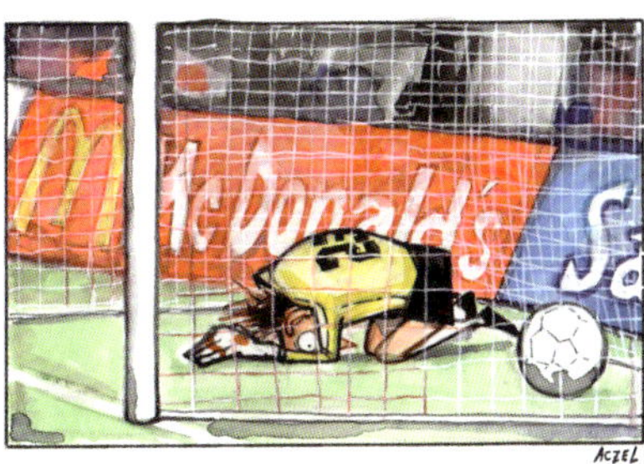

TOP ELFMETER

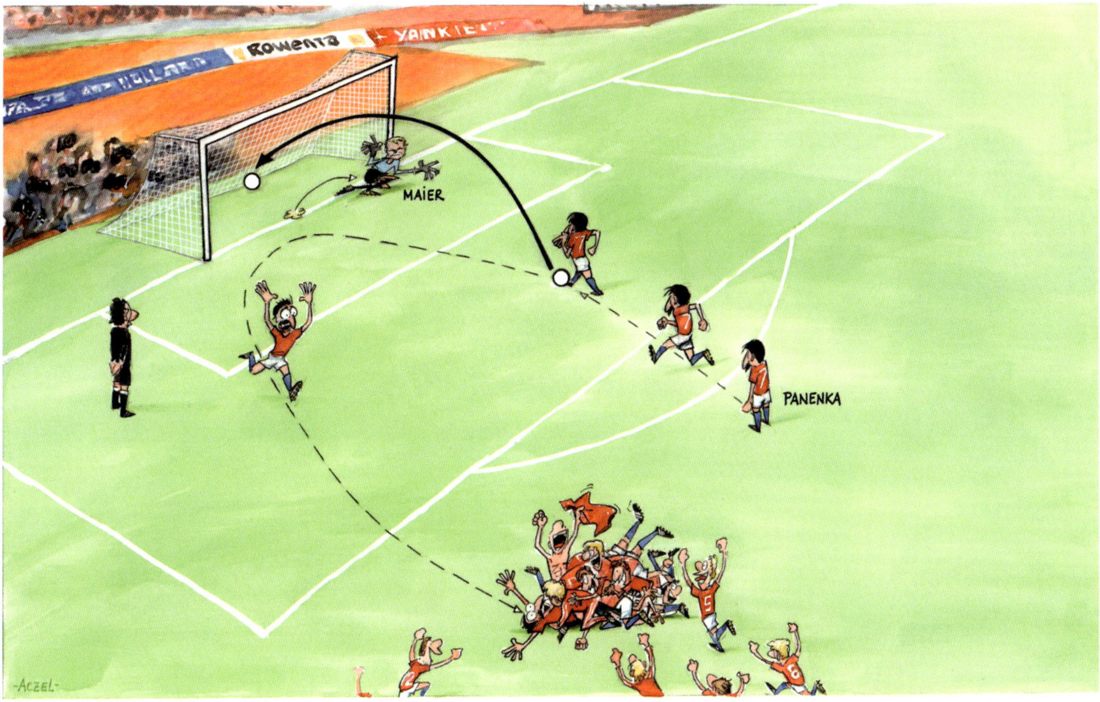

ANTONÍN PANENKA (TSCHECHOSLOWAKEI) ELFMETERSCHIESSEN (5:3)

1 20. JUNI 1976, STADION ROTER STERN, BELGRAD (SERBIEN)
FUSSBALL-EUROPAMEISTERSCHAFT 1976, FINALE,
TSCHECHOSLOWAKEI VS BR DEUTSCHLAND 2:2 N. V. (2:2, 2:1), 5:3 I. E.

DAS ORIGINAL

Das erste Mal, dass ein Elfmeter auf diese Weise geschossen wurde, konnte zu keiner besseren Gelegenheit passieren. Es war das entscheidende Tor zum Gewinn der Europameisterschaft 1976. Deshalb werden solche Elfmeter auch heutzutage noch „a la Panenka“ genannt.

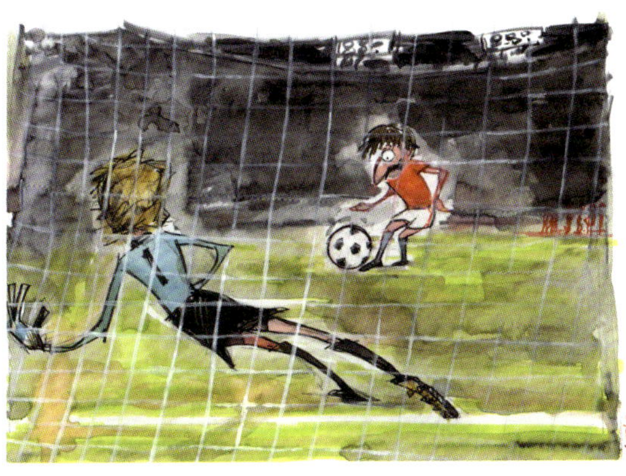

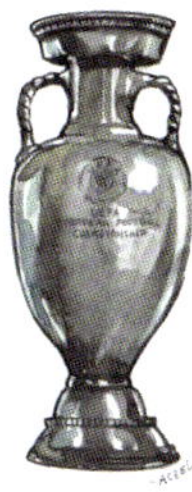

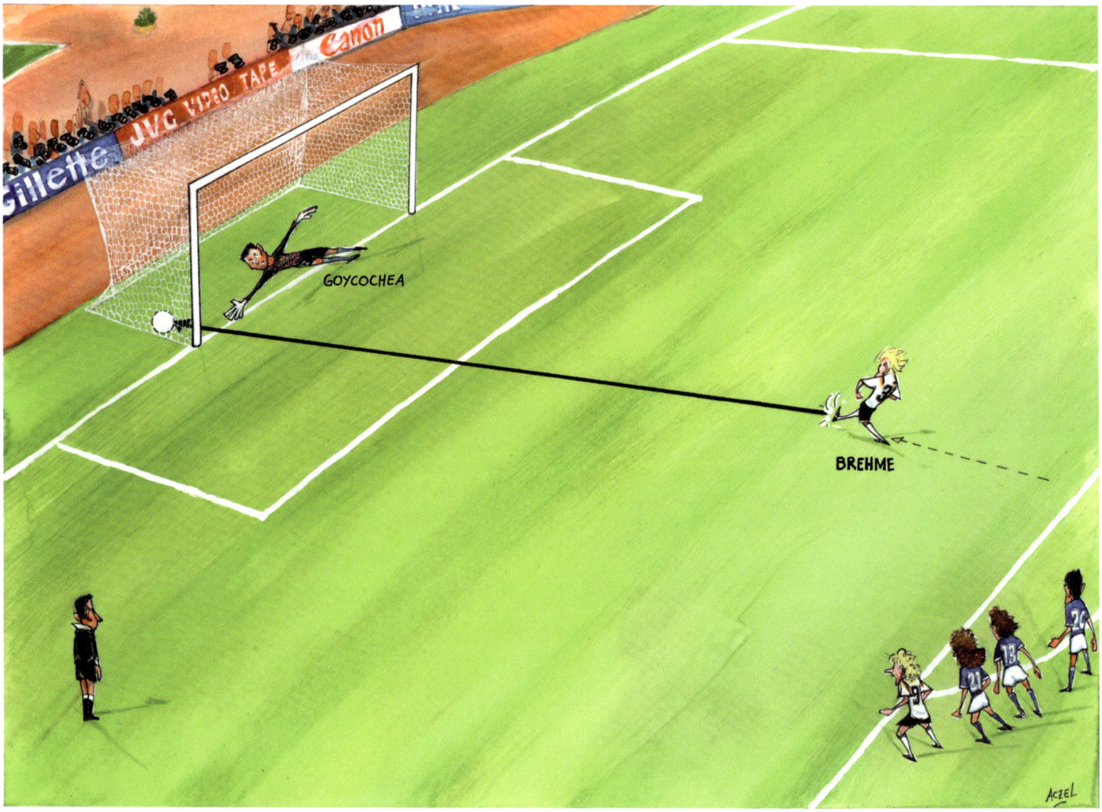

2

ANDREAS BREHME (DEUTSCHLAND)

85. MINUTE (0:1)

8. JULI 1990, OLYMPIASTADION ROM, ROM (ITALIEN)
WM 1990, FINALE, ARGENTINIEN 0:1 DEUTSCHLAND

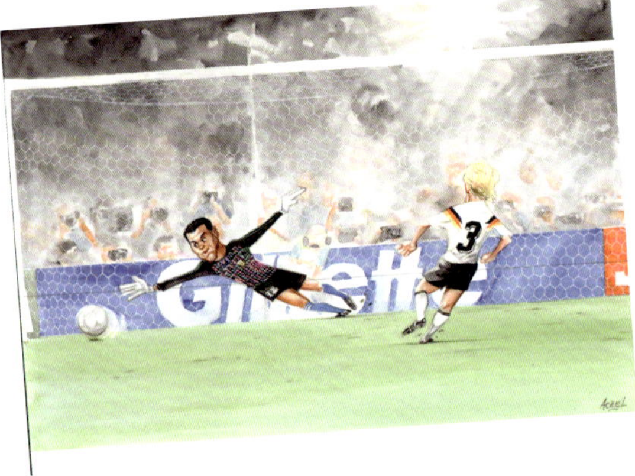

FLACH INS LINKE ECK

„Matthäus hatte mir signalisiert, ich solle zum Punkt gehen. Er war eigentlich als Schütze vorgesehen, habe sich aber nicht sicher gefühlt, weil aus seinem Schuh (diese Schuhe hatte er einmal Maradona geliehen und sie waren von diesem Zeitpunkt an heilig für ihn) Stollen herausgebrochen waren.“ Brehme schoss sehr platziert, so dass nicht einmal Elfmeter-Killer Goycochea an den Ball kam.

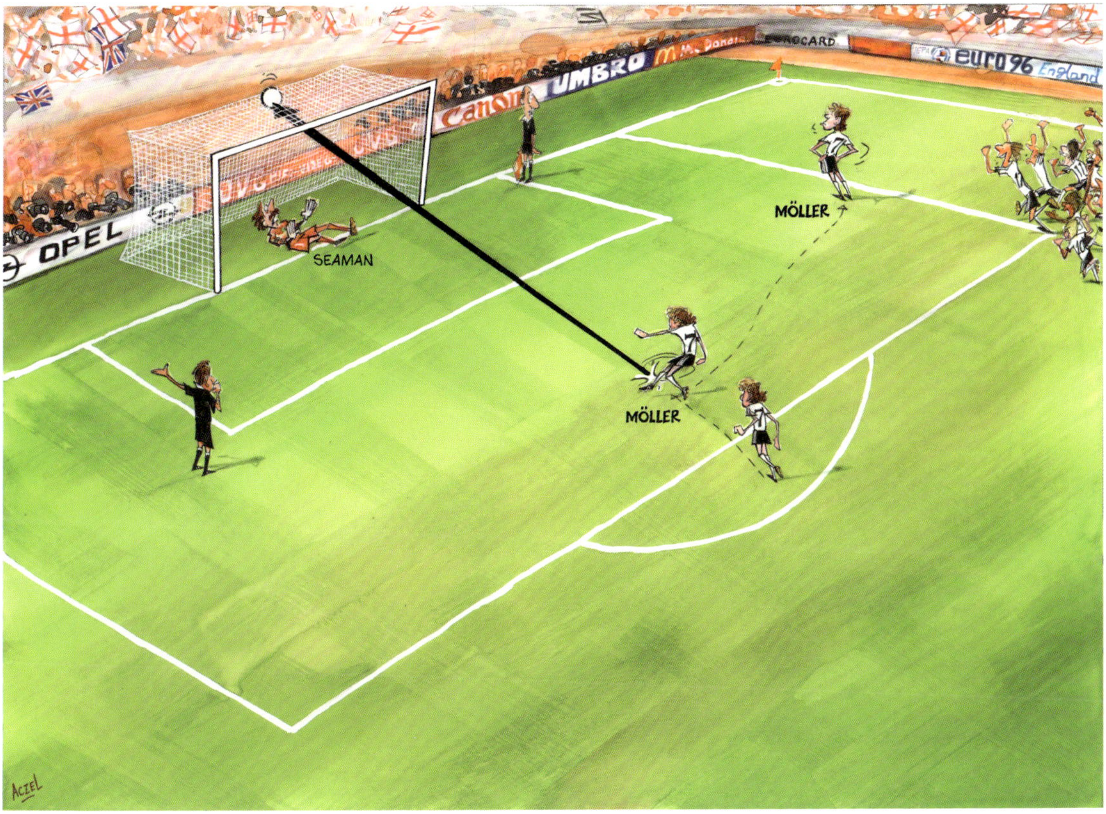

ANDREAS MÖLLER (DEUTSCHLAND)

ELFMETERSCHIESSEN

3

26. JUNI 1996, WEMBLEY-STADION, LONDON (ENGLAND)
EM 1996, ENGLAND-DEUTSCHLAND 1:1 N. V. (1:1), 5:6 I. E.

ETWAS PROVOKATIV

Berühmt wurde nicht nur sein Tor, sondern auch die Pose danach, mit der er aber die provozierende Jubelpose von Englands Paul Gascoigne imitierte. „Das war intuitiv, das überlegt man sich vorher nicht. Ich empfand das als einen Ausdruck von Stärke. In Englands Wembleystadion haben wir, die deutsche Nationalmannschaft, die Heimmannschaft aus dem Turnier geschossen: Seht her, so haben wir das gemacht!“ Ein Bild für die Ewigkeit.

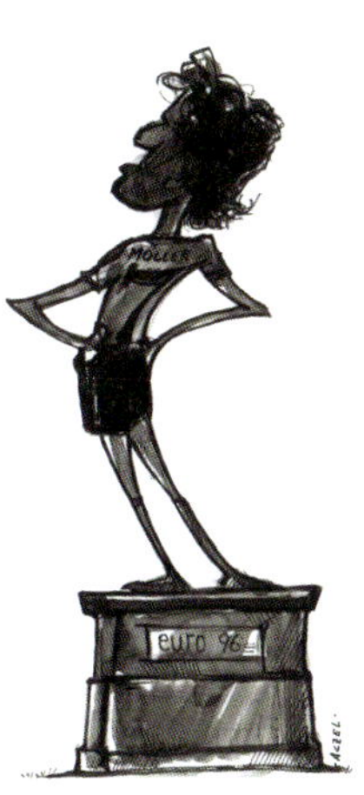

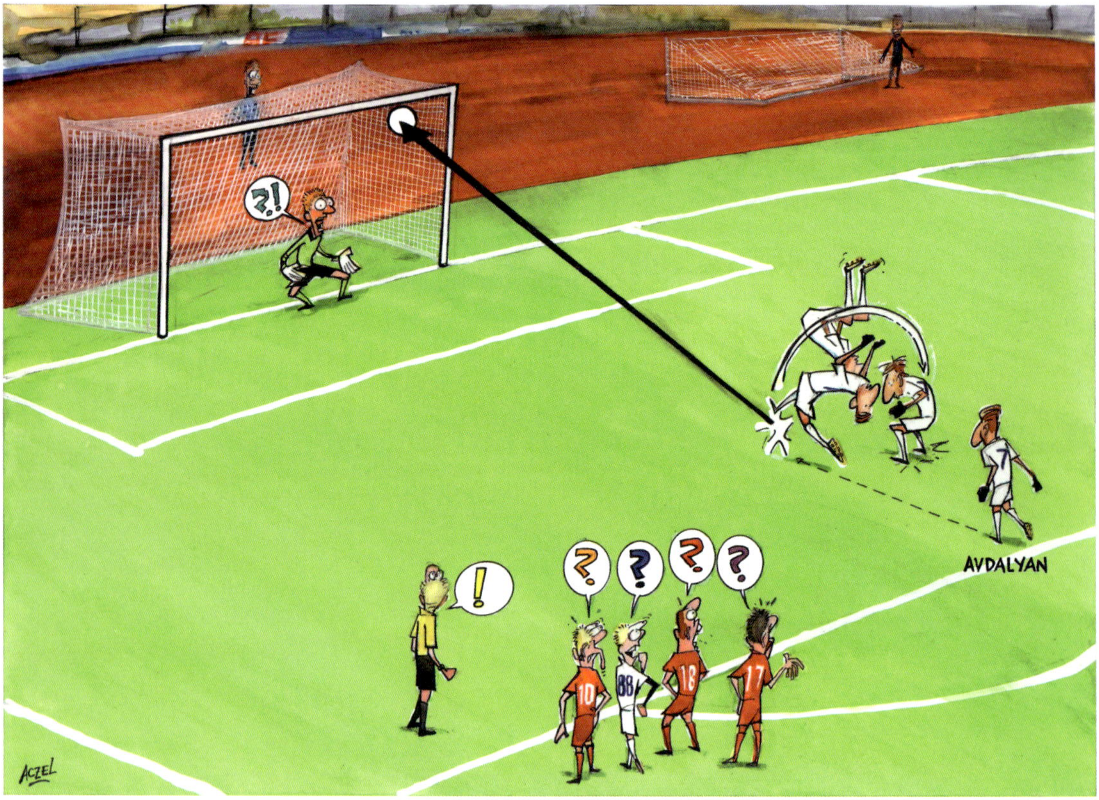

NORIK AVDALYAN (RUBIN KASAN U21) 55. MINUTE (1:1)

4

6. OKTOBER 2018, STADION RUBIN' ZAPASNOE POLE, KASAN (RUSSLAND)
YOUTH CHAMPIONSHIP, 10. SPIELTAG, RUBIN KASAN U21 1:1 URAL U21

RÜCKWÄRTSSALTO

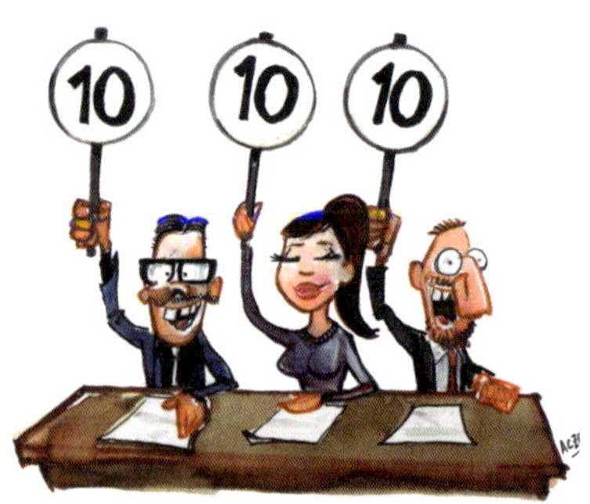

Ungewöhnliche akrobatische Einlage: ein Rückwärtssalto, und dann auch noch, um einen Elfmeter zu schießen.

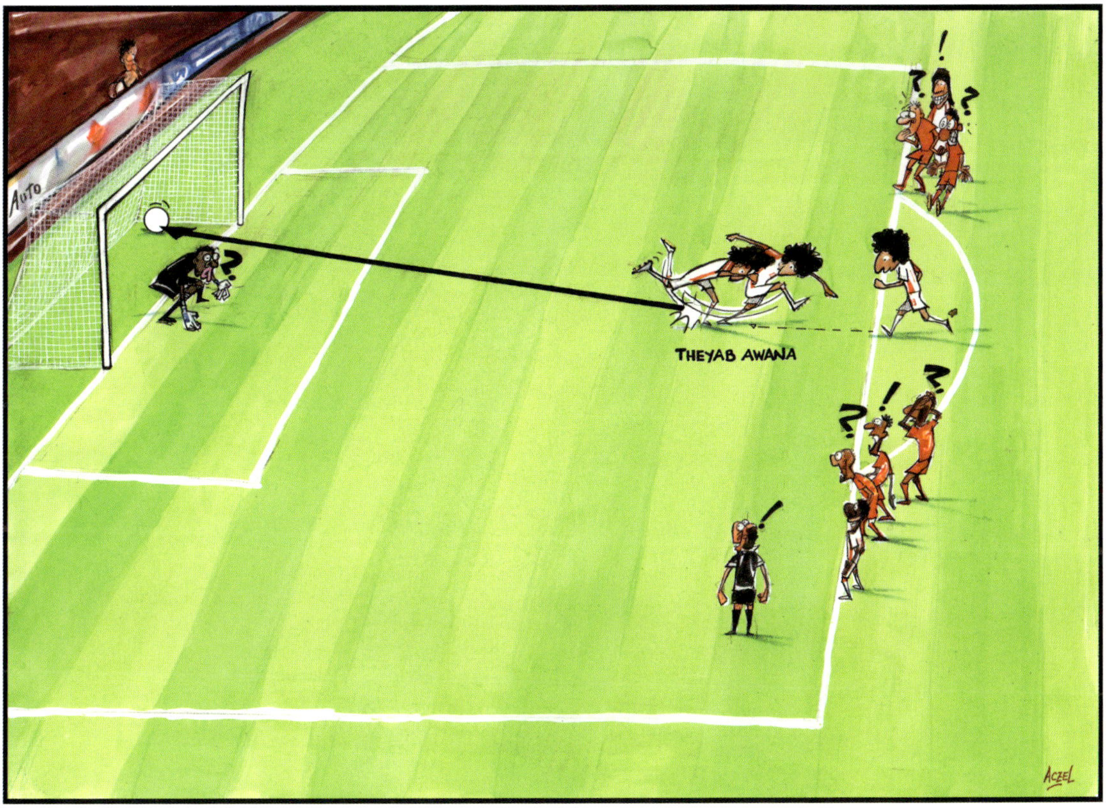

THEYAB AWANA (VEREINIGTE ARABISCHE EMIRATE) 78. MINUTE (5:2)

5

17. JULI 2011, KHALIFA BIN ZAYED STADIUM, AL AIN, ABU DHABI (VEREINIGTE ARABISCHE EMIRATE)
TEST-LÄNDERSPIEL, VEREINIGTE ARABISCHE EMIRATE 6:2 LIBANON

ELFMETER PER HACKE

Sein Nationaltrainer wechselte den Jungstar daraufhin wutentbrannt aus. Das Video seines Hackentrick-Elfers jedoch wurde millionenfach angeklickt und er wurde dafür weltweit bekannt. Zwei Monate später starb er mit nur 21 Jahren bei einem Autounfall. Laut Polizeibericht war er am Steuer mit seinem Handy.

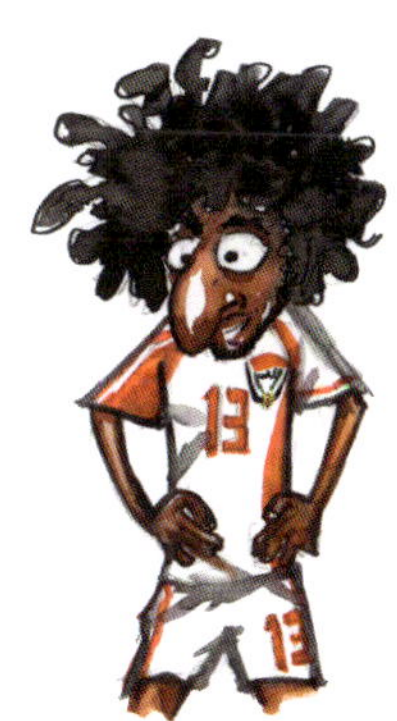

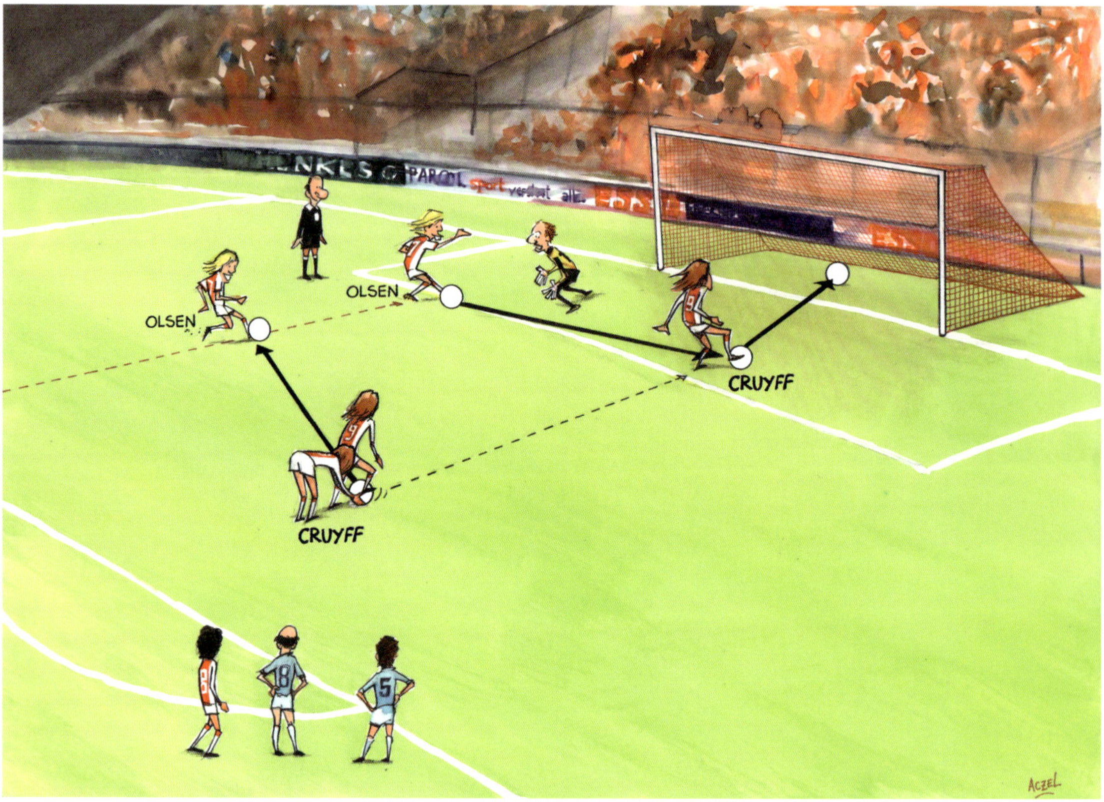

JOHAN CRUYFF UND JESPER OLSEN (AJAX) 21. MINUTE (2:0)

6

5. DEZEMBER 1982, DE MEER STADION, AMSTERDAM (NIEDERLANDE)
EREDIVISIE, 16. SPIELTAG, AJAX 5:0 HELMOND SPORT

CRUYFF SENSATIONELL

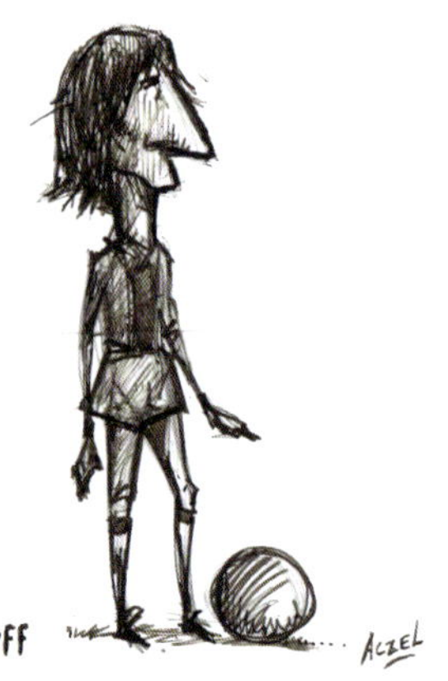

Johan Cruyff

Cruyffs Doppelpass beim Elfmeter.
Etwas ungewöhnlich. Anstatt den Ball direkt ins Tor zu schießen, steuerte Cruyff ihn zur Seite zu Olsen, der ihn wieder zurückpasste, so dass Cruyff nur noch den Fuß hinhalten musste.
2016 wollte Messi inspiriert von Cruyff und als Widmung einen Elfer genauso verwandeln und hatte den Ablauf schon mit Neymar einstudiert. Doch als er dann zur Seite passte, reagierte der nicht eingeweihte Suarez prompt, rannte los und schoss selbst ein dennoch wunderschönes Tor.

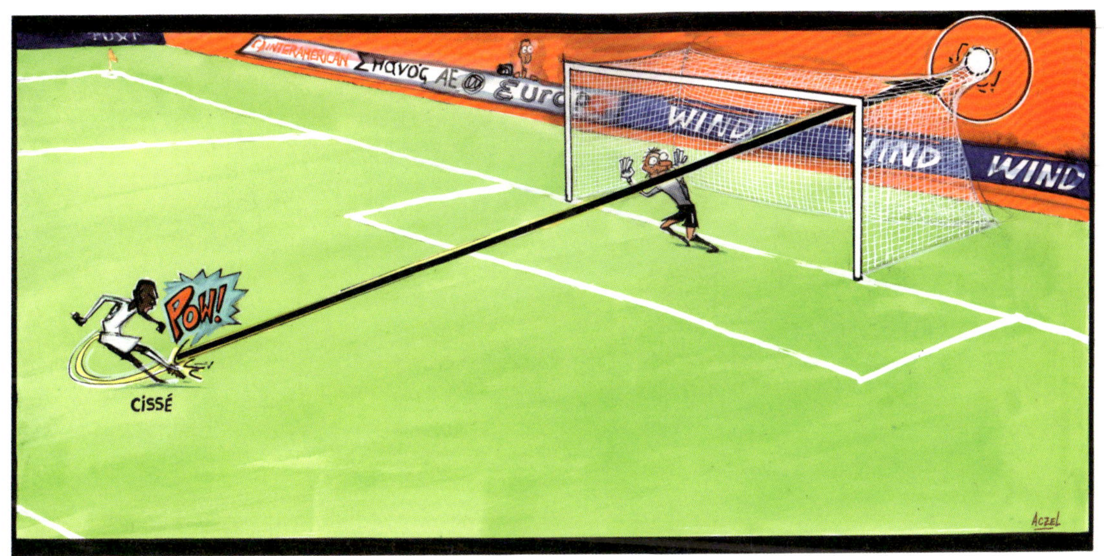

DJIBRIL CISSÉ (PANATHINAIKOS ATHEN)

7

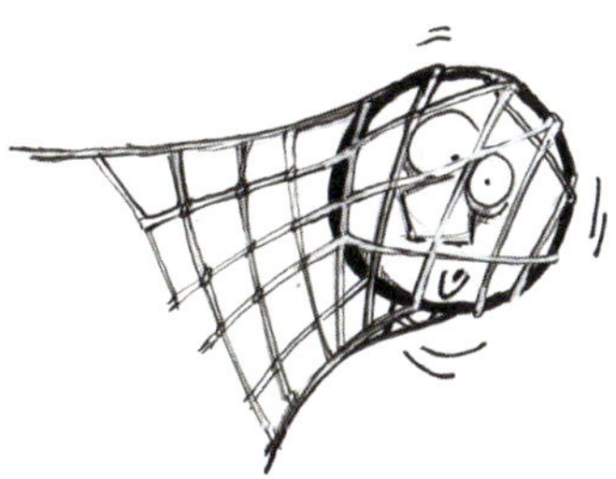

BEEINDRUCKEND

Unhaltbar. Cissés Schuss war nicht nur gut platziert, sondern so extrem wuchtig geschossen, dass der Ball für einige Sekunden im Netz hängen blieb.

TOP VERSCHOSSENE ELFMETER

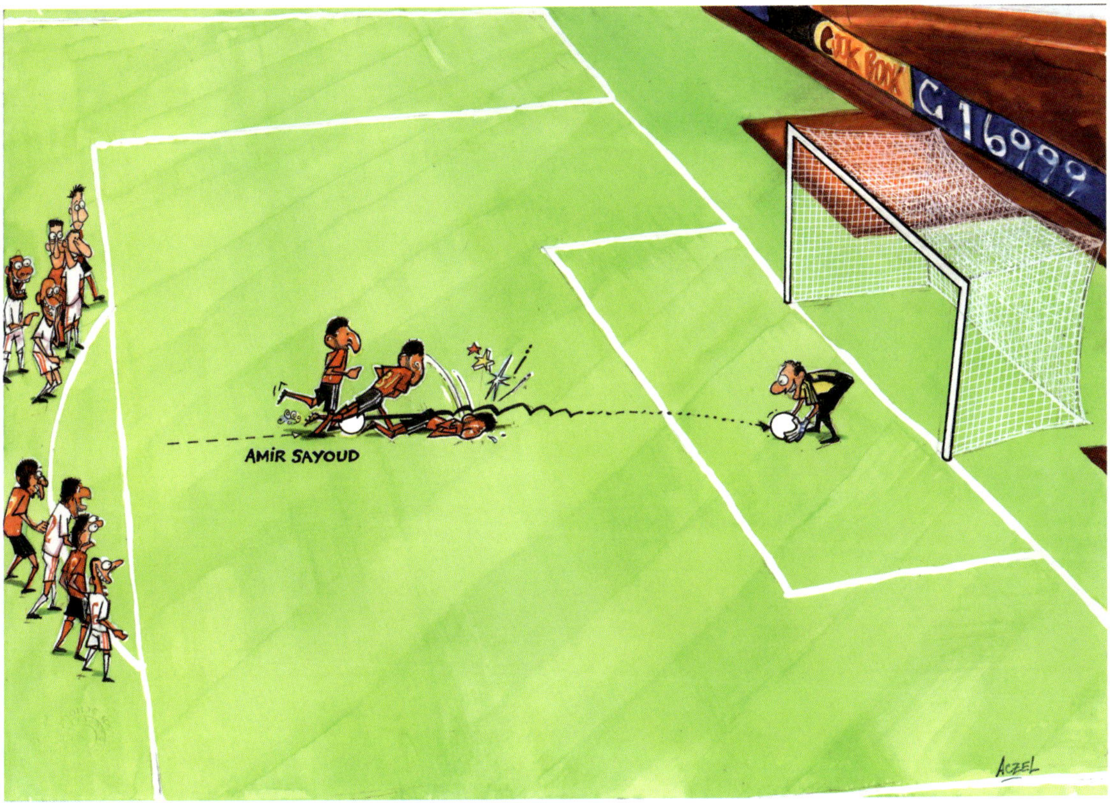

AMIR SAYOUD (AL AHLY) 82. MINUTE

1

5. SEPTEMBER 2011, CAIRO INTERNATIONAL STADIUM, KAIRO (ÄGYPTEN)
EGYPT CUP, ERSTE RUNDE, AL AHLY 4:0 KIMA ASWAN

OH MANN, WAS FÜR EINE UNGESCHICKLICHKEIT!

Sayoud wollte wohl ganz lässig antäuschen, bremste kurz vor dem Schuss, stolperte dabei und fiel mit dem Gesicht voraus ins Gras. Den Ball hatte er dabei noch leicht angetippt, so dass dieser in Zeitlupe geradewegs in die Hände des Torwarts rollte. Wahrlich nicht präsentabel. Das muss mit ziemlicher Sicherheit der am schlechtesten geschossene Elfmeter der Welt sein. Und noch dazu sah Sayoud dafür die gelbe Karte. Eigentlich wegen des Bremsens – oder vielleicht doch wegen sagenhafter Ungeschicklichkeit?

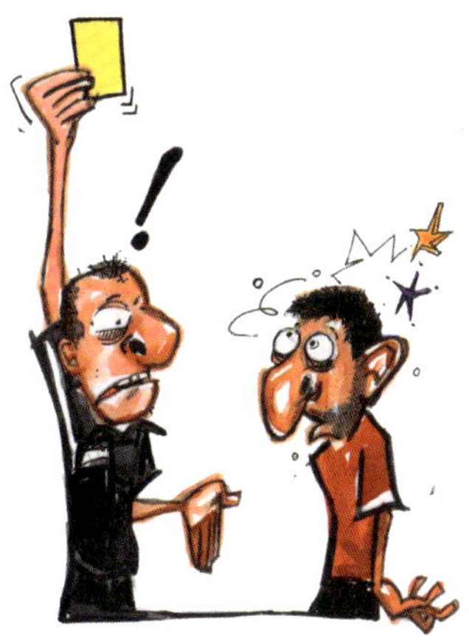

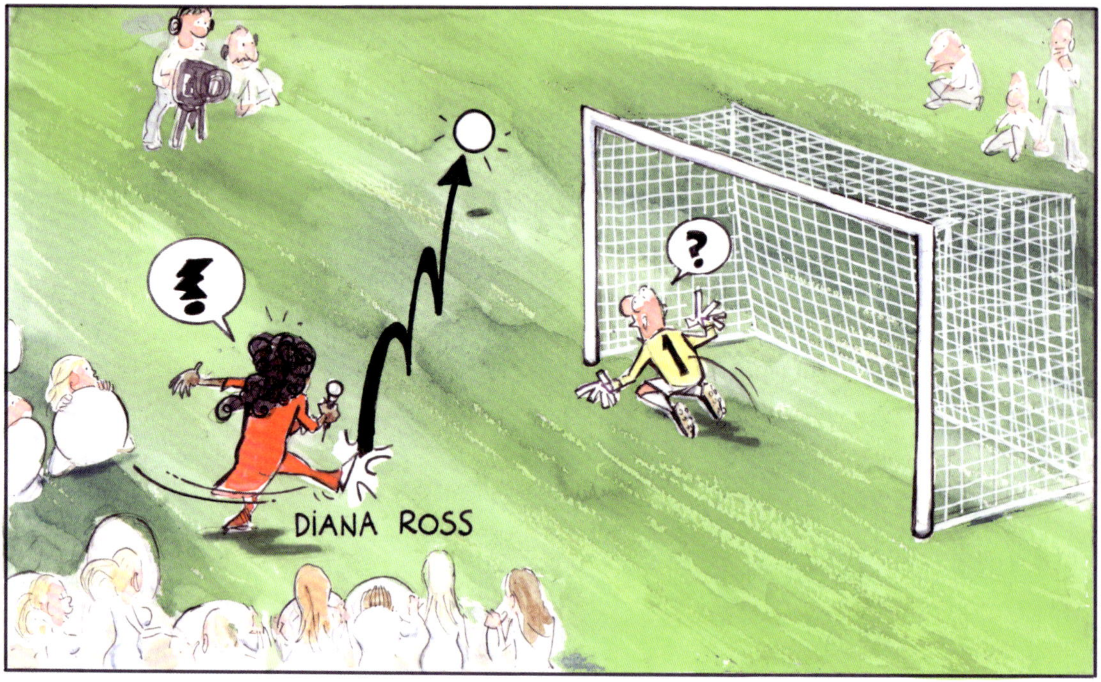

DIANA ROSS (USA) WM 1994-ERÖFFNUNGSFEIER

2

17. JUNI 1994, SOLDIER FIELD, CHICAGO, ILLINOIS (USA)

SCHLIMMER ALS BAGGIO

Der Fehlschuss durch Diana Ross war so spektakulär schlecht, dass er bis heute einer der erinnerungsreichsten Momente einer WM-Eröffnungsfeier geblieben ist. Außerdem repräsentierte dieser Moment als perfekte Metapher Nordamerikas Beziehung zu dem schönen Spiel Fußball.

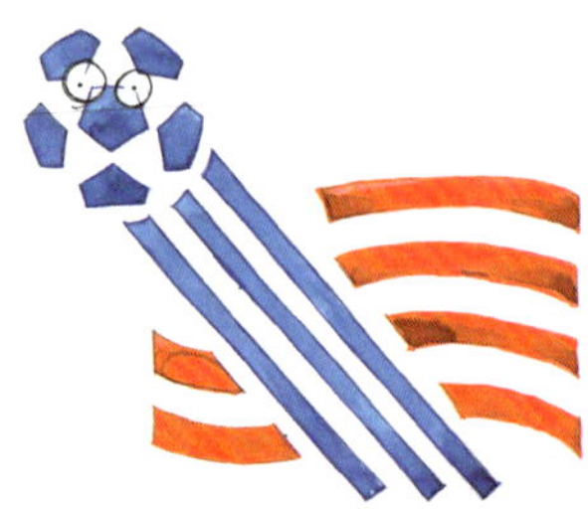

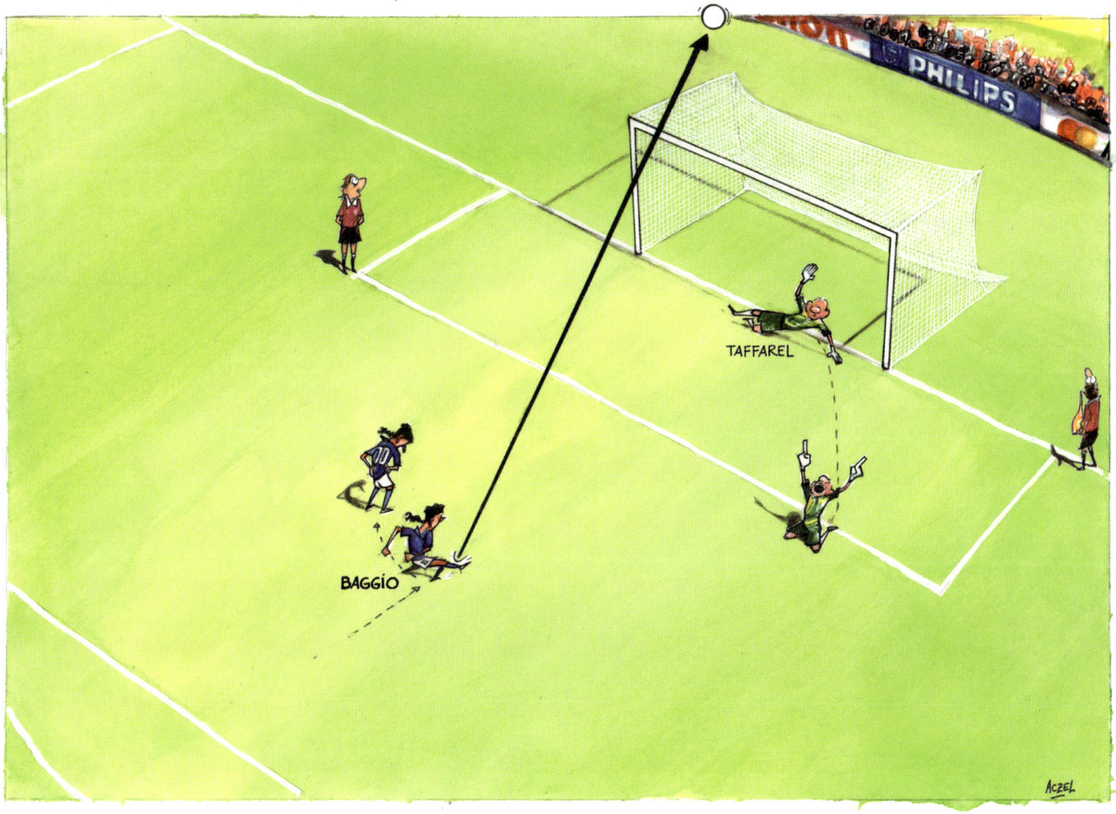

ROBERTO BAGGIO (ITALIEN) ELFMETERSCHIESSEN

3

17. JULI 1994, ROSE BOWL STADIUM, PASADENA, LOS ANGELES, KALIFORNIEN (USA)
WM 1994, FINALE, BRASILIEN 0:0 N.V. (3:2 I.E.) ITALIEN

EINE WUNDE, DIE NIEMALS VERHEILEN WIRD

Es war der entscheidende Elfmeter im WM-Finale. Eine fantastische WM für Baggio, der bis dahin der Held Italiens war, endete auf die schrecklichste Weise. In seiner späteren Autobiographie gab Baggio zu, dass er diese schicksalhafte Aktion niemals überwinden konnte und Psychologen brauche. Diese Wunde würde niemals verheilen.

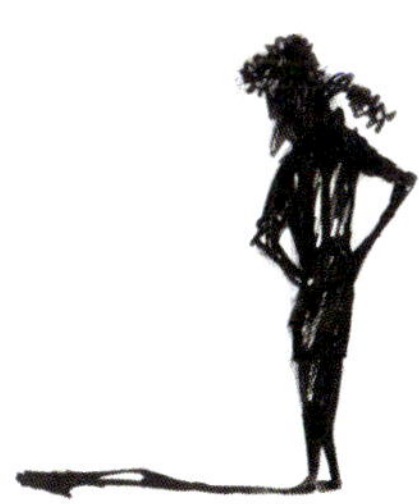

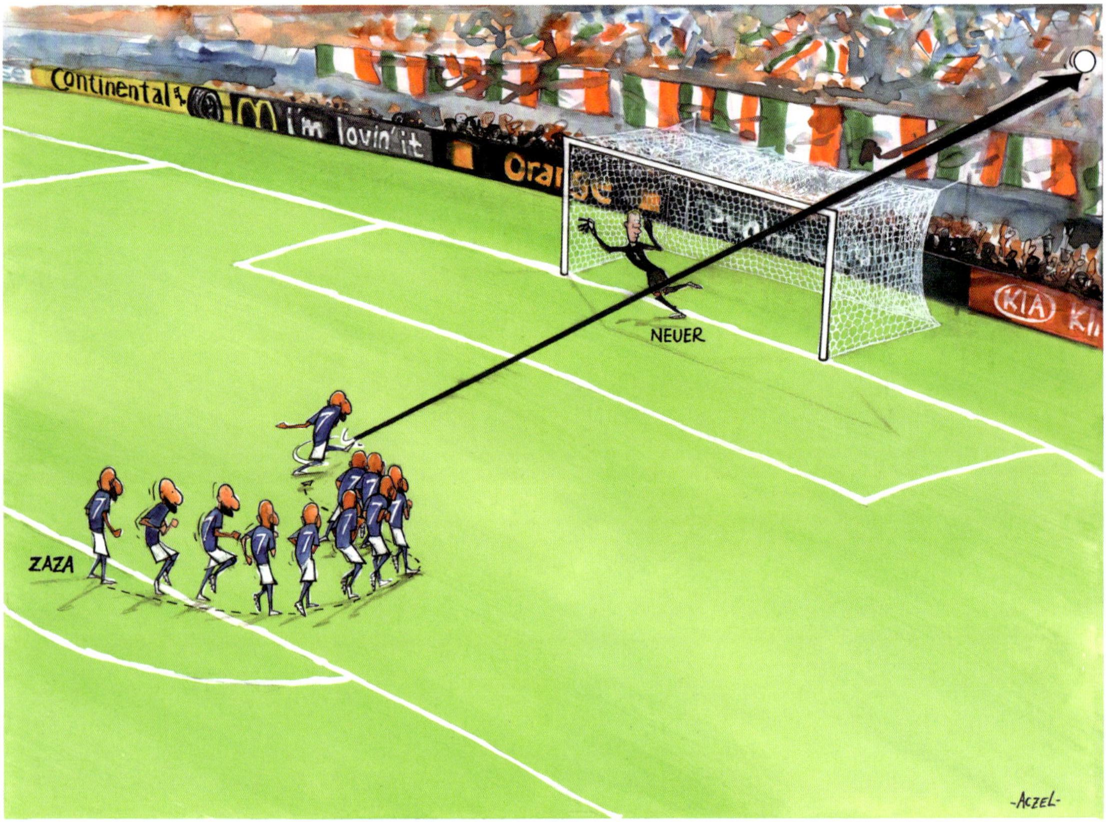

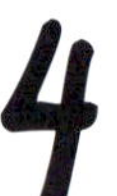

SIMONE ZAZA (ITALIEN)

ELFMETERSCHIESSEN

2. JULI 2016, STADE MATMUT-ATLANTIQUE, BORDEAUX (FRANKREICH)
EM 2016, VIERTELFINALE, DEUTSCHLAND-ITALIEN 1:1 N. V., 6:5 I. E.

TARANTELLA

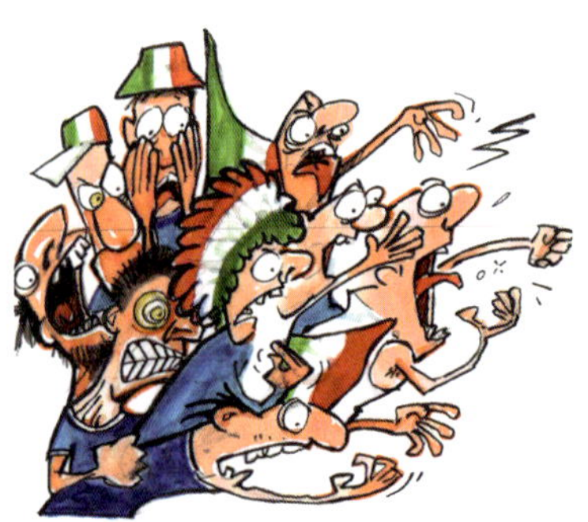

Das war wohl nichts mit Tarantella … Zaza wurde eigens für das Elfmeterschießen in der 120. Minute eingewechselt. Er wollte es wohl auf die elegante Weise machen, tänzelte in kleinen Schritten los und – nun ja. Den Groll der Fans hatte er sich gesichert.

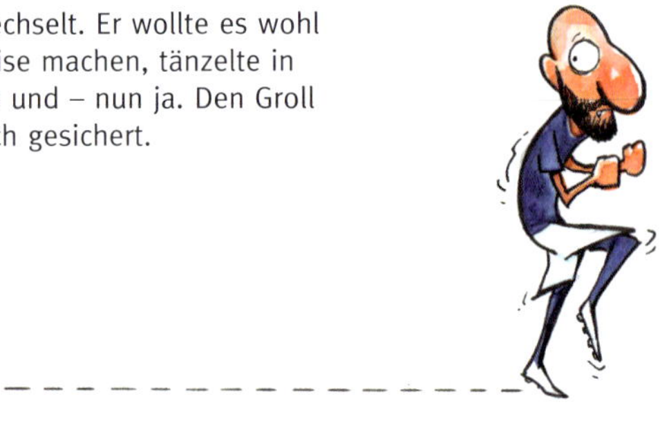

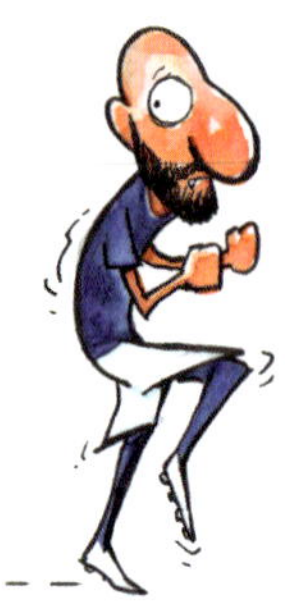

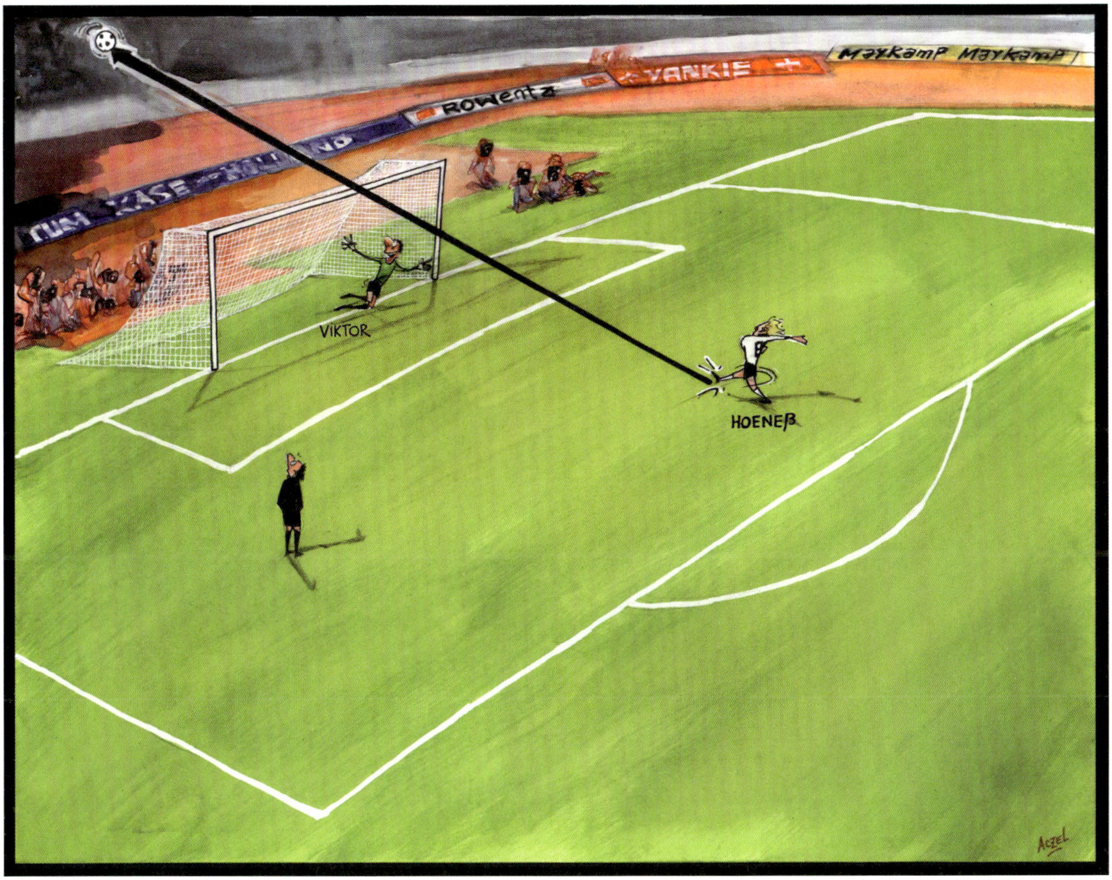

5

ULI HOENESS (BR DEUTSCHLAND) ELFMETERSCHIESSEN

20. JUNI 1976, STADION ROTER STERN, BELGRAD (SERBIEN)
EM 1976, FINALE, TSCHECHOSLOWAKEI-BR DEUTSCHLAND 2:2 N. V., 5:3 I. E.

UNIVERSUM HOENESS

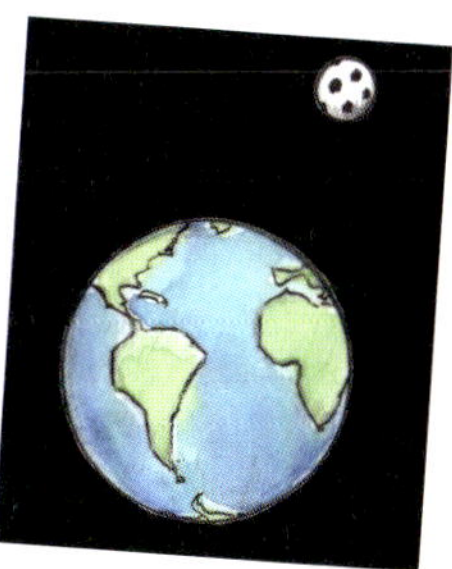

Es war das erste Mal, dass das Finale eines großen Turniers im Elfmeterschießen entschieden wurde. Der DFB hatte kurz vor dem Finale anstatt eines Wiederholungsspiels Elfmeterschießen beantragt, um seinen Spielern beim Urlaub entgegenzukommen. Besonders in Erinnerung blieben dabei der von Panenka (Seite 199) frech verwandelte letzte Elfmeter, mit dem das Spiel entschieden wurde, und außerdem: Hoeneß' verschossener Elfmeter. Er schickte den Ball durch den Nachthimmel von Belgrad, man mochte meinen bis ins Universum.

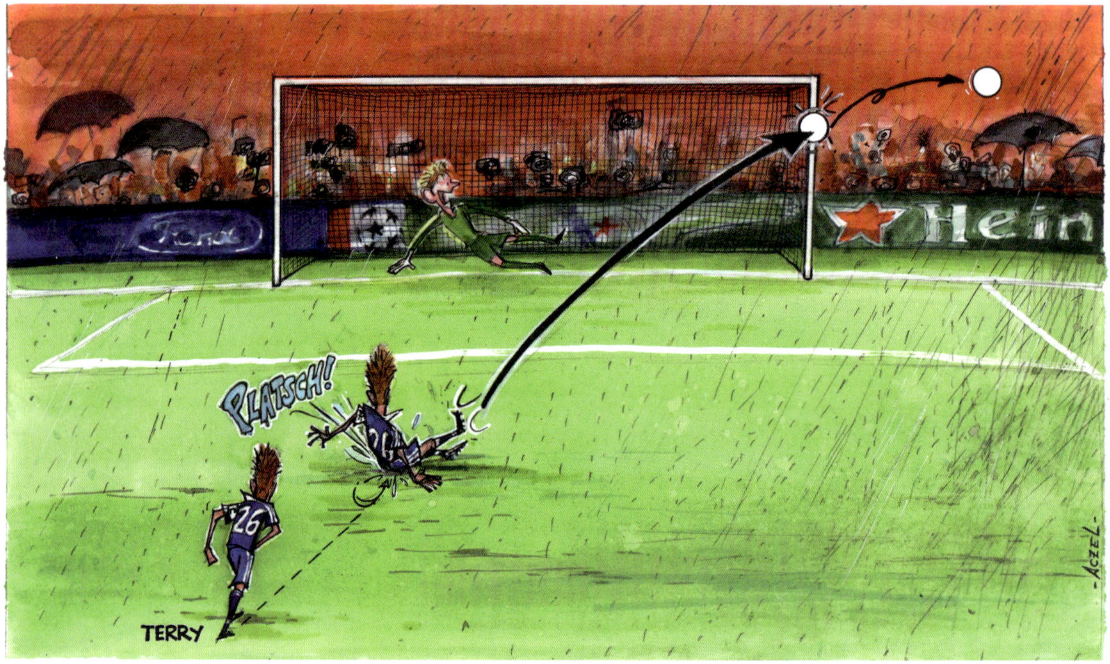

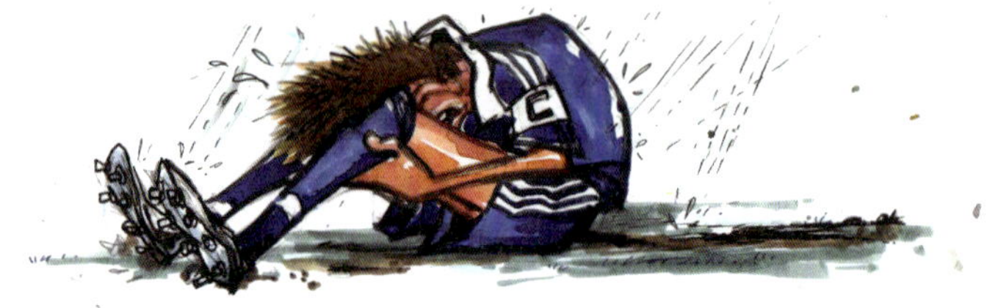

6

JOHN TERRY (FC CHELSEA) ELFMETERSCHIESSEN

21. MAI 2008, OLYMPIASTADION LUSCHNIKI, MOSKAU (RUSSLAND)
CHAMPIONS LEAGUE, FINALE, MANCHESTER UNITED 1:1 N.V. (6:5 I.E) FC CHELSEA

AUSRUTSCHER

Es steht 4:4 im Elfmeterschießen. Würde Terry, Chelseas Kapitän, den nächsten Elfer verwandeln, wären sie Champions League-Sieger. Er nimmt Anlauf – und rutscht in dem Moment, in dem er schießen will, aus und fällt auf seinen Allerwertesten. Nach dieser Niederlage weinte er völlig aufgelöst. „Das wird mich mein Leben lang quälen“, stellte er fest.

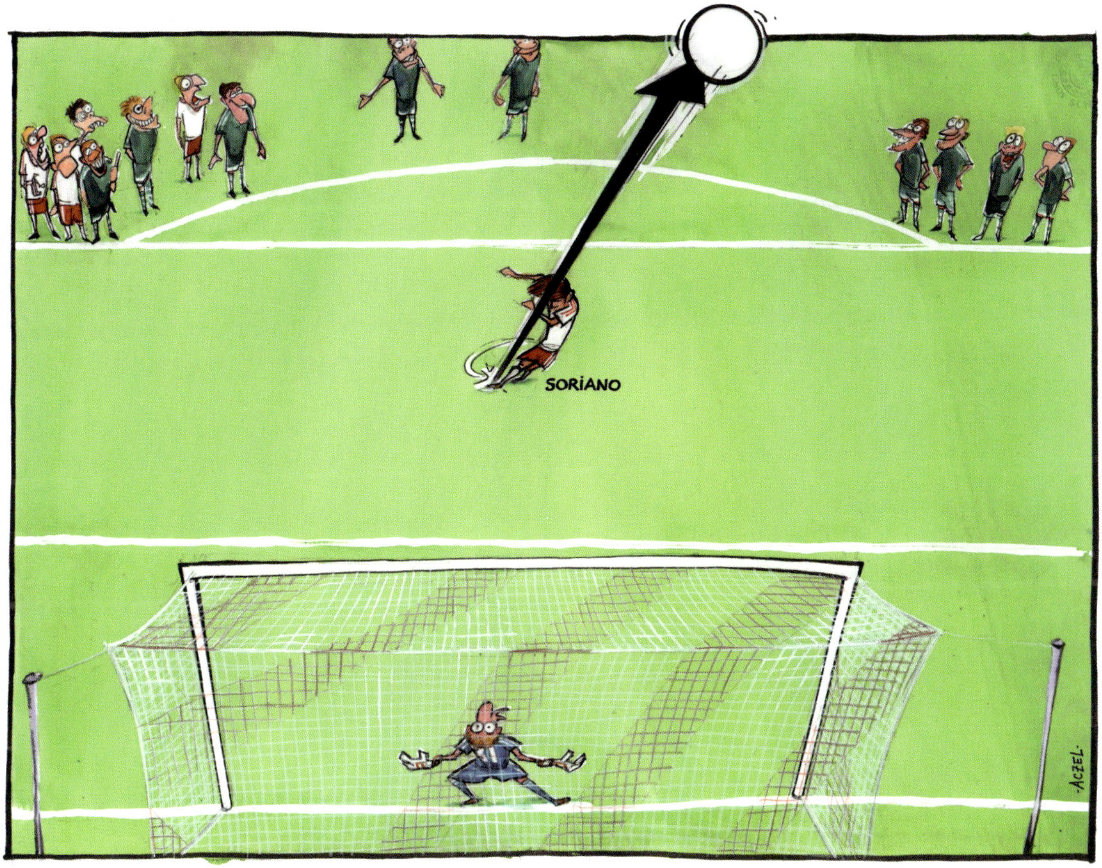

JONATHAN SORIANO (FC RED BULL SALZBURG) 80. MINUTE

7

12. AUGUST 2012, RED BULL ARENA, SALZBURG (ÖSTERREICH)
ÖSTERREICHISCHE BUNDESLIGA, 4. SPIELTAG, FC RED BULL SALZBURG 0:2 RAPID WIEN

ÜBER DEN WOLKEN

Niemals zuvor hatte man so etwas gesehen! Könnte man noch höher über ein Tor drüber schießen?

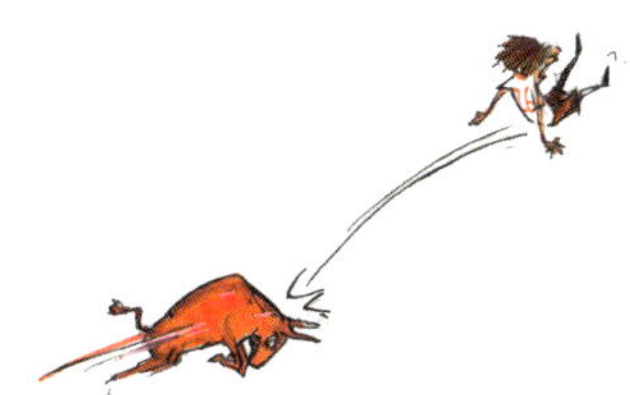

TOP LAST MINUTE TORE

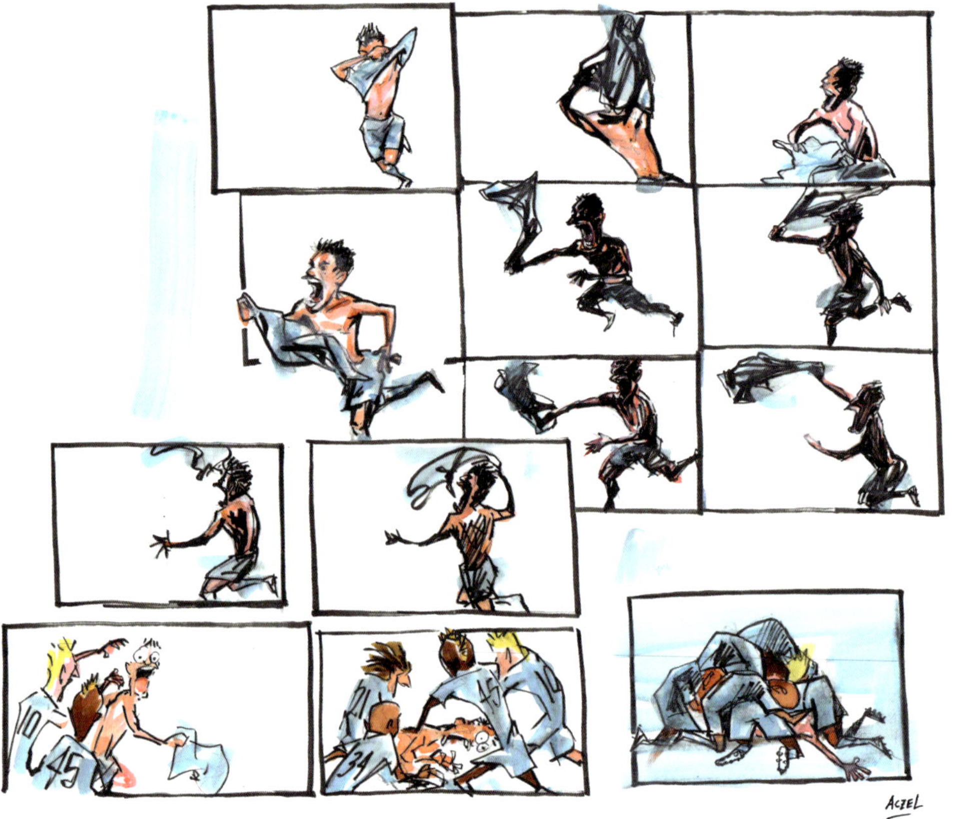

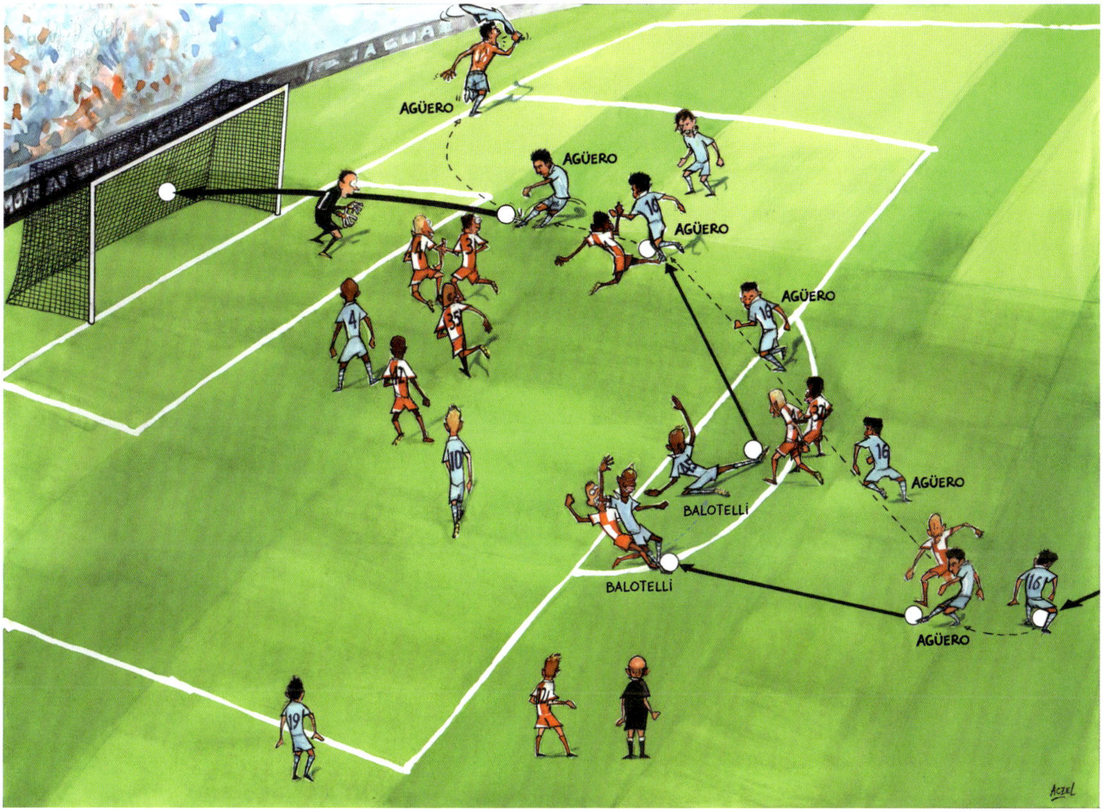

SERGIO AGÜERO (MANCHESTER CITY) 90+4. MINUTE (3:2)

1

13. MAI 2012, ETIHAD STADIUM, MANCHESTER (ENGLAND)
SAISONFINALE, PREMIER LEAGUE, 38. SPIELTAG,
MANCHESTER CITY 3:2 QUEENS PARK RANGERS

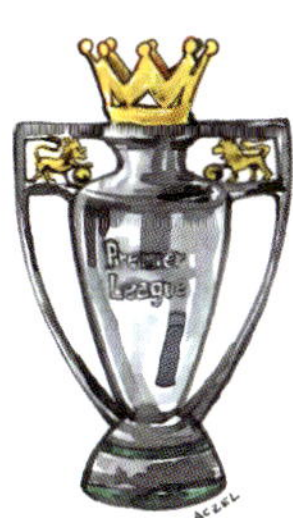

LAST MINUTE TITELGEWINNER-TOR

Eigentlich war das Spiel schon gelaufen. Das Spiel, die Meisterschaft, alles. In der 90. Minute lag Manchester City 1:2 zurück, und der Lokalrivale Manchester United glaubte sich schon Meister. Doch dann brach der blaue Wahnsinn los: 90+2, Dzeko, 90+4, Agüero. Das ganze Stadion lag sich jubelnd in den Armen. Zwei Minuten, zwei Tore, ein Titel, der erste nach 44 Jahren. Es war das dramatischste Saisonfinale in der Geschichte der Premier League.

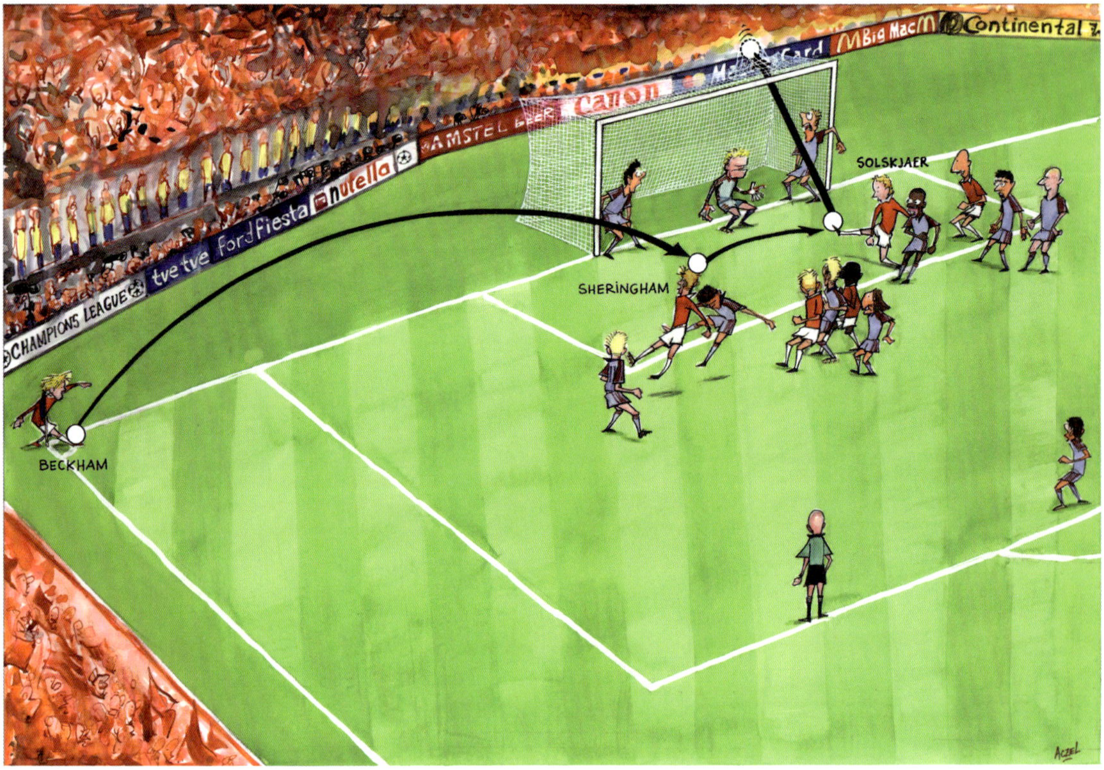

2

OLE GUNNAR SOLSKJAER (MANCHESTER UNITED) 90+3. MINUTE (2:1)

26. MAI 1999, CAMP NOU, BARCELONA (SPANIEN), CHAMPIONS LEAGUE, FINALE

MANCHESTER UNITED 2:1 FC BAYERN MÜNCHEN

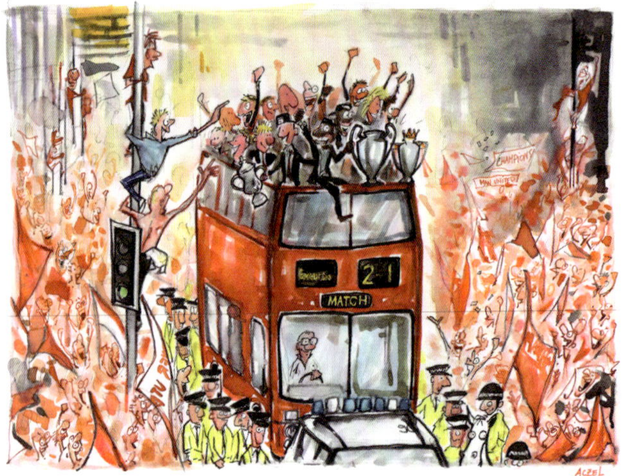

TRAUMA

Im CL-Finale im Camp-Nou lag Bayern München 1:0 in Führung. Doch tatsächlich kassierten sie in der Nachspielzeit zwei Gegentore und Manchester war CL-Gewinner. Der Kommentator konnte nur noch sagen: „Das darf nicht wahr sein."

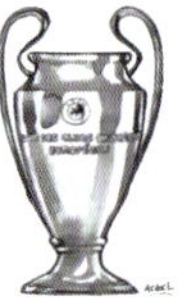

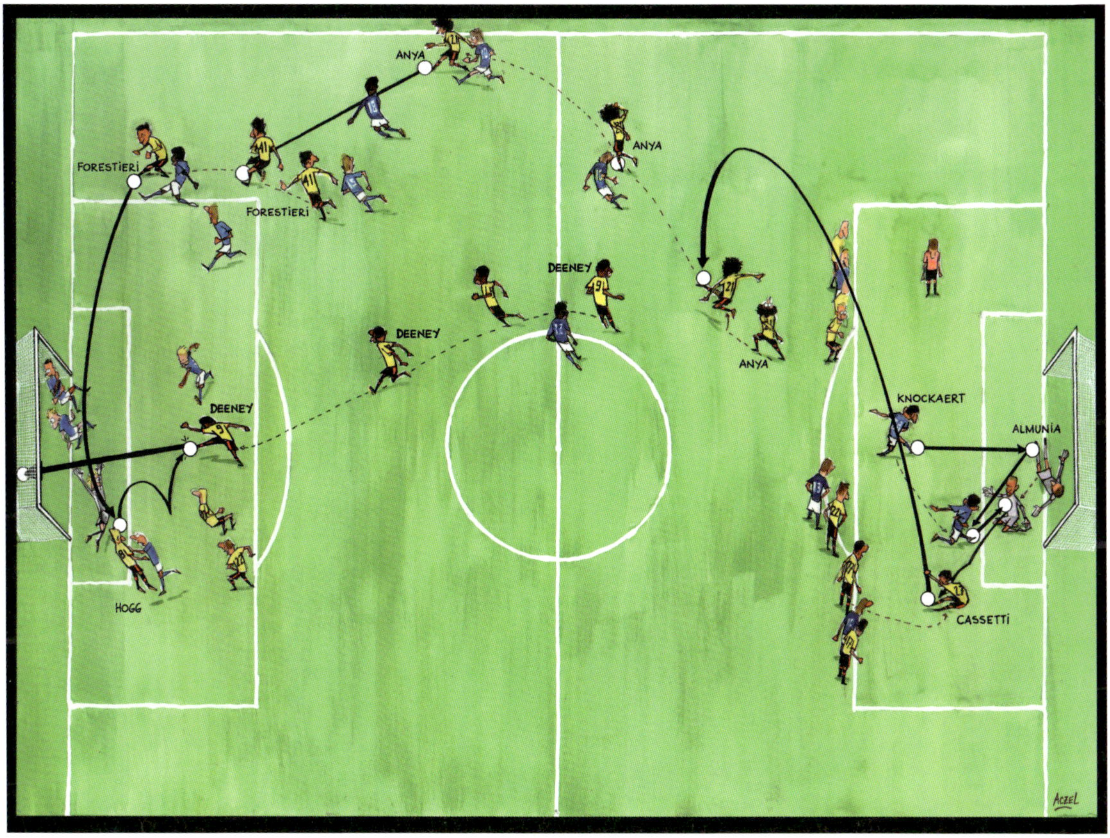

TROY DEENEY (FC WATFORD) 90+7. MINUTE (3:1)

3

12. MAI 2013, VICARAGE ROAD, WATFORD, HERTFORDSHIRE (ENGLAND)
AUFSTIEGS-PLAY-OFFS PREMIER LEAGUE, 2013
HALBFINALE – RÜCKSPIEL
FC WATFORD 3:1 LEICESTER CITY

WIE IM FILM

Als Leicester in der Nachspielzeit einen Elfmeter bekam, drohte Watford das Ende aller Aufstiegsträume. Knockaert schoss, der Torwart parierte. Und 18 Sekunden später traf Deeney beim Konter in der 97. Minute. Wahrlich dramatisch.

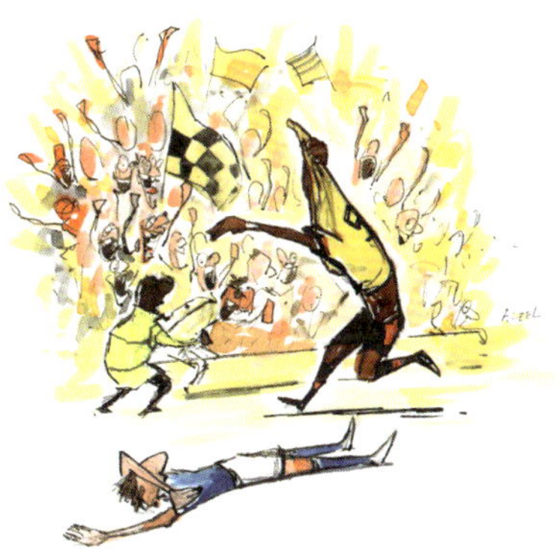

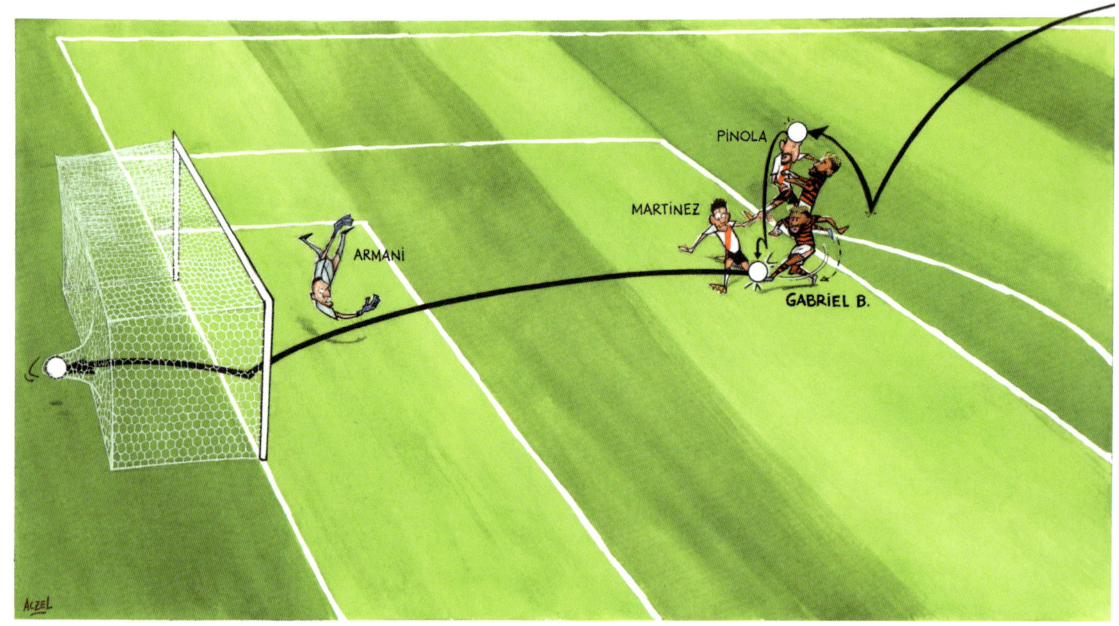

4

GABRIEL BARBOSA (FLAMENGO)

90+5. MINUTE (2:1)

23. NOVEMBER 2019, ESTADIO MONUMENTAL "U", LIMA (PERU)
COPA LIBERTADORES, FINALE
FLAMENGO 2:1 RIVER PLATE

"GABIGOL"

River hatte das gesamte Spiel dominiert, Flamengo spielte gefühlte drei Minuten. Doch diese hatten es in sich. „Gabigol" schoss sogar zwei Last-Minute-Tore. 90+2. und 90+5. Und so gewann Flamengo das erste Mal nach 38 Jahren endlich wieder die Copa Libertadores.

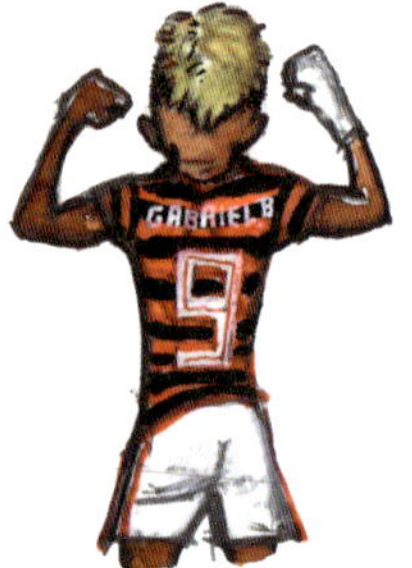

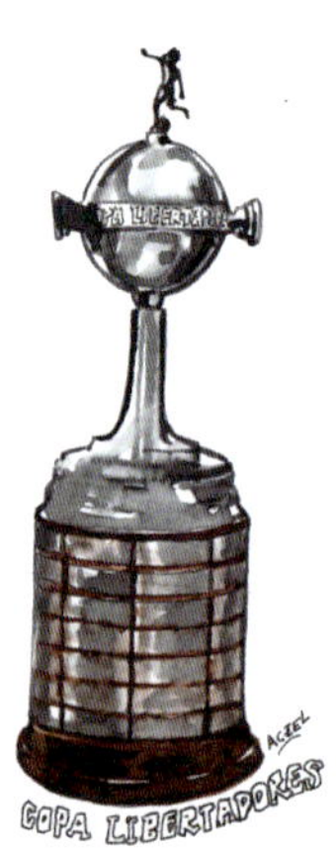

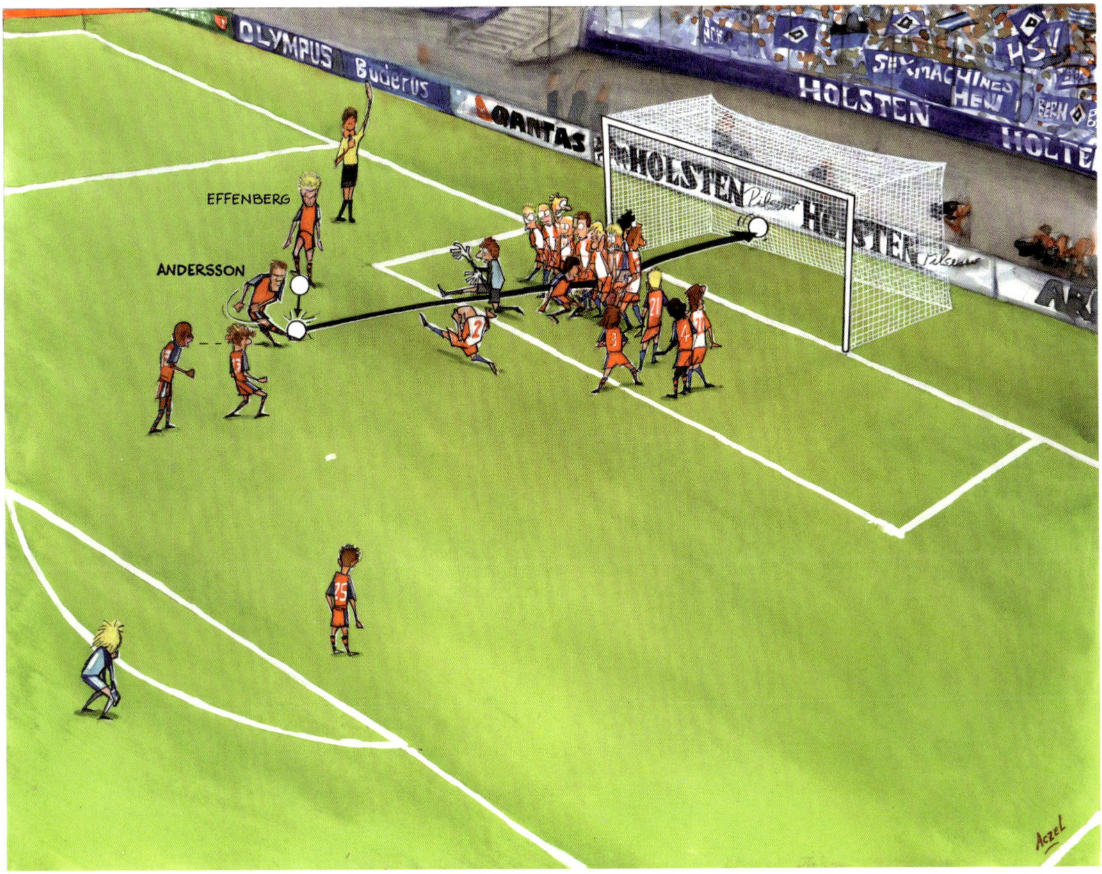

5

PATRIK ANDERSSON (FC BAYERN MÜNCHEN)

90. MINUTE (1:1)

19. MAI 2001, AOL-ARENA, HAMBURG (DEUTSCHLAND)
BUNDESLIGA, 34. SPIELTAG, HAMBURG SV 1:1 FC BAYERN MÜNCHEN

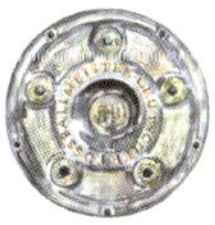

MEEEEEIIIIISTER!!!!!!!

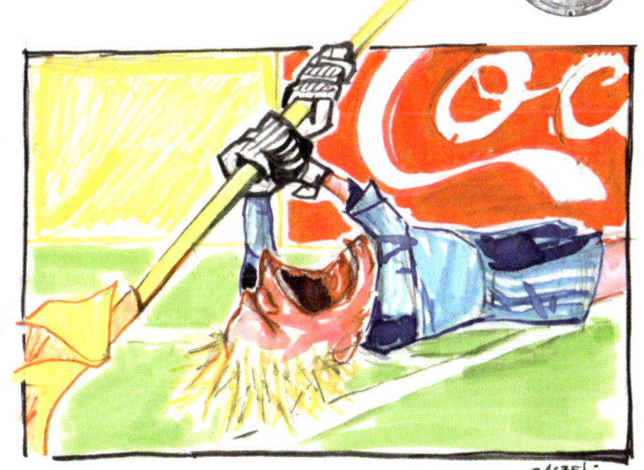

Als die Schalker schon feierten, gab es eine letzte Chance für Bayern: einen indirekten Freistoß im Hamburger Strafraum. Andersson zieht ab, der Ball flutscht durch eine winzige Lücke in der Mauer. „Ein bisschen Glück musst du natürlich schon haben, wenn 20 Spieler vor dir im Strafraum stehen.“ Schalke wurde nur der Meister der Herzen. Und Bayern gewann vier Tage später auch noch die Champions League.

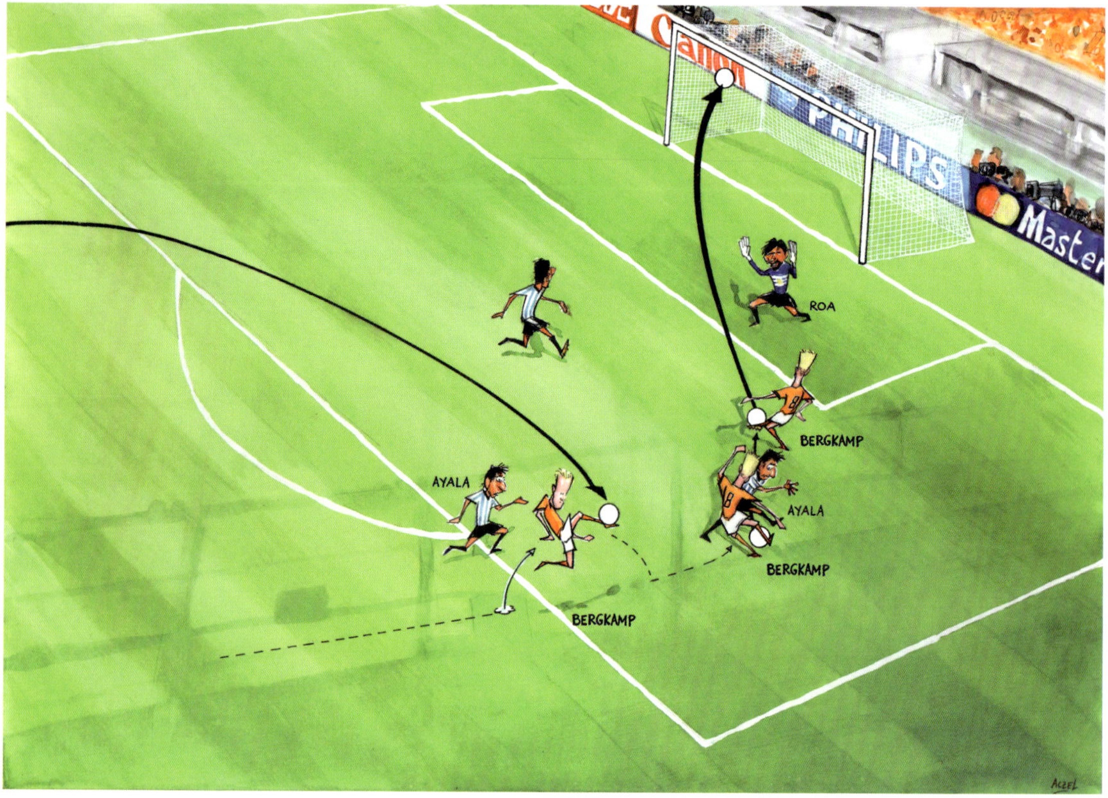

DENNIS BERGKAMP (NIEDERLANDE) 89. MINUTE (2:1)

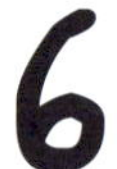

4. JULI 1998, STADE VÉLODROME, MARSEILLE (FRANKREICH)
WM-VIERTELFINALE, NIEDERLANDE 2:1 ARGENTINIEN

LUFTRAUMKONTROLLE

Wahnsinn! Was für eine Ballkontrolle! Perfekt! Mit drei wunderbaren Berührungen sollte Bergkamp in der letzten Minute des Spiels das Tor erzielen, das die Niederlande ins Halbfinale der Weltmeisterschaft beförderte.

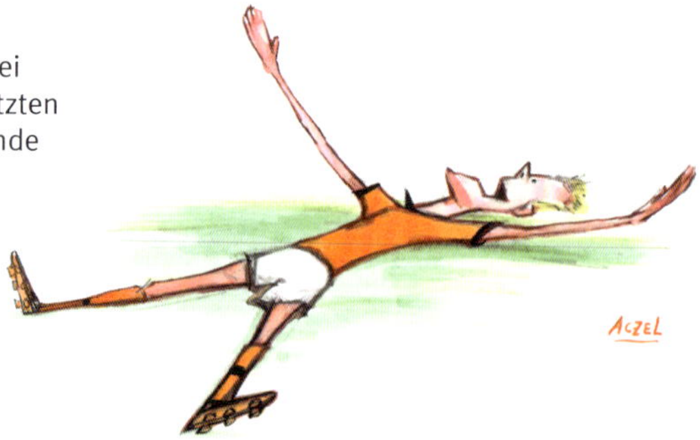

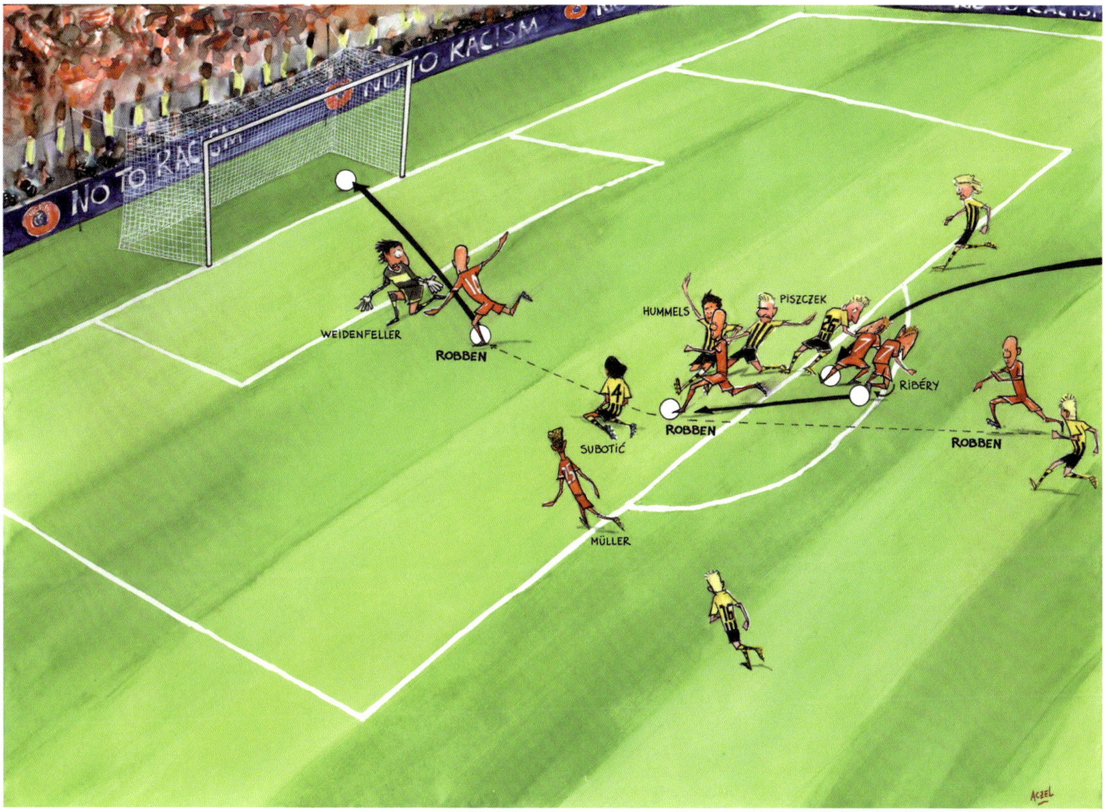

ARJEN ROBBEN (FC BAYERN MÜNCHEN) 89. MINUTE (2:1)

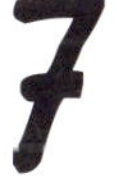

25. MAI 2013, WEMBLEY STADION, WEMBLEY, LONDON (ENGLAND)
CHAMPIONS LEAGUE, FINALE, FC BAYERN MÜNCHEN 2:1 BORUSSIA DORTMUND

AUSGERECHNET ROBBEN!

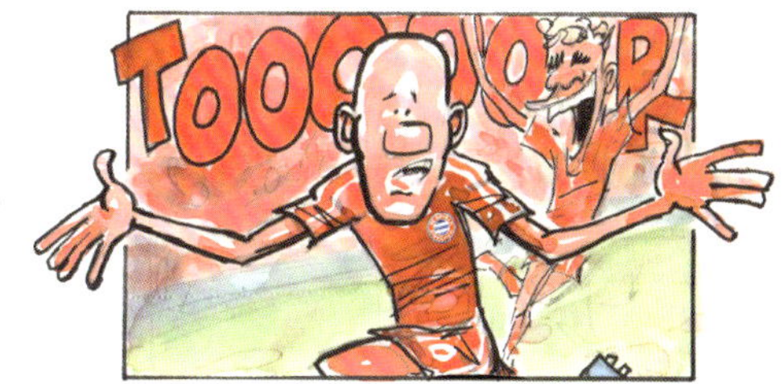

Bayern gewinnt die CL, weil ausgerechnet Robben in der 89. Minute das Tor seines Lebens schoss. Endspiele waren für Robben verflucht, denn ob WM-Finale oder CL, am Ende gewannen immer die anderen. Ihm war die pure Ekstase ins Gesicht geschrieben, als er wusste, dass die Sache diesmal gut ausgehen würde. Und alle Bayern- und Robben-Fans freuten sich von ganzem Herzen für ihn.

„Es war ein Moment unbeschreiblicher Freude, als ich sah, dass der Ball tatsächlich ins Netz ging. Ich rannte wie ein Kind los und schrie: ‚Oh mein Gott! Oh mein Gott!'"

Der Fußball schreibt Geschichten des Lebens, hier eine mit einem verdienten glücklichen Ende.

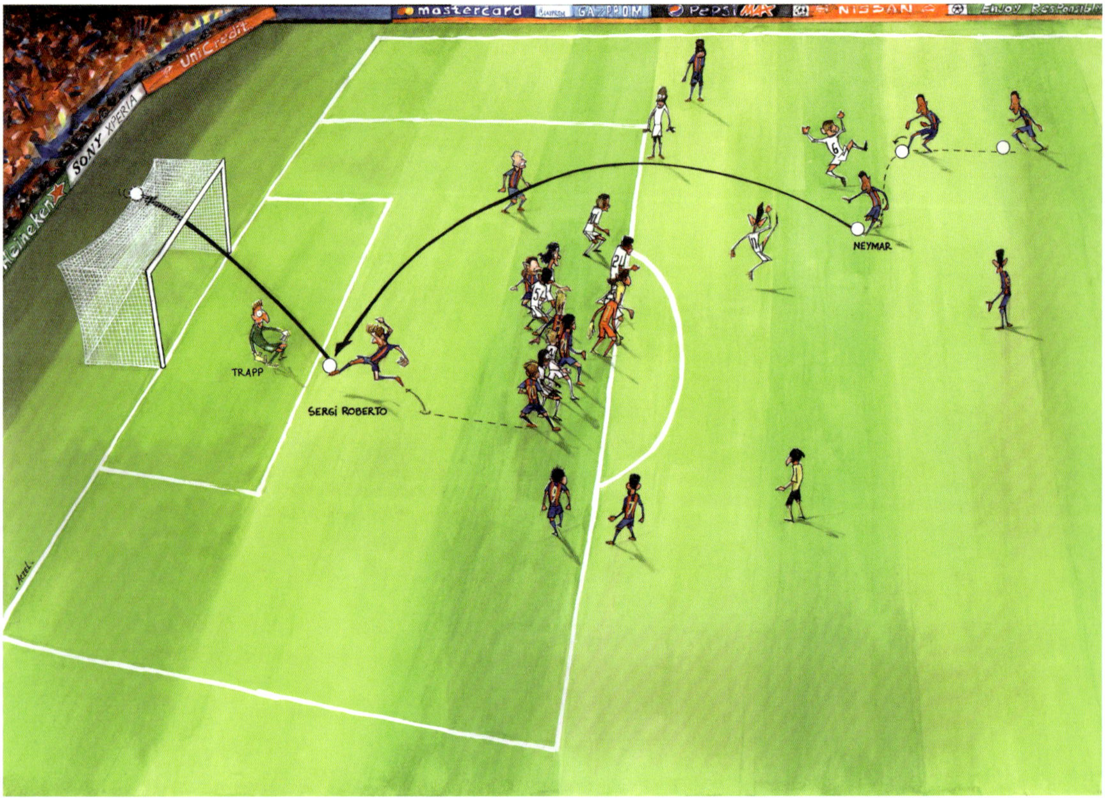

SERGI ROBERTO (FC BARCELONA) 90+5. MINUTE (6:1)

8

8. MÄRZ 2017, CAMP NOU, BARCELONA (SPANIEN)
CHAMPIONS LEAGUE, ACHTELFINALE, RÜCKSPIEL
FC BARCELONA 6:1 PARIS SAINT-GERMAIN

DIE AUFHOLJAGD

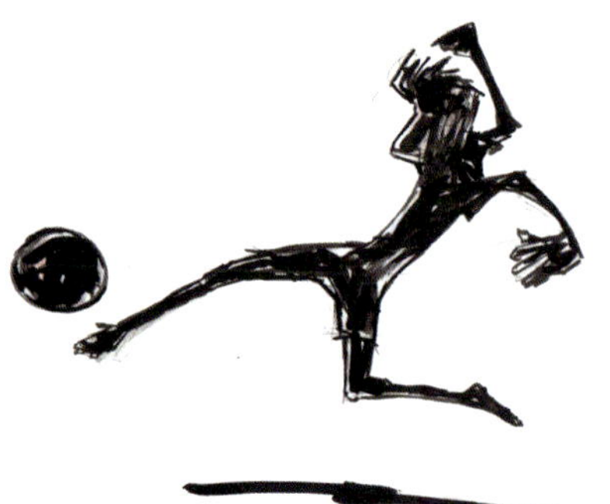

Keine Mannschaft hatte es jemals in der Champions League-Geschichte geschafft, ein 4:0 im Hinspiel im Rückspiel aufzuholen. Doch der FC Barcelona glaubte daran. Mit Neymar, der an diesem Abend das beste Spiel für die Catalanen absolvierte, und mit drei Toren ab der 88. Minute schafften sie das Wunder in letzter Sekunde und qualifizierten sich für das Viertelfinale.
Sergi Roberto: „Ich hatte das Glück derjenige sein zu dürfen, der dieses Tor schoss. Ich konnte die ganze Nacht nicht schlafen, weil ich das Tor wieder und wieder ansehen musste um zu verstehen, dass es kein Traum war.“

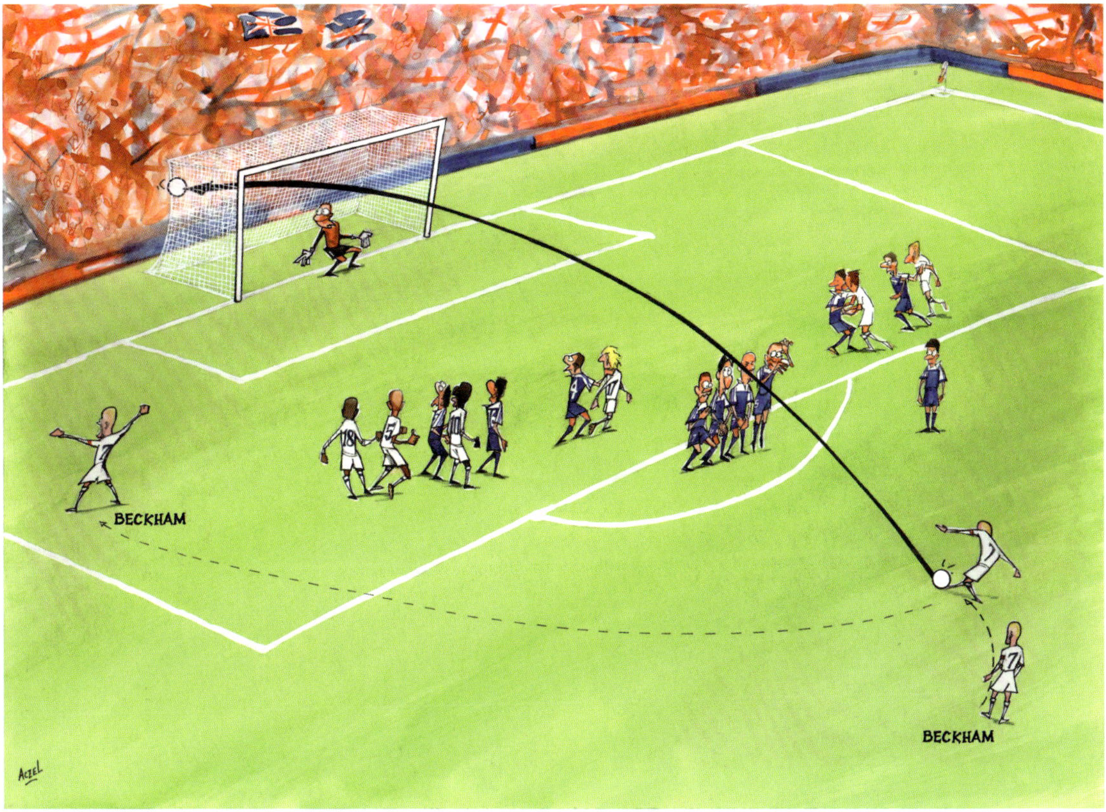

DAViD BECKHAM 90+3. MiNUTE (2:2)

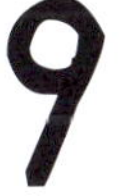

6. OKTOBER 2001, OLD TRAFFORD, MANCHESTER (ENGLAND)
WM 2002-QUALiFiKATiON, GRUPPE 9, ENGLAND 2:2 GRiECHENLAND

KICK IT LIKE BECKHAM

Die perfekte Bühne für Beckham im Old Trafford. Fngland war am Verlieren und brauchte ein Wunder, um den Play-Offs zu entgehen und sich direkt für die WM 2002 zu qualifizieren. In der Nachspielzeit wurde ein Freistoß für England gepfiffen. Beckham legte sich den Ball zurecht und schoss wie nur er es konnte. Dies war zwcifellos
ein Highlight in der Karriere des Engländers. Noch dazu hatten sie zuvor in München 5:1 gegen ihren Erzrivalen Deutschland gewonnen und ihn mit diesem Tor in die Relegation geschickt.

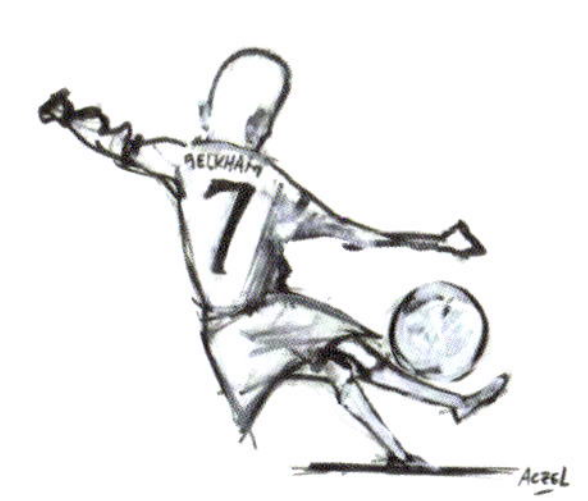

DAVID BECKHAM

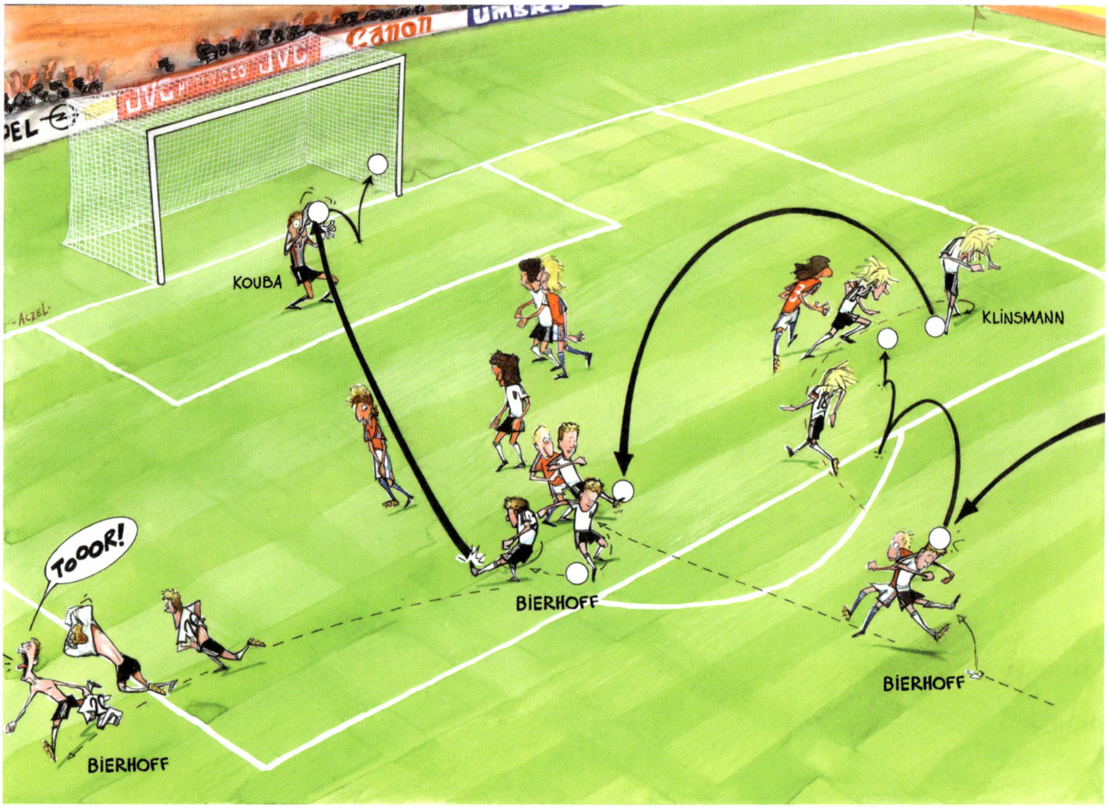

KOUBA

KLINSMANN

TOOOR!

BIERHOFF

BIERHOFF

BIERHOFF

OLIVER BIERHOFF (DEUTSCHLAND) 95. MINUTE, GOLDEN GOAL (2:1)

10

30. JUNI 1996, WEMBLEY-STADION, LONDON (ENGLAND)
EM 1996, FINALE, DEUTSCHLAND 2:1 (N. GG) TSCHECHIEN

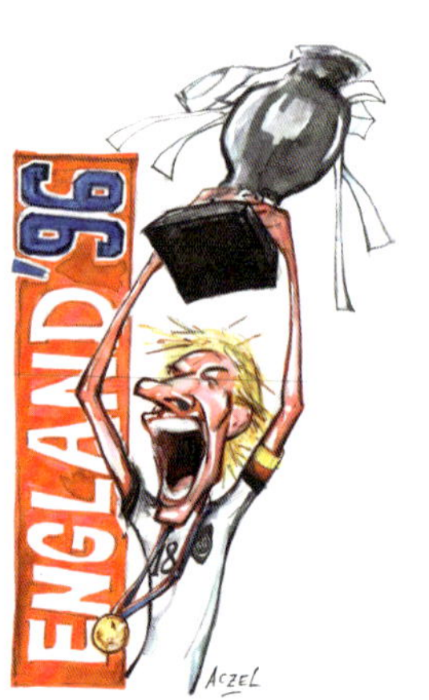

GOLDEN GOAL ZUM TITEL

Das erste Golden Goal der Geschichte. Und das passenderweise im Fußball-Mutterland England. Der Europameister: Deutschland.
Die Regel ist längst wieder abgeschafft, aber die Erinnerung an das goldene Tor Bierhoffs ist nicht verblasst. Das Tor selbst war nicht unbedingt spektakulär, brachte aber Kapitän Klinsmann und seine Truppe zum Meisterjubel.

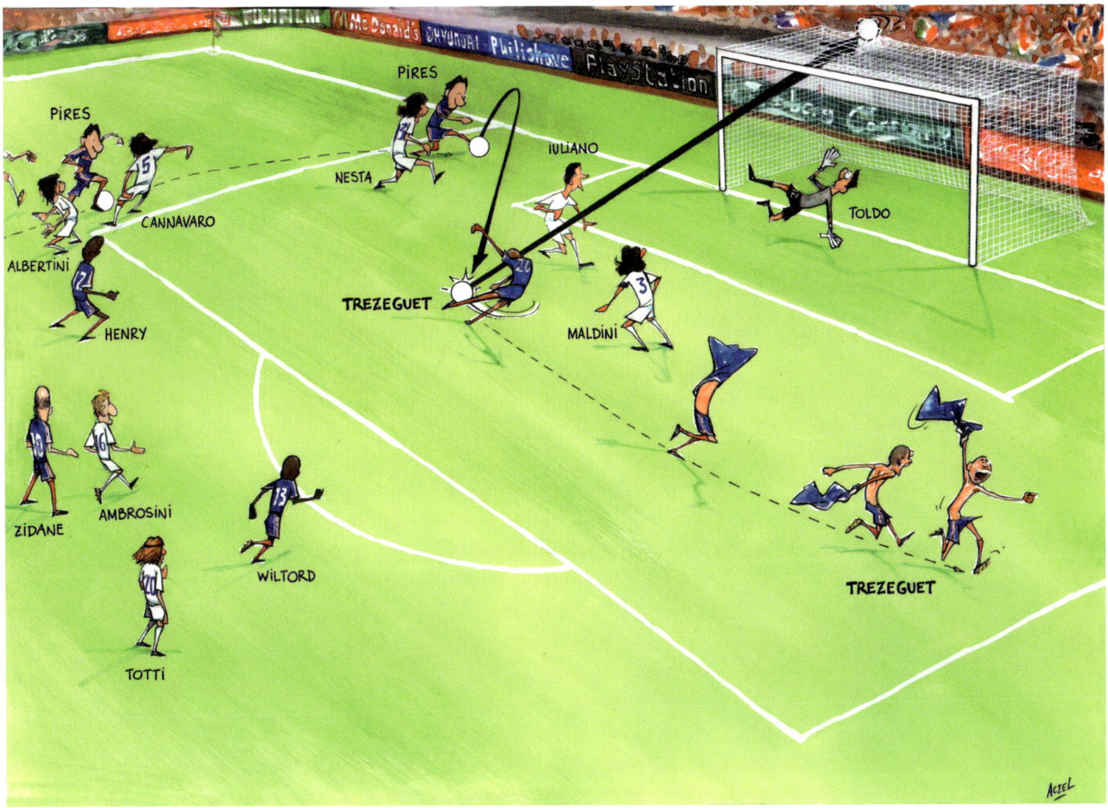

DAVID TREZEGUET (FRANKREICH) 103. MINUTE, GOLDEN GOAL (2:1)

11

2. JULI 2000, DE KUIP (STADION FEIJENOORD), ROTTERDAM (NIEDERLANDE)
EM 2000, FINALE, FRANKREICH 2:1 (N.GG) ITALIEN

LETZTES TOR ENTSCHEIDET!

Niemand hatte mehr damit gerechnet. Frankreich lag kurz vor Ende der regulären Spielzeit gegen Italien zurück. Dann der Ausgleich in der 90.+4. Minute, der die Verlängerung erst möglich machte. Die Franzosen spielten mit einem Vier-Mann-Sturm, meist dirigiert von Zinédine Zidane. Das Golden Goal erzielte Trezeguet. Kurios: kurz vor dem Endspiel hatte er bei Juventus unterschrieben. Seine künftige Wahlheimat Italien musste geschockt zusehen, wie er sich feiern ließ.

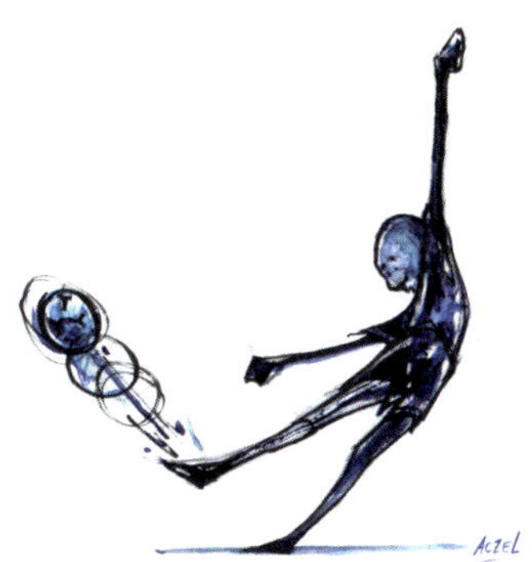

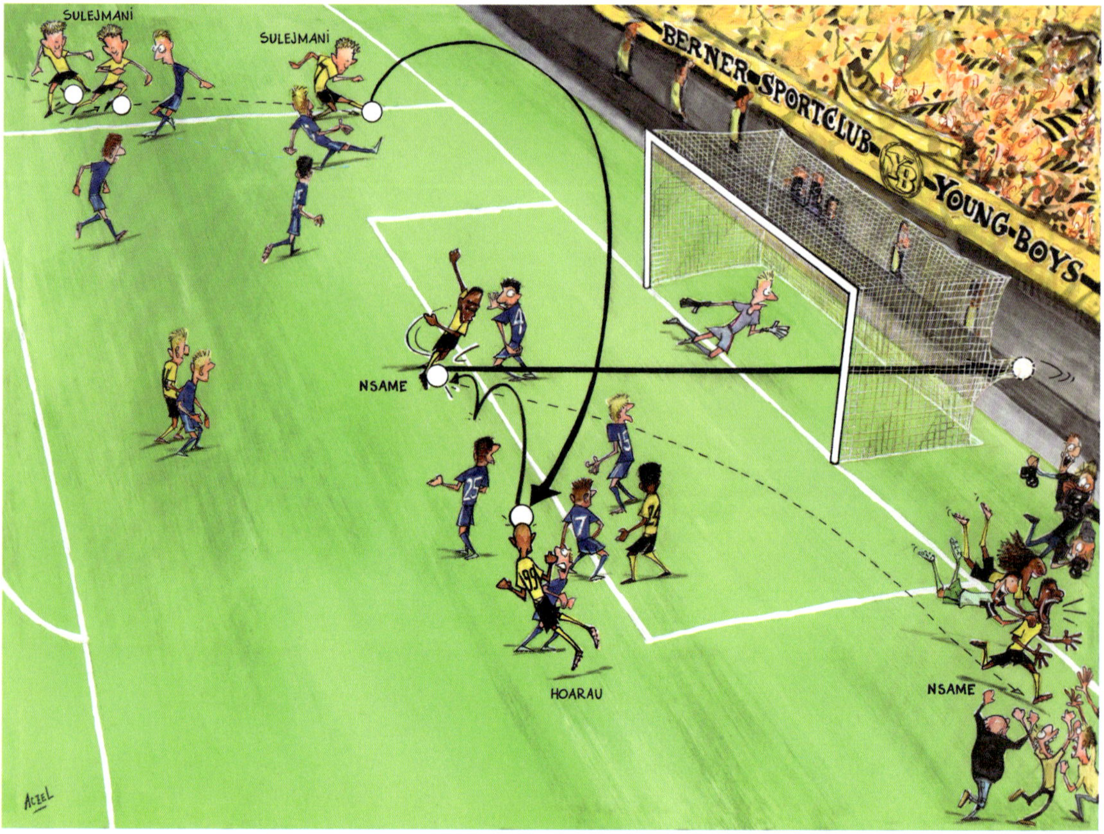

JEAN-PIERRE NSAME (BSC YOUNG BOYS) 89. MINUTE (2:1)

28. APRIL 2018, STADE DE SUISSE (WANKDORFSTADION), BERN (SCHWEIZ)
SCHWEIZER SUPER LEAGUE, 32. SPIELTAG, BSC YOUNG BOYS 2:1 FC LUZERN

12

32 JAHRE WARTEN SIND GENUG!

Der Schweizer Traditionsklub Young Boys machte seine erste Meisterschaft seit 32 Jahren perfekt und ließ alle seine Anhänger vor Freude durchdrehen. Die emotionalen und authentischen Bilder aus dem Stade de Suisse verrieten, was dieser Triumph für den Klub und seine Fans, die nach Abpfiff das Spielfeld gestürmt und es in gelb-schwarz getaucht hatten, bedeutete. Dies sollte der Beginn einer dominaten Ära sein ...

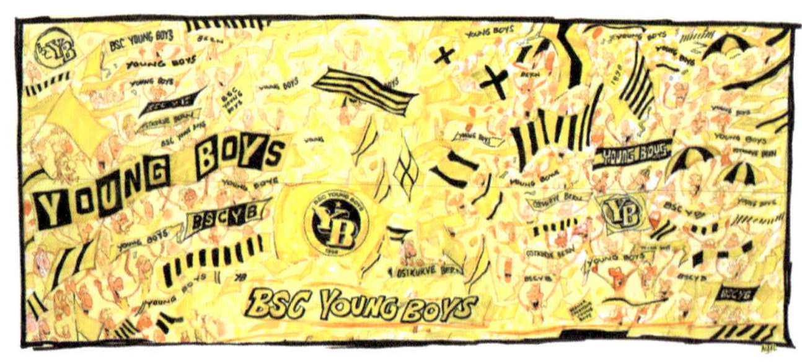

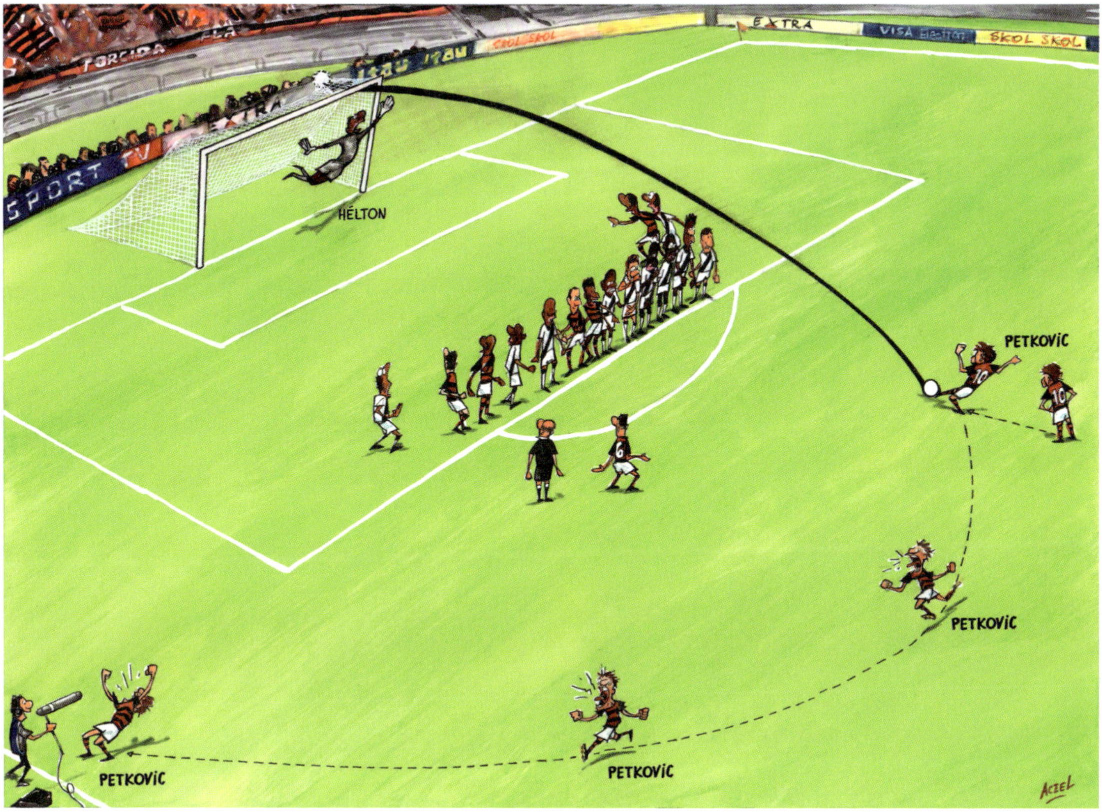

PETKOVICH (FLAMENGO) 88. MINUTE (3:1)

13

27. MAI 2001, MARACANÃ, RIO DE JANEIRO (BRASILIEN)
CAMPEONATO CARIOCA, FINALE, 2. SPIEL, FLAMENGO 3:1 VASCO DA GAMA

DREIMALIGER MEISTER

Flamengo hatte das Final-Hinspiel 1:2 verloren, was bedeutete, dass Erzrivale Vasco mit bis zu einem Tor Unterschied verlieren konnte, um die Meisterschaft zu garantieren. Aber mit einem perfekten Freistoß von Petkovic holte Flamengo den dritten Titel in Folge.
1999 - 2000 - 2001

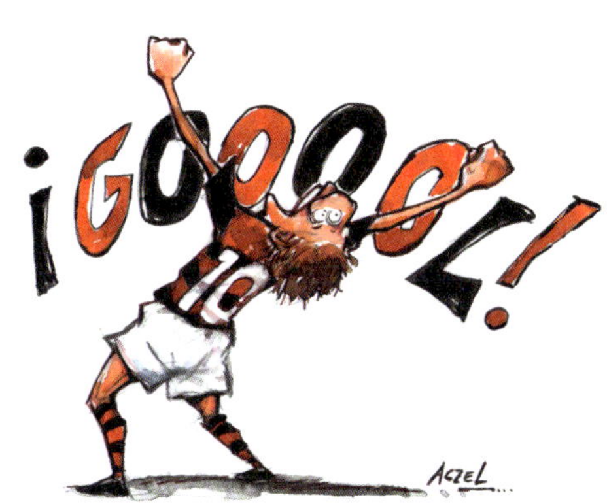

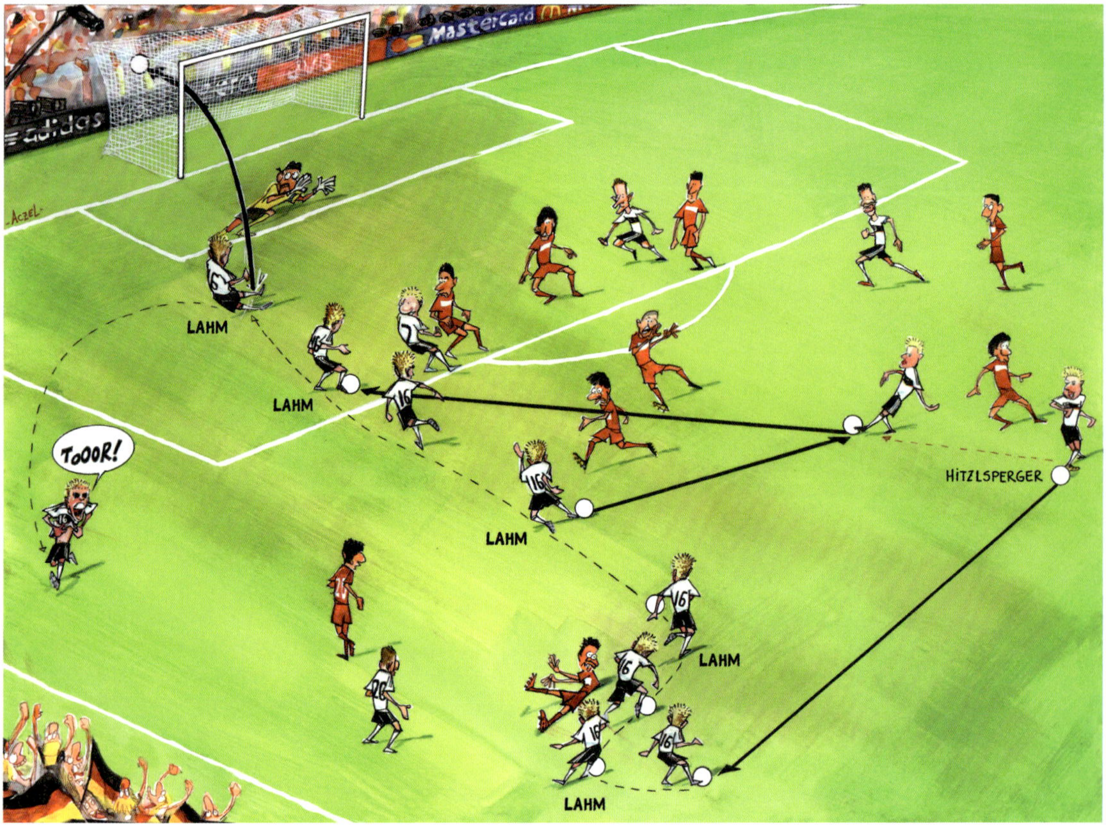

14

PHILIPP LAHM (DEUTSCHLAND)

90+1. MINUTE (3:2)

25. JUNI 2008, ST. JAKOB-PARK, BASEL (SCHWEIZ)
EM 2008, HALBFINALE, DEUTSCHLAND 3:2 TÜRKEI

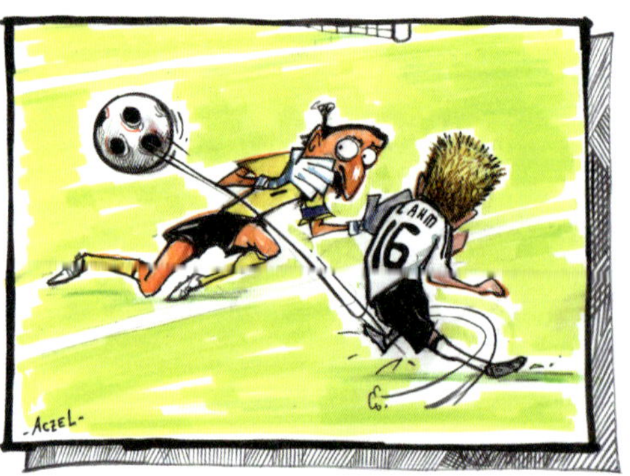

ERLÖSUNG

Das Spiel gegen die Türkei war eine Achterbahnfahrt. Schließlich behielt Lahm nach einem Doppelpass mit Hitzlsperger vor dem Tor die Nerven und sorgte mit dem 3:2 für den Endstand. Damit brach er zwar die türkischen Herzen, aber schickte seine Mannschaft ins Finale. Lahms Führung in diesem Spiel war bereits ein Indikator für seine Qualität zum Kapitän.

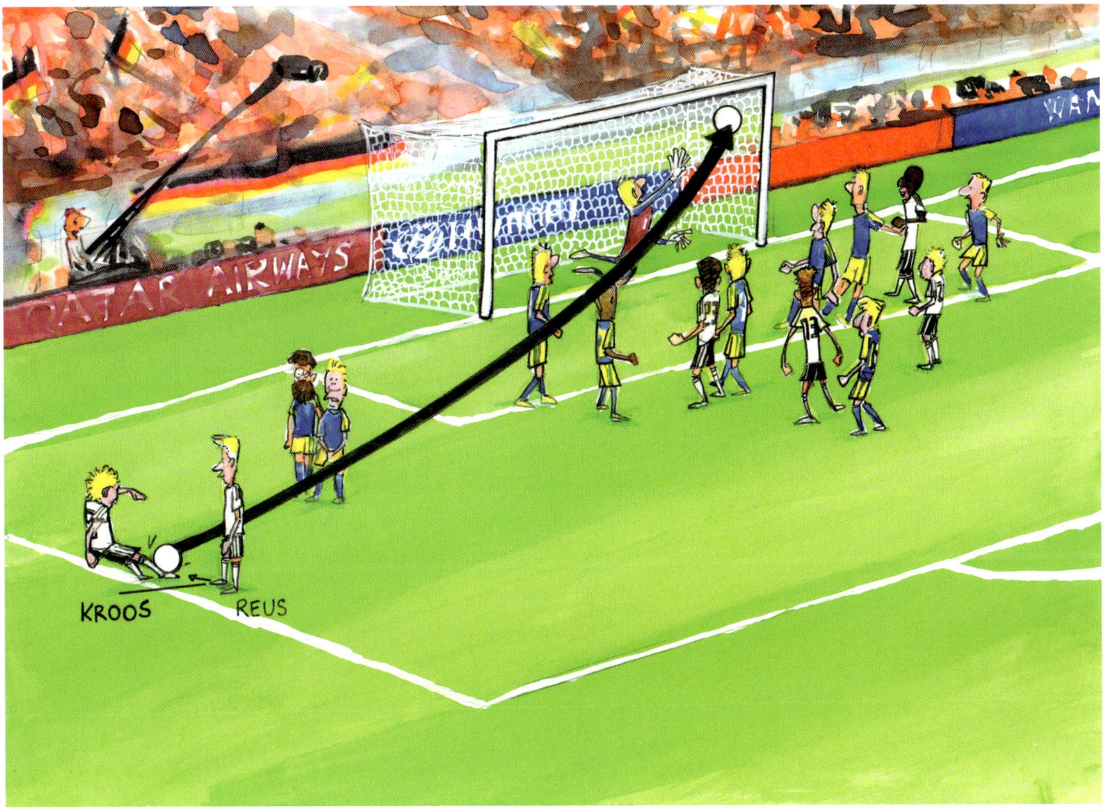

15

TONI KROOS (DEUTSCHLAND) 90+5. MINUTE (2:1)

23. JUNI, 2018, OLYMPIASTADION SOTSCHI, (RUSSLAND)
WM 2018, GRUPPE F, DEUTSCHLAND 2:1 SCHWEDEN

ERINNERUNGSLÜCKE

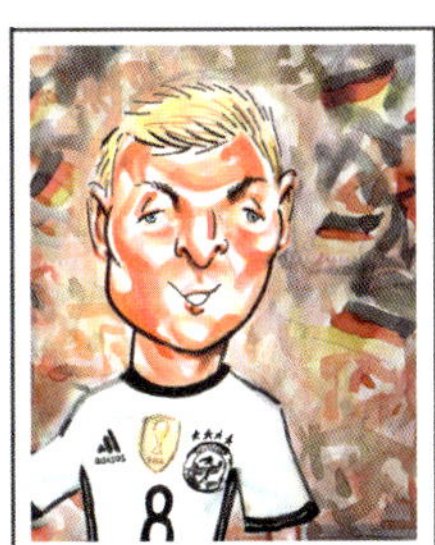

Toni Kroos hielt Deutschland mit einem seiner prägendsten Treffer im Rennen und schenkte der Nation doch noch Hoffnung.
„Das Tor habe ich danach hunderttausende Male gesehen, aus allen Blickwinkeln von TV-Kameras und Handy-Kameras im Stadion“, sagte Kroos. „Und ich muss sagen, mittlerweile fehlt mir tatsächlich die Vision, wie das aus meiner Sicht war, die ja nur ich hatte.“ Vielleicht wollte er ganz einfach auch keine Erinnerung mehr haben, denn was danach kam, daran erinnern wir uns wohl schmerzlich. Deutschland schied im nächsten Spiel gegen Südkorea kläglich als Letzter bereits in der Gruppenphase aus.

TOP EIGENTORE

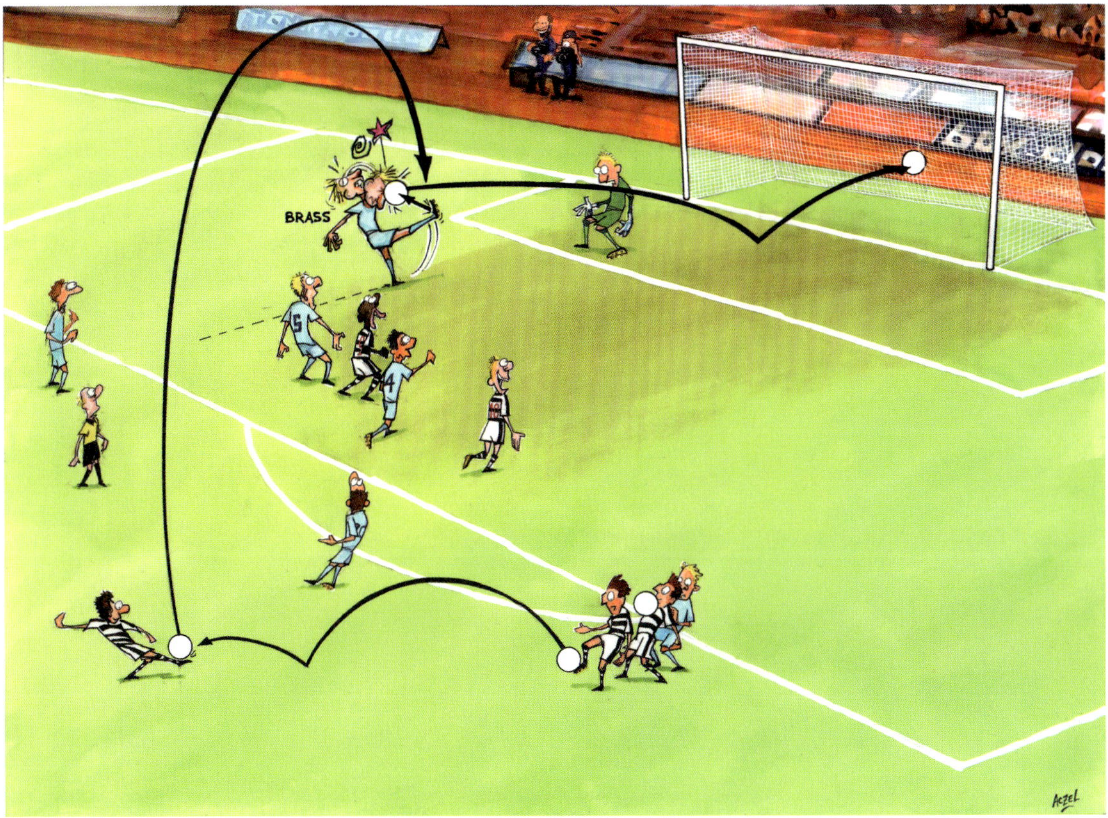

CHRIS BRASS (FC DARLINGTON) 8. MINUTE (0:1)

1

22. APRIL 2006, THE DARLINGTON ARENA, DARLINGTON (ENGLAND)
FOOTBALL LEAGUE TWO, FC DARLINGTON 2:3 FC BURY

SLAPSTICK-EIGENTOR

Im Fußball gibt es kaum etwas Schlimmeres als ein Eigentor zu machen. Außer jedoch – man schießt sich den Ball auch noch ins eigene Gesicht, so dass man sich die Nase bricht.
Das ist exakt, was Chris Brass passiert ist. Damals merkte der englische Kommentator nur trocken an: „Watch and learn."

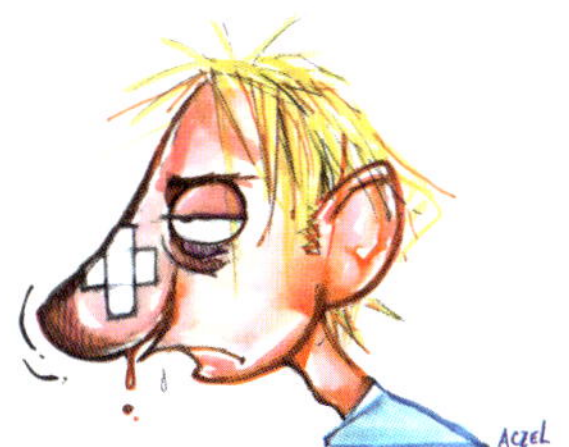

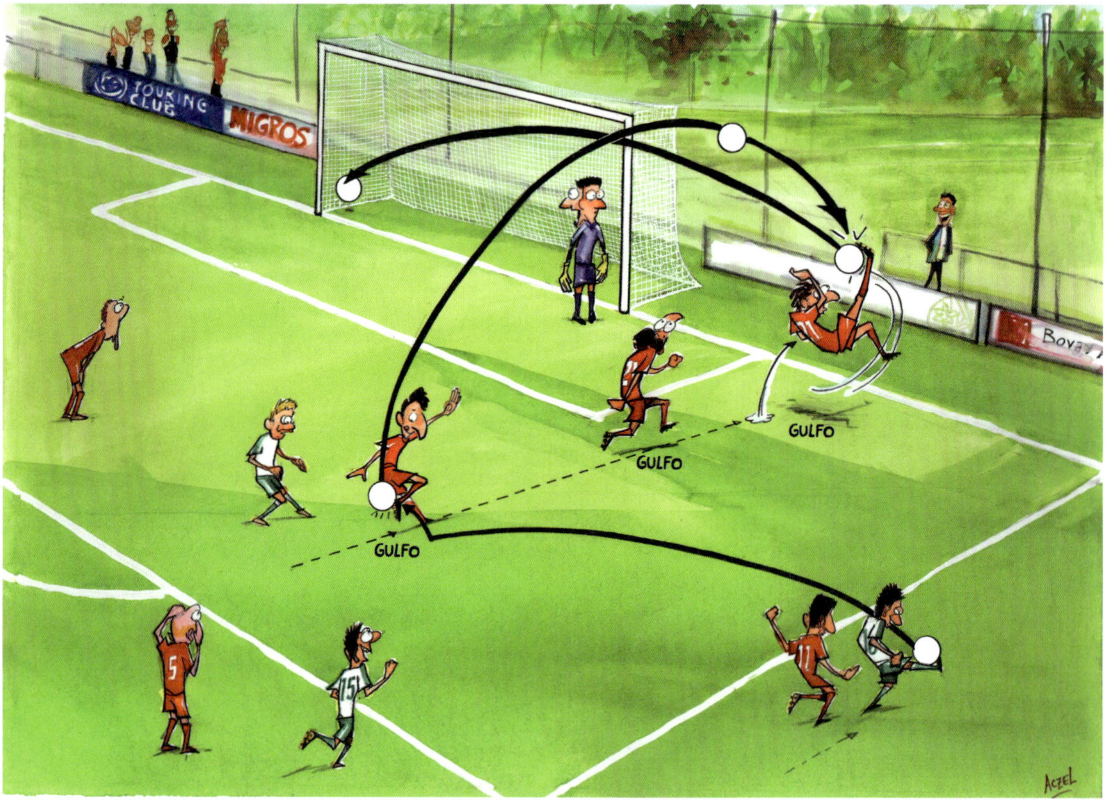

ADRIEN GULFO (PULLY FOOTBALL) 30. MINUTE (1:3)

2

2. MAI 2017, CENTRE SPORTIF DE ROCHETTAZ, WAADT (SCHWEIZ)
SCHWEIZER REGIONALPOKAL, HALBFINALE DES COUPE VAUDOISE 2017
PULLY FOOTBALL 3:3 (7:6 i.E) FC RENNES

GLORIOS

Gulfo dachte wahrscheinlich niemals, dass er mal weltweite Bekanntheit als Fünftligist in der Schweiz genießen dürfte, doch hier ist er. Er nimmt den Ball mit der Hacke an und definiert das Tor aus einem unmöglichen Winkel mit einem atemberaubenden Fallrückzieher.

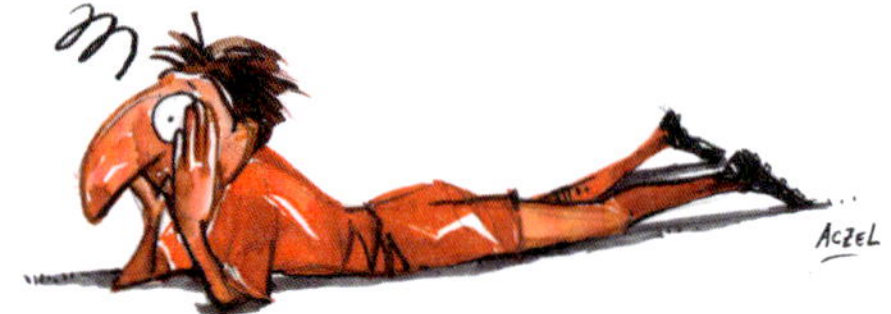

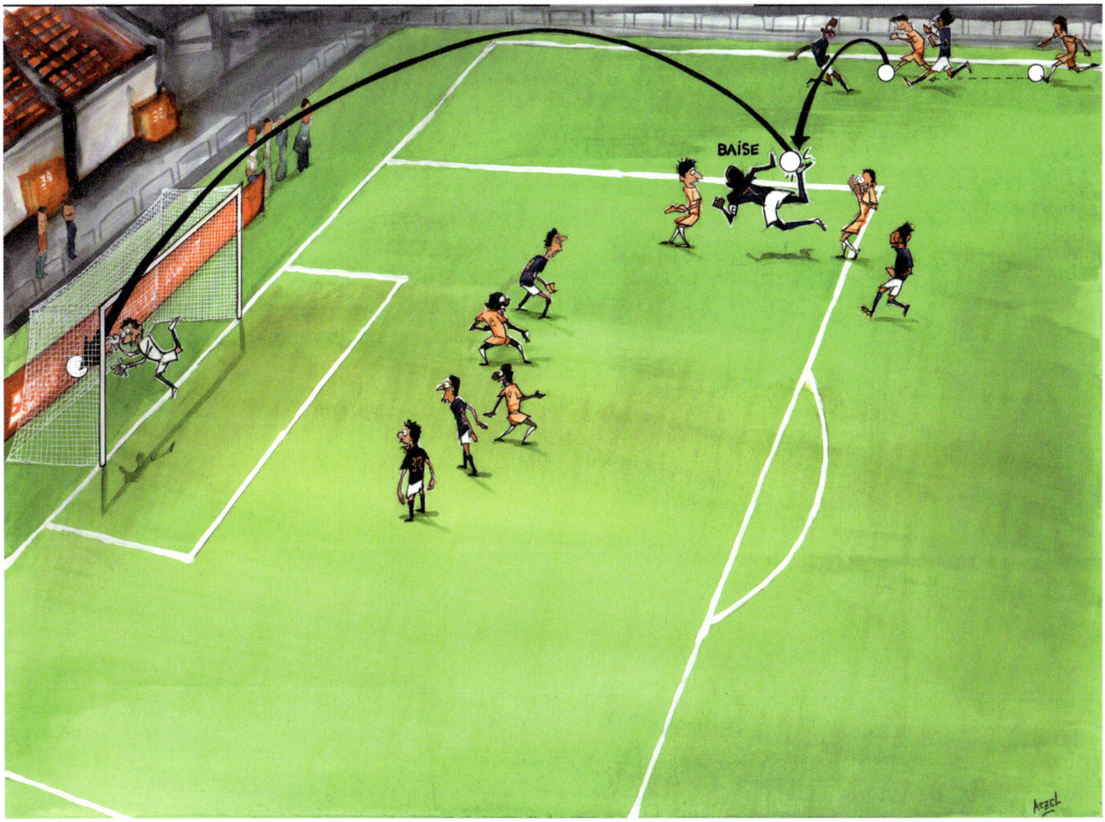

FESTUS BAISE (CITIZEN AA) 80. MINUTE (1:3)

3

MONG KOK STADIUM, KOWLOON, HONGKONG (CHINA)
HONK KONG PREMIER LEAGUE, 8. SPIELTAG, SUN HEI 2:3 CITIZEN AA

ATEMBERAUBEND

Und hier ein fantastischer Skorpion-Schuss.

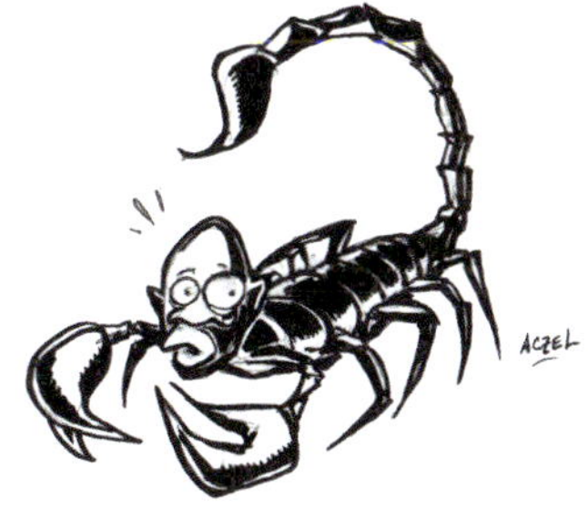

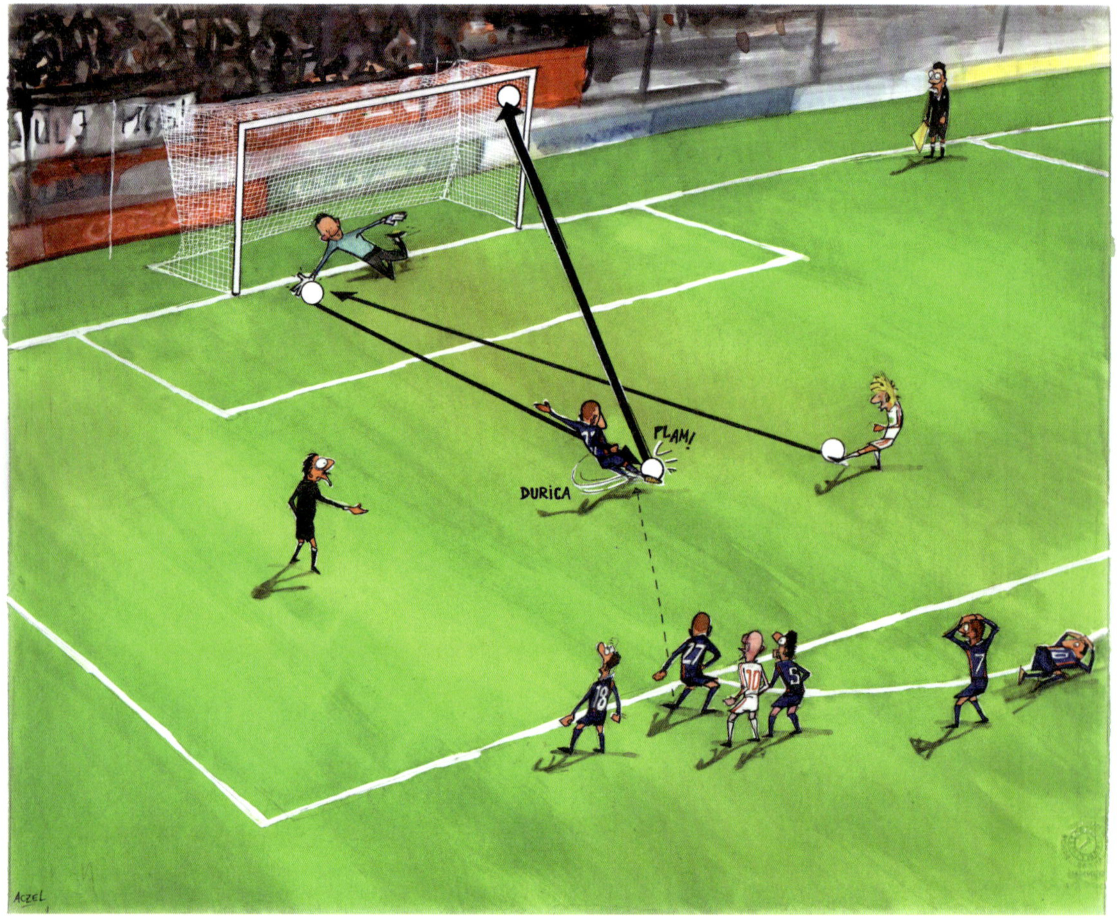

PAVOL DURICA (MOL FEHÉRVÁR FC) 87. MINUTE (3:1)

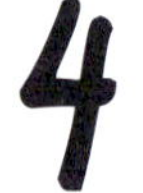

27. MÄRZ 2008, NAGYERDEI-STADION, DEBRECEN (UNGARN)
MAGYAR KUPA (HUNGARIAN CUP) VIERTELFINALE, RÜCKSPIEL
DEBRECENI VASUTAS SC 3:1 MOL FEHÉRVÁR FC

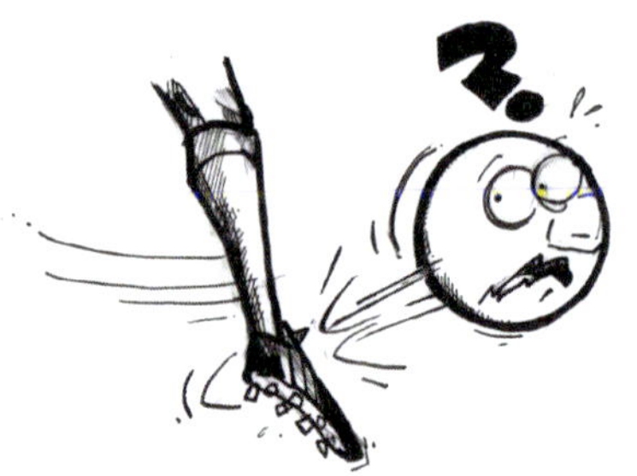

SO WIRD ES GEMACHT

Das gegnerische Team bekam kurz vor Ende des Spiels noch einen Elfmeter. Schwach geschossen, schaffte es der Torwart zu parieren. Doch voller Eifer schoss Pavol nach zu einem Traumtor, als wollte er sagen: „So wird es gemacht.“

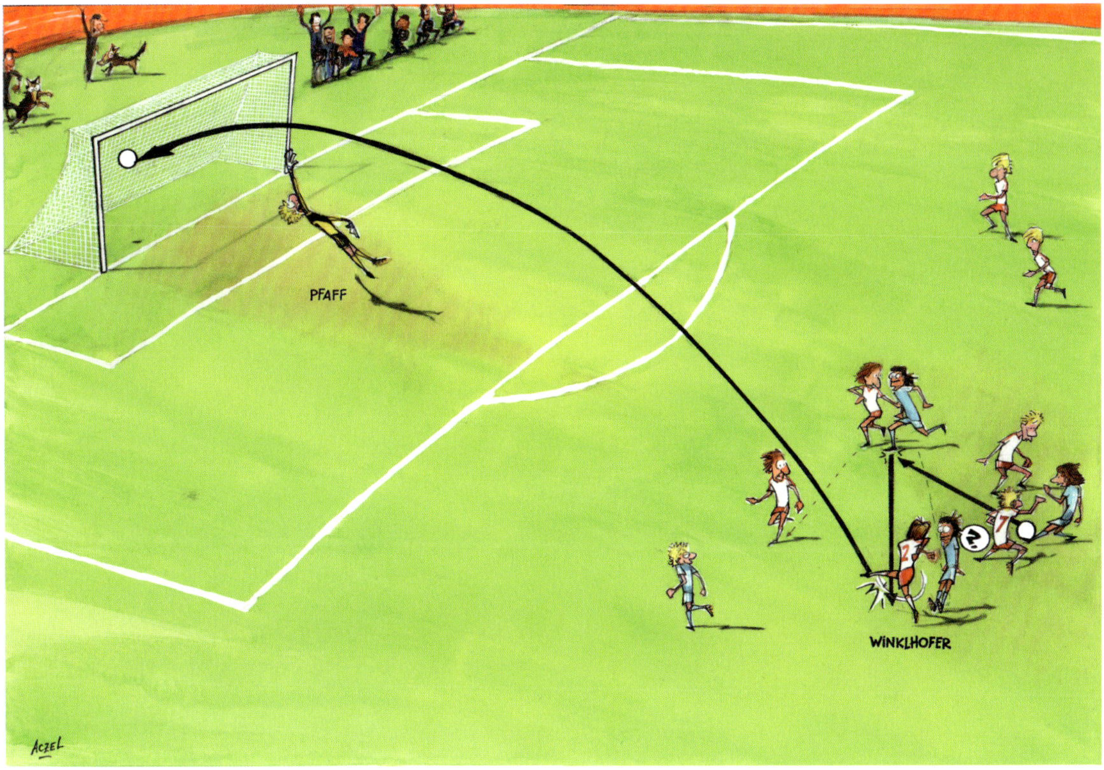

HELMUT WINKLHOFER (FC BAYERN MÜNCHEN) 34. MINUTE (1:0)

5

10. AUGUST 1985, GROTENBURG-KAMPFBAHN, KREFELD (DEUTSCHLAND)
BUNDESLIGA, 1. SPIELTAG, BAYER 05 UERDINGEN 1:0 FC BAYERN MÜNCHEN

TOR DES MONATS AUGUST 1985

Ein richtig schöner Weitschuss. Dieser Treffer aus 35 Metern stellte nicht nur den Endstand (1:0) dar, sondern schrieb auch Bundesliga-Geschichte und wurde in der ARD Sportschau als erstes Eigentor überhaupt zum Tor des Monats gewählt.

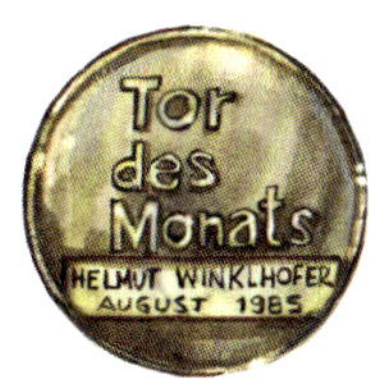

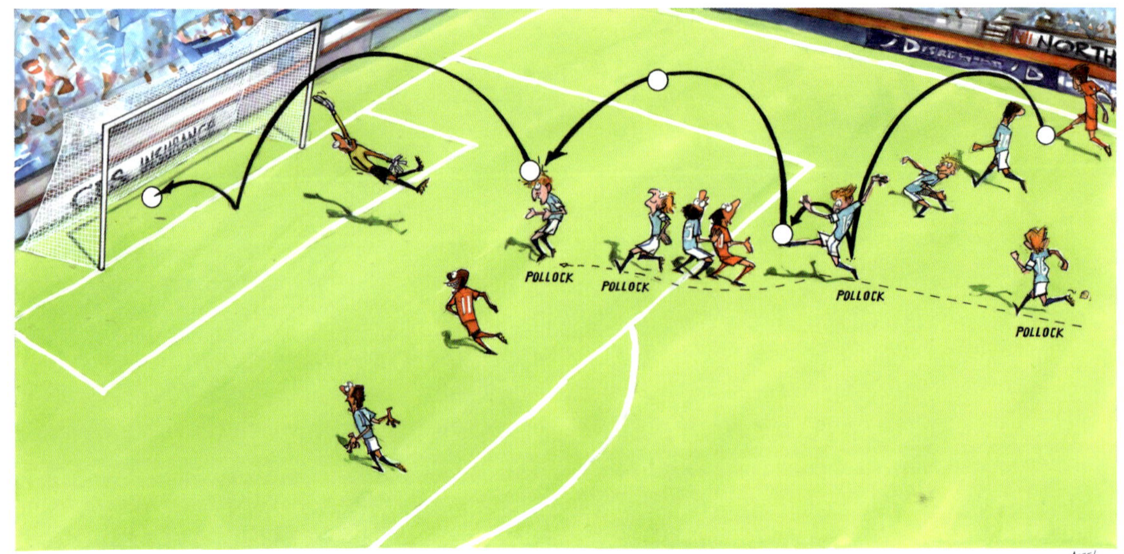

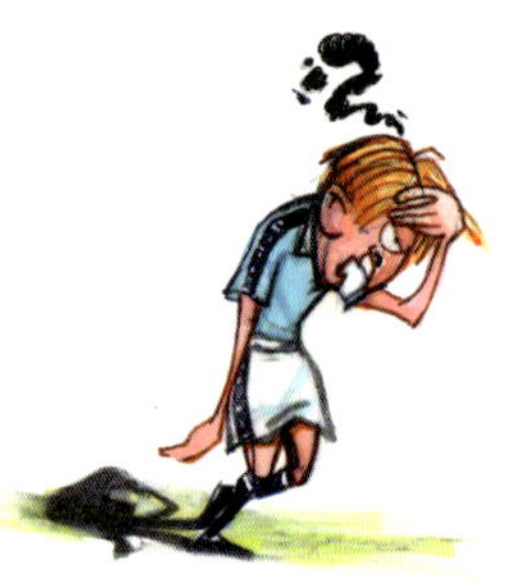

JAMIE POLLOCK (MANCHESTER CITY), 21. MINUTE (1:2)

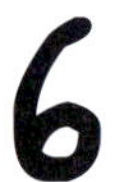

25. APRIL 1998, MAINE ROAD STADIUM, MANCHESTER (ENGLAND)
FIRST DIVISION, 45. SPIELTAG, MANCHESTER CITY 2:2 QUEENS PARK RANGERS

EIGENTOR INS VERDERBEN

Mit Lässigkeit und Skill spielte Pollock zunächst ein paar Gegenspieler aus, um dann den Ball präzise über seinen eigenen Torwart ins Tor zu köpfen. Ein Eigentor mit Konsequenzen. Manchester City musste in die Relegation und stieg ab.
Das Tor, an das sich die Fans am meisten erinnern wollen, ist das von Agüero (Seite 215).
Das Tor, an das sich die Fans am wenigsten erinnern wollen, ist dieses.

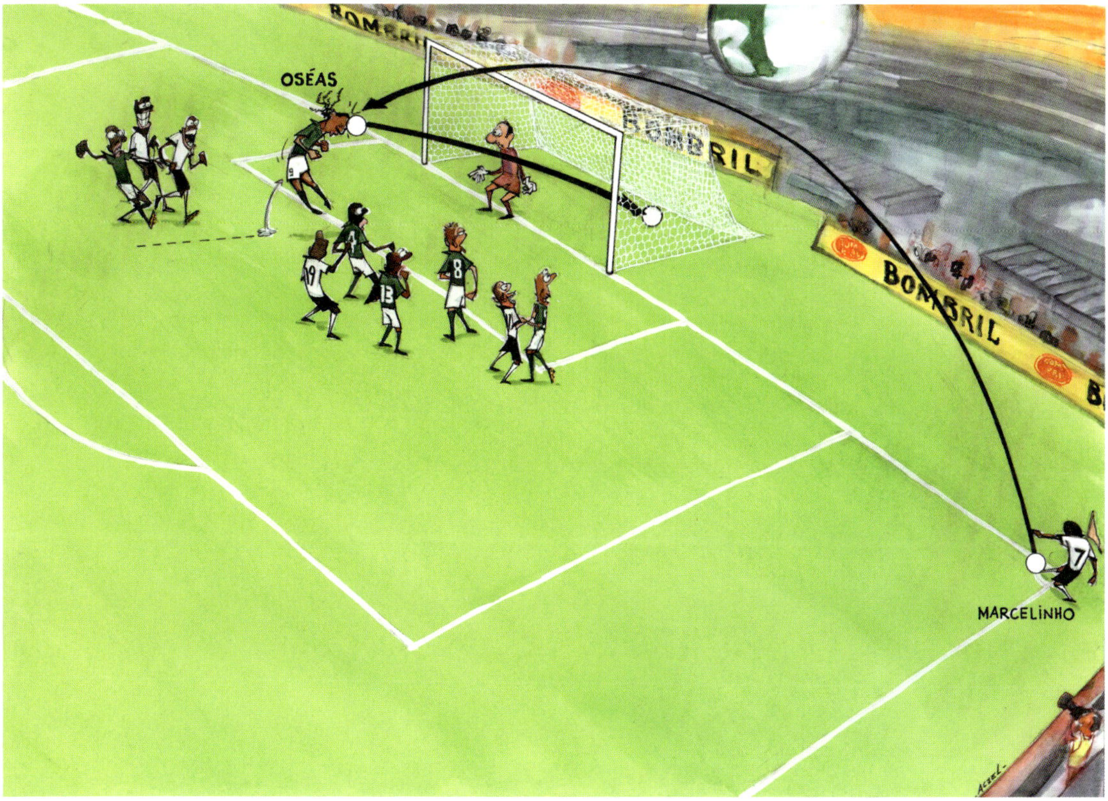

OSÉAS (PALMEIRAS) 8. MINUTE (0:1)

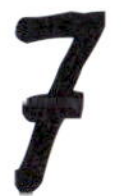

15. MÄRZ 1998, ESTÁDIO PALESTRA ITÁLIA, SÃO PAULO (BRASILIEN)
CAMPEONATO PAULISTA, PALMEIRAS 1:1 CORINTHIANS

WAS FÜR EIN STÜRMER

Hoher Ball in den Strafraum, Oséas, der Mittelstürmer Palmeiras, erhebt sich völlig frei mit einer unglaublichen Eleganz in die Höhe, köpft den Ball wunderschön, der schlussendlich im Tornetz zappelnd endet. Was ist daran nun besonders? Die Ecke wurde von Corinthians Mittelfeldspieler Marcelinho getreten und der Torwart, der dieses majestätische Tor kassierte, war der von Palmeiras. Was auf jeden Fall feststeht ist Oséas unglaublicher Torriecher.

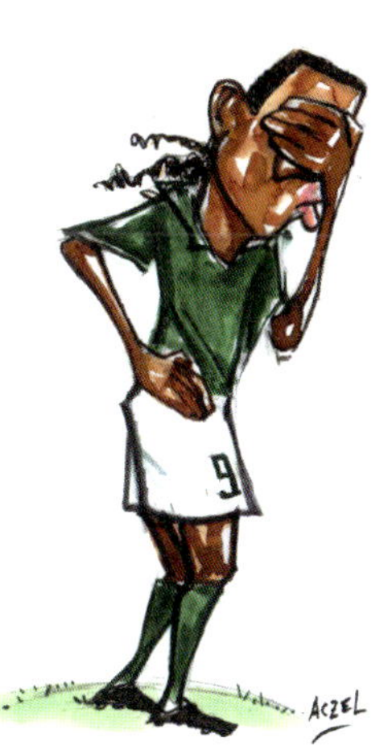

TOP IRREGULÄRE TORE

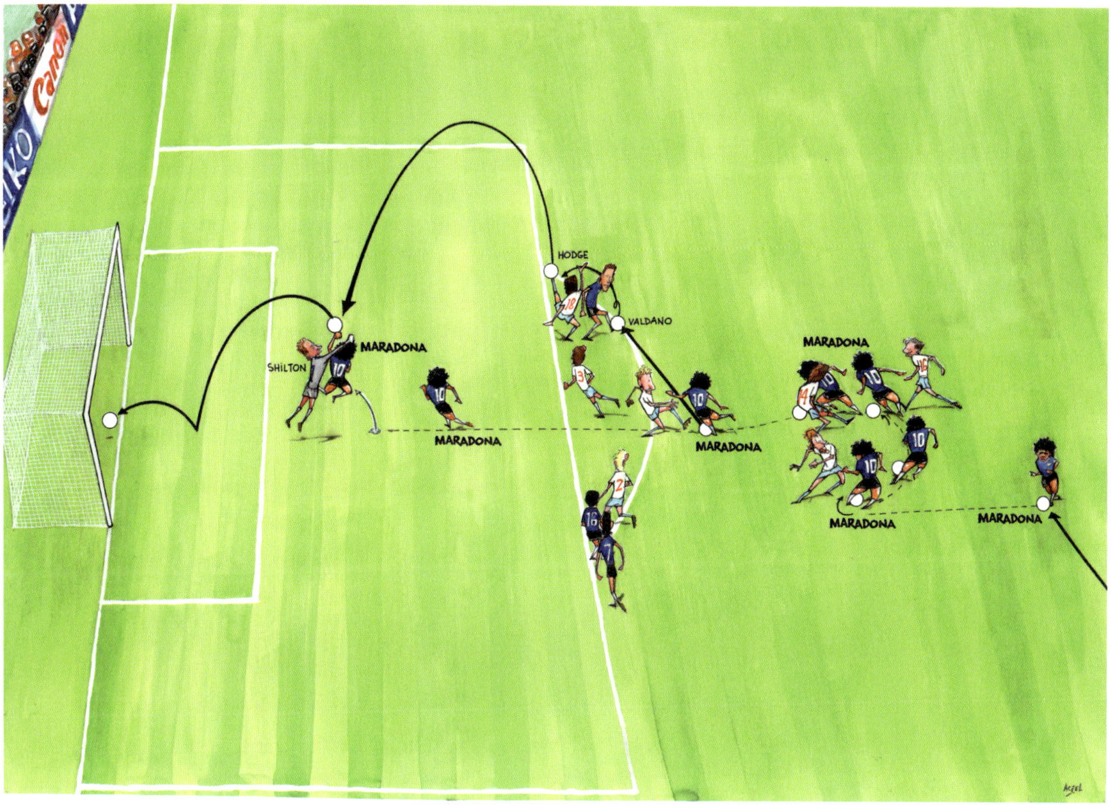

1

DIEGO ARMANDO MARADONA (ARGENTINIEN) 50. MINUTE (1:0)

22. JUNI 1986, ESTADIO AZTECA, MEXIKO CITY (MEXIKO)
WM-VIERTELFINALE, ARGENTINIEN 2:1 ENGLAND

LA MANO DE D10S

Dies ist das bekannteste irreguläre Tor der Fußballgeschichte.
Nach dem Spiel erklärte Maradona: „Es war ein bisschen mit dem Kopf und ein anderes bisschen mit der Hand Gottes."
Und: „Das Tor war absolut legitim, da es der Schiedsrichter bestätigte. Und ich werde sicher nicht dessen Ehrlichkeit anzweifeln."

Mit diesem unübertrefflichen Tor können wir das Kapitel „Irreguläre Tore" so stehen lassen.

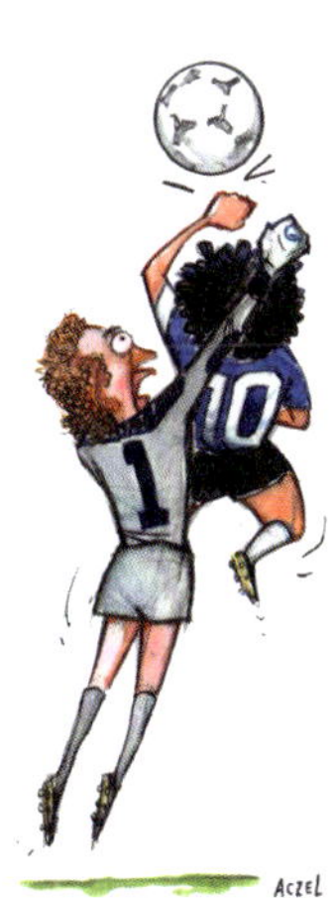

DER AUTOR

Germán Aczel wurde am 12.Februar 1974 in Buenos Aires, Argentinien geboren.
Die Schulzeit verbrachte er mit Zeichnen. Montags warteten schon seine Lehrer und Klassenkameraden auf die von ihm illustrierten Tore von Boca Juniors. Bereits mit 16 publizierte er in lokalen Zeitschriften.
Nachdem er erste Preise gewonnen hatte, begann er für Argentiniens wichtigste Zeitung *La Nación* zu arbeiten und kurz darauf auch für die größte Sportzeitschrift *El Gráfico*.
Mit 20 hatte er seine erste große Ausstellung und repräsentierte Argentinien auch international.
Nachdem Aczel in Rio de Janeiro, Brasilien, gelebt und unter anderem für *Jornal do Brasil* gearbeitet hatte, machte er mit 26 Jahren mit seiner Siegprämie, die er in Dubai bei einem Karikaturisten-Wettbewerb gewonnen hatte, eine Europareise. In München lernte er beim Tangotanzen seine Frau kennen und blieb.
In Deutschland zeichnete er unter anderem für *BRAVO Sport*, *Bundesliga* und die englische Zeitschrift *FourFourTwo*.
Aczel ist Autor des Buches *World Cup 1930-2018*, dessen erste Version bereits 2010 in neun Ländern, wie England, Italien und Frankreich, publiziert wurde. 2014 das erste Mal in Deutschland, wo es gleich zum Bestseller wurde. 2018 erschien das Buch auch in China.

Seine Zeichnungen sind Teil des FIFA World Football Museums in Zürich, Schweiz, wo auch eines seiner Originale ausgestellt ist. Für den Monat der WM 2018 wurde er eingeladen, im Museum als Artist in Residence die täglichen Geschehnisse zu zeichnen.

Für die Zeit des Asien Cups 2019 in VAE wurde er von Abu Dhabi Media eingeladen, täglich die letzte Seite der *Al-Ittihad* Zeitung zu gestalten.

Er unterstützt UNICEF, Homeless World Cup und fördert die sportliche Integration von Flüchtlingen.

Aktuell lebt der argentinische Künstler mit seiner Frau, seinen vier Kindern und vier Katzen in München, Deutschland.

IN HOMMAGE AN MARADONA.
GEWIDMET MEINEN KINDERN UND ALLEN FUSSBALLFANS!

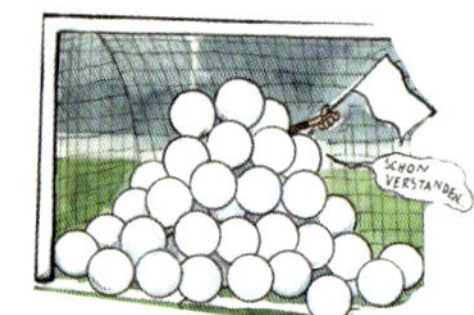

IMPRESSUM
Edel Sports
Ein Verlag der Edel Verlagsgruppe GmbH

Neumühlen 17, 22763 Hamburg
www.edelsports.com/kontakt
www.edelverlagsgruppe.de/kontakt
4. Auflage 2025

Idee, Text und Illustrationen: Germán Aczel

Layout: Germán Aczel
Cover: Germán Aczel

Projektkoordination: Lisa Ebelt

Lithografie: Frische Grafik, Hamburg

Druck und Bindung: optimal media GmbH, Glienholzweg 717207 Röbel / Müritz

Printed in Germany

ISBN 978-3-98588-020-1